Physica-Schriften zur Betriebswirtschaft

Herausgegeben von

K. Bohr, Regensburg · W. Bühler, Mannheim · W. Dinkelbach, Saarbrücken
G. Franke, Konstanz · P. Hammann, Bochum · K.-P. Kistner, Bielefeld
H. Laux, Frankfurt · O. Rosenberg, Paderborn · B. Rudolph, Frankfurt

Thomas Hamann

Simulation von Informationsprozessen auf idealtypischen Börsenmärkten

Mit 107 Abbildungen

Physica-Verlag

Ein Unternehmen des
Springer-Verlags

Dr. Thomas Hamann
Hohenlohestraße 86
D-7112 Waldenburg

Die diesem Buch zugrundeliegende Arbeit wurde von der Stiftung der Stadtsparkasse Mannheim zur Förderung des wissenschaftlichen Nachwuchses der Universität Mannheim mit einem Preis ausgezeichnet.

ISBN 978-3-7908-0655-7   ISBN 978-3-642-52397-7 (eBook)
DOI 10.1007/978-3-642-52397-7

CIP-Meldung der Deutschen Bibliothek
Hamann, Thomas:
Simulation von Informationsprozessen auf idealtypischen
Börsenmärkten / Thomas Hamann. – Heidelberg : Physica-
Verl., 1993
(Physica-Schriften zur Betriebswirtschaft; 40)

NE: GT

7120/7130-543210 - Gedruckt auf säurefreiem Papier

Vorwort

Sowohl die theoretische wie auch die empirische Kapitalmarkttheorie liefern bisher noch keine voll befriedigenden Ansatzpunkte zur Darstellung von Informationsverarbeitungsprozessen an den Börsenmärkten. Insbesondere fehlen mikroökonomische Werkzeuge zur Analyse von Informationsasymmetrien an den Börsenmärkten. Mit Hilfe der Simulation werden in dieser Untersuchung in spannender und gut nachvollziehbarer Form die Auswirkungen unterschiedlich informierter Marktteilnehmer auf die Kursbildungsprozesse und die Umsätze visualisiert. Dabei werden auf der Mikroebene verschiedene Risikopräferenzen, Informationsbeschaffungskosten und Handelsstrategien eingeführt, und deren Effekte auf Mikro- und Makroebene nachvollzogen.

Mit der in diesem Buch neu entwickelten Simulationstechnik für Börsenmärkte können Marktprozesse, die im Modell weitgehend effizienter Kapitalmärkte meist nur im Ergebnis zu erkennen sind, schrittweise nachvollzogen werden. Dabei basiert das Simulationsmodell auf dem Capital Asset Pricing Model, wobei nach und nach in dieses Modell informationseffizienter Märkte, Informationsasymmetrien und Timelags der Informationsdiffusion eingebaut werden. Der neue Ansatz ist geeignet, den Dualismus zwischen der an effizienten Märkten orientierten Finanzierungstheorie und der an Institutionen orientierten Finanzierungslehre zu überwinden.

Ähnlich wie die Theorie effizienter Kapitalmärkte lebt auch das hier vorgestellte Simulationsmodell von der Abstraktion. Es eignet sich damit sehr gut, um spezielle Marktgesetze unter Laborbedingungen zu testen. Die im Rahmen des DFG-Schwerpunktprogrammes "Innovation in der Unternehmung" geförderte Arbeit stellt ein Bindeglied zwischen der Theorie effizienter Börsenmärkte und der experimentellen Kapitalmarktforschung dar. Dabei bietet das neu entwickelte Simulationsmodell noch zahlreiche Möglichkeiten zur Darstellung von Marktanomalien, zur Variation der Marktszenarien im Bereich der Handelsmethodik, der Marktteilnehmer, der Risikopräferenzen und der Informationsverbreitung. Es ist dieser anspruchsvollen Arbeit zu wünschen, daß sie nicht nur große Aufmerksamkeit weckt, sondern auch Ausgangspunkt zur weiteren wissenschaftlichen Erforschung der Kapitalmärkte mit Hilfe von Simulationsmodellen wird.

Wolfgang Gerke
Lehrstuhl für Bank- und Börsenwesen
Universität Erlangen-Nürnberg

INHALTSVERZEICHNIS

Abkürzungsverzeichnis

Abb.   : Abbildung

CAPM   : Capital Asset Pricing Model

Publ.   : Publizität

RE   : Rechnungseinheiten

S.   : Seite

Strat.   : Strategie

Tab.   : Tabelle

U   : Unternehmen

u.a.   : unter anderem

Vgl.   : Vergleiche

z.B.   : zum Beispiel

0. Einleitung

Die internationalen Börsen- und Kapitalmärkte befinden sich in
einer Phase tiefgreifender Veränderungen, deren wesentliche
Ursachen durch die Schlagworte "Deregulation", "Securitiza-
tion" und "Globalization" umrissen werden können. Im Zuge dieser Veränderungen hat sich die Konkurrenz der Börsenplätze um
die Gunst der Anleger verschärft. Auf der Suche nach Möglichkeiten zur Steigerung der Attraktivität eines Börsenplatzes
werden vertraute Gestaltungsmerkmale der Finanzinstitution
Börse in zunehmendem Maße kritisch betrachtet. Die Palette der
Verbesserungsvorschläge reicht dabei von der Verlängerung der
Handelszeiten über die Einführung eines elektronischen Handelssystems bis zur stärkeren Konzentration aller Transaktionen auf einen Börsenplatz.

Die Frage, ob diese Vorschläge die Attraktivität einer Finanzinstitution Börse tatsächlich erhöhen, kann von der Finanzierungstheorie bislang nicht beantwortet werden, da sie durch
ihre überwiegend gleichgewichtstheoretische Ausrichtung Institutionen nicht vorsieht und nicht vorsehen darf. Damit entsteht eine Kluft zwischen institutionenarmer Theorie und in-
stitutionenreicher Realität. Im ersten Kapitel der Arbeit wird
diese Kluft genauer analysiert und es wird ein alternativer
Forschungsansatz zu deren Überwindung vorgeschlagen, der die
Entstehung und Funktionsweise von Institutionen durch die
Transaktionsbedürfnisse der Kapitalanbieter und Kapitalnachfrager erklärt.

Entscheidungen zum Kauf oder Verkauf von Wertpapieren werden
von individuellen Informationsständen und den darauf aufbauenden Erwartungen ausgelöst. Das sich in den Wertpapierkursen
niederschlagende Ergebnis dieser dezentralen Transaktionsent-
scheidungen wird von der empirischen Kapitalmarktforschung unter dem Blickwinkel der Informationseffizienz erforscht. Ein
Markt gilt als informationseffizient, wenn sich alle neu auftretenden Informationen unmittelbar in den aktuellen Kursen
niederschlagen. Der Bestandsaufnahme des theoretischen Konzeptes effizienter Märkte und der Ergebnisse der empirischen Un-

tersuchungen zu diesem Thema ist das zweite Kapitel gewidmet. Offen bleibt dabei die Frage, auf welchem Wege neu auftretende Informationen Eingang in die Kurse finden, insbesondere, wenn die Informationsbeschaffung mit Kosten verbunden ist.

Der mikroökonomische Zweig der Theorie rationaler Erwartungen hat sich der Frage angenommen, in welchem Umfang aktuelle Kurse einen Rückschluß auf die Informationsstände derjenigen Investoren zulassen, deren Transaktionen zu diesem Kurs geführt haben. Obwohl die Fragestellungen dieser Forschungsrichtung eng mit denen der Theorie effizienter Märkte verknüpft sind, entwickeln sich die beiden Teildisziplinen völlig unabhängig voneinander, so daß das theoretische Konzept und die Ergebnisse der Theorie rationaler Erwartungen in einem eigenständigen Kapitel analysiert werden.

Die Methode der Simulation ist in technisch-naturwissenschaftlichen Anwendungsfeldern akzeptiert und wird dort weitgehend konfliktfrei angewendet. Dagegen dominiert in der Kapitalmarktforschung die Verwendung statistischer oder mathematisch-analytischer Verfahren. Die Eignung der Simulationsmethode als Instrument zur Erforschung von Kapitalmärkten ist daher kritisch zu prüfen. Die Vorgehensweise bei der Simulation, deren spezifische Vorteile und Problemfelder werden in Kapitel 4 beschrieben.

Damit das Transaktionengeflecht, das sich zwischen heterogen informierten Investoren ergibt, durch eine Simulation abgebildet werden kann, müssen die Marktteilnehmer und die Unternehmen, mit deren Anteilen sie handeln, genau spezifiziert werden. Zusätzlich sind den Investoren Informationen zur Verfügung zu stellen, die sie zur Bewertung der Unternehmensanteile heranziehen können. Die Bewertungsregeln fügen sich in den formalen Rahmen kapitalmarkttheoretischer Konzeptionen ein (Kapitel 5), so daß auch bei einem ersten Schritt zu einer institutionenorientierten Kapitalmarkttheorie Anknüpfungspunkte zu den bisher erzielten Forschungsergebnissen erhalten bleiben.

Die Generierung der zur Unternehmensbewertung herangezogenen Informationen hat somit zwei Erfordernissen zu entsprechen. Sie muß zum einen die Bildung heterogener Informationsstände zulassen und sie muß zum anderen den durch den formalen Rahmen gegebenen Anforderungen genügen. Die ausführlichen Darstellung des im Modell verwendeten Modus der Informationsgenerierung, der diesen Anforderungen entpricht, ist Inhalt des 6. Kapitels. Die Bewertung der Aktien und die Berechnung der optimalen Portefeuilles erfolgt unter der Annahme, daß die Investoren jeweils nur für eine Periode planen. Sie vernachlässigen damit Risiken aus zukünftigen Portefeuilleanpassungen und zukünftigen Änderungen der Wahrscheinlichkeitsverteilungen von Aktienrenditen. Liegen homogene Informationsstände vor, so wird das Anlageergebnis der Investoren ausschließlich durch ihre Bereitschaft zur Risikoübernahme determiniert (Kapitel 7). Sind die Informationen unter den Investoren dagegen heterogen verteilt, so wird der Ertrag der Kapitalanlagen zusätzlich durch die Kursänderungsimplikationen der individuell vorliegenden Informationsstände beeinflußt (Kapitel 8).

Auch ohne die weitreichenden Annahmen, die von der Theorie rationaler Erwartungen über die Art und Weise, wie Kurse Informationen enthalten und verbreiten, getroffen werden, können Investoren auf die Qualität der ihnen vorliegenden Informationen schließen, indem sie die Ergebnisse einer ständigen, von den individuell vorliegenden Informationen ausgelösten Teilnahme am Kursfindungsprozeß mit den Ergebnissen einer Anlagepolitik vergleichen, die auf dem bloßen Halten eines unveränderten Portefeuilles beruht. Investoren mit Informationsnachteilen können sich Vermögensverlusten, die aus diesen Informationsnachteilen entstehen, durch einen Verzicht auf die Teilnahme am Handel entziehen. Die Konsequenzen unterschiedlicher Marktrückzugsstrategien werden im Kapitel 9 untersucht.

Ein wichtiger Schritt zur Analyse der Leistungsfähigkeit von Institutionen vor dem Hintergrund der Transaktionsbedürfnisse der Marktteilnehmer wird in den Kapiteln 11 und 12 vollzogen. In diesen Kapiteln werden Investoren eingeführt, die nicht mehr permanent am Handel teilnehmen, sondern die Institution

Börse nutzen, um Kapitalbeträge in bestimmter Höhe für einen von vornherein festgelegten und beschränkten Zeithorizont riskant zu investieren. Da die Finanzinstitution Börse lediglich das Forum für die Koordinierung asynchroner Investitions- und Desinvestitionswünsche bietet, stehen diesen Investoren, die Transformationsleistungen abnehmen, andere Investoren gegenüber, die diese Transformationsleistungen anbieten. Die Untersuchung der Kosten dieser Transformationsleistungen bei heterogenen Informationsständen erfolgt dabei getrennt nach Leistungsabnehmern (Kapitel 11) und Leistungsanbietern (Kapitel 12).

Heterogene Informationsstände unter den Investoren können die Attraktivität der Anlage in riskante Unternehmensanteile reduzieren. Da sich die den Investoren zur Verfügung gestellten Informationen auf die erwartete wirtschaftliche Entwicklung der Unternehmen beziehen und anzunehmen ist, daß die Unternehmen über ihre wirtschaftliche Situation weitgehend informiert sind, bleibt zu klären, ob es attraktiv sein kann, durch freiwillige Publizitätsmaßnahmen die unter den Investoren bestehende Informationsheterogenität aufzuheben (Kapitel 12). Wertpapierbörsen scheinen grundsätzlich geeignet, die Finanzierungsprobleme kleiner und mittlerer, insbesondere innovativer kleiner Unternehmen zu lösen. Im völlig friktionsfreien Umfeld kapitalmarkttheoretischer Konzepte bietet die Aufnahme kleiner und mittelständischer Unternehmen in das Marktportefeuille auch keine Probleme. Kapitel 13 geht der Frage nach, ob angesichts von Friktionen, wie sie durch heterogene Informationsstände und Informationskosten gegeben sind, kleine und mittlere Unternehmen auch bei einem Going-Public spezifischen Finanzierungsnachteilen ausgesetzt sind.

Die Schlußbetrachtung stellt die wesentlichen Ergebnisse zusammen, würdigt Vor- und Nachteile der Simulationsmethode bei der Erforschung kapitalmarkttheoretischer Fragestellungen und gibt einen Ausblick auf Problemfelder, deren Untersuchung zu einem vertieften Verständnis der Funktionsweise von Finanzinstitutionen beitragen können.

1. Ansätze zur Überwindung des Dualismus von marktorientierter Finanzierungstheorie und institutionenorientierter Finanzierungslehre

1.1. Der neo-institutionalistische Ansatz der Finanzierungstheorie[1]

Mit der markt- und gleichgewichtsorientierten Richtung der Finanztheorie, die als neoklassische Finanzierungstheorie bezeichnet werden kann, lassen sich viele wichtige Sachverhalte der realen Welt nicht erklären und nicht einmal begrifflich fassen. Zwei Lücken sind besonders wichtig: zum einen ist in der Welt dieser Theorie kein Platz für finanzielle Institutionen. Es gibt sie nicht und es darf sie nicht geben. Zum anderen bietet diese Finanzierungstheorie keine Lösungen für viele reale Finanzierungsprobleme, die im Rahmen dieser Theorie meist noch nicht einmal begrifflich zu fassen sind.

Obwohl sich die Finanzierungs<u>lehre</u> mit Institutionen beschäftigt und die Interaktionsbeziehungen zwischen Kapitalanlegern und Kapitalnehmern im institutionellen Zusammenhang untersucht, fehlt auch hier eine entwickelte und fundierte theoretische Basis. Für die Integration beider Richtungen wird die "... Bezeichnung 'neo-institutionalistischer Ansatz' ... gewählt, weil es das übereinstimmende Interesse aller Autoren, auf die ich mich beziehe[2], sein dürfte, Institutionen innerhalb eines finanzierungstheoretischen Rahmens nicht nur zu berücksichtigen, sondern auch theorieimmanent zu erklären. Der neo-institutionalistische Ansatz baut grundsätzlich auf der markt- und gleichgewichtstheoretischen Perspektive der Finanzierungstheorie auf; aber die Markttheorie wird so erweitert,

---

1) Die folgenden Ausführungen beziehen sich überwiegend auf R.H.Schmidt (1981a). Neo-institutionalistisches Gedankengut prägt bereits die (unveröffentlichte) Habilitationsschrift aus dem Jahr 1979 und zieht sich durch viele weitere Veröffentlichungen. Vgl. etwa R.H.Schmidt (1981b), R.H.Schmidt (1983b) und R.H.Schmidt (1988). Die These vom Dualismus zwischen marktorientierter Finanzierungstheorie und institutionenorientierter Finanzierungslehre wird in R.H. Schmidt (1981a) aufgestellt.
2) Gemeint sind Jensen-Meckling (1976), Myers (1977), Smith-Warner (1979), Arrow (1974), Wiliamson (1975), Akerlof (1970), Spence (1973) sowie Rothschild/Stiglitz (1976).

daß nicht nur das Funktionieren von Marktmechanismen, sondern auch ihr Versagen - oder vorsichtiger formuliert: ihre Funktionsschwächen und Funktionsbedingungen - in die Betrachtung einbezogen wird bzw. werden."[3]

Da dieser Ansatz zum einen an die marktorientierte Sichtweise anknüpfen soll, andererseits jene Prämissen vermeiden muß, die Institutionen von der Betrachtung ausschließen, sind diese Prämissen auf ihre diesbezügliche Relevanz zu prüfen. Als zentral und unvermeidbar erweist sich die Annahme, daß Informationen zwischen den auf einem Markt agierenden Kapitalgebern und Kapitalnehmern symmetrisch verteilt sind. Damit werden z.B. Risikotransformation und Risikoreduktion durch Kreditinstitute unerklärbar, da Kapitalgeber und Kapitalnehmer auf dem Kapitalmarkt auch ohne diese Institutionen die für sie vorteilhaftesten Positionen erreichen können.

Dieser Symmetrie wird die Annahme von zwischen Kapitalnehmern und Kapitalgebern asymmetrisch verteilten Informationen gegenübergestellt. Der Kapitalnehmer dürfte in der Regel der besser informierte Teil sein, da er die Aussichten des zu finanzierenden Projektes aus erster Hand kennt. Der nicht naive Kapitalgeber weiß das, erkennt seinen Nachteil und ist deshalb skeptisch und mißtrauisch. Seine Skepsis bezieht sich auf die Qualität der ihm vor Beginn eines Finanzierungsverhältnisses überlassenen Informationen. Es besteht die Gefahr, daß der Kapitalnehmer die Lage besser darstellt, als sie tatsächlich ist. Sein Mißtrauen bezieht sich auf den Zeitraum nach Eingehen des Finanzierungsverhältnisses, denn er ist zunächst nicht davor geschützt, daß der besser informierte Kapitalnehmer Vermögensverschiebungen zu seinen Gunsten vornimmt oder eine riskantere Geschäftspolitik betreibt, als vorher vereinbart wurde.

Werden diese Befürchtungen zu groß, so wird der potentielle Kapitalgeber von einer Kapitalüberlassung absehen. Damit ist dem potentiellen Kapitalnehmer nicht gedient, hat er doch zu einer gemeinsamen Finanzierung eingeladen, um ein Projekt zu

---

3)   R.H.Schmidt (1981a), S.137.

realisieren, dessen Losgröße die eigenen Mittel übersteigt, oder um bei einer nur anteiligen Finanzierung aus eigenen Mitteln Diversifikationseffekte nutzen zu können. Deshalb ist es im Interesse des Kapitalnehmers, dem Kapitalgeber glaubhaft zu machen, daß dieser vor Beginn der Finanzierung richtig informiert wurde und daß nach Beginn der Finanzierung weder Vermögens- noch Risikoverschiebungen beabsichtig und möglich sind.

Zu den größten Problemen dieses Ansatzes zählt die Bestimmung der mit der Reduzierung der Informationsasymmetrie verbundenen Kosten. Eine einfache Informationsübertragung von Kapitalnehmer zu Kapitalgeber ist wenig sinnvoll, da sie wie die Ausgangslage leicht manipulierbar ist. Die Sanktionierung falscher Informationen ist ebenfalls problematisch, weil sich ex post nur sehr schwer unterscheiden läßt, ob ein unerwünschtes Ereignis als Konsequenz einer vom gegebenen Informationsstand abweichenden Geschäftspolitik aufgetreten ist, oder ob das unerwünschte Ereignis zu den möglichen Realisierungen der richtig vermittelten Geschäftspolitik gehört. Unterwirft sich der Kapitalnehmer dennoch einer solchen Vereinbarung, so riskiert er es, daß die Sanktionen greifen, ohne daß er (seines Erachtens) falsch informiert hat. Dieses Risiko wird er in sein Kalkül aufnehmen und entsprechend bewerten. "Gebraucht wird ein Anreizsystem, das das Verhalten des besser informierten Kapitalnehmers so steuert, wie es vertraglich vereinbart würde, wenn nicht Informationsprobleme explizite Verträge außer für Extremfälle verhindern würden. Ein solches Anreizsystem kann aber nach dem bisherigen Stand unseres Wissens immer nur unvollkommen sein."[4].

Als Fazit für eine "optimale" Unternehmensfinanzierung ergibt sich, daß diejenige Finanzierung optimal ist, bei der die Gesamtheit der Kosten minimal ist. Diese Formulierung verliert den Ruch der Banalität, wenn man berücksichtigt, daß ex ante die Möglichkeiten und die Kosten der Informations-, Kontroll- und Sanktionsmechanismen ex ante bei der Bewertung von Investitionprojekten berücksichtigt werden müssen. Die Anzahl möglicher Projekte sinkt, wenn die genannten Mechanismen nicht

---

4)   R.H.Schmidt (1981a), S.147.

oder nicht in ausreichender Form gestaltet werden können, und innerhalb der möglichen Projekte kann sich die Reihenfolge der Vorteilhaftigkeit der Projekte verschieben, wenn die Kosten dieser Mechanismen berücksichtigt werden.

Der neo-institutionalistische Ansatz der Finanzierungstheorie kann in dieser Form (noch) keine praktische Handlungsregel anbieten. Er beansprucht, "... Einsicht in die Bedeutung von Skepsis, Mißtrauen und Selbstbindung für Finanzierungsbeziehungen zu schaffen."[5] Anwendungsfelder sind die ökonomische Analyse der vielfältigen realen Finanzierungsformen, das Insolvenzrecht und ein Erklärungsansatz für die Existenz von Kreditinstituten, die sich als Reaktion auf Funktionsprobleme von Finanzmärkten deuten läßt.

1.2. Das Modell des nicht-organisierten Kapitalmarktes[6]

In einem Denkmodell eines nicht-organisierten Finanzmarktes, der ohne jede Finanzinstitution, Treffpunkte und Reglementierungen arbeitet, würde bereits die Suche eines Kapitalnehmers nach einem Kapitalanbieter einen sehr hohen Aufwand erfordern. Diese Fiktion läßt sich beispielsweise anhand einer Kugel veranschaulichen, auf der Kapitalanbieter und -nachfrager durch Kugelkappen gegebenen und für alle gleichen Umfangs dargestellt werden. Auf der Suche nach potentiellen Kontraktpartnern umlaufen diese zufallsverteilten Kugelkappen die Kugel auf Äquatorialbahnen, wobei eine Umrundung eine Zeit von t beansprucht. Wird die Anzahl der während einer Umrundung durchschnittlich erfolgenden Treffen eines Nachfragers mit potentiellen Anbietern mit T_N bezeichnet und mit A die Anzahl der <u>insgesamt möglichen</u> Treffen mit Anbietern, so läßt sich die Wahrscheinlichkeit $p(T_N)$, mit der ein Kapitalnachfrager einen Kapitalanbieter trifft, durch die Beziehung

$$(1) \quad p(T_N) = T_N \, / \, A$$

---

5)   R.H.Schmidt (1981a), S.149.
6)   Vgl. zum folgenden Gerke (1980), S.130-137 und Gerke/Philipp (1985), S.20-23.

beschreiben. Aber selbst im Falle eines Zusammentreffens blieben die Chancen für einen Vertragsabschluß gering. Die Position des Kapitalsuchenden ist durch die Rentabilität (μ) des zu finanzierenden Projekts, dessen Risiko (σ), Fristigkeit (F) und Losgröße (L) weitgehend determiniert. Auch die Bereitschaft des Kapitalsuchenden, die finanzwirtschaftlich relevanten Parameter gegenüber dem (oder den) Kapitalgeber(n) offenzulegen, unterliegt gewissen Beschränkungen. Auf der anderen Seite verfügt der potentielle Kapitalgeber über Vorstellungen bezüglich der Rentabilität, des Risikos, der Höhe ·und des Anlagehorizontes der anzulegenden Mittel, die sich mit den Daten des zu finanzierenden Projektes nur in den seltensten Fällen vollständig decken dürften.

Da zudem zwischen Kapitalnehmer und Kapitalgeber asymmetrische Informationsverteilungen vorliegen, wird der Finanzier weitgehende Informationsrechte fordern, die die Bereitschaft des Kapitalnehmers zur Publizität (P) tendenziell überfordern dürften. Die möglichen Ausprägungen der entscheidungsrelevanten Parameter lassen sich in Qualitätsklassen gliedern. Dabei bezeichnet μ_a, a=1,...,i, die Klassen der Renditeerwartungen, σ_b, b=1,...,j, die Risikoklassen, F_c, c=1,...,k, die Grade unterschiedlicher Fristenflexibilität und L_d, d=1,...,l, unterschiedliche Losgrößenklassen. Schließlich bezeichnet P_e, e=1,...,m, die Publizitätsmerkmale. Ein Kontrakt kommt dann nur zustande, wenn dessen konkrete Ausgestaltung in jeweils kompatible Parameterklassen der Kapitalanbieter und -nachfrager fällt, womit sich für die Vertragsabschlußwahrscheinlichkeit $p(V_N)$ folgender funktionaler Zusammenhang ergibt:

$$(2) \qquad p(V_N) = f\ [\ p(T_N),\ \mu_a,\ \sigma_b,\ F_c,\ L_d,\ P_e\ ]$$

Obwohl für die Vorstellung eines nicht-organisierten Marktes nicht konstitutiv, können auch Substitutionsverhältnisse zwischen den Parametern in die Überlegungen eingefügt werden. So lassen sich die Vertragsabschlußchancen schlechter Risikoklassen durch hohe Renditeerwartungen verbessern[7]. Inkompatible

---

7)   Vgl. Gerke (1980), S.151-153.

Vorstellungen über die Fristigkeit des Kontraktes belasten die Projektrendite in Abhängigkeit des Verhandlungsergebnisses entweder direkt oder mittelbar durch eine Erhöhung des Risikos aus Sicht der Beteiligten[8].

Kann über das Ausmaß der Publizitätsvereinbarungen keine Einigung erzielt werden, so wird der Finanzier entweder einen pauschalen Risikozuschlag kalkulieren, zusätzliche externe Informationen beschaffen und deren Kosten auf den Kapitalnehmer abwälzen oder von einer Finanzierung Abstand nehmen. Die kumulative Belastung der mit dem Investitionsprojekt zu erzielenden Rendite kann die Finanzierung zum Scheitern bringen, wenn nicht schon vorher vollkommen unverträgliche Losgrößenvorstellungen (die Kapitalbedürfnisse übersteigen das Gesamtvermögen des Kapitalgebers) eine Projektrealisierung verhindert haben.

Die gemeinschaftliche Finanzierung mehrerer Projekte durch eine große Anzahl von Kapitalgebern reduziert diese Probleme. Bei entsprechender Ausprägung der Risikoneigung der Finanziers kann allein die Möglichkeit einer Aufteilung der Risiken zu einer Reduzierung der geforderten Renditen führen. Eine große Anzahl von Kapitalanbietern (Kapitalnachfragern) senkt das Risiko einer Anschlußanlage (Anschlußfinanzierung), Losgrößenrestriktionen verlieren ihren prohibitiven Charakter zumindest teilweise und eine dezentrale und kostengünstige Informationsbeschaffung kann Probleme divergierender Publizitätsvorstellungen verringern.

Auf einem nicht-organisierten Markt ist die zielgerichtete Suche nach zusätzlichen Kontraktpartnern allerdings mit Kosten verbunden und bleibt im Ergebnis unsicher. Zudem sind auch die für multilaterale Kontraktabschlüsse erforderlichen umfangreichen Verhandlungsprozesse kosten- und zeitaufwendig und zu-

---

8) Übersteigt der Anlagehorizont des Kapitalgebers die Laufzeit des Projektes, so wird der Renditeanteil des Kapitalnehmers reduziert, wenn dieser sich auf die längere Laufzeit einläßt. Andernfalls hat der Kapitalgeber das Risiko einer Anschlußanlage zu schlechteren Konditionen zu tragen. Übersteigt die Laufzeit des Projektes den Anlagehorizont des Kapitalgebers, so trägt dieser das erhebliche Ertragsrisiko einer vorzeitigen Liquidierung seines Anteils, wenn er diese Fristeninkongruenz akzeptiert. Andernfalls trägt der Kapitalnehmer das ebenfalls erhebliche Risiko einer ausbleibenden Anschlußfinanzierung.

dem wiederum mit Risiken behaftet, da unsicher ist, ob die
Verhandlungen zu einem Ergebnis führen. Die Vorteile einer Organisation dieser Kontraktanbahnungsprozesse sind offensichtlich und werden den Marktteilnehmern nicht verborgen bleiben,
so daß "... an einem nicht-organisierten Finanzmarkt eine au-
tomatische Tendenz zur Institutionalisierung beobachtbar sein
[wird]"9).

Finanzierungsvorgänge sind durch unvollständige Informationen
über mögliche Marktpartner, asymmetrische Informationsverteilungen, mangelhafte Koordinierungsmechanismen und divergierende Präferenzen der beteiligten Marktparteien einer großen
Zahl von Friktionen unterworfen. Finanzinstitutionen tragen
auf vielfältige Art und Weise dazu bei, diese Friktionen und
die damit verbundenen Kosten zu reduzieren. Die Kenntnis des
zentralen Tauschortes Börse beseitigt die Suchkosten nach einem Kontraktpartner für Wertpapiertransaktionen fast vollständig. Kreditinstitute bieten in standardisierter Form Anlagemöglichkeiten in (nahezu) beliebiger Stückelung und lösen das
Problem divergierender Losgrößenvorstellungen damit (nahezu)
perfekt. Veränderungen in den Bedürfnissen der Marktteilnehmer
führen zu neuen institutionellen Lösungen oder zu Veränderungen der bestehenden Strukturen.

Das zunehmende Volumen von Swap-Transaktionen und der anhal-
tende Erfolg alter und neuer Terminmärkte zeugen von der An-
passungsfähigkeit der Finanzmärkte an neue Anforderungen. Mit
der Suche nach Kontraktpartnern für die Aufnahme oder Abgabe
ganzer Unternehmen(-steile) und der Ermittlung entsprechend
konsensfähiger Preise befaßt sich die Mergers & Acquisitions-
Branche, die teils eigenständig und teils angelehnt an Kreditinstitute operiert, und deren Vermittlungsprovisionen eine
Vorstellung von den Transaktionskosten auf (noch) schwach or-
ganisierten Märkten vermitteln.

Die wissenschaftlich geschlossene Analyse der vielfältigen Finanzinstitutionen vor dem Hintergrund ihrer produktiven Leistungen zur Reduzierung von Kontrakthemmnissen steht bisher

---

9)   Gerke/Philipp (1985), S.23.

noch aus. Die Institutionenanalyse hätte im wesentlichen Antwort zu geben auf die Fragen:

-       Erfüllen reale Finanzinstitutionen die Aufgaben, die sie sich selbst gesetzt haben und die ihnen zugewiesen werden, zufriedenstellend oder sind Verbesserungen notwendig (I) ?
-       Ist die Aufgabenteilung zwischen den realen Finanzinstitutionen sachgerecht oder ist eine (teilweise) Neuordnung erforderlich (II) ?
-       Ist die Palette der Finanzinstitutionen vollständig oder ist sie zu ergänzen (III) ?

Dieser Fragenkatalog läßt sich auf eine Reihe aktueller Problemstellungen anwenden. Wenn Wertpapierbörsen grundsätzlich geeignet erscheinen, die Finanzierungsprobleme kleiner und mittlerer Unternehmen zu lösen[10], dann entsteht die Frage, warum diese Möglichkeit nur in vergleichsweise bescheidenem Umfang genutzt wird (I). Sollte dies durch die geringe Neigung der Kreditinstitute, ihre Kundschaft an die Börse heranzuführen, mitbegründet sein (II), so muß über eine Zulassung spezialisierter Emissionshäuser nachgedacht werden (III)[11]. Im Rahmen der Diskussion, ob eine Parkett- oder eine Computerbörse den Interessen der Anleger mehr entgegenkommt (I)[12], entstehen die Fragen, ob dem Börsenmakler überhaupt noch eine Funktion zukommt, die nicht besser von elektronischen Einrichtungen übernommen werden kann (II)[13], und ob mit der Einführung elektronischer Handelssysteme nicht gleichzeitig eine Abwendung vom Auktions-Prinzip zu Gunsten des für den deutschen Finanzmarkt ungewohnten Market-Maker-Prinzips verbunden ist (III)[14].

In einem weiteren Rahmen gehören zu den Fragestellungen, die im Rahmen einer institutionellen Analyse zu untersuchen sind,

---

10) Zu den Finanzierungsproblemen kleiner und mittlerer Unternehmen vgl. u.a. Gerke (1984), Albach/Boch/Warnke (1985) und Albach/Hunsdiek/Kokalj (1986).
11) Vgl. Gerke (1988), S.224-227.
12) Gemessen an den Kriterien größtmögliche Transparenz, hohe Liquidität rund um die Uhr, optimale Transaktionskosten und effiziente Abwicklung. Vgl. Breuer (1990), S.324-326.
13) Vgl. Gerke (1989).
14) Vgl. Thießen (1990).

die Diskussion um die Vorteilhaftigkeit einer starken Zentral-
börse im Vergleich zu einer dezentralen Börsenstruktur[15], die
Frage, ob Terminbörsen neue Risiken schaffen oder ob sie zu
einer effizienteren Risikoaufteilung geeignet sind, die Tendenz zur Aufweichung der klaren Aufgabenstellung zwischen Kreditinstituten, Versicherungen und dem gesamten Non- und Near-
Bank-Bereich und die Begründung des anhaltenden Konzentrati-
onsprozesses im Kreditgewerbe[16].

Da die Annahme eines vollkommenen Marktes, auf dem es keine
Institutionen gibt, auf dem die Einführung einer Institution
ad-hoc-Charakter hätte[17] und auf dem ein Auktionator zeit- und
kostenlos die Präferenzen homogen informierter Anleger koordiniert[18], keinen Hinweis auf mögliche Verbesserungen der gegebenen institutionellen Regelungen zuläßt, kann die Fiktion eines nicht-organisierten Marktes ein fruchtbarer Ansatz sein,
den Dualismus von marktorientierter Finanzierungstheorie und
institutionenorientierter Finanzierungslehre zu überwinden.

Konstitutiv für diesen Ansatz ist der Bezug auf die nicht von
vornherein kompatiblen Kontraktbedürfnisse einzelner Kapitalanleger und Kapitalnachfrager. Die Leistungsfähigkeit einer
Institition ist daran zu messen, welchen Beitrag sie zur Koordinierung dieser Kontraktwünsche durch das Angebot von Transformationsleistungen liefert. Neben diese mikroökonomische
Orientierung tritt eine systemtheoretische Komponente, die
insbesondere bei der Institution Börse deutlich wird. Im Gegensatz zu Kreditinstituten, die Transformationsleistungen
durch Selbsteintritt erbringen, bietet die Börse als zentraler
Treffpunkt für Kapitalangebot und -nachfrage[19] lediglich das
Forum, auf dem Transformationsleistungen durch die Interaktio-

---

15)   Vgl. Gerke (1991), sowie Abschnitt 11.4 dieser Arbeit.
16)   Vgl. Cartellieri (1990), S.368.
17)   Vgl. R.H.Schmidt (1981), S.136.
18)   Der Frage nachzugehen, ob sich die Gleichgewichtstheorie mit der Vor-
      stellung eines Auktionators, der durch das Ausrufen fiktiver Preise
      Angebot und Nachfrage zum Ausgleich bringt, nicht doch eine Institu-
      tion schafft, ist müßig, solange nicht zu Ungleichgewichtspreisen
      kontrahiert und von Zeit und Kosten abstrahiert wird. In gleicher
      Weise ist ein zeit- und kostenloser sequentieller Verhandlungsprozeß
      aller Anbieter mit allen Nachfragern ohne Auktionator vorstellbar.
19)   Vgl. Gerke/Philipp (1985), S.23-24.

nen der Marktteilnehmer erstellt werden. Zusätzlich zu den Präferenzen der Kapitalnachfager und Kapitalanbieter sind somit deren Verhaltensweisen und Transaktionsgewohnheiten zu berücksichtigen, deren Zusammenspiel Quantität und Qualität der angebotenen Transformationsleistungen determinieren.

Der von der Fiktion eines unorganisierten Marktes ausgehende Ansatz geht somit weiter als der neo-institutionalistische Ansatz und beinhaltet ihn in gewisser Weise. Während der letztgenannte Ansatz in erster Linie auf die bilateralen Finanzierungsbeziehungen eingeht und hierfür nach anreizkompatiblen Vertragsformen sucht, ergänzt der von Gerke vorgeschlagene Ansatz diese duale Beziehung um die dynamische Komponente des Transaktiongeflechtes zwischen einer Vielzahl von transaktionswilligen Marktteilnehmern. Damit wird der Zugang zu einer mikroökonomischen Kapitalmarkttheorie eröffnet, die die Entstehung, Entwicklung und das Zusammenwirken verschiedener Institutionen auf die Bedürfnisse der Nutzer dieser Institutionen zurückführt.

1.3. Simulation von Informationsprozessen als Element einer mikroökonomischen Kapitalmarkttheorie

Der hier verfolgte Ansatz, Informationsprozesse auf idealtypischen Börsenmärkten auf der Grundlage des Verhaltens einzelner Investoren abzubilden, stellt den Versuch einer <u>Annäherung</u> an eine mikroökonomische Kapitalmarkttheorie im Sinne des Modells von Gerke dar[20]. Eine solche erste Annäherung ist mit Kompromissen verbunden.

Der Kompromiß mit den größten Konsequenzen liegt in der Reduzierung der Betrachtung auf die Institution Börse. Dieser Kompromiss ist naheliegend, da hier institutionenlose Theorie und institutionenreiche Realität am wenigstens auseinanderzuklaf-

---

20) Insofern gilt auch für diese Arbeit das mit einer Hoffnung verbundene Eingeständnis von Hahn (1970), S.2.: "It cannot be claimed that in this paper I can escape the Charge of Tu Quoque, or that I do more than shake a few skeletons in dusty cupboards. But I hope that it may perhaps cause someone here and there to consider the problem worthy of attention."

fen scheinen. Damit wird mit den Kreditinstituten die dem Volumen nach größte Anbietergruppe von Finanzdienstleistungen ausgegrenzt[21]. Es bleibt zu prüfen, ob die in dieser Arbeit verwendete Form der Generierung divergierender Informationsstände und asynchron auftretender Transaktionswünsche auch zur Analyse der von Kreditinstituten erbrachten Transformationsleistungen herangezogen werden kann.

Ein zweiter Kompromiß betrifft die Art und Weise, wie die Marktunvollkommenheiten berücksichtigt werden. Obwohl die Ableitung einer Institution aus einer fortschreitenden Organisation des Kapitalmarktes, die Kapitalanbietern und -nachfragern simultane Konditionenverbesserungen bringt[22], letztlich einen evolutorischen Ansatz erforderlich macht, wird hier auf der Suche nach einem theorieimmanenten Erklärungsansatz der umgekehrte Weg eingeschlagen.

Der vollkommene Markt wird über die Lockerung der Prämissen zunehmend dem unvollkommenen Markt angenähert, womit die Strukturierung des Problems erleichtert wird. Von Vorteil ist hierbei, daß bei der Modellierung auf Elemente der Kapitalmarkttheorie zurückgegriffen werden kann, deren Implikationen im Laufe fortschreitender Theorieentwicklung umfassend untersucht worden sind. Der vollkommene Markt wird damit als Bezugsrahmen gewählt -insbesondere in formaler Hinsicht-, nicht aber zur Norm erhoben. Finanzinstitutionen als Unternehmen des Kapitalmarktes werden somit nicht aus einem "Marktversagen"[23] heraus erklärt, das als Abweichung gegenüber der Norm des vollkommenen Marktes verstanden wird, sondern als wettbewerbs-

---

21) Die Ausklammerung der Kreditinstitute hat Tradition. R.H.Schmidt (1979), S.26, bekennt freimütig, daß er das die Banken betreffende Kapitel "... teils aus Raumgründen, teils weil es mir zu schwer war" weggelassen hat.
22) Vgl. Gerke/Philipp (1985), S.23.
23) Unter der Fiktion des nicht-organisierten Marktes "versagt" der Markt nicht, es gibt ihn nicht. Der Markt als Institution, etwa in der speziellen Ausprägung der Börse, entsteht durch zunehmende (Selbst-) Organisation der Kapitalanbieter und Kapitalnachfrager und tritt konkurrierend oder komplementär neben andere Organisationsformen, wie sie etwa durch Kreditinstitute verkörpert werden. Der von Gerke vorgetragene Ansatz schließt das (nahezu) perfekte Funktionieren von Teilen des Kapitalmarktes allerdings nicht aus, sondern lädt in besonderer Weise zu einer differenzierenden Betrachtung des Leistungsvermögens aller realen Finanzierungsinstitutionen ein.

fördernde Marktorganisation, "... die Funktionsschwächen aller anderen Allokationsmechanismen überwinden können."[24]

Ausgangspunkt der Betrachtung ist somit ein perfekt organisierter Börsenmarkt, wie er durch das Capital Asset Pricing Model (CAPM) abgebildet wird[25]. Dieses Modell ziehen die Investoren des Simulationsmodells durchgehend als Bewertungsregel heran. Zusätzlich wird es zur Bestimmung der markträumenden (Gleichgewichts-) Kurse verwendet. Das CAPM bildet somit lediglich den formalen Rahmen des Simulationsmodells und es wird weder der Versuch unternommen, dieses Modell zu verwerfen, was mittels einer theoretischen Simulation ohnehin nicht möglich ist, noch wird eine Bestätigung dieses Modells angestrebt, was aus dem gleichen Grund ausgeschlossen ist. Jenseits von Bestätigungs- oder Ablehnungsbestrebungen kann die Simulation hier lediglich Hinweise auf die Grenzen der Robustheit des theoretischen Modells gegen Prämissenverletzungen liefern.

Konstitutives Element von Finanzierungsbeziehungen ist die asymmetrische Informationsverteilung zwischen Kapitalgeber und Kapitalnehmer, wobei der Kapitalnehmer regelmäßig besser informiert sein dürfte. Die Zuverlässigkeit der übermittelten Informationen ist für den Kapitalgeber nur sehr schwer einzuschätzen, da der Kapitalnehmer daran interessiert ist, das zu finanzierende Projekt besonders günstig darzustellen. Die Institution Börse reduziert dieses Problem einerseits durch Standardisierung und Gütestempelbildung, indem für börsenzugelassene Titel bestimmte Mindestanforderungen der Publizität und der vertraglichen Gestaltung garantiert werden[26].

Andererseits _kann_ der regelmäßig festgestellte und veröffentlichte Kurs einer Aktie durch die Aggregation aller verfügbaren Informationen in einem Maße aussagekräftig sein, daß nicht nur die Kosten der Informationsbeschaffung reduziert werden, sondern auch Informationsrisiken erheblich an Gewicht verlieren. Der neoklassische marktorientierte Theorieansatz über-

---

24) Schneider (1984), S.243, allerdings auf die Unternehmen der güterwirtschaftlichen Sphäre bezogen.
25) Das CAPM wird in Kapitel 5. dieser Arbeit vorgestellt.
26) Vgl. Gerke/Philipp (1985), S.26.

sieht die Konsequenzen der Informationsbeschaffungs und -verarbeitungsaktivitäten, weil er durch die Annahme homogener Erwartungen deren Anlaß nicht beachtet[27].

Erster Ansatzpunkt der Modellierung von Transformationsleistungen müssen somit heterogene Informationsstände zwischen den am Transformationsprozeß Beteiligten sein. Damit rückt die Publizitäts- oder Informationstransformation in den Mittelpunkt der Betrachtung. Das Modell des nicht-organisierten Marktes zeigt dagegen mit besonderer Deutlichkeit, daß Vertragsabschlußhemmnisse auslösende Probleme, wie divergierende Rendite-, Risiko,- Fristigkeits-, Losgrößen- und Informationsanforderungen in der Regel simultan auftreten und simultan gelöst werden müssen. Die Institutionenanalyse ist somit um so gehaltvoller, je adäquater jeder einzelne dieser Parameter modelliert wird. Die Konzentration auf die Informationstransformation erscheint als weiterer Kompromiß.

Jede der genannten Vertragsabschlußhemmnisse beeinflußt direkt oder indirekt die Kapitalkosten eines Investititonsprojektes. Je größer die gegebenen Vertragsabschlußhemmnisse und je schwächer die Transformationsleistungen der Institution sind, desto höher wird die Renditeforderung des Finanziers ausfallen,

- um für tatsächliche vorhandene oder vermutete Risiken entlohnt zu werden,
- um mögliche Liquidationsrisiken bei Laufzeitinkongruenzen zu antizipieren oder
- um Losgrößendiskrepanzen auszugleichen.

Die Renditeforderungen der Kapitalgeber schlagen sich an Börsenmärkten in den Kursen nieder, die nicht nur die wirtschaftliche Situation der Unternehmen wiedergeben, sondern auch Ausdruck nicht vollständig transformierter Kontraktabschlußhemmnisse sind. Es ist offensichtlich, daß die Isolierung der einzelnen, oben beispielhaft aufgeführten kursbestimmenden Komponenten sowohl empirisch als auch theoretisch erhebliche Pro-

---

27)   Vgl. R.H.Schmidt (1981), S.141.

bleme aufwirft. Ebenso offensichtlich ist jedoch, daß die Summe der Kursbestandteile, die auf mangelhafte Transformationsleistungen der Institution zurückzuführen sind und die die Kapitalkosten beeinflussen, sowohl für den Leistungsvergleich zwischen Institutionen gleichen Typs als auch für den Vergleich unterschiedlicher Institutionen von Bedeutung ist.

Es wird sich allerdings zeigen, daß eine auf das Verhalten einzelner Marktteilnehmer rekurrierende Untersuchung divergierender Informationsstände nicht auf die Heterogenität der Informationen beschränkt werden kann, sondern, ausgehend von der Annahme asymmetrischer Informationsbeziehungen, alle weiteren Kontrakthemmnisse einbeziehen muß. Die Konzentration auf Informationsprozesse wird somit zum Ausgangspunkt für ein weiter gespanntes Untersuchungsfeld. Es zeigt sich allerdings auch, daß simultan auftretende Vertragsabschlußhemmnisse tatsächlich auch simultan in Form von Transformationsbündeln gelöst werden, so daß die angestrebte Isolierung der Kosten und Erträge einzelner Transformationsleistungen auf Grund von kaum überwindbaren Zurechnungsproblemen unterbleiben muß.

2. Theorie effizienter Märkte

2.1. Einführung

Die Untersuchung von Informationsprozessen auf Märkten ist überflüssig, wenn die Frage, wie Informationen auf Märkten verarbeitet werden, bereits zufriedenstellend beantwortet ist. Mit der Informationsverarbeitung auf Börsenmärkten beschäftigt sich die Theorie effizienter Märkte, deren Ursprünge in der statistischen Untersuchung von Kursbewegungen an Aktienmärkten wurzeln[28].

Die in diesem Kapitel vorzunehmende kurze Bestandsaufnahme
-     des Forschungskonzeptes der Theorie effizienter Märkte,
-     von älteren und jüngeren empirischen Untersuchungen dieser Forschungsrichtung und

---

28)   Als Gründer dieser Tradition gilt Bachelier (1900).

-    der die empirischen Bemühungen begleitenden theoretischen
     Arbeiten

soll Aufschluß darüber geben, ob die Informationsverarbeitung
auf Märkten bereits in ausreichendem Maße erklärt ist.

Die verschiedenen Forschungskonzepte, die insbesondere in der
Random-Walk-These ihren Niederschlag gefunden haben, werden
von Fama mit der begrifflichen Fassung des Konzeptes der
Markteffizienz zusammengeführt. "A market in which prices al-
ways 'fully reflect' all available information is called efficient."[29].

Diese Definition enthält die wesentlichen Elemente der Theorie
effizienter Märkte und einige Möglichkeiten, sie mißzuverste-
hen. Die vage Formulierung, daß <u>Preise</u> in einem effizienten
Markt Informationen <u>vollständig widerspiegeln</u>, hat Fama den
Vorwurf eingetragen, die Definition sei tautologisch[30], da ihr
die Bezugsgröße fehle. Ohne weitere Präzisierung könne für beliebige Preise behauptet werden, daß sie alle Informationen
reflektierten, und deshalb sei aus dieser Definition auch
keine testbare empirische Implikation abzuleiten.

Fama präzisiert zunächst die Beschaffenheit der einem effizienten Markt zur Verfügung stehenden Informationen ohne die
Möglichkeit eines Mißverständnisses. Die (alle) verfügbaren
Informationen werden in einer Weise verwendet, daß sich die
<u>statistische</u> Verteilung der Kurse der Folgeperiode offenbart.
Da für diese Verteilung eine Dichtefunktion angenommen wird,
ist die Dichtefunktion, aus der die Kurse der Folgeperiode gezogen werden, allen Marktteilnehmern bekannt[31]. Während somit
der Kenntnisstand des Marktes bezüglich der Preise der Periode t+1 eindeutig definiert ist, ist über die Preise der Periode t, die diese Informationen vollständig reflektieren sollen, noch nichts gesagt.

---

29)   Fama (1970), S.383.
30)   Vgl. LeRoy (1976), S.139.
31)   Fama (1976b), S.144: der Kurs der Folgeperiode "... will, however, be
      generated by nature, that is, will be drawn from the true distribu-
      tion of prices...".

Diese Verbindung wird durch die gerade zur Verfügung stehende Bewertungstheorie[32] hergestellt. Die Frage, welche Bewertungstheorie hierfür herangezogen werden soll, bleibt zunächst offen. Die empirische Forschung hat diese Frage durch die überwiegende Verwendung von Gleichgewichtsmodellen, wie dem Marktmodell oder dem Capital Asset Pricing Model, beantwortet. Relativ zu einem solchen Bewertungsmodell enthalten die Preise die zur Verfügung stehenden Informationen nun nicht mehr "fully", sondern "correctly"[33].

Die formale Herleitung des Konzeptes setzt mit Gleichung (3) ein[34]

$$(3) \qquad p_{j,t} = E^m \, (\, \bar{p}_{j,t+1} \mid \Phi_t^m \,) \, / \, (\, 1 + E^m \, (\bar{R}_{j,t+1} \mid \Phi_t^m \,)) \; .$$

$p_{j,t}$ Gleichgewichtspreis des Unternehmens j in der Periode t

E^m bedingter Erwartungswert einer von Marktteilnehmer m angenommenen Wahrscheinlichkeitsverteilung

$\bar{p}_{j,t+1}$ Verteilung der Preise des Unternehmens j in der Periode $t+1$

Φ_t^m subjektiver Informationsstand des Marktteilnehmers m

$\bar{R}_{j,t+1}$ Periodenertragsrate der Aktien des Unternehmens j in der Periode $t+1$

Der in der Periode t herrschende Gleichgewichtspreis errechnet sich aus dem bedingten und an die individuellen Informationsstände gebundenen Erwartungswert über den in der Folgeperiode herrschenden Preis, der mit dem bedingten und ebenfalls an die

---

32)   "return theory at hand", Fama (1970), S.384.

33)   Fama (1976a), S.143: "... the market correctly uses all available information..." und Fama (1976b), S.133: "The prices of securities observed at any time are based on 'correct' evaluation of all information available at that time".

34)   Vgl. Fama (1970), Fama (1976a) und Fama (1976b). Die Darstellung lehnt sich an Neumann/Klein (1982), S.166-168, an. Diese Formalisierung ist eng mit dem Konzept der Rationalen Erwartungen verbunden. Fama nimmt allerdings keinen expliziten Bezug auf diese Theorie. Der mikroökonomische Zweig der Theorie Rationaler Erwartungen wird in Kapitel 3. aufgegriffen.

individuellen Informationsstände gebundenen Erwartungswert
über die Rendite des jeweiligen Unternehmens diskontiert wird.

Damit die Marktteilnehmer aus ihren Informationsständen den
subjektiven Erwartungswert über den Preis eines Unternehmens
in der Periode $t+1$ bilden können, muß in diesen Informationsständen eine marginale Verteilung über die Preise in der Periode $t+1$

$$(4) \quad f^m (p_{j,t+1} \mid \Phi_t^m)$$

enthalten sein. Effizienz und somit das volle und richtige Widerspiegeln sämtlicher vorhandener Informationen ist dann gegeben, wenn subjektiver und objektiver Informationsstand identisch sind, was formal mit

$$(5) \quad \Phi_t^m = \Phi_t$$

Φ_t Bestand aller objektiv vorhandenen Informationen, in welcher Form sie auch immer vorliegen
mögen[35]

ausgedrückt wird. Daraus folgt, daß die von den Marktteilnehmern unterstellte marginale Wahrscheinlichkeitsverteilung der
objektiven marginalen Wahrscheinlichkeitsverteilung entspricht, so daß für Gleichung (4) gilt

$$(6) \quad f^m (p_{j,t+1} \mid \Phi_t^m) = f (p_{j,t+1} \mid \Phi_t) .$$

Aus dieser Gleichung ergibt sich, daß die Erwartungswerte der
Differenzen von Realisationen und Erwartungswerten der Periodenertragsraten (der Marktpreise) Null sind:

$$(7) \quad E (\bar{R}_{j,t+1} - E (\bar{R}_{j,t+1} \mid \Phi_t^m) \mid \Phi_t) = 0$$

Die Abfolge dieser Differenzen führt relativ zu den jeweils
gegebenen objektiven Informationsständen Φ_t zu einem "fair

---

35) "...;Φ_t is a general symbol for whatever set of information is assumed to be 'fully reflected' in the price at t;...". Fama (1970),
S.384.

game". Da der objektive Informationsstand der Investoren die den Preisen in der Periode t zugrundeliegende marginale Verteilung in der Periode $t+1$ vollständig enthüllt, ist eine weitergehende Informationssuche hinfällig. Sofern grundsätzlich unterstellt wird, daß die Investoren unter Unsicherheit entscheiden, ist die Kenntnis der "wahren" Verteilung künftiger Preise die beste mögliche Informationslage.

Hieraus ergibt sich die testbare Implikation der Theorie effizienter Märkte. Wenn dem Markt die Dichtefunktion der folgenden "Kursziehung" bekannt ist, dann können Abweichungen zwischen erwarteten Kursen und den dann tatsächlich eintretenden Kursen nur noch zufällig, d.h. unsystematisch und nicht antizipierbar auftreten. Reflektieren die Preise die vorhandenen Informationen vollständig und richtig, dann kann die erwartete Gleichgewichtsrendite nur noch zufällig von der tatsächlich realisierten Rendite abweichen. Die empirisch gehaltvolle Hypothese lautet: ein bestimmter Markt ist nicht effizient im Sinne von Fama, wenn sich "... historisch verfügbare Informationen nachweisen [lassen], die zu dem Zeitpunkt ihrer ersten Verfügbarkeit eine Disposition zugelassen hätten, die zu einem überdurchschnittlichen Ertrag geführt hätte."[36]

Werden unter Rückgriff auf Gleichung (7) die Differenzen zwischen erwarteter und realisierter Rendite

$$(8) \quad \bar{R}_{j,t} - E(\bar{R}_{j,t} \mid \overset{m}{\Phi}_{t-1}) = \bar{\epsilon}_t$$

gebildet, so läßt sich das so entstehende Sample der Residuen auf die für effiziente Märkte postulierte Unabhängigkeit untersuchen.

Die in der Literatur verwendeten Tests unterscheiden sich im wesentlichen durch die jeweils unterstellten Bewertungsmodelle, die Annahmen über die vom Markt erwarteten Renditen treffen. Gebräuchlich sind für diese Renditen $E[R_{j,t} \mid \Phi_{t-1}]$ die Annahme eines Submartingale-Modells allgemeinster Art

---

36) Neumann/Klein (1982), S.168.

(E [$R_{j,t}$ | Φ_{t-1}] > 0), die Annahme einer konstanten Periodenertragsrate (Random-Walk), die Verwendung des Marktmodells der Portefeuille-Theorie oder verschiedener Ausprägungen des Capital Asset Pricing Model[37].

Da sich die vom Markt <u>erwarteten</u> Periodenertragsraten nicht direkt beobachten lassen, muß zu ihrer Ermittlung ein Modell herangezogen werden. Damit beruht ein empirischer Test der Markteffizienz stets auf einer verbundenen Hypothese, die sich sowohl auf die Markteffizienz als auch auf das verwendete Modell bezieht. Kann die Hypothese, daß der Markt informationseffizient ist, nicht abgelehnt werden, dann können auch die Annahmen über das zugrundegelegte Bewertungsmodell nicht abgelehnt werden. Wird die Hypothese dagegen abgelehnt, dann ist entweder der Markt tatsächlich nicht effizient oder das zugrundegelegte Bewertungsmodell war falsch[38].

Eine undifferenzierte Fassung der "available information" erweist sich für Testzwecke als wenig operabel. Das Schrifttum hat deshalb eine Unterteilung der einzubeziehenden Informationen vorgenommen und damit die Aussagekraft der auf die jeweiligen Informationssubsets bezogenen Effizienztests charakterisiert. Während die "schwache" Form nur historische Kursinformationen in die Untersuchung einbezieht, berücksichtigt die "mittelstrenge" Form zusätzlich alle weiteren öffentlich verfügbaren Informationen, wogegen die "starke" Form der Informationseffizienz sogar (vorübergehend) monopolisierte Informationen in das Konzept aufnimmt.

2.2. Empirischer Befund

Grundlage aller Analysen, die die schwache Form der Markteffizienz zum Inhalt haben, ist die Suche nach statistischen Zusammenhängen oder nach Handelsregeln, die ausschließlich auf der Basis historischer Kursinformationen einen systematisch überdurchschnittlichen Ertrag zugelassen hätten. Ein solcher

---

37)   Vgl. Neumann/Klein (1982), S.177.
38)   Vgl. Fama (1976a), S.137 und S.149-151.

Ertrag ist dann nicht möglich, wenn die Renditeveränderungen im Zeitablauf voneinander unabhängig sind. Dementsprechend beruhen statistische Analysen der schwachen Form der Effizienz auf einer Untersuchung der Autokorrelationskoeffizienten zwischen Renditeveränderungen unterschiedlicher zeitlicher Intervalle, die sich im Falle der Unabhängigkeit nicht signifikant von Null unterscheiden sollten. Das Random-Walk-Modell geht zusätzlich davon aus, daß alle Renditerealisationen aus der gleichen Verteilung gezogen werden, und ist insofern restriktiver. Wird für einen Markt die Random-Walk-These akzeptiert, so gilt das auch für die These schwacher Effizienz, nicht allerdings umgekehrt.

Als Ergebnis einer Vielzahl empirischer Arbeiten[39] läßt sich festhalten, daß zwar immer wieder signifikante Autokorrelationskoeffizienten beobachtet werden, insbesondere bei sehr kurzen Zeitintervallen, daß diese Abhängigkeiten aber zumindest dann nicht zur Erzielung systematischer Überrenditen genutzt werden können, wenn die mit Börsenumsätzen verbundenen Transaktionskosten berücksichtigt werden[40]. Die nordamerikanischen Börsenmärkte scheinen allerdings effizienter zu sein als die deutschen, da die Unabhängigkeitshypothese bei der Verwendung kurzer Zeitintervalle in den betreffenden Arbeiten regelmäßig abgelehnt und nur für monatliche Renditeberechnungen angenommen wird[41].

Es ist allerdings nicht auszuschließen, daß Aktienkursverläufe Muster aufweisen, die von einfachen linearen Regressionsanalysen nicht erfaßt werden. Der einfachste Weg, solchen Mustern nachzuspüren, ist es, Handelsregeln aufzustellen und deren Erfolg an historischen Kursverläufen zu erproben. Die bekannteste dieser Regeln ist die Filterregel, und ihre Empfehlung lautet, eine Aktien zu kaufen, wenn deren Kurs das letzte Kurstief um x% übersteigt, und sie zu verkaufen (oder eine

---

39) Zu den Bekanntesten dürften die von Fama (1965), Niederhoffer/Osborne (1966) und Granger/Morgenstern (1970) gehören. Eine Übersicht über die Ergebnisse verschiedener Arbeiten geben Elton/Gruber (1981), S.364-377.
40) Vgl. Martin/Cox/MacMinn (1988), S.270.
41) Vgl. die Übersicht in Möller (1985), S.508, und die vergleichende und durch eigene Berechnungen ergänzte Analyse von Mühlbradt (1978).

Leerverkaufsposition einzugehen), wenn deren Kurs das nächste Kurshoch um x% unterschreitet. Die Größe x gibt hierbei die Schärfe des Filters an. Ist sie zu klein, so vernichtet die Vielzahl der Transaktionen eventuell bestehende Gewinnmöglichkeiten, ist sie zu groß, so werden Gewinnmöglichkeiten möglicherweise übersehen. Als Vergleichsmaßstab zu den Ergebnissen der Nutzung einer Filterregel wird üblicherweise eine Buy-and-Hold-Strategie herangezogen. Alexander (1961 und 1964) und Fama/Blume (1966) untersuchen diese Frage in vielfältigen Varianten und ihre Ergebnisse sind eindeutig: die Buy-and-Hold-Strategie wird nur bei sehr kleinen Filtern zwischen 0,5% und 1,5% geschlagen[42], und selbst geringe Transaktionskosten bringen diese Vorteile zum Verschwinden. Hofmann (1973)[43] kommt auf der Grundlage eines Simulationsmodells zu einem ähnlichen Ergebnis.

Eine weitere Handelsregel ist diejenige der relativen Stärke. Aktien werden nach ihrem Verhältnis zwischen aktuellem Kurs und dem Durchschnittskurs eines bestimmten vorangegangenen Zeitraumes geordnet, und eine gewisse Anzahl von Aktien mit den höchsten Verhältniszahlen werden in gleichen absoluten Beträgen gekauft. Während Levy (1967) die Überlegenheit dieser Regel gegenüber einer reinen Buy-and-Hold-Strategie glaubt, belegen zu können, zeigen Jensen/Bennington (1970) auf einer breiteren Datenbasis, daß bei Berücksichtigung von Transaktionskosten diese Überlegenheit nahezu völlig verschwindet[44]. Für den deutschen Markt glaubt Hockmann (1979) mit den Point-and-Figure-Analysen eine erfolgreiche und der These schwacher Informationseffizienz widersprechende Strategie gefunden zu haben, deren Vorteile aber, wie Klein (1983) zeigt, von einer inkonsistenten Renditeberechnung ausgelöst werden. Das Ergebnis der Verwendung von Handelsregeln entspricht demjenigen, das sich mit statistischen Untersuchungsmethoden ergibt, und das hier als Fazit festgehalten werden kann: die

---

42) Sehr kleine Filter nutzen insbesondere äußerst kurzfristige Kursbewegungen, für die auch lineare Abhängigkeiten festgestellt wurden.
43) Vgl. Hofmann (1973), S.88-108, insbesondere S.102.
44) Das Auswahlverfahren der relativen Stärke bevorzugt tendenziell Werte mit höheren Risiken. Risikoadjustiert kehren sich die verbleibenden Vorteile in Nachteile um.

Auswertung ausschließlich historischer Kursinformationen erlaubt keine Erzielung von Überrenditen[45].

Das genaue Gegenteil sollte von Untersuchungen zur strengen
Form der Markteffizienz erwartet werden. Da aber die Nutzung
(vorübergehend) monopolisierter Informationen aufgrund gesetz-
licher oder freiwilliger Insiderregelungen häufig mit Sanktionen belegt wird, ist dem Umfang des zur Auswertung bereitstehenden Datenmaterials eine natürliche Grenze gesetzt. Die Literatur hat sich beholfen, indem sie einer Gruppe von Marktteilnehmern das Vorliegen (vorübergehend) monopolisierter Informationen unterstellt.

Für die Manager großer Investmentgesellschaften oder Pensions-
kassen ist diese Annahme besonders naheliegend, da die ausschließliche Beschäftigung mit der Vermögensverwaltung und die
erheblichen zur Informationsbeschaffung- und auswertung eingesetzten Mittel das Erlangen von Informationsvorteilen fast er-
zwingen sollten. Die Ergebnisse der empirischen Forschung
sprechen aber dagegen. Jensen (1968) untersucht 114 Invest-
mentfonds und stellt fest, daß gegenüber einer reinen Buy-and-
Hold-Strategie im Durchschnitt keine Überrenditen erzielt werden können[46]. Dieses Resultat verschlechtert sich noch, wenn
die Kosten der Fondverwaltung berücksichtigt werden[47]. Lerbinger (1984) vergleicht die Ergebnisse ausgewählter deutsche In-

---

45) Was die Praxis des Wertpapiergeschäftes nicht davon abhält, weiterhin
    Chartanalysen in allen möglichen Ausprägungen, etwa der Interpreta-
    tion von Kopf-Schulter-Formationen, zu betreiben. Die Beschäftigung
    mit diesen von Elton/Gruber (1981), S.373, als "... esoteric per-
    ceived price phenomena" bezeichneten Mustern wird vermutlich durch
    die in immer größerer Zahl angebotenen PC-Programme zur Kursanalyse
    noch zunehmen, was aufgrund des nicht unbeträchtlichen Charmes der
    sich ergebenden Graphiken auch nicht unverständlich ist.
46) Vgl. auch Cranshaw (1977) und McDonald (1974).
47) Damit wird, worauf Jensen (1968), S.415, ausdrücklich hinweist, kein
    grundsätzlicher Einwand gegen Investmentgesellschaften begründet, wo-
    bei sich Jensen insbesondere auf den Aspekt der Diversifikation be-
    zieht. Darüberhinaus dürften sich Vorteile für die Anlage in Invest-
    mentzertifikaten ergeben, wenn die anzulegenden Beträge sehr klein
    werden, da die alternative Methode der naiven oder zufälligen Diver-
    sifikation dann entweder nicht mehr möglich oder auf Grund der Trans-
    aktionskosten prohibitiv teuer wird.

vestmentgesellschaften mit den Ergebnissen zufällig generierter Portefeuilles und kommt zu ähnlichen Ergebnissen[48].

Diese Form des Tests der These starker Markteffizienz ist allerdings nur bedingt aussagefähig, denn als Erklärung für das Ausbleiben von Überrenditen kommen folgende Möglichkeiten in Frage:

- Fondsmanager haben Informationsvorteile, aber der Markt ist in strengem Sinne effizient, so daß sich daraus kein Nutzen ziehen läßt, oder
- Fondsmanager haben Informationsvorteile, scheuen sich aber auf Grund der institutionellen Rahmenbedigungen, diese Vorteile zu nutzen, oder
- Fondsmanager haben im Gegensatz zu der diesen Tests zugrundeliegenden Annahme überhaupt keine Informationsvorteile, so daß diese Tests einen interessanten Beitrag zur Einschätzung der Leistungsfähigkeit von Investmentgesellschaften, aber keinen zur These der strengen Markteffizienz leisten.

Eine besondere Ausprägung monopolisierter Informationen untersuchen Niederhoffer/Osborne (1966). Sie können zeigen, daß Aktienhändler ("specialists") auf Grund ihrer Kenntnis noch nicht ausgeführter Kauf- und Verkaufsaufträge Überrenditen erzielen können. Dies ist letztlich nicht überraschend, jedoch insofern eine Besonderheit, als hier die Notwendigkeit entfällt, die monopolistisch erworbenen Informationen zur Erzielung eines Gewinnes zu verbreiten.

Jenseits der Probleme, dezentral vorliegende und (vorübergehend) monopolisierte Informationen für eine statistische Untersuchung zu isolieren, entsteht die Frage, ob die Hypothese, der Markt sei effizient in strengem Sinne, überhaupt sinnvollerweise angenommen werden darf[49]. Die Konsequenzen eines im strengen Sinne effizienten Marktes lassen sich an einem Beispiel verdeutlichen.

---

48) Lerbinger. faßt seine Analyse, im Gegensatz zu Jensen, ausdrücklich als Beitrag zur Theorie effizienter Märkte auf.
49) Vgl. auch Martin/Cox/MacMinn (1988), S.281.

Unterstellt, ein Naturwissenschaftler im Dienste einer börsengehandelten Aktiengesellschaft entdeckt im Rahmen seiner Forschung zufällig und unerwartet ein Phänomen, von dem mit Sicherheit[50] angenommen werden kann, daß es mit erheblichem Gewinn ökonomisch verwertet werden kann. Damit ist die Information entstanden, sie ist "available", aber sie ist nicht "publicly available". Sofern dieser Wissenschaftler nicht Insiderregeln unterliegt oder sich aus moralischen Gründen diesen Regeln freiwillig unterwirft, kann er die ihm monopolistisch vorliegende Information zusätzlich zu einer möglichen direkten Gewinnbeteiligung dadurch ausnutzen, daß er Aktien seines Unternehmens erwirbt, bevor seine Entdeckung veröffentlicht wird.

Damit der Markt das Kriterium strenger Informationseffizienz erfüllt, darf diese Transaktion nicht zu einer überdurchschnittlichen Rendite führen. Das ist aber nur dann der Fall, wenn diese Transaktion zu einem Kurs führt, der entstanden wäre, wenn alle Marktteilnehmer diese Information gehabt hätten[51] _und_ wenn alle Portefeuilles unverändert bleiben, mit anderen Worten, wenn sich ein neuer, von einem walrasianischen Auktionator ermittelter umsatzloser Gleichgewichtspreis ergibt. Dies ist allerdings keine sonderlich realistische Annahme, so daß die Vorstellung eines im strengen Sinne effizienten Marktes schwierig bleibt. Die empirische Forschung wird sich hier vermutlich auf die Position zurückziehen, daß es ausreichend sei, wenn die Effekte nicht statistisch signifikant, der Markt also zumindest ziemlich effizient im strengen Sinne sei. Damit wird das Effizienzkriterium aber an der Qualität der verfügbaren Daten und statistischen Methoden festgemacht, was keineswegs überzeugender ist.

---

50) Die Annahme der Sicherheit wird hier der Einfachheit halber getroffen und stört auch nur sehr wenig, da sich zum einen das Ungewißheitsmoment integrieren läßt, und zum anderen eine ausreichende Anzahl von wünschenswerten naturwissenschaftlichen Entdeckungen (Energie, Umwelt) gefunden werden kann, deren wirtschaftlicher Erfolg sich mit großer "Sicherheit" prognostizieren läßt.
51) In Anlehnung an die weiter unten zitierte Definition von Beaver (1981), S.28.

Grundlage der Tests der mittelstarken Form der Markteffizienz ist es, die Teilmenge der beobachteten Informationen erneut zu differenzieren, so daß Effizienz auf eine bestimmte Informationsausprägung bezogen wird. Dabei wird implizit von der Annahme ausgegangen, daß ein Markt, der effizient bezüglich einer bestimmten Information ist, auch bezüglich anderer Informationen effizient sein dürfte[52].

Wegbereitend für eine Vielzahl ähnlicher Tests war die Untersuchung von Fama/Fisher/Jensen/Roll (1969)[53], die die Auswirkungen der Ausgabe von Gratisaktien zum Inhalt hat. Einige vorangegangene Untersuchungen hatten ergeben, daß die Ausgabe von Gratisaktien mit einer Kurserhöhung der betreffenden Unternehmen einherging, was erstaunlich ist, da ein solcher Stock Split lediglich die Anzahl der umlaufenden Aktien, nicht aber das Vermögen oder die zur Ausschüttung bereitstehenden Mittel erhöht. Zur Beantwortung der Frage, ob dieser Effekt systematisch auftritt und wodurch er gegebenenfalls zu erklären ist, greifen Fama et al. auf 940 Splits zurück, die von 622 verschiedenen Unternehmen in den Jahren 1927 bis 1959 vorgenommen wurden[54].

Zur Schätzung der Gleichgewichtsrenditen verwenden sie das Marktmodell und alle verfügbaren monatlichen Renditen dieses Zeitraumes mit Ausnahme der 15 Monate vor und nach dem Split des betreffenden Unternehmens. Für jeweils 30 Monate vor und nach einem Split werden nun die durchschnittlichen und die kumulierten durchschnittlichen Abweichungen zwischen geschätzten Gleichgewichtsrenditen und tatsächlich realisierten Renditen ermittelt. In den 30 Monaten, die dem Stock Split vorangehen, steigen die kumulierten Renditeabweichungen durchgehend und am

---

52)   Vgl. Elton/Gruber (1981), S.377.
53)   Im folgenden unter Fama et al. referiert.
54)   Diese Datenbasis gibt einen Hinweis darauf, warum die empirische Kapitalmarktforschung ausschließlich nordamerikanische Wurzeln hat. Die Möglichkeit, jahrzehntelange Kurszeitreihen beobachten zu können, die nicht von Hyperinflationen und wirtschaftlichen Totalzusammenbrüchen geprägt ist, schafft eine unvergleichliche Ausgangsbasis für statistische Untersuchungen. Fraglich bleibt, ob die Aggregation von Kurs- und Renditedaten, die von der schweren Wirtschaftskrise der Dreißiger-Jahre über den Zweiten Weltkrieg bis zum Koreakrieg reichen, verläßliche Aussagen zuläßt. Die empirische Forschung hat diese Frage positiv beantwortet.

stärksten in den letzten vier bis fünf Monaten dieses Zeitraumes. In den 30 Monaten nach dem Split ändern sich die kumulierten Renditeabweichungen dagegen fast überhaupt nicht mehr.

Da es sehr unwahrscheinlich ist, daß der Markt die Ausgabe von Gratisaktien mehr als zwei Jahre vorausahnt, insbesondere da nur in 10 % aller Fälle zwischen Ankündigung und Vollzug dieser Maßnahme ein Zeitraum von mehr als vier Monaten lag, begründen Fama et al. dieses frühe Ansteigen mit einem für die jeweiligen Unternehmen sehr günstigen allgemeinen Geschäftsverlauf. Aus der Feststellung, daß die Dividendenentwicklung von 672 der 944 betrachteten Unternehmen in dem auf den Split folgenden Geschäftsjahr überdurchschnittlich positiv verlief, schließen sie ferner, daß der Markt mit der Ankündigung der Ausgabe von Gratisaktien eine bevorstehende Dividendenerhöhung assoziiert. Da aber offenbar nicht alle Unternehmen dieser Erwartung gerecht werden, ist es erstaunlich, daß die kumulierten durchschnittlichen Überrenditen nach der Vornahme des Split nahezu keine Bewegung mehr aufweisen.

Fama et al. trennen daher die von ihnen beobachteten Unternehmen in eine Gruppe, deren Dividenden sich nach dem Split besser entwickelten als der Durchschnitt aller Aktien, und eine Gruppe, deren Dividenden sich schlechter entwickelten als der Durchschnitt. Während die kumulierten Überrenditen der ersten Gruppe nach dem Split weiter ansteigen, gehen die entsprechenden Werte der zweiten Gruppe zurück. Aus der Beobachtung, daß die kumulierten Überrenditen _aller_ Unternehmen nach dem Split nahezu keine Änderung mehr aufweisen, die Unternehmen in Abhängigkeit ihrer Fähigkeit, die Erwartungen auf erhöhte Dividenden einzulösen, aber diffenrenzierte Renditeentwicklungen erfahren, schließen Fama et al., daß der Markt eine erwartungstreue Schätzung künftiger Erträge vornimmt und die individuellen Marktpreise dann die tatsächliche Dividendenentwicklungen widerspiegelt, der Markt somit effizient ist[55].

---

55) "Thus the results of the study lend considerable support to the conclusion that the stock market is 'efficient' in the sense that stock prices adjust very rapidly to new information." Fama et al. (1969), S.20.

Eine Anzahl weiterer Arbeiten führte zu ähnlich deutlichen Ergebnissen. So konnte für die Veröffentlichung mutmaßlich preisbeeinflussender Expertenmeinungen[56] wie für Dividendenankündigungen[57] gezeigt werden, daß sie vom Markt effizient verarbeitet werden. Eine der wenigen Ausnahmen bilden die Auswirkungen großer Transaktionen ausgewählter Investorengruppen[58], die einen Schluß auf signifikante Ineffizienzen zulassen.

Die klaren Befunde der frühen Forschung werden allerdings durch die Aufdeckung einer Reihe von Effekten, die mit der These effizienter Informationsverarbeitung auf Märkten oder mit den entsprechenden Bewertungsmodellen nicht verträglich sind, zunehmend in Frage gestellt.

Reinganum (1981) gruppiert 535 Aktien nach ihrem Gewinn/Kurs-Verhältnis und stellt aus den jeweils besten und schlechtesten Werten nach diesem Kriterium Portefeuilles zusammen, die jeweils ein Beta von 1 haben. Es zeigt sich, daß das Portefeuille mit Aktien hoher Gewinn/Kurs-Verhältnisse systematisch zu signifikant höheren Renditen führt als das Vergleichsportefeuille. Dieser Effekt ergibt sich bei Einbeziehung von 10 wie auch von 50 der jeweils besten und schlechtesten Werte. Angeregt durch die Arbeit von Banz (1981), fördern weitergehende Analysen zutage, daß es insbesondere kleinere Unternehmen sind, die diese überdurchschnittlichen Renditen aufweisen, so daß die festgestellten Effekte mehr durch die Unternehmensgröße als durch die Kurs/Gewinn-Verhältnisse ausgelöst werden[59].

Da die zur Schätzung der Gewinne herangezogenen Daten ausschließlich auf Veröffentlichungen im Wall Street Journal beruhen - und damit öffentlich verfügbar sind - liegt es nahe, aus diesen Ergebnissen nicht auf eine Marktineffizienz, sondern auf eine Misspezifikation des zugrundegelegte Bewertungsmodells (des Capital Asset Pricing Model) zu schließen.

---

56) Vgl. Davies/Canes (1978). Die rechnerisch möglichen Überrenditen können nur bei sehr kleinen Transaktionskosten realisiert werden.
57) Vgl. u.a. Ball/Brown (1968) und Watts (1973).
58) Das sogenannte Block-Trading. Vgl. Kraus/Stoll (1972) und Grier/Albin (1973).
59) Vgl. Reinganum (1981), S.45.

Die Existenz von Überrenditen kleiner Unternehmen ließ sich nicht nur erhärten[60], sondern es kamen auch zeitliche Muster hinzu. Keim (1983) konnte zeigen, daß die Hälfte dieser Überrenditen auf den Januar konzentriert waren und davon wiederum die Hälfte auf die ersten fünf Handelstage dieses Monats. Schon vorher hatten Rozeff/Kinney (1976) einen gleichgewichteten Index der New York Stock Exchange für den Zeitraum von 1904 bis 1974 untersucht und festgestellt, daß die durchschnittliche Monatsrendite des Januar bei 3,5% lag, im Gegensatz zu einem Satz von 0,5% in allen anderen Monaten[61].

Die auffälligen Renditebewegungen wurden zunächst auf steuerinduzierte Verkäufe zum Jahresende zurückgeführt. Aktien von Unternehmen, die während des laufenden Jahres Kursverluste hinnehmen mußten, werden verkauft, damit die realisierten Kapitalverluste steuermindernd wirken können. Roll hält dieses Argument für "ridiculous"[62], da unerklärt bleibt, warum die erkennbaren Regelmäßigkeiten nicht von Investoren ausgenutzt werden, die nicht vor der Notwendigkeit der Realisierung steuermindernder Kursverluste stehen. Gleichwohl kann er zeigen, daß zwischen den Kursverlusten im laufenden Jahr und den Überrenditen im Januar ein signifikanter Zusammenhang besteht. Das Ausbleiben eines Arbitrageprozesses findet nach Roll seine Begründung in den Transaktionskosten, die auf den Märkten für kleinere Unternehmen und insbesondere zum Jahresende hin sehr hoch sein können[63]. Da allerdings bei moderater Umschlagshäufigkeit des Portefeuilles selbst bei hohen Transaktionskosten Überrenditen erzielt werden können[64], bleibt der Januar-Effekt

---

60) Eine Übersicht gibt Schwert (1983), der 19 Arbeiten zitiert, die zwischen 1981 und 1983 zu diesem Thema verfaßt worden sind.

61) Thaler (1987a) zitiert ein unveröffentlichtes Manuskript von Lakonishok/Smidt aus dem Jahr 1986, in dem diese zeigen, daß der Januar-Effekt nicht auftritt, wenn ausschließlich große Unternehmen in die Untersuchung einbezogen werden. Small-Firm-Effect and Januar-Effekt wären dann gleichbedeutend. In der Literatur besteht eine Tendenz, Größeneffekte und Zeiteffekte (Seasonalities) getrennt zu rubrizieren. Vgl. z.B. Guimaraes/Kingsman/Taylor (1989).

62) Roll (1983), S.20.

63) Der Bid/Ask-Spread wird in die Transaktionskosten einbezogen. Vgl. Roll (1983), S.22.

64) Stoll/Whaley (1983) untersuchen monatliche Renditen und kommen zu dem Ergebnis, daß bei einem Anlagehorizont von mehr als drei Monaten bei Berücksichtigung von Transaktionskosten keine Überrenditen mehr fest-

letztlich unerklärt, zumal er auch in Ländern festzustellen ist, deren steuerliche Regelungen von denen der USA abweichen[65].

Noch weniger als der Januar-Effekt ist der sogenannte "weekend effect" erklärt. Mehrere Untersuchungen täglicher Renditen führten zu dem Ergebnis, daß Freitage besonders hohe und Montage besonders niedrige tägliche Renditen aufweisen[66]. Auch dieser Effekt ist nicht auf die USA beschränkt[67], für Deutschland wurde er von Frantzmann nachgewiesen[68] [69].

Das vielfältige Erscheinungsbild empirischer Kapitalmarktforschung wird von DeBondt/Thaler[70] um eine weitere Facette bereichert. Ausgangspunkt ihrer Überlegungen ist die Feststellung von Kahnemann/Tversky (1982), daß die Bayes'sche Statistik die Art und Weise, wie Individuen auf neue Informationen reagieren, nicht angemessen beschreibt. Neue Informationen werden gegenüber den bereits vorliegenden Informationen tendenziell überbewertet. Zum Test der Hypothese, daß diese Überbewertung auch auf Kapitalmärkten auftritt, formieren sie auf der Basis von Daten des Zeitraumes von 1926 bis 1982 Winner- und Looser-Portefeuilles, zusammengesetzt aus jeweils 35 Aktien[71], die sich in einem Zeitraum von 3 Jahren als besonders erfolgreich oder erfolglos erwiesen hatten. Die jeweils drei folgenden Jahre dienen als Testperiode. Wenn die Annahme zutrifft, daß der Markt überreagiert, dann sollte es bei Unternehmen, die auffällig positive oder negative Entwicklungen zu

---

stellbar sind. Auf der Basis von täglichen Renditen stellt Schultz (1983) fest, daß bei einjährigem Planungshorizont selbst nach Transaktionskosten Überrenditen erzielbar sind.

65) Gultekin/Gultekin (1983) finden den Januar-Effekt in 15 von 16 untersuchten Ländern. Die Ausnahme ist Australien.

66) Vgl. u.a. French (1980) und Keim/Stambaugh (1984).

67) Vgl. Jaffe/Westerfield (1985).

68) Vgl. Frantzmann (1987), dessen Beitrag die Bezeichnung "Montags-Effekt" im Titel trägt. Montags-Effekt und "weekend effect" werden häufig synonym verwendet, jedoch scheint sich die Bezeichnung "weekend effect" durchzusetzen, da nicht der Montag selbst, sondern das dazwischen liegende Wochenende ausschlaggebend ist.

69) Einen Überblick über weitere Anomalien, die sich kalendarisch ordnen lassen, gibt Thaler (1987a) und (1987b).

70) Vgl. DeBondt/Thaler (1985) und (1987).

71) Alternativ wurden die Berechnungen für die 50 besten und schlechtesten Aktien und einem jeweiligen 10%-Anteil durchgeführt.

verzeichnen hatten, in diesen Testperioden zu ausgeprägten Korrekturen kommen.

In der Tat weisen die Looser-Portefeuilles zum Ende der dreijährigen Vergleichsperiode eine um durchschnittlich 19,6% höhere Rendite auf, während die Winner-Portefeuilles um durchschnittlich 5% hinter der Marktentwicklung zurückbleiben. Neben der auffälligen Asymmetrie dieses Effektes ist bemerkenswert, daß die Überrenditen vor allem in den Monaten 1, 13 und 25 der Testperiode auftreten, also jeweils im Januar[72].

Der empirische Befund gleicht einem "Puzzle"[73]. Auffällig ist vor allem, daß die anfängliche Klarheit der Ergebnisse mit der zunehmenden Anzahl der Untersuchungsansätze immer mehr abnahm, ohne daß ein auch nur halbwegs geschlossener Erklärungsrahmen für die unerwarteten Effekte gefunden werden konnte. In der Literatur wird die Meinung vertreten, diese Anomalien sollten nicht überbewertet werden und stattdessen auf der Basis der älteren Forschungsergebnisse weiterhin von einer empirischen Bestätigung der These effizienter Märkte ausgehen. Zum einen birgt es eine gewisse Veröffentlichungslogik in sich, daß die Verleger des einschlägigen Schrifttums, die es zunehmend müde werden, gleichförmige Bestätigungen einer bekannten These zu veröffentlichen, neuen und überraschenden Ergebnissen gegenüber besonders aufgeschlossen sind[74]. Damit entsteht ein zusätzlicher Anreiz für die Forschung, nach eben diesen überraschenden Ergebnissen zu suchen.

Zum anderen ergibt sich ein Problem aus dem erschöpflichen Bestand an historischen Kurs- und Unternehmensinformationen. Jeder zusätzliche statistische Test bezieht sich somit grundsätzlich auf die gleiche Datenbasis. Teilweise werden sogar identisch gleiche Datenbestände verwendet[75], womit die Aussa-

---

72) Vgl. DeBondt/Thaler (1985), S.799.
73) Ball (1989), S.27.
74) Vgl. Merton (1987a), S.104.
75) Es ist natürlich naheliegend, auf bereits bestehende Daten zurückzugreifen, insbesondere wenn sie gezielt für empirische Arbeiten gesammelt werden, wie etwa diejenigen des "Center for Research in Security Prices" (CRSP) der University of Chicago, auf die u.a. DeBondt/Thaler (1985) zurückgreifen.

gekraft dieser zusätzlichen Tests reduziert werden kann[76]. Obwohl das letztgenannte Argument nicht gänzlich von der Hand zu weisen ist, bleibt es im Ergebnis unbefriedigend, da weitergehende Untersuchungen entweder bis zum Vorliegen neuer Datenmengen, somit für Jahre oder Jahrzehnte, ausgesetzt werden müssen[77], oder pauschal dem Verdacht ausgesetzt werden, statistische Artefakte zu beschreiben.

Eine näherliegendere Erklärung für die abnehmende Deutlichkeit der Ergebnisse liegt in der Verfeinerung der Fragestellungen, der Erweiterung der Datenbasis auf längere Zeiträume, der Einbeziehung zusätzlicher (insbesondere kleiner) Unternehmen, der Verfügbarkeit verbesserter statistischer Methoden und der Möglichkeit des Rückgriffs auf immer leistungsfähigere Rechenanlagen. Der methodologische Fortschritt erhöht die Wahrscheinlichkeit, daß vorhandene Anomalien auch tatsächlich aufgedeckt werden. Zudem ist nicht ausgeschlossen, daß die anfangs so deutlichen Ergebnisse nicht so deutlich waren, wie es den Anschein hat. Offenbar lag eine Neigung vor, die Resultate der Berechnungen den allgemein gehegten Erwartungen zumindest argumentativ solange anzupassen, bis die Vielzahl unerklärter Effekte dieses Verfahren nicht mehr zuließ[78].

Schließlich lassen differenziertere Fragestellungen a priori erwarten, daß weniger eindeutige Ergebnisse erzielt werden. Je größer die Anzahl der Investoren, die eine Information bewerten, und je einfacher der Bewertungszusammenhang zwischen dieser Information und dem Marktpreis der Aktie ist, desto deutlicher wird die Ausprägung der Markteffizienz sein. Ausgangs-

---

76) Vgl. Merton (1987), S.104-108.
77) Tobin wirft Merton in diesem Zusammenhang vor, er würde sich auf eine zweite Verteidigungslinie des statistischen Skeptizismus zurückziehen. Nachdem eine große Anzahl von Belegen gefunden sei, die die "market rationality hypothesis" stützen, "... he [Merton] declares closure on further research on the grounds that the degrees of freedom in the data have been collectively exhausted." Tobin (1987), S.126.
78) Vgl. Ball (1989), S.48. Ball belegt diese Tendenz im gleichen Beitrag auf S.37, Fußnote 17, am Beispiel von Ball/Brown (1968). Auch Mühlbradt (1978) scheint dieser Tendenz zu unterliegen, wenn er die aus damaliger Sicht nicht ganz befriedigenden, ex post gesehen jedoch plausiblen Ergebnisse seiner Korrelations- und Runtests interpretativ in die vorherrschende Meinung einzufügen versucht.

punkt der Untersuchung von Fama et al. (1969) ist "market folklore"[79], die besagt, daß mit Stock Splits Kurserhöhungen einhergehen. Die Bewertungszusammenhänge sind naheliegend und die Informationen eindeutig identifizierbar. Somit ist es zu erwarten, daß der Markt entsprechend effiziente Preise ermittelt, und die Bestätigung der Hypothese ist zufriedenstellend. Es ist deutlich viel weniger naheliegend, aus bis zu 1089 Einzelaktien Portefeuilles mit den jeweils 35 größten Gewinnern und Verlierern zusammenstellen[80] und deren "richtige" Bewertung zu überprüfen, so daß eigentlich nur das Ausbleiben widersprüchlicher Ergebnisse überraschen könnte.

Die Literatur ist sich uneins, wie diese verwirrenden Ergebnisse zu interpretieren sind und welche Konsequenzen daraus gezogen werden müssen. Teilweise wird behauptet, daß weiterhin von bestehender Markteffizienz ausgegangen werden kann, da die neueren empirischen Ergebnisse über keine ausreichende statistische Aussagekraft verfügen[81].

Wird von einer Minderheit abgesehen, die den Forschungszweig selbst und dessen Ergebnisse in Frage stellt[82], so lassen sich grob zwei Meinungsschwerpunkte erkennen. Auf der einen Seite stehen diejenigen, die in den verwendeten Bewertungsmodellen den Auslöser der aktuellen Probleme sehen und hier den größten Bedarf an theoretischer Forschung ausmachen. Reinganum schließt aus seinen Ergebnissen, daß "... alternative models of capital market equilibrium ought to be seriously considered and tested"[83] und Schwert folgert aus der Vielzahl der im Zusammenhang mit unterschiedlichen Unternehmensgrößen aufgetretenen Anomalien, daß "... new theory must be developed that is consistent with rational maximizing behavior on the part of all actors in the model"[84].

---

79)   Martin/Cox/MacMinn (1988), S.274.
80)   Wie es DeBondt/Thaler (1985) tun.
81)   Vgl. Merton (1987).
82)   Vgl. Summers (1985) und in gewisser Weise auch Tobin (1987). Hierzu gehören auch Beiträge, die die Vorstellung eines "Effcient Market" schlechterdings für lächerlich halten, wie etwa Ferguson (1983).
83)   Reinganum (1981), S.45.
84)   Schwert (1983), S.10.

Eine genauere Spezifikation der mit den herkömmlichen Bewertungsmodellen verbundenen Schwierigkeiten wird von Ball[85] vorgenommen, worunter

- die Reduktion der Betrachtung auf reine Tauschmodelle, die die Angebotsseite exogen vorgeben,
- die Eigenschaft der Modelle, nur Partialgleichgewichte zu beschreiben,
- das Problem der Annahme homogener Erwartungen und
- die Vernachlässigung der Informationskosten

fallen. Die Forderung nach einer bevorzugten Weiterentwicklung der <u>Bewertungsmodelle</u> legt den Verdacht nahe, daß hier eine methodologische Vorentscheidung getroffen wird. Ausgangspunkt ist nunmehr die Annahme, daß der Markt Informationen richtig verarbeitet, so daß empirisch ermittelte Auffälligkeiten auf Divergenzen zwischen theoretischen und realen Bewertungsmodellen zurückzuführen sind. Wenn aber von vornherein ausgeschlossen wird, daß der Markt sich in der Interpretation der verfügbaren Informationen, die ganz grundsätzlich die "wahre" Verteilung der künftigen Preise enthüllen, irrt, dann kann Effizienz nicht mehr sinnvoll getestet werden, so daß künftige Tests nicht mehr Effizienz sondern die Validität des verwendeten Preisbildungsmodells zum Ziel haben.

Diese methodologische Vorentscheidung über die fehlerfreie Informationsverarbeitung durch den Markt wird vermieden, wenn zusätzlich zur Berücksichtigung eines möglichen Versagens der Bewertungsmodelle entweder die weitreichenden Annahmen bezüglich der dem Markt vorliegenden Informationen und/oder die Annahme einer durchgängig rationalen Informationsverarbeitung durch die Marktteilnehmer aufgehoben werden. Möller, dessen Bestandsaufnahme der Ergebnisse empirischer Effizienzforschung in Deutschland von einiger Skepsis geprägt ist, kommt zu dem Fazit, "... daß die Entwicklung einer dynamischen, informationsgestützten Preisbildungstheorie des Aktienmarktes anzustre-

---

85)   Vgl. Ball (1989), S.41-47.

ben ist, bevor die Effizienzforschung zu eindeutigen Ergebnissen gelangen kann"[86].

Aus Sicht der traditionellen Kapitalmarkttheorie ist die von DeBondt ausgesprochene Erwartung, daß es ein vielversprechendes Aufgabengebiet künftiger empirischer und theoretischer Arbeit sei, "... to characterize the 'quasi'-equilibria that prevail in markets where a substantial number of economic agents are less than fully rational"[87] natürlich sehr weitgehend, was sich allein daran zeigt, daß sie in direktem Widerspruch zu der oben zitierten Meinung von Schwert steht.

Das gemeinsame Charakteristikum aller Forderungen nach einer die empirische Forschung unterstützenden Weiterentwicklung der theoretischen Modelle ist es, daß sie keine Hinweise zur Operationalisierung künftiger Forschungsschwerpunkte bieten. Zumindest ein Ansatzpunkt konkreter Modellentwicklung ergibt sich aus einer Bestandsaufnahme der Forschungstradition, innerhalb derer die Theorie effizienter Märkte entwickelt worden ist.

Die Theorie effizienter Märkte ist aus der Untersuchung von Kurszeitreihen hervorgegangen, die vermutlich auch in dem Bestreben vorgenommen wurden, unter Anwendung der damals auf Kapitalmärkten noch nicht besonders verbreiteten statistischen Methoden finanziell verwertbare Muster vorzufinden. Die verschiedenen Ansätze wurden von Fama zusammengefaßt und ex-post mit einem theoretischen Konzept unterlegt. Der empirisch gehaltvolle Kern der Effizienzthese folgt mit der Frage, ob "der Markt" die Erzielung von Überrenditen auf der Grundlage frei verfügbarer Informationen zuläßt, dem Pragmatismus der frühen Forschung. Ferner zeigt sich hier ein Forschungsverständnis, wie es u.a. von Friedman (1952) vorgetragen wird. Theoretische Modelle können danach das Verhalten realer Märkte prognostizieren, auch wenn sich die Individuen auf diesen Märkten nicht - wie es das theoretische Modell erfordert - als rationale, vollständig informierte Nutzenmaximierer verhalten. Der ei-

---

86) Möller (1985), S.516.
87) DeBondt (1989), S.78.

gentliche Marktprozess bleibt unbeobachtet und wird als Black-Box aufgefaßt[88]. Ein deutlicher Hinweis auf diese Tradition ist es, daß die Hypothese der Markteffizienz regelmäßig vor dem Hintergrund formuliert wird, daß die hinreichenden Bedingungen für Markteffizienz "(i) there are no transaction costs in trading securities, (ii) all available information is costlessly available to all market participants, and (iii) all agree on the implications of current information for the current price and distributions of future prices of each security"[89] <u>nicht</u> erfüllt sind.

Im Hinblick auf das originäre Forschungsziel der Theorie effizienter Märkte ist diese Black-Box-Betrachtung zunächst auch unproblematisch. Mit der Allokationsfunktion des Marktes[90] steht nicht der Marktprozeß, sondern das Prozessergebnis im Vordergrund des Interesses. Effiziente Märkte bündeln die nicht notwendigerweise allen Marktteilnehmern in gleicher Weise vorliegenden und nicht notwendigerweise in gleicher Weise interpretierten Informationen derart, daß sich die "wahre" Verteilung der künftigen Kurse in den aktuellen Preisen niederschlägt. Aus der Zielgröße Allokationseffizienz ist zu folgern, daß sich die "wahre" Verteilung künftiger Kurse auf der Basis von unternehmensbezogenen Daten ergibt. Obwohl diese fundamental orientierte Interpretation Famas Intentionen entsprechen dürfte[91], ist sie sowohl in formaler als auch in pragmatischer Hinsicht einer nicht-fundamentalen Sichtweise offen.

Die hilfsweise Vorstellung, daß sich Kurse als "drawn by nature" ergeben, ist in der Realität durch das Marktergebnis der jeweiligen Periode zu ersetzen. Lassen sich die Marktteilnehmer bei ihren Dispositionen regelmäßig durch andere als unternehmenbezogene Daten leiten, so kann die Aggregation aller Informationen durch den Markt wiederum zu effizienten Preisen führen. Die testbare Hypothese, daß öffentlich verfügbare In-

---

88) Zum Zusammenhang mit der Effizienzforschung vgl. etwas ausführlicher
     Ball (1989), S.32-35.
89) Fama (1970), S.387.
90) Vgl. Fama (1970), S.383, Fama (1976a), S.133.
91) Die fundamentale Orientierung zeigt sich sehr deutlich bei Beaver
     (1981), der über einen "intrinsic value" argumentiert.

formationen keine Überrenditen zulassen, wird davon nicht berührt. Ein effizienter Markt in diesem Sinne weist keine neuen Implikationen für die Investoren auf, während die Frage, ob das Kapital seiner produktivsten Verwendung zugeführt wird, offenbleibt. Als Fazit einer kritischen Auseinandersetzung mit der Stärke statistischer Tests, die im Zusammenhang mit der These effizienter Märkte eingesetzt werden, kommt Summers zum gleichen Ergebnis und folgert daraus: "This analysis suggests that a more catholic approach should be taken to explaining the behaviour of speculative prices. It may be possible <u>to model the process</u> by which errors are incorporated into asset prices"[92].

2.3. Theoretische Aspekte der Informationseffizienz von Märkten

Die Notwendigkeit, die Black-Box der Effizienzentstehung zu öffnen, die in den Äußerungen von Möller und Summers zumindest mitschwingt,. wurde schon früher erkannt und führte zu einer, im Vergleich zu den empirischen Bemühungen allerdings deutlich viel weniger intensiven, theoretisch orientierten Auseinandersetzung mit der Informationseffizienz. Hierbei stand zunächst der Effizienzbegriff im Mittelpunkt des Interesses, der jenseits seines empirischen Pragmatismus als zu ungenau empfunden wurde[93].

Eine erste Präzisierung wird von Beaver vorgeschlagen: "As defined here, market efficiency with respect to an information item means that prices act as if everyone knows that information"[94]. Als besonderer Vorteil dieser Begriffsfassung wird hervorgehoben, daß die Integration von "heterogenous beliefs"[95] möglich wird. Von größerem Nutzen ist allerdings die Implikation, daß an der Feststellung des Preises nicht mehr unbedingt alle Marktteilnehmer beteiligt sein müssen, da sie

---

92) Summers (1986), S.600. [Unterstreichung vom Verfasser dieser Arbeit]
93) Vgl. Rubinstein (1975).
94) Beaver (1981), S.28.
95) Damit wird die <u>unterschiedliche</u> Interpretation <u>gleicher</u> Informationen durch die Marktteilnehmer bezeichnet.

auf Transaktionen verzichten können, wenn der beobachtbare Preis ihrer Informations- und Erwartungslage entspricht. Obwohl sich Beaver explizit auf einen Marktprozeß bezieht[96], wird die Entstehung des effizienten Preises nur wenig erhellt[97].

Zu diesem Prozeß können einige Vorüberlegungen angestellt werden. Wird von Transaktionskosten abgesehen, dann kann eine Untersuchung der Markteffizienz unter einer der beiden folgenden Bedingungen vorgenommen werden:

- es liegen unterschiedliche Informationen vor, und die Implikationen dieser Informationen werden von den Marktteilnehmern übereinstimmend bewertet ("homogenous beliefs"), oder
- es liegen unterschiedliche Informationen vor, und die Implikationen dieser Informationen werden von den Marktteilnehmern nicht übereinstimmend bewertet ("heterogenous beliefs").

Ausgehend von einer gleichgewichtigen Ausgangslage bei homogenen Erwartungen soll der Fall betrachtet werden, daß neue Informationen eintreffen und einem ausgewählten Kreis von Anlegern exklusiv und vollständig zur Verfügung gestellt werden[98]. Unter der erstgenannten Bedingung hätten informationseffiziente Preise denjenigen zu entsprechen, die sich bei homogenen Informationsständen ergeben würden. Ohne weitergehende Annahmen über den Preisfindungsprozeß ist das genau dann der Fall, wenn nur die einheitlich privilegiert informierten Marktteilnehmer miteinander handeln und alle anderen Investoren dem Markt fernbleiben. Da aber eben nur Investoren mit gleichen Informationsständen aufeinandertreffen, bleibt unklar, wovon Umsätze ausgelöst werden sollten, die eine Kursbeobachtung

---

96) "Market efficiency is viewed here as a property of an equilibrium mechanism or process by which security prices are formed." Beaver (1981), S.24.
97) Zur Kritik dieser Definition und der folgenden von Latham vgl. Ball (1989), S.31-35.
98) Solange von kostenfreien Informationen ausgegangen wird, ist die (vorübergehende) Annahme eines eingeschränkten Empfängerkreises kaum zu begründen, dient hier aber der Klarheit der Darstellung.

erst möglich machen, ein Problem, das bei der Betrachtung aufeinander folgender einperiodiger Gleichgewichte bei homogenen Erwartungen grundsätzlich auftritt.

Alternativ kann angenommen werden, daß die neuen Informationen den Marktteilnehmern in unterschiedlicher Zusammensetzung zugehen. Es ist nicht ausgeschlossen, daß sich unter diesen Informationsständen und bei einer entsprechenden Gestaltung des Kursfindungsprozesses Kurse bilden, die so aussehen, als ob die Informationen allen Investoren vorliegen würden. Hieraus entstehen Umsätze, die zu beobachtbaren Kursen führen, so daß sich notwendigerweise die Portefeuillestrukturen ändern und trotz "effizienter" Preise unterschiedliche Informationsstände unterschiedlich entlohnt werden.

Diese Überlegung läßt sich auf die zweite Bedingung übertragen. Ausgehend von einem Gleichgewicht unter "heterogeneous beliefs" werden neu auftretende Informationen den Marktteilnehmern exklusiv und vollständig oder in unterschiedlicher Zusammensetzung zur Verfügung gestellt. Wiederum ist es möglich, daß der Marktprozess die Informationsstände so aggregiert, daß sich Preise ergeben, wie sie bei gegebenen Interpretationsmodi und vollständiger Information entstehen würden. Allerdings entstehen zusätzlich zu den Vermögenseffekten, die sich bei gleicher Interpretation verfügbarer Informationen aus unterschiedlichen Informationsständen ergeben, Effekte, die sich aus den unterschiedlichen Auffassungen über die Implikationen der verfügbaren Informationen ergeben.

In den letztgenannten Fällen führt auch ein als effizient angenommener Preis, der sich so bildet, als ob alle Marktteilnehmer alle Informationen hätten, zu unterschiedlichen Portefeuillestrukturen und damit zu unterschiedlichen Portefeuille-Renditen. Obwohl die Preise aus Sicht des Gesamtmarktes effizient sind, sind sie es nicht aus Sicht des einzelnen Marktteilnehmers, der über die Strukturierung seines Portefeuilles Renditen erzielt, die von den Preisänderungsimplikationen der ihm vorliegenden Informationen abhängen. Damit verliert die Effizienzthese viel von ihrer intuitiven Aussagekraft, denn es ist wenig tröstlich, wenn durch die Untersuchung von <u>Kurs</u>zeitreihen festgestellt wird, daß keine Überrenditen erzielt werden können, die Erzielung von Überrenditen bei effizienten Kursen aber über eine entsprechende Strukturierung der (nicht beobachteten) Portefeuilles möglich ist.

Das Unbehagen an der verbliebenen Möglichkeit der Portefeuilleumschichtung führt zur Entwicklung der "E-efficiency" durch Latham: "...: the market is E-efficient with respect to some information set if revealing it to all agents would change neither equilibrium prices nor portfolios."[99]. Diese extreme Formulierung vermeidet die Probleme, die mit der von Beaver vorgeschlagenen Begriffsfassung verbunden sind. Allerdings löst sie erneut die Frage aus, wie dieser Zustand der Effizienz erreicht werden soll, da zur Erfüllung der genannten Bedingungen entweder a priori homogene Informationsstände vorliegen müssen, oder die entstehenden Kurse Informationen in einem Umfang vermitteln müssen, wie er von der Theorie rationaler Erwartungen unterstellt wird[100].

Solange Informationen kostenfrei zur Verfügung gestellt werden, tritt das Problem auf, zu erklären, warum nicht alle Marktteilnehmer diese Informationen auswerten. Dieses Problem wird durch einige andere ersetzt, wenn Informationsbeschaffung mit Kosten verbunden ist[101]. Der Kostenbegriff ist in diesem Zusammenhang schillernd, da zum einen die exakte Ermittlung der mit der Beschaffung einer bestimmten Information verbundenen Kosten mit großen Schwierigkeiten verbunden sein dürfte,

---

99) Latham (1986), S.40.
100) Latham (1986), S.51, erkennt die mit diesem Konzept verbundenen Probleme, die letztlich alle anderen Definitionen in gleicher Weise betreffen: "How should degrees of near-efficiency be defined when information is costly ? Can trading volume be used to test informational efficiency ? How should efficiency be defined in an intertemporal setting ? How important is it to allow for heterogenous information in security-return models used as benchmarks for empirical tests ?"
101) Sofern die Kostenfrage überhaupt thematisiert wird, bezieht sie sich auf die Kosten der Beschaffung der <u>Informationen</u>. Die von Beaver hervorgehobenen "heterogenous beliefs" lassen sich als Methoden und Modelle interpretieren, die unter Ressourceneinsatz erworben worden sind, und deren Rentabilität sich aus einer überlegenen Interpretationskraft der gegebenen Informationen ergibt. Die Frage, welche Aussagekraft effiziente Kurse in einer solchen Konstellation haben, bleibt davon unberührt.

und es zum anderen von individuellen Gegebenheiten abhängt, was als Kosten empfunden wird und was nicht.

Da die klassische Dreiteilung des Effizienzkonzeptes in schwache, mittelstrenge und starke Form bezüglich des Kostenaspekts wenig operabel ist, schlagen Neumann/Klein (1982) eine andere Art der Gliederung vor. Schwache Informationseffizienz liegt vor, wenn alle zentral veröffentlichten und damit zu Grenzkosten von praktisch Null verfügbaren Informationen vollständig in den Kursen verarbeitet sind. Starke Effizienz berücksichtigt auch dezentral veröffentlichte Informationen, die nicht mehr zu Grenzkosten von Null verfügbar sind, während die zusätzliche Berücksichtigung von vorübergehend monopolisierten Informationen, deren Beschaffungskosten prohibitiv hoch sind, zu vollkommener Informationseffizienz (starke Effizienz in Famas Sinn) führt[102]. Offensichtlich entsteht das Problem, daß auf stark effizienten Märkten in diesem Sinne kein Anreiz besteht, die Kosten der Informationsbeschaffung zu tragen, woraus die Frage erwächst, wie denn unter diesen Umständen Informationseffizienz entstehen soll.

Auch die Bestandsaufnahme der theoretischen Annäherungen an den Effizienzbegriff legt es nahe, daß zu einem tiefergehenden Verständnis des Informationsverhaltens organisierter Märkte die Black-Box der Interaktionen heterogen informierter Marktteilnehmer geöffnet werden muß.

---

[102] Vgl. Neumann/Klein (1982), S.169-173.

3. Theorie rationaler Erwartungen

Prägende Vorstellung der Theorie rationaler Erwartungen ist es, daß rationale Marktteilnehmer Informationen nicht verschwenden und somit alle verfügbaren Informationen in ihre Kalküle aufnehmen. Zu diesen Informationen gehört die Kenntnis über die Struktur der Wirtschaftsabläufe, die sich in der geltenden Wirtschaftstheorie manifestiert[103]. Als Ergebnis rationaler Informationsverarbeitung ergibt sich, daß den Marktteilnehmern die "wahre" Verteilung künftiger Preise bekannt und unbekannt lediglich deren konkrete Ausprägung ist.

Als wesentlicher Vorteil dieses Konzeptes gilt, daß die Erwartungen endogenisiert werden, und plumpes Fehlverhalten, wie es bei der Verwendung adaptiver Erwartungen, die die künftige Entwicklung durch reines Fortschreiben von Vergangenheitsdaten prognostiziert, möglich ist, vermieden wird. "Even if Washington doubled the money supply, eliminated the income tax, and named the Ayatollah Khomeini to the Supreme Court, agents in the adaptive expectations scheme would expect much too little change in the economy."[104]

Aus makroökonomischer Sicht ist die bekannteste Implikation der Theorie rationaler Erwartungen die Behauptung der Ohnmacht staatlicher Wirtschaftspolitik. Da die Wirkungszusammenhänge staatlicher Eingriffe in die Wirtschaft allen Marktteilnehmern bekannt sind, können die möglichen Effekte solcher Maßnahmen "rational" erwartet werden und bleiben bei ihrer Durchführung somit ohne jeden realen Effekt. Diese weitreichende und umstrittene Aussage wird aus der Beschreibung einer Sequenz gleichgewichtiger Märkte unter Unsicherheit abgeleitet, deren homogen informierte Marktteilnehmer den stochastischen Prozeß des Gleichgewichtspreises korrekt antizipieren, so daß für die

---

103) "... expectations, ..., since they are informed predictions of future events, [are] essentially the same as the predictions of the relevant economic theory". Muth (1961), S.316.
104) Willes (1980), S.86.

Untersuchung von Fragen der Informationsbeschaffung- und verarbeitung nur wenig Raum bleibt[105].

Neben der ursprünglich makroökonomisch orientierten Blickrichtung hat sich ein Forschungszweig mikroökonomischer Prägung entwickelt, der sich bevorzugt mit der Informationsverarbeitung auf Märkten auseinandersetzt. Zentrale Idee der in diesem Rahmen entwickelten Modelle ist es, daß Marktteilnehmer aus den Marktpreisen Rückschlüsse auf die Informationen anderer Marktteilnehmer ziehen können, ein Phänomen, das nur dann von Interesse ist, wenn nicht alle über die gleichen Informationen verfügen[106].

Das Prinzip läßt sich an einem von Grossman (1976)[107] entwickelten Modell verdeutlichen. Im Rahmen einer Zwei-Zeitpunkt-Betrachtung werden ein risikoloser und ein riskanter Titel gehandelt. Der risikolose Titel steht in beliebigen Mengen zu einem exogen fixierten Zinssatz r zur Verfügung, während das Angebot des riskanten Titels beschränkt ist und hier mit x bezeichnet wird. Jeder Investor i (i=1,...,N) erhält vor Beginn des Handels eine Information y_i, die sich aus der durch einen individuellen Störterm ϵ_i überlagerten Realisation der unbekannten Renditeverteilung P_1 mit den Parametern μ_1 und σ_i des riskanten Titels zusammensetzt. Für diese Rendite und die individuellen Störterme wird angenommen, daß sie voneinander unabhängig und normalverteilt sind. Werden nun zusätzlich für die Investoren exponentielle Nutzenfunktionen mit den Risikoaversionsparametern a_i angenommen, so läßt sich ein Gleichgewichtspreis P_0 finden, zu dem Angebot und Nachfrage des riskanten Titels bei gegebenen Informationsständen gerade ausgeglichen werden, d.h. P_0 löst die Gleichung

---

105) Vgl. Andersen (1985). Eine Übersicht über makroökonomisch orientierte
     Modelle rationaler Erwartungen geben u.a. Shiller (1978) und **Sheffrin**
     (1983). Zur Kritik vgl. u.a. Tietzel (1982), Ribhegge (1987) und
     Schilling (1987).
106) Vgl. Jordan/Radner (1982), S.203.
107) Vgl. Grossman (1976), S.573-585.

$$(9) \quad \sum_{i=1}^{N} \frac{E\,[\,\mu_1\mid y_i\,] - (\,1+r\,)\,P_0(y)}{a_i\;\mathrm{Var}\,[\,\mu_1\mid y_i\,]} = x$$

$$y \equiv (y_1,\ldots,y_N).$$

Diese Lösung ist allerdings nicht stabil. Obwohl P_0 die individuellen Informationsstände aggregiert, berücksichtigt jeder Investor nur die ihm vorliegenden Informationen. Die Wiederholung der Kursfindung nach diesem Muster im Zeitverlauf führt dazu, daß die Marktteilnehmer die gemeinsame Verteilung von P_0 und den Realisationen von P_1 immer besser kennenlernen. Nähert sich nun der Kurs im Zuge des Kursfindungsprozesses einem Wert P_0 an, so kann davon besser auf die unbekannte Realisation geschlossen werden, als es auf der Grundlage der individuellen Informationen möglich ist. Die Marktteilnehmer werden daraufhin ihre Gebote mit der Folge verändern, daß der Markt nicht bei P_0 geräumt wird.

Grossman zeigt, daß es ein Prei<u>ssystem</u> $PS^*(y)$ gibt, das allen Marktteilnehmern alle verfügbaren Informationen offenbart, so daß der entstehende Gleichgewichtspreis "self fulfilling" wird: bei Annäherung an den Gleichgewichtspreis ändern die Investoren ihre Gebote nicht mehr, da sich ohnehin der Preis ergibt, den sie "erwarten", so daß der Markt bei diesem Preis auch tatsächlich geräumt wird. Im Gleichgewicht beträgt die individuelle Nachfrage nach riskanten Titeln

$$(10) \quad x_i\,[PS^*,y_i] = \frac{E\,[\,P_1\mid y_i,\,PS^*(y)\,] - (\,1+r\,)\,PS^*}{a_i\;\mathrm{Var}\,[\,P_1\mid y_i,\,PS^*(y)\,]}$$

und das Preissystem PS^* wird beschrieben durch

$$(11) \quad PS^*(y) = \alpha_0 + \alpha_1 \sum_{i=1}^{N} y_i \,/\, n\;.$$

Der Wert α_0 ergibt sich aus der Gleichung

$$(12) \quad \alpha_0 \equiv \frac{\mu \sum\limits_{i=1}^{N} 1/a_i - \sigma^2 x}{(1 + n \ \sigma^2) \ (1 + r) \ \sum\limits_{i=1}^{N} 1/a_i}$$

und α_1 wird beschrieben durch

$$(13) \quad \alpha_1 \equiv n \ \sigma^2 \ / \ (1 + n \ \sigma^2) \ (1 + r) \quad .$$

Ganz offensichtlich ist dieses "fully revealing rational expectations equilibrium" informationseffizient, da in die Funktion des Preissystems alle Informationen eingehen, hier, bedingt durch die Annahmen des Modells, als einfaches arithmetisches Mittel aller individuellen Informationsstände (Gleichung (11)). Obwohl nicht alle Marktteilnehmer über alle Informationen verfügen, rückt dieses Konzept damit in die Nähe homogener Erwartungen und verhält sich im Ergebnis in identischer Weise.

Die Gleichgewichtsnachfrage unter dem Preissystem PS* (Gleichung (10)) enthält, anders als in Gleichung (9), nicht mehr den Gleichgewichtspreis P_0 und ist somit von diesem unabhängig[108]. Damit hält jeder Marktteilnehmer einen bestimmten preisunabhängigen Anteil des exogenen fixierten Angebots der riskanten Anlagemöglichkeit. Bei einem konstanten Angebot des riskanten Titels bleibt unerklärt, wie private Informationen in das Preissystem eingehen sollen. Diese aus Plausibilitätsüberlegungen abgeleitete Fragestellung ergibt sich unmittelbar dadurch, daß die individuellen Informationen durch das dominante Preissystem redundant werden, und für keinen Marktteil

---

108) Admati (1989), S.142, findet diese Tatsache "most surprising". Die Überraschung rührt daher, daß bei der Untersuchung von Gleichgewichten bei rationalen Erwartungen stets die <u>Vorstellung</u> eines Prozesses mitschwingt, während das <u>hier</u> artverwandte Gleichgewichtsmodell des CAPM (Admati, a.a.O., Fußnote 7) fast ausschließlich einperiodig verwendet wird. Die Aneinanderreihung einperiodiger Betrachtungen bei homogenen Erwartungen, wie sie weiter unten vorgenommen wird, zeigt das hier als überraschend empfundene Ergebnis der Konstanz der Nachfrage nach riskanten Titeln. Der direkte Bezug zum CAPM wird von Grossman (1978) hergestellt. Im übrigen läßt sich die Vorstellung vollständiger Informationübertragung durch ein Preissystem als letzte Konsequenz der Effizienzdefinitionen von Beaver (1981) und Latham (1986) interpretieren.

nehmer ein Anreiz besteht, Informationen, auch wenn sie kostenfrei zur Verfügung stehen, irgendeine Beachtung zu schenken[109].

Dieses Problem wird erheblich verschärft, wenn die Informationsbeschaffung mit Kosten verbunden ist, und der auf diesen Informationen beruhende Marktpreis diese Informationen perfekt widerspiegelt, denn "... a perfect competitive market will break down because no equilibrium exists where information collectors earn a return on their information, and no equilibrium exists, where no one collects information"[110].

Dieses Informations-Paradox läßt sich nur umgehen, wenn die vollkommene Aggregation aller Informationen im Marktpreis aufgehoben wird. Da der Weg über die von den Marktteilnehmern beschafften Informationen versperrt ist, verbleibt als naheliegende Möglichkeit die Stochastisierung des Angebotes riskanter Titel (oben mit x gekennzeichnet). Damit entstehen "noisy rational expectations equilibrium models"[111], in denen Informationsbeschaffung wieder notwendig wird. Eine Änderung des Marktpreises wird nicht mehr ausschließlich von neu auftretenden unternehmensbezogenen Informationen ausgelöst, sondern zusätzlich durch exogen bestimmte, zufällige Veränderungen des Angebotes riskanter Titel[112], die vom Markt nicht beobachtet werden können. Die Marktteilnehmer stehen nun vor der Aufgabe, herauszufinden, durch welche dieser Möglichkeiten die Preisveränderung ausgelöst wurde. Da der Blick auf die Angebotsseite definitionsgemäß versperrt ist, werden unternehmensbezogene Informationen beschafft, und die Deckung der Informa-

---

109) Vgl. Grossman (1976), S.582, Fußnote 1.
110) Grossman (1976), S.574.
111) Als Ursprung dieser Modelle gilt die Arbeit von Lucas (1972).
112) Geht man nicht von einer streng einperiodigen Betrachtungsweise aus, in der die Unternehmen zum Periodenende zerschlagen und in der Folgeperiode in abweichender Größe neugegündet werden, so kann eine Angebotsänderung nur durch exogen bestimmte Transaktionen ausgelöst werden, etwa durch liquiditätsorientierte Käufe oder Verkäufe entsprechender Anteile. Diese Vorstellung liegt dem "Noise" des zur Verfügung stehenden riskanten Kapitals auch zugrunde, so daß das stochastische "Angebot" diejenigen Titel umfaßt, die zur Disposition durch die informationsverarbeitenden Marktteilnehmer zur Verfügung stehen, nachdem alle nicht von Änderungen des Informationsstandes ausgelösten Umsätze bereits stattgefunden haben.

tionskosten erfolgt über die Preisimplikationen dieser Informationen.

Unter Einbeziehung eines nicht konstanten Angebotes riskanter Anlagemöglichkeiten entwickelt Hellwig (1980) das Modell von Grossman (1976) weiter. In einem Markt mit einer begrenzten Anzahl von Anlegern wird die Entscheidung, in welchem Maße die individuellen Informationen und in welchem Maße die über den Preis des riskanten Titels transportierten Informationen berücksichtigt werden, vom Ausmaß des exogen vorgegeben "Noise" bestimmt. Mit zunehmenden zufälligen Schwankungen des Wertpapierangebotes nimmt die Bedeutung der Preisinformation immer mehr ab, da sie keine verläßliche Rückschlüsse auf die Realisation des künftigen Preises mehr zuläßt. Anders als in Grossmans Modell erhalten hier die individuellen Informationen ein von der jeweiligen Risikoaversion eines Investors abhängiges Gewicht: je geringer die Risikoaversion ausgeprägt ist, desto stärker gehen die betreffenden Informationen über das Angebot oder die Nachfrage eines Investors in den Marktpreis ein. Nehmen die zufälligen Schwankungen des Wertpapierangebotes dagegen ab, so werden die individuellen Informationen zunehmend zu Gunsten der Preisinformationen vernachlässigt, und als Grenzfall ergibt sich wiederum das Modell von Grossman[113].

Hellwig erweitert das Modell nun auf einen großen Markt mit einer (nahezu) unbegrenzten Anzahl von Teilnehmern. Wiederum hängt die relative Bedeutung einer individuellen Information von der entsprechenden Risikoaversion des Investors ab. Wichtiger noch ist das Ergebnis, daß das die beschafften Informationen überlagernde Schwanken des Wertpapierangebotes nun zu vernachlässigen ist. Obwohl die individuellen Präferenzunter-

---

113) Hellwig (1980), S.490, schließt das Fehlen zufälliger Schwankungen des Angebotes des riskanten Titels allerdings aus, da in diesem Fall das Modell nicht mehr spezifiziert ist, und argumentiert dabei (S.491) über die Vorstellung eines Marktprozesses: "There is no mechanism by which the auctioneer can, for given $y_1, \ldots, y_n$, find the price prescribed by Grossman's formula. In summary, Grossman's result gives an approximate description of communication through the market when the suppy-induced noise is small." Hier wird, wie bei Grossman (1976), der sich gegen eine Preisfindung nach Lintnerschem Muster wendet, der Marktprozess bemüht, wenn es zu zeigen gilt, wie es nicht gehen kann, während eine Präzisierung des Marktprozesses im positiven Sinne ausbleibt.

schiede eine vollständig effiziente Aggregation der Informationen im Gleichgewichtspreis verhindern, bleibt diese Ineffizienz irrelevant, sofern "... the market draws on many indepandant sources of information, so that individual errors cancel out."[114] Gleichwohl werden weiterhin indivduelle Informationen ausgewertet, solange die zufälligen Schwankungen des Wertpapierangebotes erhalten bleiben.

Der Gleichgewichtspreis wird allerdings wiederum "fully revealing", wenn einige Investoren risikoneutral sind und daher auf ihre Informationen so heftig reagieren, daß das Angebotsrauschen überlagert wird. Es entsteht dann erneut die Frage, wie die Informationen in den Preis eingehen[115]. Ist davon auszugehen, daß das Volumen des riskanten Titels fixiert ist und die Schwankungen durch exogen bestimmtes Verhalten der Marktteilnehmer entstehen, so tendiert der Markt mit zunehmender Größe ohnehin zur Risikoneutralität. Der aktuelle Preis ergibt sich dann aus dem abdiskontierten (bekannten) Erwartungswert der Preisverteilung und individuelle Informationen sind jenseits ihrer Enthüllung durch den Gleichgewichtspreis überflüssig[116].

Grossman/Stiglitz (1980) gehen mit einem einfachen Modell der Frage nach, welche Parameter das Ausmaß an kostenverursachender Informationsbeschaffung beeinflussen. Die mit identischer Risikoaversion ausgestatteten Marktteilnehmer werden in zwei Gruppen geteilt, von denen sich die eine informiert und die andere nicht. Die Preisinformation besteht wiederum aus einer von einem Störterm überlagerten Preisbeobachtung und kann zu Kosten in Höhe von c beschafft werden. Da das Angebot des riskanten Titels stochastisch schwankt, können die Nichtinformierten durch die Bildung rationaler Erwartungen aus dem entstehenden Preis nicht vollständig auf die in ihm inkorporierten Informationen schließen. Im Gleichgewicht müssen der erwartete Nutzen des unsicheren Endvermögens der Informierten und der Uninformierten gerade gleich sein, so daß der Anteil τ

---

114) Hellwig (1980), S.493.
115) Vgl. Hellwig (1980), S.494, insbesondere Fußnote 6.
116) Dieser Zusammenhang wird in Kapitel 5., das den formalen Rahmen des Simulationsmodells beschreibt, verdeutlicht.

der Informierten und der Informationsgehalt des Preissystems[117] endogen und simultan ermittelt werden können. Mittels komparativer Statik ergeben sich einige bemerkenswerte Ergebnisse.

- Mit abnehmender Risikoaversion reagieren die Investoren heftiger auf die erhaltenen Informationen, was den Informationsgehalt des Preissystems erhöht. Dies gilt nicht nur für den Fall den hier angenommen identischen Risikoaversionsparameter, sondern auch für individuell unterschiedliche Ausprägungen dieses Wertes[118], womit sich eine Parallele zu den o.g. Ergebnissen von Hellwig (1980) ergibt.

- Mit abnehmenden Kosten der Informationsbeschaffung nimmt der Informationsgehalt des Preissystems zu. Diese Feststellung wirkt zunächst wenig überraschend. Zu beachten ist jedoch, daß mit zunehmendem Informationsgehalt des Preissystems der Anreiz zur Informationsbeschaffung abnimmt, da der Gleichgewichtspreis mehr Informationen transportiert. Ein positiver Nettoeffekt einer Informationskostensenkung ist somit ein nicht-triviales Ergebnis.

- Wenn bei Konstanz aller übrigen Werte das Rauschen der von den Marktteilnehmern erhaltenen Informationen oder die Varianz des Angebotes an riskanten Titeln zunimmt, bleibt der Informationsgehalt des Preissystems unverändert. Jede dieser Störungen würde den Informationsgehalt des Preissystems zunächst senken, so daß der Erwartungsnutzen der uninformierten Investoren abnimmt. Damit entsteht für zusätzliche Investoren ein Anreiz, sich zu informieren, was den Informationsgehalt des Preissystems wieder erhöht. In der Tat gleichen sich die Effekte exakt aus.

Diese Ergebnisse sind allerdings an die Bedingung gebunden, daß weder der Störterm der von den Marktteilnehmern beschafften Informationen noch die Schwankungen des Wertpapierangebotes vollständig verschwinden. Im erstgenannten Fall führen die

---

117) Der Begriff Preissystem wird hier im Sinne der Ausführungen zu Grossman (1976) verwendet.
118) Vgl. Grossman/Stiglitz (1980), S.402.

perfekten Informationen zu einem sehr sensiblen Nachfrageverhalten der informierten Investoren, so daß der Gleichgewichtspreis diese Informationen vollständig an die Uninformierten übermittelt. Folglich wird auf die Informationsbeschaffung generell verzichtet. Wenn sich aber niemand mehr informiert, entsteht wiederum ein Anreiz, Informationen zu beschaffen, so daß ein Gleichgewicht nicht entstehen kann.

Entfällt andererseits bei ausreichend kleinen Informationskosten die Varianz des Angebots, so werden über den Gleichgewichtspreis alle Informationen an die Uninformierten vermittelt. Die Informierten gehen als Preisnehmer davon aus, daß ihr Verzicht auf eine Informationsbeschaffung den Informationsgehalt des Preissystems nicht ändert und verhalten sich entsprechend, so daß sich wiederum keine Gleichgewichtssituation einstellt[119].

Ganz offensichtlich sind vollständig effiziente Märkte bei positiven Informationskosten nicht möglich, da kein Anreiz zur umfassenden Informationsbeschaffung besteht. Damit wird die kostenfreie Informationsversorgung zur notwendigen Bedingung für die Informationseffizienz, wodurch diesem Begriff allerdings jede Bedeutung genommen wird. Hellwig (1982a)[120] wendet sich entschieden gegen diese Folgerung und entwickelt ein Modell, in dem die nicht-informierten Anleger erst mit einer Zeitverzögerung von einer Periode aus den tatsächlichen Preisrealisationen auf die darin enthaltenen Informationen schließen können, so daß die gut-informierten Anleger eine Gelegenheit haben, ihren Informationsvorsprung auszunutzen. Unter der Annahme, daß der Anteil der gut-informierten Anleger sehr klein, der Markt insgesamt sehr groß und die Periodenlänge als Approximation eines Zeitkontinuums sehr kurz wird, läßt sich zeigen, daß der Markt im Gleichgewicht annähernd informationseffizient wird und die Investoren gleichwohl positive Informationskosten aufwenden.

---

119) Vgl. Grossman/Stiglitz (1980), S.401.
120) Vgl. auch Hellwig (1982b).

Dieses Ergebnis ist allerdings weniger ein Widerspruch zu den Ergebnissen von Grossman/Stiglitz (1980), als vielmehr eine aufschlußreiche Ergänzung. Auch bei Hellwig wird der Markt nicht vollkommen informationseffizient, und die aufgewendeten Informationskosten werden durch die von den Informationsvorteilen ausgelösten Mehrerträge abgegolten[121], so daß nur noch die Frage entsteht, wie weit der Markt sich jeweils der vollständigen Informationseffizienz nähert, ohne sie je zu erreichen[122]. Wesentlich wichtiger ist die Folgerung, daß das Ausmaß der Markteffizienz nicht nur von den Kosten der Informationsbeschaffung, der Risikoaversion der Marktteilnehmer und der Qualität der Informationen, sondern zusätzlich von der Marktgröße und der Frequenz des Handels bestimmt wird. Aus den letztgenannten Punkten läßt sich rückschließen, daß die Informationseffizienz abnimmt, wenn der Handel nur selten eröffnet wird, oder die Anzahl der Marktteilnehmer sehr klein wird[123]. Damit wird der Blick frei auf die Frage, ob die Institution Wertpapiermarkt als Veranstaltung auch zur Reduktion von Informationskosten ihrer Aufgabe unter allen Umständen gerecht wird oder nicht fallweise durch andere institutionelle Ausprägungen zu ersetzen ist.

Etwas von dieser Vorstellung fängt die von Jensen (1978) vorgeschlagene und empirisch geprägte Effizienzdefinition ein. "A market is efficient with respect to information set Φ_t if it is impossible to make economic profits by trading on the basis of information set Φ_t. By economic profits, we mean the risk adjusted returns net of all costs."[124] Die Kosten der Informationsbeschaffung werden zwar nicht expressis verbis berück-

---

121) Was exakt dem Anliegen von Grossman/Stiglitz (1980) entspricht: "... prices reflect the information of informed individuals (arbitrageurs) but only partially, so that those who expend ressources to obtain information do receive compensation" (S.393).

122) Fraglich ist auch, ob die zunehmende Atomisierung von Informationsbeschaffung und Transaktionen nicht dem von Grossman/Stiglitz (1980), S.402, vorgetragenen Einwand unterliegt, daß die von geringen Informationsunterschieden ausgelösten minimalen Handelsgewinne bei geringen Umsätzen nicht mehr die Transaktionskosten tragen, die zur Deckung des Betriebes einer Börsenveranstaltung notwendig sind.

123) Hellwigs Argumentation über zunehmende Effizienz bei zunehmender Anzahl der Teilnehmer findet eine Parallele in den Ergebnissen der empirischen Forschung, die Ineffizienzen bevorzugt bei kleineren Unternehmen mit mutmaßlich geringerem Interessentenkreis feststellt.

124) Jensen (1978), S.96.

sichtigt, können aber integriert werden. So definiert wären sowohl die Modellvarianten von Grossman/Stiglitz (1980) als auch diejenige von Hellwig (1982a) effizient. Allerdings wird die Effizienz dann entschieden von der Höhe der Transaktions- und Informationskosten bestimmt, so daß mit zunehmenden Kosten jeder Markt automatisch effizient wird. Zudem hängt das Effizienzkriterium in diesem Fall von den individuellen Gegebenheiten der Marktteilnehmer ab, so daß bei divergierenden Transaktionskosten der gleiche Markt einmal effizient und einmal nicht effizient ist[125].

Hier zeigt sich wieder Glanz und Elend des Versuchs, Markteffizienz relativ zu einem Ideal, dem des vollkommenen Marktes, definieren zu wollen. Vollständige Effizienz auf einem vollkommenen Markt ist eindeutig identifizierbar, in der Formulierung der Theorie der rationalen Erwartungen noch deutlicher als in Famas empirisch geprägter Fassung, jedoch nicht erreichbar. Die Auffassung der Effizienz als graduelles Konzept im Sinne einer mehr oder minder starken Annäherung an die vollkommene Effizienz verliert nicht nur an pragmatischer Kraft, wie bei Hellwig, sondern auch an Gehalt, wie bei Jensen. Informationseffizienz als Aussage über die Leistung einer Institution zur Informationsverarbeitung wäre daher letztlich relativ zu anderen verfügbaren informationsverarbeitenden Institutionen zu definieren.

Die Theorie der rationalen Erwartungen erweist sich als Leitlinie bei der Analyse der Grenzen effizienter Märkte und weist auf Parameter hin, die das Ausmaß der Informationseffizienz bestimmen. Der Preis, der für diese Funktion als "Benchmark"[126] zu entrichten ist, liegt in den äußerst weitgehenden Informationsannahmen, die zur Erzielung dieser Ergebnisse zu treffen sind. Die Investoren müssen nicht nur über eine subjektive Wahrscheinlichkeitsverteilung der Erträge verfügen, die gleich der objekten Verteilung der Erträge ist, sie müssen zusätzlich die gemeinsame Verteilung von Erträgen und Preisen kennen. "Sie müssen wissen, unter welchen Umständen

---

125) Zu diesen Argumenten vgl. Ball (1989), S.38-39. Eine andere Ansicht vertreten Guimaraes/Kingsman/Taylor (1989), S.5-7.
126) Vgl. Andersen (1985), S.368.

welcher Preis eintritt und den Markt räumt, denn nur dann können sie richtig von den beobachteten Preisen auf die zugrunde- liegenden Umstände, d.h. auf die vorhandenen Informationen über Ertragsaussichten zurückschließen."[127]

Es ist nicht erstaunlich, daß Modelle, die diese extremen In- formationsannahmen verwenden, zu Ergebnissen führen, die denen der Annahme homogener Erwartungen entsprechen. Die Einführung eines exogenen "Noise" löst dieses Problem zwar, bleibt jedoch im Ergebnis unbefriedigend, da das allzu perfekte Funktionie- ren des die Informationen transportierenden Preissystems künstlich gestört werden muß. Durch die gesamte empirische Li- teratur zur Theorie effizienter Märkte und einen großen Teil der theoretischen Arbeiten zu diesem Thema zieht sich als tra- gender Gedanke, daß Informationseffizienz auf die wirtschaft- lichen Aussichten eines Unternehmens, dessen Ertragskraft und Risiko zu beziehen ist. Mit der Notwendigkeit, mangelnde In- formationen über ein exogen bestimmtes Investorenverhalten[128] zu berücksichtigen, wird diese Blickrichtung jedoch teilweise verdeckt. Naheliegender ist es, das die individuell verfügba- ren Informationen enthüllende Preissystem von vornherein weni- ger perfekt zu gestalten, womit zusätzlich entweder die An- sprüche an die Informationsverarbeitungskapazität der Markt- teilnehmer oder an den Umfang der zur Verfügung stehenden In- formationen reduziert werden können[129].

Die wenig realistischen Annahmen bezüglich der Informiertheit der Investoren und des Informationsgehaltes der Gleichge- wichtspreise wären leichter hinzunehmen[130], wenn die Bildung

---

127) Hellwig (1982a), S.3.
128) Diamond/Verrecchia (1981) nehmen den Versuch vor, das schwankende An- gebot an riskanten Titeln zu endogenisieren und die betreffenden In- formationen ebenfalls über den Preis zu vermitteln. Mit konstanter Varianz des Angebots und zunehmender Anzahl der Marktteilnehmer wer- den die Preise jedoch wiederum "fully revealling". Vgl. hierzu auch Admati (1989), S.144.
129) "... rather than assuming rational expectations and then introducing imperfections, why not start with the more realistic assumption that agents are heterogenous in terms of their information-processing abilities." Haltiwanger/Waldmann (1985), S.336.
130) Bei der Modellierung auf weitreichende Annahmen zurückgreifen zu müs- sen, wird von den Vertretern der "Rational Expectations Hypothesis" nicht immer als störend empfunden: "Any model that is well enough ar- ticulated to give clear answers to the questions we put to it will

rationaler Erwartungen empirisch gestützt werden könnte. Sofern nicht die Bemühungen zum empirischen Beleg der Theorie effizienter Märkte als Beiträge zur Theorie rationaler Erwartungen aufgefaßt werden[131], lassen sich allerdings nur sehr wenig Hinweise auf eine empirische Unterlegung rationaler Erwartungsbildung finden. Grossman (1981) und Jordan/Radner (1982) nennen als Hoffnungsträger für empirischen Fortschritt die experimentellen Arbeiten von Plott/Sunder. Deren 1988 vorgelegte Ergebnisse können rationale Erwartungsbildung jedoch nur in Umrissen bestätigen. Auch die in Gerke (1990) vorgestellten Börsen-Experimente, die Informationsverarbeitung im Portefeuillezusammenhang ohne direkten Bezug zur Theorie rationaler Erwartungen untersuchen, geben nur wenig Anlaß zur Hoffnung[132].

Dieser Mangel läßt sich zumindest teilweise dadurch erklären, daß es der theoretischen Forschung bislang nicht geglückt ist, in zwei wesentlichen und eng verwandten Fragestellungen Ansatzpunkte für empirische Untersuchungen auszumachen. Zum einen ist die Frage offen, auf welche Weise die Marktteilnehmer sich die notwendigen Informationen beschaffen, wie sie aus der wiederholten Marktbeobachtung die objektive Verteilung der Erträge und die gemeinsame Verteilung der Preise und Erträge lernen können. Zum anderen ist die Suche nach (realistischen) Mechanismen oder Marktprozessen, die zu Gleichgewichten bei rationalen Erwartungen konvergieren, bislang nicht erfolgreich gewesen[133]. Gerade dieser Punkt ist besonders heikel, da die

---

necessarily be artificial, abstract, patently 'unreal'" Lucas (1980), S.696.

131) Ein direkter Bezug wird seitens der empirischen Forschung zur Markteffizienz nur selten hergestellt, etwa bei Apostolopoulos (1986), was Tradition hat, da Fama (1970) sein Konzept ohne jeden Hinweis auf Muth (1961) entwickelt. In umgekehrter Richtung beschränken sich die Verweise in der Regel auf Famas ursprüngliche Begriffsfassung.

132) Für die makroökonomische Forschungsrichtung kommt Lowell (1986), S.122, zu dem Ergebnis, daß "... it seems to me that the weight of empirical evidence ist sufficiently strong to compel us to suspend belief in the hypothesis of rational expectations, pending the accumulation of additional empirical evidence."

133) Die Berechnungen von Frydman (1982) lassen den Schluß zu, daß individuelles Entscheidungsverhalten auf der Grundlage privater Informationen und des Marktpreises nicht zu einer Konvergenz zu einem Gleichgewicht unter rationalen Erwartungen führt.

Preisbildung und der Rückschluß auf die darin enthaltenen Informationen simultan erfolgen muß[134] und somit einer sequentiellen Betrachtung nicht unmittelbar zugänglich ist.

Angesichts dieser Probleme[135] scheint es angebracht, bei der Untersuchung der Informationsverarbeitung auf einem Börsenmarkt andere Wege zu beschreiten. Es ergeben sich jedoch einige Parallelen zu den Modellen, denen die Annahme rationaler Erwartungen zugrundeliegt, so daß die "Benchmark"-Funktion dieser Modelle in gewissem Rahmen erhalten bleibt.

4. Methode der Simulation

4.1. Wesen der Simulation[136]

Eine erste Annäherung an die Methode der Simulation erlaubt die - als Arbeitshypothese formulierte - Definition von Meißner: "Simulationen sind Experimente mit (oder an) Modellen".[137] Aus dem Begriff Experiment läßt sich ableiten, daß allgemeine Ergebnisse von Simulationsstudien nicht oder nur mit erheblichen Einschränkungen erwartet werden dürfen. Wird es als Aufgabe der forschenden Zunft aufgefaßt, allgemeine Aussagen über den betrachteten Realitätsausschnitt treffen zu wollen, so scheint die Anwendung der Simulation zunächst als ein - begründungsbedürftiger - Rückschritt.

---

134) "Therefore individual expectations formation and demand cannot be analyzed by themselves; from the beginning, the system as a whole must be considered, because the market clearing condition determines the information that agents draw from the market price" Hellwig (1980), S.480.

135) Auf einige weitere Problemfelder weist Admati (1989), S.149, hin.

136) Zu den stereotypen Formulierungen in der Simulationsliteratur gehört die Forderung, die Angabe des Simulationszwecks an den Beginn der Untersuchung zu stellen. Vgl. Bratley/Fox/Schrage (1983), S.16, Emshoff/Sisson (1972), S.72, Law/Kelton (1982), S.43 und Krüger (1975), S.43. Diesem Gebot wurde im ersten Kapitel dieser Arbeit entsprochen. Übersichten über die Methode der Simulation bieten u.a. Bauknecht/Kohlas/Zehnder (1976), Bossel (1987), Ferstl (1979), Fishman (1982), Pidd (1988), B.Schmidt (1985) und Zwicker (1981), sowie die bereits genannten Quellen.

137) Meißner (1970), S.385; in ähnlicher Form Mertens (1982), S.1.

Modelle[138] als Werkzeuge des Erkenntnisfortschritts in der Ökonomie sind vereinfachte - komplexitätsreduzierte - Abbildungen der Realität. Zu ihrer Erstellung und Interpretation stehen im wesentlichen die verbale, die geometrische und die mathematische Sprache zur Verfügung.

Verbale Modellierung erlaubt es aufgrund der Vielfalt (umgangs-) sprachlicher Ausdrucksmöglichkeiten, ein realitätsnahes Bild des betrachteten Forschungsobjektes zu zeichnen. Naturgemäß liefert sie keine numerischen Ergebnisse. Auch kann die Möglichkeit, unscharfe Aussagen und abschwächende Bemerkungen neben die Kernaussage zu stellen[139], den Gehalt der Kernaussage stark beeinträchtigen.

Das Bestreben, allgemeine Aussagen bei höchster Präzision treffen zu können, hat zu einem Vordringen mathematischer Ausdrucksformen in den wirtschaftswissenschaftlichen Disziplinen geführt. Gleichwohl sind auch die Möglichkeiten der analytischen Mathematik beschränkt, so daß häufig Probleme des interessierenden Wirklichkeitsausschnitts oder des zu untersuchenden Teilbereichs eines Wissenschaftszweiges

- zwar präzise beschrieben, nicht jedoch gelöst werden können oder
- zwar allgemein gelöst werden können, jedoch um den Preis einer überaus starken - teilweise als unbefriedigend empfundenen - Komplexitätsreduktion[140].

Beide wissenschaftliche Ausdrucksformen[141] stoßen schnell an ihre Grenzen, wenn das Zeitverhalten vielfach miteinander verknüpfter Modellelemente untersucht werden soll, oder wenn stochastische Komponenten explizit in die Untersuchung einbezogen werden sollen.

---

138) zum Modellbegriff vgl. u.a. Kleinewefers/Jans (1983), S.7-18, B.Schmidt (1982), S.35-42 und Stachowiak (1983), S.87-143
139) Vgl. Kulla (1987), S.13
140) Schnabl (1985), S.453, nennt es "Prokrustesbett des Kalküls" und bezieht sich dabei auf Meißner (1970), S.392, wo die Bezeichnung "Prokrustesbett der Isomorphiebildung" gebraucht wird.
141) Der Anwendungsbereich der geometrischen Sprache ist auf die Lehre beschränkt und wird deshalb im folgenden nicht weiter betrachtet.

Die Simulation versucht, diese Probleme zu lösen, indem das vorhandene abstrakte - verbale oder mathematische - Modell in ein reales Modell[142] übertragen wird. Die in das Modell eingehenden Elemente und die das Modellverhalten bestimmenden Parameter werden quantifiziert[143] und die Durchführung des Simulationsexperimentes - das Berechnen der Outputgrößen aus den gegebenen Daten und Strukturen - führen zu einem wiederum numerisch quantifizierten Simulationsergebnis.

Zwar lassen sich Simulationen grundsätzlich auch von Hand durchführen[144], jedoch legt es das Ziel der Simulationsmethode - ein höheres Maß an Komplexität quantitativ zu bewältigen - nahe, sich zur Handhabung der hierfür erforderlichen hohen Anzahl logischer und numerischer Operationen digitaler Rechenanlagen zu bedienen.

Eine große Anzahl von Beiträgen zieht den Begriff des Systems, das in sehr allgemeiner Form als eine endliche, geordnete Menge miteinander verknüpfter Elemente verstanden werden kann[145], in die Simulationsdefinition mit ein. Stellvertretend sei hier diejenige von Naylor aufgeführt, die gleichzeitig die eingangs zitierte Arbeitshypothese um die bisher vorgenommenen Erweiterungen ergänzt: "We shall define simulation as a numerical technique for conducting experiments with certain types of mathematical models, which describe the behaviour of a complex system on a digital computer over extended periods of time."[146]

Die Einbeziehung der Systemtheorie stellt keine Erweiterung des Simulationsbegriffes dar, sondern gibt nur einen Hinweis

---

142) Vgl. B.Schmidt (1985), S.17-21
143) Vgl. jedoch Harbordt (1974), S.39-43, der qualitative, nicht quantifizierte Simulationsmodelle als eigenständigen, wenn auch sehr seltenen, Modelltyp abgrenzt.
144) Vgl. Mresse (1977), S.10
145) Zum Systembegriff vgl. u.a. Baetge (1974) und Friedrich (1984)
146) Naylor (1971), S.2

auf die besondere - systemtheoretische - Sichtweise des jeweiligen Simulationsanwenders[147].

Mit der Beschreibung des Vorgehens erschließen sich die wesentlichen Vorteile[148] dieser Methode. Das Exemplarische der Simulation erlaubt es,

- komplexe Beziehungen zu analysieren und mit ihnen zu experimentieren,
- zufällige Ereignisse bei der Modellanalyse zu berücksichtigen,
- nicht nur die Struktur des abstrakten Modells, sondern auch dessen zeitliches Verhalten darzustellen und
- durch die Möglichkeit, auf den Eintritt einer Bedingung abzufragen, "... Unstetigkeiten in einem Ausmaß hand[zu]haben, die bei den herkömmlichen Methoden praktisch ausgeschlossen war."[149]

Aus dem Zusammenwirken dieser Vorteile ergeben sich spezielle Vorzüge der Simulation bei der Untersuchung theoretischer Fragestellungen, nämlich die Möglichkeit

- zur Explikation und Dynamisierung theoretischer Aussagen,
- innerhalb der Analyse von komplexen Interaktionen zur Auffindung von Schwachstellen im Modell beizutragen[150],
- des Einsatzes als Rechenhilfe und Alternative zu analytischen Verfahren bei der Theorieerstellung[151] sowie
- zur Integration bisher unverbundener theoretischer und empirischer Forschungsergebnisse[152]. "Simulationen erlauben die gleichzeitige Berücksichtigung aller von einer Theorie postulierten Zusammenhänge und deren Implikationen und geben somit Gelegenheit zu einem ständigen Plausibilitätstest der zugrunde liegenden Theorie. Darüberhinaus ist der

---

147) Ganz deutlich wird dies bei Baetge (1974), S.114, der bei der Untersuchung eines systemtheoretischen Problems zufällig auf die Simulation stößt; vgl. aber auch Kulla (1979).
148) Vgl. Naylor (1971), S.9-10, der dort weitere Vorteile nennt, sowie Siebert (1970), S.411.
149) Schnabl (1985), S.455
150) Vgl. Neck (1984), S.259
151) Vgl. Shubik (1960), S.913
152) Harbordt (1974), S.261-265

Wunsch nach Simulation und praktischer Anwendung einer Theorie ständiger Anreiz zur Suche nach passenden Operationalisierungen, die wiederum der Theoriekonstruktion zugute kommen können"[153].

Insbesondere letzter Punkt kann für den hier in Frage stehenden Bereich der Finanzierungstheorie von Bedeutung sein, da die Frage, ob und wie der Graben zwischen theoretischem Fortschritt und dessen praktischer finanzwirtschaftlicher Bedeutung zu schließen sei, in der Literatur breiten Raum einnimmt[154].

Die oben aufgeführten Vorteile und die große Anzahl von Veröffentlichungen, die von der Anwendung der Simulation in verschiedenen Forschungsbereichen berichten[155], erwecken den Eindruck, daß mit der Simulation eine Allzweckmethode existiert, deren Anwendung die Lösung aller bisher nicht zu bewältigenden Schwierigkeiten erlaubt[156].

Wie jedoch schon aus der hier vorgenommenen Herleitung, die den instrumentellen Charakter der Simulation[157] zwischen "weicher" verbaler und "harter" mathematischer Modellbildung in den Vordergrund rückt - Naylor spricht von einer "technique of last resort"[158], - sind der Simulation im Bereich sozial- und wirtschaftswissenschaftlicher Fragestellungen Grenzen ge-

---

153) Hoepfner (1975), S.25
154) Vgl. z.B. Adelberger (1981), S.115.
155) Die Bestandsaufnahme von Holst aus dem Jahre 1979 erfaßt über 6000 Arbeiten mit oder über Simulation aus den Jahren 1952-1976, ohne den Anspruch auf Vollständigkeit zu erheben; eine Bibliographie aus dem Jahr 1971, die allein Arbeiten zur Simulation menschlichen Verhaltens berücksichtigt, umfaßt 1921 Einträge, wiederum ohne Anspruch auf Vollständigkeit. Vgl. Dutton/Starbuck (1971), S.9-102
156) Als Besonderheit bleibt nachzutragen, daß die Simulation schon sehr früh mit Bemühungen um die Schaffung künstlicher Intelligenz in Verbindung gebracht wurde, ohne dabei allerdings auf spektakuläre Erfolge verweisen zu können. Vgl. Shubik (1960), S.912.
157) Bei Lehman (1977), S.23, ist die Bezeichnung "Scientific Tool" zu finden.
158) "... the fact that simulation is a numerical technique implies that it is a technique of last resort to be used only when analytical techniques are not available for obtaining solutions to a given model." Naylor (1971), S.4

setzt[159), wobei sich diese Grenzen aus methodenspezifischen und methodologischen Problemfeldern ergeben.

4.2. Probleme der Simulation

4.2.1. Methodenspezifische Probleme der Simulation

Der Aufwand für die Konstruktion eines Simulationsmodells gilt als sehr hoch[160]. In den Anfängen der Simulation galt auch die erforderliche Rechenzeit der benötigten Datenverarbeitungsanlagen als Engpaß. Durch die großen Fortschritte in der Hard- und Softwaretechnologie in den letzten Jahrzehnten hat dieses Problem an Schärfe verloren. Jedoch sind für hinreichend komplexe Modelle vollständige Enumerationen der Input/Parameter-Konstellationen nach wie vor kaum möglich, ganz abgesehen von dem sogenannten Bonini-Paradoxon[161], nach dem ab einem bestimmten Grad an Komplexität das Simulationsmodell nicht einfacher zu verstehen ist als das abgebildete Original und somit einige Vorteile der Simulationsmethode wieder verloren gehen.

Die Frage, ob Simulationsmodelle und deren Ergebnisse besser oder schlechter zu kommunizieren sind als andere Modelle und deren Ergebnisse, wird in der Literatur unterschiedlich beantwortet. Während Harbordt der Meinung ist, daß "Simulationsmodelle und ihre Ergebnisse - für den Eingeweihten ! - exakter (weniger mißverständlich) zu kommunizieren [sind]"[162], hält Schnabl die schlechtere Kommunizierbarkeit von Simulationsmodellen gegenüber herkömmlichen Modellen für die größte Barriere vor der Anwendung von Simulationstechniken[163].

---

159) Im Gegensatz zu technisch-naturwissenschaftlichen Anwendungsfeldern, wo die Nutzung der Simulation methodisch akzeptiert und konfliktfrei ist. Vgl. Ferstl (1979), S.1.
160) Dieses ist einer der wenigen Punkte, über den in der Literatur vollständige Übereinstimmung herrscht. Der Verfasser dieser Arbeit teilt diese Ansicht.
161) "Bonini's Paradox", Dutton-Starbuck (1971), S.4, bezogen auf Bonini (1967), S.136.
162) Harbordt (1974), S.271.
163) Vgl. Schnabl (1985), S.455-460.

Erklärtes Ziel und einer der herausragenden Vorteile der Simulation ist es, ein höheres Maß an Komplexität quantitativ zu bewältigen. Dabei entfalten sich die Vorteile der Simulation durch das Exemplarische eines jeden Simulationslaufes. Die daraus resultierenden Ergebnisse beziehen sich somit ausschließlich auf die gewählte Input/Parameter-Konstellation, bei stochastischer Simulation zusätzlich beschränkt auf die spezielle Ausprägung der verwendeten Wahrscheinlichkeitsverteilung.

Um weitere Erkenntnisse über das Modellverhalten zu gewinnen, werden daher die das Modellverhalten steuernden Faktoren variiert. Die Art und Weise, <u>wie</u> diese Variation vorgenommen wird, wird als "Experimental Design"[164] bezeichnet.

Die naheliegende Möglichkeit, von k Faktoren k-1 Faktoren konstant zu halten und lediglich den Verbleibenden zu variieren, erweist sich als wenig effizient und verhindert es zudem, interaktive Beziehungen zwischen den Faktoren zu analysieren[165]. Einen Ausweg bietet es, den k Faktoren jeweils nur zwei als plausibel empfundene Werte zuzuordnen. Bei dieser Größenfestlegung ist der Modellkonstrukteur allerdings auf seine Intuition angewiesen[166]. Für ein Modell mit nur 8 Faktoren sind somit immer noch, um ein umfassendes Modellverständnis zu gewinnen, $2^8 = 256$ Läufe des Simulationsmodells notwendig.

Werden dagegen 12 Faktoren einbezogen und wird - bei stochastischer Simulation - für jede Faktorkombination eine Anzahl von zehn Läufen für ausreichend gehalten, so ergibt sich ein erforderlicher Simulationsumfang von 40960 Läufen, was bei einem angenommen Zeitaufwand von einer Minute pro Simulationslauf eine Rechenzeit von mehr als 4 Wochen, <u>ausschließlich für die reine Simulation</u> erfordert und in der Regel zu einem unvertretbar hohen Aufwand führen dürfte.

---

164) Zum Experimental Design und der folgenden Faktorenauslegung vgl. u.a. Ferstl (1979), S.168-171, Fishman (1978), S.274-303 und Naylor (1971), S.165-184,
165) Wenn man von der vollständigen Enumeration <u>aller</u> Faktorkombinationen absieht. Die Kombinatorik zeigt die Grenzen dieser Verfahrensweise schnell auf.
166) Vgl. Law/Kelton (1982), S.373

Die fraktionierte Faktorenauslegung, bei der weniger als k Faktorkombinationen untersucht werden, kann verwendet werden, um die wesentlichen (Interaktions-) Effekte des Modells abzuschätzen. Dabei muß sich der Simulationsanwender über die sich aus der unvollständigen Faktorenauslegung ergebende beschränkte Modelleinsicht bewußt sein[167].

Als Fortsetzung der Frage der Faktorenauslegung stellt sich das Problem der Untersuchung der Response Surface[168], die die numerischen Simulationsergebnisse einzelner Modellelemente als Funktion der Faktoren wiedergibt. Es liegt nahe, diese Response Surface nach Extremwerten zu durchsuchen.

Hierzu sind Techniken entwickelt worden, die eine zielstrebige Suche ermöglichen sollen. Teilweise wird dies als Hilfsmittel zur Optimierung von Simulationsexperimenten und teilweise als Simulation zur Optimierung der zugrundeliegenden Originalsysteme aufgefaßt[169]. Eine scharfe Trennung dieser Anwendungsformen ist nicht möglich. Die Möglichkeit optimale Lösungen des Simulationsmodells, bei denen es sich ohnehin nicht um Optima im Sinne der analytischen Extremwertbestimmung handeln kann, auf das reale System zu übertragen, hängt natürlich von der Abbildungsgenauigkeit des Simulationsmodells ab[170].

4.2.2. Methodologische Probleme der Simulation

Der Versuch, eine Einschätzung des Leistungsvermögens der Simulation vorzunehmen, ist eng verbunden mit der Frage nach der Validität von Simulationsmodellen. Die Validität ist nicht unabhängig vom intendierten Zweck des Modells zu beurteilen. Aufgabe einer Methodologie der Simulation ist es, zu einer Sy-

---

167) Zu diesem Problem vgl. Kappel (1979), S.119-130.
168) Bei zwei Faktoren und einer beobachteten Variable ergibt sich die Response Surface als Oberfläche eines Ergebnisgebirges.
169) Vgl. Biethahn (1978), Edel (1976), Schug (1980)
170) Zu deren Abschätzung die Untersuchung der Response Surface wiederum beitragen kann. Zum engen Zusammenhang zwischen der Untersuchung des Modellverhaltens und der Einschätzung dessen Leistungsvermögens vgl. den Abschnitt über methodologische Probleme der Simulation.

stematik beizutragen, die eine Beurteilung der Validität von Simulationsmodellen vor dem Hintergrund der zu lösenden Problemstellung gestattet.

Eine geschlossene Methodologie der Simulation liegt bisher jedoch noch nicht vor. Vor dem Hintergrund der vielfältigen Anwendungsbereiche dieser Methode ist dies ein erstaunlicher Umstand, für den sich jedoch einige Ursachen finden lassen.

Die Simulation ist eine vergleichsweise junge Methode. Als erste Simulation(en) im engeren Sinne können die Arbeiten von von Neumann gelten, der im Zusammenhang mit dem Bau der ersten Atombombe Zufallszahlen simulierte und diese Vorgehensweise als Monte-Carlo-Simulation bezeichnete[171].

Im Verlauf der weiteren Entwicklung der Methode stand die Erarbeitung und Beschreibung statistischer Verfahren zur Generierung und Prüfung von Zufallszahlen im Mittelpunkt des Interesses[172]. Ebenfalls weiten Raum nahmen Fragen der technischen Handhabung, insbesondere der Programmierung, ein, so daß "... there appears to be an unfortunate impression that simulation is just an exercise in computer programming, albeit a complicated one." [173] Zudem galt die Simulation anfänglich als "Kunst"[174], was für die Entwicklung einer wissenschaftlichen Methodologie kein Anreiz war.

Durch ihr weites Anwendungsspektrum wird die Simulation in ähnlicher Vielfalt verwendet wie die Mathematik und die Statistik, ohne, wie diese, eine eigenständige Disziplin zu sein. Die Versuche, zu einer Simulationsmethodologie beizutragen - sofern diese überhaupt unternommen werden - , sind daher geprägt von der wissenschaftlichen Ausgangsbasis des jeweiligen Verfassers, so daß eine einheitliche Betrachtungsweise bisher nicht entstehen konnte.

---

171) Neelamkavil (1987), S.3
172) Zu diesen Fragestellungen vgl. u.a. Kleijnen (1975), Lewis (1975) und Yakowitz (1977)
173) Law/Kelton (1982), S.2
174) "Simulation ist zur Zeit noch immer eine Kunst.", Witte (1973), S.40, unter Bezugnahme auf Tocher (1963), The Art of Simulation.

Den technischen Problemen folgend, werden Simulationsmodelle in der Regel dichotom klassifiziert[175]

- nach der Behandlung der Zeit
    - in statische Modelle, die sich auf _einen_ Zeitpunkt oder _eine_ Zeitperiode beziehen, und
    - in dynamische Modelle, die mehrere Zeitpunkte- oder perioden berücksichtigen;
- nach der Berücksichtigung zufälliger Ereignisse
    - in deterministische Modelle, bei denen Simulationsläufe mit identischem Input stets zu identischen Ergebnissen führen[176], und
    - in stochastische Modelle[177], die mindestens eine, durch eine Wahrscheinlichkeitsverteilung beschriebene, Zufallsvariable enthalten.

Sofern ein dynamisches Modell vorliegt, lassen sich

- kontinuierliche Modelle unterscheiden, bei denen die Zeit stetig voranschreitet, im Gegensatz zu
- diskreten Modellen, die einzelne Zeitpunkte betrachten. Bei diesen wiederum ist zu trennen zwischen
    - synchronen Modellen, deren Zeitverhalten sich aus stets gleich langen Takten ergibt, und
    - asynchronen Modellen, deren Zeitverhalten durch das - auch unregelmäßige - Eintreten von Ereignissen bestimmt wird[178].

---

175) Vgl. Mertens (1982), S.4-5
176) Diese Klassifizierung muß u.U. künftig relativiert werden, da es zu den Ergebnissen der Theorie des Chaos gehört, daß auch einfache deterministische Systeme stochastisches Verhalten erzeugen können. Vgl. Crutchfield/Farmer/Packard/Shaw (1987), S.78. Zu chaotischem Verhalten auf Finanzmärkten vgl. Savit (1988), S.271-289.
177) Harbordt (1974), S.39, stellt den deterministischen die indeterministischen Modelle entgegen und unterscheidet nach probabilistischen und stochastischen Modellen.
178) Vgl. Bratley/Fox/Schrage (1983), S.16; für das Zeitverhalten finden sich auch die Bezeichnungen zeit/ereignisorientiert, Witte (1973), ähnlich Bauknecht/Kohlas/Zehnder (1976), und fixed-time-increment/next-event-increment, Neelamkavil (1987), ähnlich Naylor/Balintfy/Burdick/Chu (1968) und Law/Kelton (1982).

Gerndt[179] führt als Zwecke der Simulation Theorie, Praxis, Kontinuität, Theoriebildung, Praxisentwicklung und Verallgemeinerung an. Diese Kategorien werden jedoch nicht operationalisiert, so daß sie keine Hilfe bei der Systematisierung von Simulationsmodellen sein können. Er stellt zwar fest, daß die Güte der Übertragung von Modellinformationen auf das Original von der Gültigkeit des Modells und von der speziellen Art der realisierten Ähnlichkeitsbeziehung ist, schließt jedoch die eigentliche Validierung aus seinen Betrachtungen aus[180].

Für Witte[181] ist der eigentliche Zweck der Simulation, Hilfestellung bei der optimalen oder befriedigenden Entscheidung zur Gestaltung eines Systems zu leisten. Grundlegend für die Entwicklung ·einer Theorie der Simulation ist für ihn, eine Klasse von formalen Systemen gleichartiger Struktur zu definieren[182], womit sein systemtheoretischer Standpunkt deutlich wird. Eine Diskussion der Validierungsproblematik erfolgt, möglicherweise aus der Forderung nach Gleichartigkeit der Systeme folgend, nicht.

Simulationsmodelle, die der Darstellung ganzer Unternehmen dienen, klassifiziert Ludewig[183] nach dem Anwendungsbereich, der Zielsetzung und der Anwendungsnähe. Als spezialisierte Modellansätze nennt er Finanz- und Budgetmodelle, Forschungsmodelle[184] und Ausbildungsmodelle. Zur "Prüfung der Realitätsbezogenheit"[185] bemerkt er, daß der spezifische Charakter eines jeden Simulationsmodells es unmöglich macht, ein allgemeingültiges Verfahren zu entwickeln, und daß das Prüfungsverfahren im Einzelfall subjektiven Charakter hat.

Meißner, aus dessen Beitrag -wie aus keinem anderen- der nahe Zusammenhang zwischen Simulationsmethodolgie, Simulationszweck

---

179) Gerndt (1978), S.152-159
180) Gerndt (1978), S.196-197
181) Witte (1973), S.44
182) Witte (1973), S.42
183) Ludewig (1975), S.28-50.
184) Zu den bekanntesten Untersuchungen hypothetischer Unternehmen gehören die Arbeiten von Bonini (1967) und Cyert/March (1963).
185) Dem Begriff der Validierung kann sich Ludewig aus sprachlich-stilistischen Gründen nicht anschließen. Ludewig (1975), S.54, Fußnote 168.

und Validierung hervorgeht, setzt sich kritisch mit der Leistungsfähigkeit der Simulation für Erklärung und Prognose auseinander und kommt zu dem Ergebnis, daß "Die Gültigkeit von Simulationsmodellen also auf den Bereich beschränkt [ist], auf den sie sich explizit beziehen.". Dabei sieht er, anders als in der hier vorliegenden Arbeit, als Gegenstand der Simulation den Begründungs-, nicht den Entdeckungszusammenhang[186].

Die im deutschsprachigen Raum umfassendste Auseinandersetzung mit der Simulationsmethode stammt von Harbordt, der die Möglichkeiten der Simulation in den Sozialwissenschaften für die verschiedensten Zwecke herausarbeitet. Die genannte dichotome - technisch orientierte - Klassifikation ergänzt er um eine eigene, indem er den aggregativ-mikroanalytischen die makroanalytischen Modelle gegenüberstellt[187], mithin keine Gliederung nach dem Zweck, sondern eine solche nach dem Aggregationsgrad vornimmt.

Seine Ausführungen zur Validierung beziehen sich insbesondere auf die Versuche, Modelle empirisch zu prüfen. Für Simulationsmodelle, die als theoretische Modelle der Theorieexplikation und Theorieentwicklung dienen sollen, und auf deren Vorteile er mehrfach explizit hinweist, sieht er als einzige Möglichkeit der Validierung die Vornahme von Plausibilitätstest und den Vergleich mit theoretischem Wissen[188].

Die Validierung wird oft als das Problem der Simulation schlechthin aufgefaßt, einhergehend mit der Feststellung, daß die Validierung noch nicht den Stellenwert besitzt, der ihr zukommt. "In part, the reason of avoiding the subject of validation stems from the fact that the problem of validating computer models remains today perhaps the most elusive of all the unresolved methodological problems associated with computer simulation techniques."[189]

---

186) Meißner (1970), S.395
187) Harbordt (1974), S.30-38; zusätzlich unterscheidet er die genannten
     qualitativen Modelle.
188) Harbordt (1974), S.184
189) Naylor (1971), S.153

Die Validierung eines Simulationsmodells umfaßt die Teilberei-
che Verification, Validation und Output-Analysis[190]. Mittels
der Verification wird überprüft, ob das Simulationsmodell das
zugrundeliegende reale, verbale oder mathematische Modell formal und syntaktisch richtig wiedergibt. Die Forderung, vor Anwendung des Simulationsmodells sei ein Debugging[191] durchzuführen, scheint trivial, gewinnt jedoch mit zunehmender Pro-
grammgröße immer mehr an Gewicht.

Gebräuchliche Maßnahmen, die Verification zu erleichtern bzw.
zu unterstützen, sind

- ein modularer Programmaufbau, der das separate Testen einzelner, kurzer und daher übersichtlicher Programmteile ermöglicht und es erlaubt, immer wieder auf bereits gete-
  stete Module zurückzugreifen,
- die Ausgabe nicht nur der Endergebnisse, sondern auch der
  Zwischenergebnisse, die Aufschluß über unplausibles und
  fehlerträchtiges Modellverhalten geben,
- der Einsatz des Programms unter möglichst einfachen Konstellationen, der ebenfalls zur Plausibilitätskontrolle
  beiträgt, sowie
- die graphische Aufbereitung der Modellzwischen- und Endergebnisse.

---

190) Diese Dreiteilung folgt der klaren Darstellung in Law/Kelton (1982),
     S.333. Um die im Validierungsbereich ohnehin nicht besonders ausge-
     prägte Trennschärfe der Begriffe nicht durch eine deutsche Überset-
     zung abermals zu reduzieren, werden die an dieser Stelle verwendeten
     Bezeichnungen unübersetzt übernommen. Zur Validierung vgl. insbeson-
     dere Harbordt (1974), S.155-204, Naylor/Finger (1967), S.B-92 - B-101
     bzw. Naylor/Finger (1967), S.153-163, Neelamkavil (1987), S.67-80,
     Meißner (1970), S.392-395, Sargent (1984), S.537-556 und Van Horn
     (1969), S.232-251. Einen Hinweis auf die Entwicklung des Begriffs Va-
     lidation gibt der Beitrag von Naylor/Finger, der 1967 unter dem Titel
     "Verification of Computer Simulation Modells" erschien und 1971 -
     kaum geändert - mit "Validation" überschrieben war.
191) Der Begriff Debugging, der für die Fehlersuche- und -beseitigung in
     Programmen steht und eigentlich Entwanzen oder Entlausen bedeutet,
     ist im Bereich der Datenverarbeitung eingeführt und wird in diesem
     Sinn verwendet. Vgl. auch Lehman (1977), S.211-214.

Der Verification steht die Output-Analysis[192] gegenüber, "...
which is concerned with determining a simulation model's (<u>not
necessarily the system's</u>) true parameters or characteri-
stics."[193] Aus dem Zitat wird die Blickrichtung bei diesem
Teil der Validierung deutlich, die auf die Bestimmung des <u>Mo-
dell</u>verhaltens weist, das sich mit dem Verhalten des zugrundeliegenden realen Modells nicht notwendigerweise decken muß. Da
sich der Test eines Simulationsmodells nicht durch die unmittelbare Prüfung der im Modell verwendeten Funktionen und
Strukturen durchführen läßt[194], ist die Aufbereitung der Simulationsergebnisse nicht nur Teil der Modellauswertung im Sinne
einer abschließenden Ergebnisanalyse, sondern auch Teil der
Validierung[195].

Aufgabe der Validation, der Validierung i.e.S., ist die Überprüfung, ob das Simulationsmodell ein genaues Abbild des zu
beobachtenden Ausschnitts der Realität ist. Dem liegt implizit
der Anspruch zugrunde, ein Simulationsmodell sei unmittelbar
so realitätsnah wie möglich zu gestalten, woraus sich die Forderung ergibt "To validate any kind of model (for example:
economic models) means to prove the model to be true."[196]

Gegen die Forderung, ein Simulationsmodell habe sich als
"true" zu erweisen, lassen sich drei Einwände vortragen.

-   Aus Sicht der wissenschaftstheoretischen Konzeption des
    kritischen Rationalismus ist eine abschließende Bestäti-
    gung eines Simulationsmodells ohnehin nicht möglich, da
    stets offen ist, ob weitere empirische Beobachtungen das
    Modell nicht ganz oder teilweise widerlegen.

---

192) Vgl. u.a. Bauknecht/Kohlas/Zehnder (1976), S.92-125, Ellenberger
      (1975), S.176-212, Kleijnen (1975), S.287-450 und Witte (1973),
      S.167-194.
193) Law/Kelton (1982), S.334 [Unterstreichung vom Verfasser dieser Ar-
      beit].
194) "Computer-Deduktion statt mathematischer Deduktion", Meißner (1970),
      S.395, "déduction expérimentale", Solari (1966), S.393
195) Die Literatur betrachtet die Output-Analysis überwiegend als eigen-
      ständigen Schritt im Verlauf eines Simulationsvorhabens, was nicht
      falsch, aber unvollständig ist.
196) Naylor/Finger (1971), S.153

- Neben den grundsätzlichen tritt ein praktischer Einwand. Voraussetzung für einen umfassenden Vergleich zwischen Realität und Simulationsmodell ist eine vollständige Kenntnis der vielfältigen Zusammenhänge zwischen den beobachteten Einflußgrößen. Damit entfällt die Notwendigkeit der Simulation[197]. Darüberhinaus dürfte der Mangel an verfügbaren Daten, die, wenn sie überhaupt in der notwendigen Form vorliegen, überwiegend zur Modellkonstruktion verwendet werden, die Möglichkeit der Validierung stets begrenzen[198].

- Der letzte Einwand ist pragmatischer Natur. Simulationsmodelle, die primär theoretischen Fragestellungen folgen und daher nicht validiert, möglicherweise nicht validierbar sind, können für den Fortschritt der Erkenntnis von _mittelbarem_ Nutzen sein, indem sie "... dem Prozeß der Verbreitung und Kommunikation wissenschaftlicher Aussagen durch ihren Beitrag zur operationalen Formulierung von Arbeitshypothesen, durch deren experimentelle Prüfung und durch die Darstellung der so gewonnen Ergebnisse dienen."[199]

In der neueren Simulationsliteratur wird dieser Pragmatismus aufgegriffen, was sich in folgender Definition der Validation niederschlägt: "Substantiation that a _computerized model_ within its _domain of applicability_ possesses a satisfactory _range of accuracy_ consistent with the intended application of the model."[200]

Diese Definition wird der Vielfalt von Anwendungsmöglichkeiten von Simulationsmodellen gerecht, ist jedoch so allgemein gehalten, daß sie konkrete Handlungsempfehlungen nicht mehr zuläßt. Sie ist jedoch ein weiterer Schritt auf dem Weg zu einer differenzierteren Betrachtungsweise der Validierungsproblematik.

---

197) Vgl. Mertens (1982), S.50
198) Vgl. Harbordt (1974), S.183-184
199) Adelberger (1976), S.5
200) Schlesinger (1979), S.104 [Unterstreichungen im Original in Großschrift].

Der Versuch, aus einer allgemeinen Simulationsmethodologie Hinweise für das Leistungsvermögen und die Validierung theorieorientierter Simulationsmodelle abzuleiten, scheitert, da eine solche Simulationsmethodologie und die aus ihr abzuleitende Systematisierung von Simulationsmodellen noch nicht in der entsprechenden Form vorliegt[201].

Für das im Rahmen dieser Arbeit verfolgte Vorhaben ergibt sich daraus, daß sich die Modellvalidierung auf die Verification beschränken muß[202]. Die folgenden Ausführungen verstehen sich somit im Sinne von Fleisher, der der Auffassung ist, daß "A simulation can say nothing about the real world"[203], der aber hinzufügt: "... [simulation] is the beginning of theorizing, not the end. Contrariwise, simulation can avoid some excesses of theorizing."[204]

5. Formaler Rahmen des Modells

Die Börse dient als zentraler Treffpunkt von Kapitalanlegern und Kapitalnachfragern, die Vermögensgegenstände mit unsicheren Erträgen bewerten und mit diesen Vermögensgegenständen nach festen Regeln handeln. Um die Interaktionen heterogen informierter Marktteilnehmer mit Hilfe der Methode der Simulation untersuchen zu können, müssen den Modellinvestoren daher Bewertungsregeln und ein Verfahren zur Kursfeststellung zur Verfügung gestellt werden.

---

201) Hinweise auf mögliche Entwicklungslinien sind zu finden in Ören/Zeigler/Elzas (1984).

202) Für die Zukunft deuten sich jedoch für die in dieser Arbeit verfolgten Fragestellungen durch eine Verbindung von (Computer-) Simulation und (computergestützten) Börsenexperimenten, wie sie in Gerke (1990) vorgestellt werden, neue Perspektiven für die Validierung an. Sofern Simulation und Experimente ähnlich strukturiert sind, ist eine iterative und interdependente Weiterentwicklung des Simulationsmodells und der den Experimenten zugrundeliegen Modellbörse möglich, was insbesondere für die Validierung durch die Gegenüberstellung von Modell- und Experimentergebnissen von besonderem Reiz ist.

203) Fleisher (1968), S.188. Thomas/Deemer (1957), S.5, formulieren ähnlich: "Simulation is to attain the essence of, without reality."

204) Fleisher (1968), S.189

Sowohl die in diesem Modell verwendeten Bewertungsregeln als auch das Verfahren zur Kursfeststellung beruhen auf einem Kapitalmarktmodell, das in Form einer spezifischen Ausprägung des Capital-Asset-Pricing-Model (CAPM) vorliegt. Aufbauend auf der von Markowitz[205] eingeführten Portefeuille-Theorie, wurde das CAPM von Sharpe[206], Lintner[207] und Mossin[208] unabhängig voneinander entwickelt. Mit der zentralen Aussage des CAPM, der sogenannten Risk-Return-Beziehung,

$$(14) \qquad E(R_i) = R_F + (E(R_M) - R_F) \, \frac{COV(R_i, R_M)}{Var(R_M)} \,,$$

$E(R_i)$: erwartete Rendite des riskanten Wertpapiers i

R_F : Zinssatz für die Anlage und Aufnahme risikoloser Kapitalbeträge

$E(R_M)$: erwartete gemeinsame Rendite aller Wertpapiere

$COV(R_i, R_M)$: Kovarianz der erwarteten Rendite des Unternehmens i zur erwarteten gemeinsamen Rendite aller Wertpapiere

$Var(R_M)$: Varianz der gemeinsamen Rendite aller Wertpapiere

sind die wesentlichen Erkenntnisse verbunden, daß im Kapitalmarktgleichgewicht zwischen der erwarteten Rendite eines Wertpapiers und dessen Risikokomponente eine <u>lineare</u> Beziehung besteht und die für die Marktbewertung eines Unternehmens relevante Risikokomponente mit dessen Beitrag zum Gesamtmarktrisiko gegeben ist. Dabei wird der Marktpreis des Risikos durch den Ausdruck $(E(R_M) - R_F) / Var(R_M)$ festgelegt[209].

Die aus dem CAPM abzuleitenden Erkenntnisse beruhen auf einer großen Zahl von Prämissen[210], zu denen üblicherweise die folgenden gezählt werden[211]:

---

205) Vgl. Markowitz (1952), S.77-91.
206) Vgl. Sharpe (1964), S.425-442.
207) Vgl. Lintner (1965), S.13-37.
208) Vgl. Mossin (1966), S.768-783.
209) Der Quotient auf der rechten Seite von Gleichung (14), der das Verhältnis zwischen dem Marktrisiko (Var(R_M)) und dem systematischem Risiko einer Aktie (COV(R_i,R_M)) angibt, entspricht dem häufig verwendeten ß.
210) Die Aufzählung erhebt keinen Anspuch auf Vollständigkeit, da es vom Standpunkt des Betrachters abhängt, ob weitere Annahmen aufgenommen werden müssen oder davon auszugehen ist, daß sie in den Genannten be-

- alle Investoren maximieren den Erwartungsnutzen ihrer Endvermögen mit einem Planungshorizont von einer Periode,
- alle Investoren entscheiden auf der Grundlage von Informationen über die Erwartungswerte und die Varianzen (Standardabweichungen) der Renditen der betrachteten Wertpapiere (oder deren Kursverteilung zum Periodenende),
- alle Investoren schätzen die Erwartungswerte, Varianzen und Kovarianzen aller Wertpapiere in gleicher Weise ein (homogene Erwartungen),
- zu einem sicheren Zinssatz R_F können beliebige Beträge angelegt oder aufgenommen werden,
- Wertpapiere können in beliebigen Mengen leerverkauft werden,
- alle Wertpapiere sind beliebig teilbar und es existieren keine Transaktionskosten,
- es gibt keine Steuern und
- die Menge aller Anlagemöglichkeiten ist vorgegeben.

Allerdings können diese Annahmen "... weder wegen ihrer _vermuteten_ Richtigkeit die Geltung der Theoreme absichern, noch ließe sich aus _anerkannter_ Falschheit der Annahmen darauf schließen, daß die Theoreme falsch sein müßten. Nur wenn man wüßte, daß eine Annahme eine notwendige Bedingung bezeichnet und in der Realität nicht erfüllt wäre, könnte daraus auf die (Nicht-) Geltung der Theoreme geschlossen werden."[212]

Vorstellbar ist immerhin, daß auf hochorganisierten Märkten, wie den jeweils höchsten Segmenten der Weltbörsen,

- Informationen über die umsatzstärksten Unternehmen auf so vielfältige Art und Weise verbreitet werden, daß die Informationsstände nahezu homogen werden und die Informati-

---

reits enthalten sind. So fehlt z.B. die explizite Annahme eines _perfekten_ Kapitalmarktes, auf dem die Transaktionswünsche der Marktteilnehmer friktionslos miteinander koordiniert werden.
211) Vgl. Jensen (1972), S.358-359.
212) R.H.Schmidt (1977), S.256. Die Aussage bezieht sich auf die Kapitalmarkttheorie. Aus dem Kontext geht jedoch hervor, daß insbesondere Modelle vom Typ des CAPM gemeint sind. Unterstreichungen im Original kursiv. Ähnlich Schneider (1989), S.485.

onskosten gegen Null streben oder als nicht signifikant empfunden werden,

- sich das vermutlich nicht vollständig rationale Verhalten der Marktteilnehmer durch die große Zahl der Beteiligten gerade aufhebt und im Effekt ein angenähert rationales Verhalten erzeugt,
- die Vielzahl sehr schnell hintereinanderfolgender Transaktionen im Schnitt ein Ergebnis erzeugt, daß dem eines fiktiven Auktionators entspricht, der die Preisanpassungen "in der Periodenfuge"[213] vornimmt.

Vorstellbar ist jedoch auch, daß sich die unterstellte, nahezu perfekte Beseitigung aller Vertragsabschlußhemmnisse nicht ohne weiteres auf Wertpapiermärkte übertragen läßt, die weniger perfekt organisiert sind und sich eines geringeren allgemeinen Interesses erfreuen. Der Annahme, daß sich die unerwünschten Folgen beschränkt rationalen Verhaltens gerade aufheben, kann die Annahme entgegengehalten werden, daß reduzierte Rationalität der Marktteilnehmer in Verbindung mit technisch perfekten Abwicklungstechnologien, wie sie von den realen Börsen zunehmend zur Verfügung gestellt werden, das deterministische Verhalten des Börsensystems in ein chaotisches Verhalten umschlagen lassen kann[214].

Die theoretische Forschung hat erhebliche Anstrengungen unternommen, die Beziehungen zwischen der Palette der Annahmen und den von ihnen ausgelösten speziellen Ergebnisse zu untersuchen, und einzelne Annahmen aufzuheben[215] oder zu modifizieren. So wurde das CAPM im Mehrperioden-Zusammenhang untersucht[216], die Annahme eines gleichen Zinssatzes für die sichere Kapitalanlage und- aufnahme aufgehoben[217], die Möglich-

---

213) Vgl. Machinek (1968), S.189.
214) Vgl. Schnabl (1988), S.623-624. Das Verhalten der Weltbörsen in den letzten Jahren trägt zumindest nicht dazu bei, derartige Zweifel zu zerstreuen.
215) Zudem sind nicht alle dieser Annahmen a priori nötig. In der unten folgenden Modell-Fassung kann bei homogenen Informationsständen die Annahme beliebiger Leerverkaufsmöglichkeiten folgenlos suspendiert werden.
216) Vgl. Merton (1973), S.867-887.
217) Vgl. Brennan (1971), S.1197-1205.

keiten der Kreditaufnahme beschränkt[218], sowie Transaktionskosten[219] und Steuern[220] eingeführt.

Neben diesen Anstrengungen, die notwendigen Prämissen immer
weiter zu lockern, lag ein zweiter Schwerpunkt der Kapitalmarktforschung bei Versuchen, das CAPM empirisch zu untermau-
ern[221]. Obwohl die Untersuchungen keinen offenkundigen Anlaß
geben, das CAPM abzulehnen, sind die Möglichkeiten einer abschließenden empirischen Validierung begrenzt. Nach einer Bestandsaufnahme der Möglichkeiten, das Grundmodell empirisch zu
testen, die die Bestandsaufnahme vorliegender Testergebnisse
einschließt, kommt Fama zu dem Ergebnis: "In truth, all we can
really say at this time is that the literature has not yet
produced a meaningful test of the Sharpe-Lintner-hypothe-
sis."[222] Roll verschärft diese Aussage noch durch den Nach-
weis, daß die einzige selbständig testbare Hypothese des Kapitalmarktmodells darin besteht, ob das Marktportefeuille selbst
risikoeffizient im Sinne der μ-σ-Entscheidungsregel ist oder
nicht, und folgert daraus für die generelle Überprüfbarkeit
der Aussagen des Kapitalmarktmodells: "... there is practi-
cally no possibility that such a test can be accomplished in
the future."[223]

Damit steht das CAPM auf schwankendem Boden und mit ihm alle
Forschungsbemühungen, die es als Grundlage für weiterführende
Untersuchungen verwenden[224]. Solange von der Kapitalmarkttheorie kein grundsätzlich anders gearteter Bewertungsansatz her-
vorgebracht wird[225], sind angesichts der Schwierigkeiten bei

---

218) Vgl. Black (1972), S.444-455.
219) Vgl. Pogue (1970), S.1005-1027.
220) Vgl. Litzenberger/Ramaswamy (1979), S.163-195.
221) Einen Überblick über die empirischen Arbeiten geben Jensen (1972),
     Fama/MacBeth (1973), Fama (1976) und R.H.Schmidt (1976).
222) Fama (1970), S.370.
223) Roll (1977), S.129-130.
224) Wie etwa die von Neus (1989), in der der Versuch einer Integration
     der ökonomischen Agency-Theorie in das Kapitalmarktmodell unternommen
     wird.
225) Die allgemeinere Arbitrage Pricing Theory, die das CAPM als Spezial-
     fall enthält, scheint vor ähnlichen Problemen der empirischen
     Überprüfbarkeit zu stehen. Vgl. den Disput zwischen Dybvig/Ross
     (1985), S.1173-1188, und Shanken (1985), S.1189-1196. Zur Ableitung
     des CAPM aus dem Prinzip arbitragefreier Märkte vgl. Franke/Hax
     (1988), S.308-310.

der empirischen Überprüfung entweder alle Bemühungen um ein tiefergehendes Verständnis der Vorgänge auf Kapitalmärkten (vorübergehend) einzustellen, oder diese Bemühungen haben - trotz aller grundsätzlichen Bedenken- auf dem gegenwärtigen Kenntnisstand aufzubauen. Hierzu bietet sich das CAPM als klar konzipierte, weitgehend abgeschlossene Bewertungstheorie unter Unsicherheit an[226].

Dies gilt selbst dann, wenn sich das Unbehagen weniger gegen die konkrete Ausprägung der Kapitalmarktmodelle und mehr gegen ihren gleichgewichtstheoretischen Charakter richtet[227]. Es bietet sich dann an, von der statischen Gleichgewichtsbetrachtung in eine Prozeßbetrachtung überzugehen, die zunächst auf einer Abfolge einzelner Gleichgewichtszustände beruht, um daran anschließend auch den Prozeß der Gleichgewichtsentstehung in einzelne Schritte aufzulösen[228].

Die zentralen Erkenntnisse des CAPM sind über zwei äquivalente Zugänge zu erreichen. Zum einen über eine Formulierung, die direkt an den erwarteten Renditen der von den Investoren gehaltenen Aktien ansetzt (Sharpe und Lintner), und zum anderen über eine Formulierung, die die Parameter der erwarteten Endvermögen vorgibt (Mossin). Die Formulierung über Renditen erlaubt es, auf die explizite Berücksichtigung der Anlegerpräferenzen zu verzichten, was üblicherweise als Vorteil empfunden

---

226) Vgl. Schmidt, R.H.(1983a), S.263. Ross (1978), S.885, nennt das CAPM "the central equilibrium model of financial economics".

227) Diese Richtung der Kritik wird insbesondere von Schneider verfolgt: "Methodologisch überzeugender erscheint mir freilich, den Erklärungsanspruch zumindest der walrasianischen Gleichgewichtsanalyse und der darauf beruhenden partiellen Gleichgewichtstheorie selbst zur Katastrophe zu erklären. Wer dem folgt, wird den größten Teil der heutigen, auf Kapitalmarktgleichgewichtsmodellen aufbauenden Finanzierungstheorie streichen müssen." Schneider (1989), S.487 [Unterstreichungen vom Verfasser dieser Arbeit]. Ähnlich R.H.Schmidt: "Der Endpunkt der Investitions- und Finanzierungstheorie ist das CAPM aber nicht. Das liegt unter anderem daran, daß es uneingeschränkt der neoklassischen Denktradition zugehört und deren Schwächen teilt." R.H.Schmidt (1983), S.263.

228) Und selbst bei dieser Prozessmodellierung wird es sich vermutlich anbieten, zunächst eine Sequenz bilateraler Gleichgewichte zwischen einzelnen Investoren zu untersuchen, die in ein generelles Gleichgewicht münden, in dem bei gegebenen Informationsständen keine Transaktionswünsche mehr vorliegen. Zu den Problemen iterativer Preismechanismen vgl. Saari (1985), S.1117-1183.

wird. Da es das Ziel dieser Arbeit ist, die Interaktionen heterogen informierter Marktteilnehmer im Marktzusammenhang zu untersuchen, kann auf die explizite Vorgabe von Anlegerpräferenzen nicht verzichtet werden. Da die Bewertungsregeln der Marktteilnehmer und das Verfahren zur Kursfeststellung auf einem Kapitalmarktmodell beruhen, das die Rendite-Risiko-Position risikobehafteter Kapitalanlagen mit den statistischen Parametern des Erwartungswertes μ und der Varianz σ^2 beschreibt, muß die formale Abbildung der Risikopräferenzen der Investoren mit diesen Parametern verträglich sein. So führt die exponentielle Nutzenfunktion

$$(15) \qquad U(W_1) = -e^{-W_1/a} \qquad \text{mit } a > 0$$

W_1: Vermögen zum Periodenende
a : Risikoaversionsparameter

bei <u>normalverteilten Endvermögen</u> auf die rationale Präferenzfunktion

$$(16) \qquad V(\mu,\sigma) = \mu - \sigma^2 / 2a \;,$$

μ: Erwartungswert des Endvermögens
σ: Standardabweichung des Endvermögens

die als Argumente neben dem Risikoaversionsparameter nur noch den Erwartungswert und die Standardabweichung des Endvermögens aufweist. Diese Präferenzfunktion ist die einzige rationale Präferenzfunktion, die das Risiko in Form der Varianz des Endvermögens durch Subtraktion vom Erwartungswert des Endvermögens berücksichtigt[229]. Zu beachten ist, daß eine starke Abneigung gegen die Übernahme von Risiken (hohe Risikoaversion) mit einem kleinen numerischen Wert des Risikoaversionsparameters a verbunden ist, da dem Risiko bei der Bewertung eines riskanten Vermögensgegenstandes dann ein höheres Gewicht zufällt. Umgekehrt wird eine geringe Abneigung gegen die Übernahme von Risiken (niedrige Risikoaversion) durch einen großen numerischen Wert dieses Parameters ausgedrückt.

---

229) Vgl. Schneeweiß (1967), S.143.

Die Verwendung der mit Gleichung (15) beschriebenen Nutzenfunktion ist mit der <u>Renditeformulierung</u> des CAPM nur dann vereinbar, wenn das Anfangsvermögen der Investoren einen festen Wert annimmt. Da der Wert der Unternehmensanteile erst durch die Gleichgewichtspreisfeststellung ermittelt wird, kann es sich bei einem festen Anfangsvermögen nur um reine Zahlungsmittel handeln, so daß mit der Gleichgewichtspreisfeststellung auch der Umfang der den Unternehmen zufließenden Mittel festgelegt wird. Damit schwankt mit jeder Veränderung der Unternehmensdaten auch das den Unternehmen zur Verfügung stehende Eigenkapital, was mit dem in dieser Arbeit verfolgten Bestreben kollidiert, das Eigenkapital der Unternehmen im Mehrperiodenzusammenhang konstant zu halten.

Bei nicht fixierten Anfangsvermögen wird implizit konstante relative Risikoaversion unterstellt, und damit Nutzenfunktionen, die zur Beurteilung von Normalverteilungen nicht herangezogen werden können. Da die zu Gleichung (15) alternative Verwendung quadratischer Nutzenfunktionen auf Grund ihres eingeschränkten Geltungsbereichs wenig attraktiv erscheint, wird durch die Verwendung einer exponentiellen Nutzenfunktion ein CAPM-Zugang über die Formulierung erzwungen, die an den Parametern des Endvermögens ansetzt[230].

Die folgende Darstellung des die Grundlage der Simulationsberechnungen bildenden Kapitalmarktmodells orientiert sich weitgehend an Rudolph (1979)[231], der das CAPM unter der Voraussetzung herleitet, daß die Risikopräferenzfunktionen aller Marktteilnehmer bekannt und von einem durch Gleichung (16) beschriebenen Typ sind.

Ausgangspunkt der Überlegungen ist das Anfangsvermögen eines Investors k, das sich aus einem sicheren und einem unsicheren Bestandteil zusammensetzt. Der unsichere Bestandteil des Ver-

---

230) Vgl. hierzu Rudolph (1979), S.11-12 und S.18-22. Wilhelm hält die Verwendung der Renditeformulierung ganz generell für weniger geeignet als die Formulierung über erwartete Marktwerte. Vgl. Wilhelm (1981), S.898, Fußnote 24.
231) Vgl. Rudolph (1979), S.63-84.

mögens umfaßt die zu aktuellen Kursen bewerteten Aktien der N im Portefeuille enthaltenen Unternehmen, wobei die aktuellen Kurse zunächst vorgegeben und in endgültiger Form durch die simultane Optimierung aller Dispositionen der Marktteilnehmer festgestellt werden. Der risikolose Bestandteil des Vermögens kann, sofern er positiv ist, zu einem exogen fixierten Zinssatz R_F angelegt oder andernfalls zu diesem Zinssatz aufgenommen werden. Mit dem Anfangsvermögen W_0 des Investors k

$$(17) \qquad W_{0_k} = x_k + \sum_{i=1}^{N} y_{i_k} K_{0_i}$$

$$\begin{aligned}
x \quad &: \text{risikoloser Vermögensbestandteil} \\
y_i \quad &: \text{optimaler Bestand an Anteilen des Unternehmens } i \\
K_{0_i} \quad &: \text{aktueller Kurs des Unternehmens } i
\end{aligned}$$

ist auch dessen Budgetrestriktion gegeben.

Das Endvermögen des Investors k wird durch den Zinsertrag oder den Zinsaufwand des risikolosen Vermögensanteils und dem unsicheren Wert des Aktienportefeuilles zum Periodenende bestimmt. Um den Zugang zu den Strukturen des Modells zu erleichtern, wird zunächst von homogenen Informationsständen unter den Marktteilnehmern ausgegangen[232], so daß alle Investoren für das Unternehmen i zum Periodenende den gleichen Kurs μ_i erwarten. Der Erwartungswert μ_k des Endvermögens des Investors k läßt sich somit nach

$$(18) \qquad \mu_k = (1 + R_F)\, x_k + \sum_{i=1}^{N} y_{i_k}\, \mu_i$$

bestimmen. Durch Auflösung der Gleichung (17) nach dem sicheren Vermögensbestandteil und Einsetzen in Gleichung (18) ergibt sich mit Gleichung (19) das erwartete Endvermögen in Abhängigkeit des Anfangsvermögens

$$(19) \qquad \mu_k = (1 + R_F)\, W_{0_k} + \sum_{i=1}^{N} y_{i_k}\, (\mu_i - (1 + R_F)\, K_{0_i}) \;.$$

Während in die Berechnung des erwarteten Endvermögens auch der Beitrag des risikolosen Vermögensbestandteiles einfließt, wird

---

232) Die Integration heterogener Informationsstände erfolgt in Kapitel 8.

das durch die Varianz des Endvermögens ausgedrückte Risiko lediglich von den unsicheren Ergebnissen der Aktienanlage ausgelöst. Sofern sich die Unternehmen nicht völlig gleichgerichtet entwickeln, findet im Aktienportefeuille ein teilweiser Risikoausgleich statt, der durch die Einbeziehung der Kovarianzen der Aktienkurse σ_{ij} [233] berücksichtigt wird. Somit ergibt sich für die Varianz des Endvermögens des Investors k

$$(20) \qquad \sigma_k^2 = \sum_{i=1}^{N} \sum_{j=1}^{N} y_{i_k} \, y_{j_k} \, \sigma_{ij} \; .$$

Gesucht ist der bei gegebenen Informationsständen und gegebenen Kursen nutzenoptimale Bestand y_i an Aktien eines jeden der im Portefeuille enthaltenen Unternehmen. Die Zielfunktion des Investors k ergibt sich, wenn die Gleichungen (19) und (20) in die Gleichung (16) eingesetzt werden

$$(21) \qquad V(\mu_k, \sigma_k) = (1 + R_F)\, W_{0_k} + \sum_{i=1}^{N} y_{i_k} \, (\mu_i - (1 + R_F)\, K_{0_i})$$
$$- (1/2a_k) \sum_{i=1}^{N} \sum_{j=1}^{N} y_{i_k} \, y_{j_k} \, \sigma_{ij} \; .$$

Zur Bestimmung des Optimums ist Gleichung (21) partiell nach den gesuchten individuellen Beständen y_i des Investors k abzuleiten. Werden diese partiellen Ableitungen gleich Null gesetzt, so ergeben sich nach einer weiteren Umformung die N Optimalitätsbedingungen

$$(22) \qquad \sum_{j=1}^{N} y_{j_k} \, \sigma_{ij} = a_k \, (\mu_i - (1 + R_F)\, K_{0_i}) \quad , \qquad (i = 1, 2, \ldots, N),$$

die besagen, "... daß sich die Portefeuillerisiken der Wertpapiere proportional zu ihren Risikoprämien verhalten und der Proportionalitätsfaktor gerade dem Risikoparameter des Anlegers entspricht."[234] Die Ergebnisse von Gleichung (22) sind vom Anfangsvermögen W_0 eines Investors unabhängig, da die eingesetzte exponentielle Nutzenfunktion (Gleichung (15))

---

233) Die Varianz-Kovarianz-Matrix ist symmetrisch, so daß stets $\sigma_{ij} = \sigma_{ji}$ gilt. Das Element σ_{ii} entspricht der Varianz der erwarteten Kurse des Unternehmens i.

234) Rudolph (1979), S.64.

konstante absolute Risikoaversion impliziert[235]. Konstante absolute Risikoaversion hat zur Folge, daß ein Investor die einmal getroffene Portefeuillentscheidung auch dann beibehält, wenn sein Vermögen steigt oder fällt. Zur Auflösung von Gleichung (22) nach den gesuchten individuell optimalen Anteilen y_i wird sie zunächst in die Matrix-Form überführt, wobei der rechte Teil dieser Gleichung aus Gründen der Übersichtlichkeit mit Ω_i bezeichnet wird.

$$
\begin{bmatrix}
\sigma_{11} & \sigma_{12} & \cdots & \sigma_{1,N-1} & \sigma_{1,N} \\
\sigma_{21} & \sigma_{22} & \cdots & \sigma_{2,N-1} & \sigma_{2,N} \\
\cdots & \cdots & \cdots & \cdots & \cdots \\
\cdots & \cdots & \cdots & \cdots & \cdots \\
\sigma_{N1} & \sigma_{N2} & \cdots & \sigma_{N,N-1} & \sigma_{N,N}
\end{bmatrix}
\begin{bmatrix}
y_1 \\ y_2 \\ \cdot \\ \cdot \\ y_N
\end{bmatrix}
=
\begin{bmatrix}
\Omega_1 \\ \Omega_2 \\ \cdot \\ \cdot \\ \Omega_N
\end{bmatrix}
$$

Sofern die Aktienkurse linear unahängig sind, kann die Varianz-Kovarianz-Matrix invertiert werden. Die Multiplikation beider Seiten der Gleichung mit der Inversen der Varianz-Kovarianz-Matrix führt zu der gewünschten Isolierung der individuell optimalen Anteile y_i.

$$
\begin{bmatrix}
y_1 \\ y_2 \\ \cdot \\ \cdot \\ y_N
\end{bmatrix}
=
\begin{bmatrix}
\sigma^{11} & \sigma^{12} & \cdots & \sigma^{1,N-1} & \sigma^{1,N} \\
\sigma^{21} & \sigma^{22} & \cdots & \sigma^{2,N-1} & \sigma^{2,N} \\
\cdots & \cdots & \cdots & \cdots & \cdots \\
\cdots & \cdots & \cdots & \cdots & \cdots \\
\sigma^{N1} & \sigma^{N2} & \cdots & \sigma^{N,N-1} & \sigma^{N,N}
\end{bmatrix}
\begin{bmatrix}
\Omega_1 \\ \Omega_2 \\ \cdot \\ \cdot \\ \Omega_N
\end{bmatrix}
$$

Nach Aufhebung der Matrix-Schreibweise läßt sich der optimale Bestand des Investors k an Aktien aller N Unternehmen in Form der Gleichung (23) anschreiben[236]

---

235) Vgl. Pratt (1964), S.122-136.
236) Hochgestellte Indices der Variablen σ weisen darauf hin, daß es sich um invertierte Werte der Varianz-Kovarianz-Matrix handelt.

$$(23) \qquad Y_{i_k} = a_k \sum_{j=1}^{N} (\mu_j - (1 + R_F) K_{0_j}) \sigma^{ij} \qquad i = 1,2,\ldots,N)$$

Bei __homogenen__ Informationen und gegebenen Kursen halten alle Investoren einen gleich strukturierten Anteil der Aktien aller Unternehmen, da sich die rechten Seiten der Gleichung (23) unter verschiedenen Investoren nur durch die abweichenden Ausprägungen des Risikoaversionsparameters a unterscheiden. Zusätzlich läßt sich folgern, daß sich die Anteile zweier Investoren am Marktportefeuille zueinander verhalten wie deren Risikoaversionsparameter.

Die Bestimmung der individuell optimalen Bestände an den Anteilen aller Unternehmen wurde unter der Annahme vorgenommen, daß ein Kursniveau in beliebiger Höhe vorgegeben ist. Dieses Kursniveau wird den Markt aber allenfalls zufällig räumen, so daß Angebots- und Nachfrageüberschüsse zu Kursveränderungen führen werden. Das __markträumende__ Kursniveau läßt sich in einfacher Weise durch die Aggregation der mit Gleichung (23) für alle T Investoren gegebenen Bestandshaltewünsche ermitteln, das im Gleichgewicht gerade der Anzahl der von den Unternehmen ausgegebenen Titeln entsprechen muß

$$(24) \qquad \sum_{k=1}^{T} Y_{i_k} = \sum_{k=1}^{T} a_k \sum_{j=1}^{N} (\mu_j - (1 + R_F) K_{0_j}) \sigma^{ij} \, .$$

Die linke Seite dieser Gleichung entspricht im Gleichgewicht der Gesamtzahl YG_i aller Aktien, die von dem Unternehmen i emittiert worden sind, und die Summe der Risikoaversionsparameter aller im Markt vertretenen Investoren gibt die Risikoaversion A des __Gesamtmarktes__ an. Zur Isolierung der gesuchten Gleichgewichtskurse kann wieder auf das oben dargestellte Inversionsverfahren zurückgegriffen werden, so daß sich unter Verwendung der neu eingeführten Variablenbezeichnungen als Zwischenergebnis

$$(25) \qquad \sum_{j=1}^{N} \sigma_{ij} \, YG_j = A \, (\mu_i - (1 + R_F) K_{0_i})$$

ergibt. Durch einfache Umformungen führt dieses Zwischenergebnis zum gesuchten Gleichgewichtskurs des Unternehmen i

$$(26) \quad K_{0_i} = 1/(1+R_F) \ (\mu_i - 1/A \sum_{j=1}^{N} \sigma_{ij} \ YG_j) \ .$$

Wird der nach dieser Gleichung gewonnene Kurs in Gleichung (23) eingesetzt, so ergeben sich die individuell optimalen Bestandshaltewünsche bei markträumenden Gleichgewichtskursen.

Eine weitergehende Interpretation wird erleichtert, wenn beide Seiten der Gleichung (26) mit der Gesamtzahl aller umlaufenden Anteile des Unternehmens i multipliziert werden

$$(27) \quad YG_i \ K_{0_i} = 1/(1+R_F) \ (\mu_i \ YG_i - 1/A \sum_{j=1}^{N} \sigma_{ij} \ YG_i \ YG_j) \ .$$

Der aktuelle Marktwert aller Aktien des Unternehmens i entspricht der mit dem sicheren Zinssatz abdiskontierten Differenz zwischen dem erwarteten Marktwert aller Aktien des Unternehmens i zum Periodenende und der mit der Marktrisikoaversion gewichteten Kovarianz des erwarteten Marktwertes des Unternehmens i zum erwarteten Marktwert aller Aktien.

Wird der rechte Ausdruck der Klammer in Gleichung (27) mit der Standardabweichung des gesamten Marktrisikos

$$(28) \quad \left(\sum_{i=1}^{N} \sum_{j=1}^{N} \sigma_{ij} \ YG_i \ YG_j \right)^{1/2}$$

erweitert, so ergibt sich mit

$$(29) \quad \frac{\left(\sum_{i=1}^{N} \sum_{j=1}^{N} \sigma_{ij} \ YG_i \ YG_j \right)^{1/2}}{A}$$

der Marktpreis des Risikos und mit

$$(30) \quad \frac{\sum_{i=1}^{N} \sigma_{ij} \ YG_i \ YG_j}{\left(\sum_{i=1}^{N} \sum_{j=1}^{N} \sigma_{ij} \ YG_i \ YG_j \right)^{1/2}}$$

der systematische, nicht mehr diversifizierbare Risikobeitrag des Unternehmens i zum Portefeuille aller Unternehmensanteile, der mit dem Marktpreis des Risikos bewertet wird.

Schließlich läßt sich Gleichung (27) über alle Unternehmen summieren und es folgt

$$(31) \quad \sum_{i=1}^{N} YG_i \, K_{0_i} = 1/(1+R_F) \, (\sum_{i=1}^{N} \mu_i \, YG_i - 1/A \sum_{i=1}^{N} \sum_{j=1}^{N} \sigma_{ij} \, YG_i \, YG_j),$$

wobei der doppelte Summenausdruck auf der rechten Seite der Gleichung (31) dem Quadrat von Gleichung (28) entspricht, somit der Varianz der erwarteten Kurswerte aller Unternehmen und somit dem vom Markt zu tragenden Gesamtrisiko. Der aktuelle Marktwert aller Aktien entspricht folglich der abdiskontierten Differenz zwischen dem erwarteten Marktwert aller Aktien und der durch die Marktrisikoaversion dividierten Varianz des erwarteten Marktwertes aller Aktien[237].

Mit der Division durch den Marktrisikoaversionsparameter A ist eine interessante Implikation verbunden. Bei gegebenem Gesamtmarktrisiko wird der auf den erwarteten Marktwert aller Aktien vorgenommene Risikoabschlag mit zunehmender Anzahl der Marktteilnehmer immer kleiner. Im Grenzfall einer unendlichen großen Anlegerschaft wird für das Risiko überhaupt keine Prämie mehr verlangt, so daß der aktuelle Marktwert dem abdiskontierten erwarteten Marktwert entspricht und der Markt somit risikoneutral wird.

---

237) Da die alternativen Zugänge zum CAPM äquivalent sind, läßt sich Gleichung (26) durch eine Reihe von Umformungen in Gleichung (14) überführen. Vgl. Wilhelm (1985), S.14-16.

6. Generierung der im Modell verwendeten Daten

Zur Simulation eines Marktes müssen Handelnde und Handelsobjekte mit konkreten Zahlenangaben versehen werden. Die Handelnden des Modells sind 100 risikoaverse Investoren, deren rationale Präferenzfunktion durch

$$(15) \qquad V(\mu,\sigma) = \mu - \sigma^2 / 2a \, ,$$

beschrieben werden kann. Die Ausprägungen der individuellen Risikoaversionsparameter *a* werden durch Ziehen aus einer Gleichverteilung mit der willkürlichen Untergrenze 75 und der willkürlichen Obergrenze 750 bestimmt[238]. Alle Investoren verfügen zu Beginn der Modelläufe über ein identisch hohes Vermögen von 200.000 Rechnungseinheiten (RE) und teilen sich den Besitz an 16 Unternehmen, die jeweils 10.000 Aktien mit einem Nennwert von 100 RE emittiert haben. Das Nominalkapital aller Unternehmen beträgt somit 16.000.000 RE.

Die wirtschaftliche Entwicklung der Unternehmen wird im Modell exogen vorgegeben, wobei die Generierung der Informationen, die diese Entwicklungen beschreiben, im Modell zwei Erfordernissen Rechnung zu tragen hat. Zum einen müssen die den Investoren zur Verfügung gestellten Informationen zu einer mehrdimensionalen Normalverteilung bezüglich der erwarteten Kurse führen, um den Bedingungen der aus der Risiko- und Kapitalmarkttheorie entliehenen Nutzen- und Präferenzfunktion zu entsprechen. Zum anderen müssen die Informationen in einer Weise zerlegbar sein, die die Beobachtung individuell unterschiedlicher Informationsstände zuläßt. Der Konzeption der Datengenerierung liegt die Vorstellung zugrunde, daß die Investoren versuchen, die mutmaßliche Ertragslage der Unternehmen zu schätzen und als Kurserwartungswert die um diese geschätzten Erträge ergänzten Nominalwerte der Unternehmen verwenden.

---

238) Die Ergebnisse dieser Zufallsauswahl sind den Tabellen 8 und 9 im Anhang zu entnehmen. Obwohl die Verteilungsparameter zur Bestimmung des Ausmaßes der Risikoaversion im Modell frei wählbar sind, beruhen die im folgenden vorzustellenden Ergebnisse ausschließlich auf den in diesen Tabellen enthaltenen Risikoaversionsparametern.

Das Verfahren zur Erzeugung disaggregierter Informationen, die in ihrer Gesamtheit zu einer mehrdimensionalen Normalverteilung führen, läuft für jeden der betrachteten Zeitpunkte in zwei Schritten ab. Im ersten Schritt werden aus unternehmensindividuellen Einzeldaten, deren Struktur aus Abbildung 1 hervorgeht, der Erwartungswert und die Varianz des betreffenden Unternehmens ermittelt und im zweiten Schritt die Kovarianzen zu allen anderen Unternehmen.

Abb.1:   Struktur der bewertungsrelevanten Unternehmensinformationen

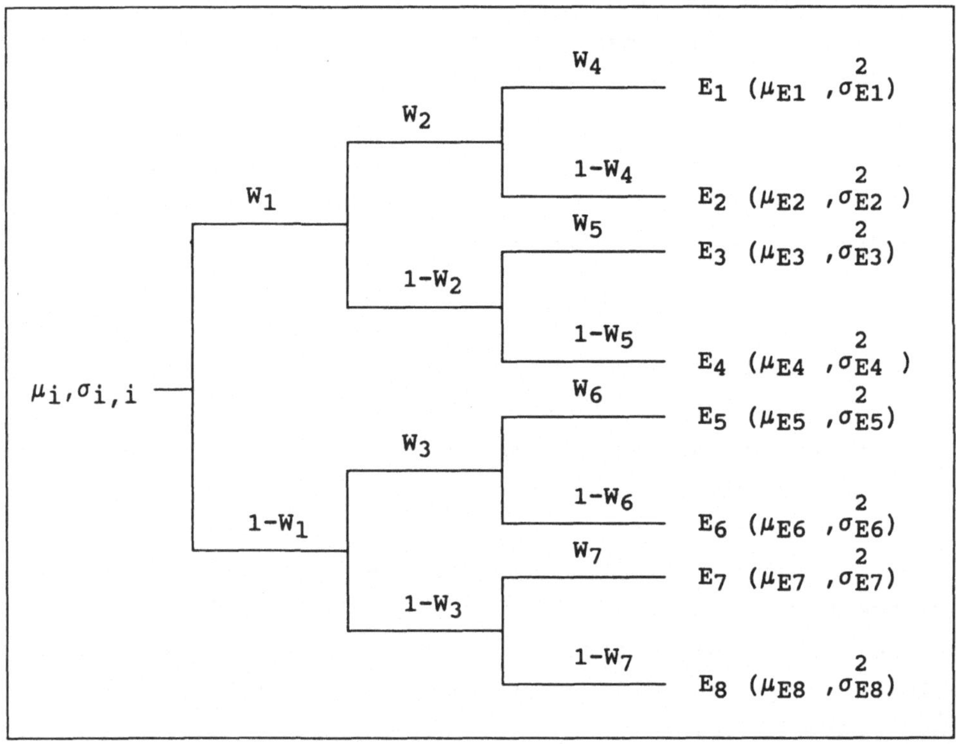

Die Investoren beziehen acht mögliche Umweltzustände s, $s=1,\ldots8$, in ihr Kalkül ein. Jeder dieser Umweltzustände führt zu einem unsicheren Unternehmenserfolg E_s, der sich durch die Verteilungsparameter μ_{Es} und σ_{Es}^2 einer Normalverteilung beschreiben läßt. Die Wahrscheinlichkeit für das Eintreten eines Umweltzustandes wird über die Verzweigungen des Entscheidungsbaumes ermittelt, wofür insgesamt sieben Wahrscheinlichkeits-

angaben erforderlich sind[239]. Aus diesen insgesamt 23 Einzelinformationen - acht Erwartungswerte und acht Varianzen der
einzelnen Umweltzustände und sieben Wahrscheinlichkeitsangaben
innerhalb des Entscheidungsbaumes - lassen sich nun der Erwartungswert und die Varianz des Unternehmens als bewertungsrele-
vante Parameter des Unternehmenserfolges und -risikos schrittweise ermitteln. Beginnend mit dem Ende des Entscheidungsbaumes wird aus jeweils zwei Astenden eine aggregierte Erwar-
tungswert- und Varianzgröße gewonnen.

So ergibt sich aus der Aggregation der erwarteten Unternehmensergebnisse E_1 und E_2 unter Verwendung der Wahrscheinlichkeit W_4 als Zwischenergebnis der Erwartungswert

$$(32) \quad \mu_4 = W_4 \; \mu_{E1} + (1 - W_4) \; \mu_{E2}$$

und die Varianz

$$(33) \quad \sigma_4^2 = W_4 \, \sigma_{E1}^2 + (1-W_4) \cdot \sigma_{E2}^2 + W_4 \, \mu_{E1}^2 + (1-W_4) \cdot \mu_{E2}^2 - \mu_4^2$$

Die Verwendung des Index 4 für die Werte μ_4 und σ_4^2 folgt dabei
der Notation, wie sie in Abbildung 1 für die Wahrscheinlichkeitsangaben verwendet wurde. Aus der Zusammenfassung von μ_4
und σ_4^2 inerseits und μ_5 und σ_5^2 andererseits, die in analoger
Form errechnet werden, ergeben sich unter Verwendung von W_2 die
Werte μ_2 und σ_2^2, so daß nach insgesamt sieben Rechenoperationen die unternehmensrelevanten Parameter μ_i und $\sigma_{i,i}$ zur Verfügung stehen.

Gilt die Wahrscheinlichkeit W_1, mit der die erste Verzweigung
des Entscheidungsfeldes gekennzeichnet ist, für alle Unternehmen in gleicher Weise, so ergibt sich daraus eine einfache
Möglichkeit, die statistische Abhängigkeit der Unternehmensentwicklungen durch deren Kovarianzen abzubilden, die nach

$$(34) \quad \sigma_{ij} = W_1 \, \mu_{i1} \, \mu_{j1} + (1 - W_1) \, \mu_{i2} \, \mu_{j2} - \mu_i \, \mu_j$$

---

239) Die restlichen Wahrscheinlichkeiten ergeben sich jeweils als Komple-
ment zu eins.

zu ermitteln sind. Bei diesen Rechenoperationen bleibt die für die Ergebniserwartungen angenommene Eigenschaft der Normalverteilung erhalten und die Annahme des für alle Unternehmen gleichen Wahrscheinlichkeitswertes der ersten Verzweigung führt zu der gewünschten gemeinsamen Normalverteilung.

Dies gilt allerdings nur unter der hier implizit getroffenen Annahme, daß die unternehmensspezifischen Varianzen für die acht möglichen Umweltkonstellationen sowohl innerhalb eines Unternehmens als auch zwischen den Unternehmen unabhängig voneinander sind. Diese Unabhängigkeit läßt sich aufheben, indem alle 148[240] zustandsabhängigen Erwartungswert/Varianz-Kombinationen durch eine gemeinsame Korrelationskoeffizienten-Matrix verbunden werden. Hierauf wurde bewußt verzichtet, da die Einbeziehung dieser Korrelationen den ohnehin beträchtlichen Rechenaufwand abermals erheblich erhöht hätte.

Um die Auswirkungen untersuchen zu können, die sich aus unterschiedlichen Informationsständen der Anleger im Zeitverlauf ergeben, muß eine Ertragsentwicklung der Unternehmen angenommen werden. Zur Gewährleistung einer ausreichenden Fundierung der Modellergebnisse wurden acht Basisszenarien entwickelt, die unterschiedliche Konjunkturverläufe widerspiegeln und jeweils 50 Perioden umfassen. Chancen und Risiken eines Unternehmens in einer Periode werden durch 23 Informationen vollständig beschrieben. Da der Wahrscheinlichkeitswert der ersten Verzweigung für alle Unternehmen gemeinsam gilt, müssen für jede Modellperiode 353 Einzelinformationen generiert werden, woraus sich bei 8 Basisszenarien mit je 50 Perioden die Notwendigkeit zur Erzeugung von 141.200 Einzelinformationen ergibt. Diese Zahl legt die Verwendung maschinell erzeugter Zufallszahlen nahe.

Für die die einzelnen Umweltzustände kennzeichnenden μ_E und σ_E^2 wird eine periodenweise Änderung angenommen. Die Generierung dieser Werte beruht grundsätzlich auf Zufallszahlen, die aus

---

240) Für jedes der 16 Unternehmen wären acht mögliche Umweltzustände zu berücksichtigen.

einer Normalverteilung gezogen werden[241]. Die der Erzeugung der σ_E^2 aller Unternehmen in allen Szenarien zugrundeliegenden Erwartungswert- und Varianzparameter der Normalverteilung betragen jeweils 0,05. Die Generierung der gewünschten Ausprägungen durch direktes Ziehen aus einer Verteilung erfährt für die μ_E eine Modifikation, die eine Gestaltung differenzierterer Unternehmensentwicklungen ermöglicht. Die Ertragserwartung wird in jeder Runde für jedes Unternehmen aus einer Normalverteilung gezogen, deren Varianz gleichbleibt und wie bei der σ_E^2 - Ermittlung 0,05 beträgt, deren Erwartungswert sich aber fortlaufend ändert. Hierzu wird ein Zufallswert aus einer Gleichverteilung gezogen und dem Erwartungswert der Vorperiode hinzugefügt. Die Unternehmen erhalten auf diese Art eine "Geschichte", so daß erratische Ertragsveränderungen zwar noch möglich sind, aber nur noch selten auftreten.

Da die Verwendung eines für alle Unternehmen gemeinsam geltenden Wahrscheinlichkeitswertes der ersten Verzweigung nicht nur die Berechnung von Kovarianzen zuläßt, sondern auch zur Erzeugung von Konjunkturverläufen beitragen kann, werden zur Generierung der μ_E für die obere und die untere Hälfte des Entscheidungsbaumes verschiedene Startwerte verwendet. Der für alle Unternehmen und alle Szenarien geltende Startwert für die oberen vier Erwartungswerte (μ_{E1} bis μ_{E4}) in Höhe von 25 kennzeichnet eine eher positive, der entsprechende Wert für die unteren vier Erwartungswerte (μ_{E5} bis μ_{E8}) in Höhe von 21 eine eher negative Unternehmensentwicklung. Eine Zunahme von W_1 führt somit zu einer günstigen Konjunkturentwicklung - wenn auch für die einzelnen Unternehmen in unterschiedlicher Intensität -, eine Abnahme von W_1 führt zum Gegenteil.

In gleicher Richtung wirkt das Verfahren, das zur periodenweisen Veränderung der Erwartungswerte μ_{E1} bis μ_{E8} herangezogen wird. Die Unter- und Obergrenzen der zur Realisation <u>dieser Veränderungen</u> herangezogene <u>Gleichverteilung</u> liegen asymme-

---

241) Die Ausprägungen der Normalverteilung wurden durch direkte Transformation der von der Rechenanlage erzeugten [0;1]-gleichverteilten Zufallszahlen ermittelt, was für die hier verfolgten Zwecke eine ausreichend gute Approximation darstellt. Vgl. Schmitz/Lehmann (1976), S.55-58.

trisch um den Nullpunkt. Liegt der Verteilungsschwerpunkt im positiven Bereich, so nehmen die Erwartungswerte tendenziell aber nicht durchgehend zu, liegt er im negativen Bereich, so nehmen die Erwartungswerte tendenziell aber nicht durchgehend ab. Eine Trendumkehr von einer positiven zu einer negativen wirtschaftlichen Entwicklung läßt sich durch den Austausch der Ober- und Untergrenzen, verbunden mit einem Vorzeichenwechsel, bewerkstelligen[242] und umgekehrt[243].

Bei der Erzeugung der Wahrscheinlichkeiten[244] wird die Annahme aufgehoben, daß sich diese Daten in jeder Periode ändern. Damit ist zusätzlich zu entscheiden, ob in einer Periode eine Datenänderung vorzunehmen ist oder nicht, wozu wiederum Wahrscheinlichkeitsangaben verwendet werden. Die zunehmende Verästelung des Entscheidungsbaumes läßt kein einfaches und durchgängiges Verfahren zur Vorgabe der Änderungswahrscheinlichkeiten zu.

---

242) In gleicher Weise wird mit dem in den folgenden Absätzen näher beschriebenen "Konjunkturparameter" W_1 verfahren.

243) Die Unter- und Obergrenzen der Gleichverteilung für die Erwartungswertveränderungen betragen im
    1. Szenario ("Positives Szenario")   2,0 / -0,5
       (kein Austausch)
    2. Szenario ("Random-Szenario")   -1,25 / 1.25
       (kein Austausch)
    3. Szenario ("Negatives Szenario")   -2,0 / 0,5
       (kein Austausch)
    4. Szenario ("Hoch-Tief-Szenario")   2,0 / -0,5
       (Austausch in der 25. Periode)
    5. Szenario ("Tief-Hoch-Szenario")   -0,5 / 2,0
       (Austausch in der 25. Periode)
    6. Szenario ("M-Formation")   2,0 / -0,5
       (Austausch alle 12 Perioden)
    7. Szenario ("W-Formation")   -0,5 / 2,0
       (Austausch alle 12 Perioden)
    8. Szenario ("Sinus-Szenario")   -0,5 / 2,0
       (Austausch alle 6 Perioden)

244) Eine kaum zu verschließende Quelle der Verwirrung entspringt daraus, daß die für die Modellierung benötigten statistischen Parameter (μ_E, σ_E und W_1 bis W_7), die den Unternehmenserfolg und dessen Unsicherheit kennzeichnen, durch Ziehen aus Verteilungen gewonnen werden, die ihrerseits durch Erwartungswert- und Varianzparameter beschrieben werden. Da dieses Problem im Rahmen der Erzeugung der Wahrscheinlichkeiten mit besonderer Schärfe auftritt, sind die Ziele der jeweiligen Operationen, die konkreten Ausprägungen der Wahrscheinlichkeiten, an den entsprechenden Stellen jeweils in Klammern ergänzt. Damit sollte eine leichtere Unterscheidung von den diese Operationen steuernden Wahrscheinlichkeiten möglich sein.

Lediglich für die erste Verzweigung kann die Entscheidung über die Vornahme einer Änderung (von W_1) durch einen einzelnen Wahrscheinlichkeitswert gesteuert werden, der für die ersten drei Szenarien 0,25, für die Szenarien vier bis sieben 0,35 und für das Sinus-Szenario 0,50 beträgt. Für die beiden Verzweigungen der zweiten Ebene sind dagegen bereits zwei Werte vonnöten, die zunächst darüber entscheiden, ob überhaupt eine Änderung vorzunehmen ist, und wenn ja, ob beide Wahrscheinlichskeitsangaben (W_2 und W_3) oder nur eine davon (W_2 oder W_3) zu ändern ist. Die Wahrscheinlichkeit für die Änderung nur eines Wertes beträgt in allen Szenarien 0,5, diejenige für die Veränderung beider Werte in den Szenarien eins bis drei 0,5, in den verbleibenden fünf Szenarien 0,25. Auf der dritten Ebene schließlich beträgt die Wahrscheinlichkeit, daß sich 1, 2, 3 oder alle Wahrscheinlichkeiten (W_4, W_5, W_6, W_7 und alle möglichen Kombinationen) ändern, in allen Szenarien jeweils 0,25.

Sofern eine der Wahrscheinlichkeitsangaben geändert werden soll, wird, wie im Fall der μ_E, der neue Wert nicht durch direkte Ziehung aus einer Verteilung ermittelt, sondern durch Addition eines Änderungswertes, der aus einer Gleichverteilung gezogen wird[245], wobei das Überschreiten einer Wahrscheinlichkeit von 0,99 und das Unterschreiten einer Wahrscheinlichkeit von 0,01 maschinell abgefangen wird.

---

245) Die Unter- und Obergrenzen der Gleichverteilung lauten für die drei Verzweigungsebenen im Szenario

1.:	-0,025 / 0,05	//	-0,05 / 0,05	//	-0,05 / 0,075
2.:	-0,025 / 0,025	//	-0,05 / 0,05	//	-0,075 / 0,075
3.:	-0,05 / 0,025	//	-0,05 / 0,05	//	-0,075 / 0,05
4.:	-0,025 / 0,075	//	-0,05 / 0,05	//	-0,075 / 0,075
5.:	-0,075 / 0,025	//	-0,05 / 0,05	//	-0,075 / 0,075
6.:	-0,025 / 0,075	//	-0,05 / 0,05	//	-0,075 / 0,075
7.:	-0,075 / 0,025	//	-0,05 / 0,05	//	-0,075 / 0,075
8.:	-0,075 / 0,025	//	-0,05 / 0,05	//	-0,075 / 0,075

Der Austausch der Ober- und Untergrenzen der ersten Verzweigung entspricht demjenigen, der bei der Generierung der μ_E beschrieben worden ist.

7. Startportefeuilles und Marktentwicklungen bei homogenen Informationen

Die auf diese Art erzeugten Informationen der <u>ersten</u> <u>Periode</u> werden dazu verwendet, die Unternehmensanteile unter den Investoren zu verteilen. Hierzu wird angenommen, daß in der ersten Periode des Modellaufs homogene Informationsstände vorliegen. Der Gleichgewichtskurs kann dann mittels

$$(26) \qquad K_{0_i} = 1/(1+R_F) \quad (\mu_i - 1/A \sum_{j=1}^{N} \sigma_{ij} \, YG_j)$$

und der optimale Bestand des Investors k an den Anteilen aller Unternehmen nach

$$(23) \qquad Y_{i_k} = a_k \sum_{j=1}^{N} (\mu_j - (1 + R_F) \, K_{0_j}) \, \sigma^{ij} \qquad i = 1,2,\ldots,N)$$

ermittelt werden[246]. Da alle im Modell betrachteten Unternehmen über das gleiche Grundkapital verfügen, folgt daraus ferner, daß jeder Investor von allen Unternehmen die gleiche Anzahl Aktien hält. Da Gleichung (23) unabhängig von den vorliegenden Informationen gilt - solange diese nur allen Investoren vorliegen -, ergibt sich in allen Szenarien das gleiche Startportefeuille. Der für alle Investoren anfänglich gleiche Kassenbestand von 200.000 RE reduziert sich um den Gegenwert der in das jeweilige Portefeuille aufgenommenen Anteile, wozu die simultan mit der optimalen Portefeuillezusammensetzung errechneten Gleichgewichtskurse verwendet werden. Die in allen Szenarien geltenden Startportefeuilles[247] und beispielhaft für

---

246) Als risikoloser Zinsatz R_F wird durchgehend ein Wert von 6% angenommen. Eine Erhöhung dieses Zinssatzes würde das Kursniveau sinken, eine Reduzierung dieses Zinssatzes würde es steigen lassen. Bei der Ermittlung der Startportefeuilles entspricht die Variable YG_i der Anzahl der von den Unternehmen emittierten Anteilen.

247) Die Optimierungsrechnung zur Bestimmung der optimalen Anteile führt regelmäßig zu gebrochenen Zahlen, die auf ganze Zahlen gerundet wurden. Diese Rundungen führen dazu, daß in allen Szenarien nur jeweils 9.995 Anteile eines Unternehmen umlaufen, was bei den darauf folgenden Berechnungen durch eine entsprechende Anpassung der Variablen YG_i berücksichtigt wurde. Die Verwendung ausschließlicher ganzer Zahlen ist bei der Überprüfung der Modellergebnisse von großem Vorteil, da durchgängig die Konstanz der Anzahl umlaufender Titel geprüft werden kann, was insbesondere bei den abwicklungstechnisch nicht ganz unkomplizierten Modell-Varianten mit Investoren-Strategien und mit exoge-

das positive Konjunkturszenario die in der ersten Periode vorliegenden Kassenbestände sind den Tabellen 8 und 9 im Anhang zu entnehmen[248] [249].

Alle Modelläufe setzten damit ein, daß die Investoren ihr Vermögen zwischen risikoloser Anlage und riskanten Titeln unter der Annahme homogener Informationen aufteilen. Diese Annahme erleichtert die Analyse der Effekte divergierender Informationsstände erheblich. Eine ungleichgewichtige Verteilung der Unternehmen unter den Anlegern wäre in diesem Modellrahmen zwar problemlos möglich, würde aber die Auswirkungen heterogener Informationen teilweise überlagern, so daß der Anteil des Startportefeuilles an den Portefeuilleumschichtungen bei der Ergebnisanalyse ex-post zu korrigieren wäre.

Die Konstanz der Portefeuilles bei homogenen Informationen gilt natürlich nicht nur für die Startportefeuilles, sondern bleibt im Verlauf aller Szenarien erhalten. Die Investoren entscheiden sich _einmal_, Teile ihres Vermögens riskant und in einer bestimmten Struktur anzulegen, und revidieren diese Entscheidung nicht, unabhängig davon, ob sich die dieser Entscheidung zugrundeliegenden Informationen ändern oder nicht. Daraus folgt natürlich auch, daß die sich bei homogenen Informationen ergebenden Kurse umsatzlos einstellen, was ein Hinweis auf den fiktiven Charakter gleichgewichtstheoretischer Konzeptionen ist.

Unter der Annahme homogener Informationsstände in allen Perioden der Modelläufe können die unterschiedlichen Konjunkturverläufe verdeutlicht werden. Abbildung 2 zeigt den Verlauf des Kurs-Index[250] im positiven Konjunktur-Szenario, dessen

---

nen Investoren eingesetzt wurde. Zur exakten Portefeuille-Ermittlung mit Ganzzahligkeitsbedingung vgl. Brockhoff (1967), S.162-172.

248) Die Startportefeuilles ergeben sich unabhängig von der jeweils herrschenden homogenen Informationslage, die Kassenbestände hängen dagegen von den Gleichgewichtskursen und diese wiederum von der Informationslage und damit von der Ausprägung des Konjunktur-Szenarios ab.

249) Die Betrachtung dieser Tabellen verdeutlicht die Proportionalität zwischen den investorenindividuellen Risikoaversionsparametern und dem Umfang der von den Unternehmen jeweils gehaltenen Titel.

250) Dieser Kurs-Index ergibt sich aufgrund der identischen Kapitalausstattung der Unternehmen als einfacher Durchschnitt der 16 Unternehmenskurse.

ständig steigendender Verlauf durch die positive Entwicklung der wirtschaftlichen Situation der Unternehmen ausgelöst wird[251].

Abb.2: Index-Entwicklung im positiven Konjunktur-Szenario

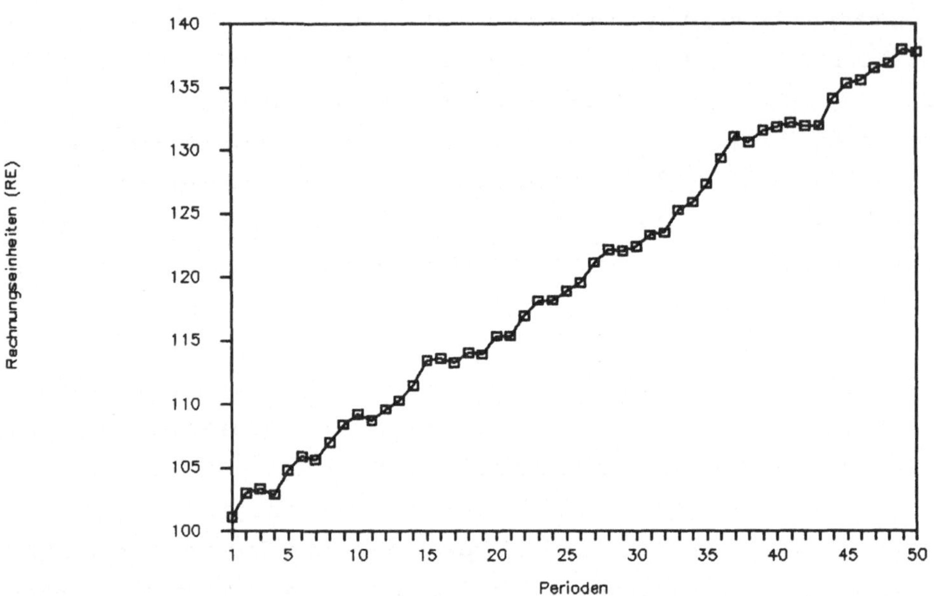

Bei der Betrachtung des Index-Verlaufs ist allerdings zu beachten, daß es sich nicht um das Ergebnis eines Mehrperioden-Modelles, sondern um die Aneinanderreihung von Zwei-Zeitpunkt-Betrachtungen handelt. Daraus ergibt sich das Problem, den Investoren eine ihren Erwartungen adäquate Risikoprämie zu verschaffen.

Lassen sich die Investoren bei ihren Entscheidungen in der Periode t_0 von Kurserwartungswerten leiten, die sich auf die Periode t_1 beziehen, so wird die Risikoprämie durch die zu Beginn der Periode t_1 sich einstellenden (höheren) Kurse realisiert. Soll die Realisation der Risikoprämie langfristig den Erwartungen entsprechen, so müssen sich die Kurserwartungen zu Beginn der Periode t_1 in einer Weise ändern, die gerade zu den Kursen führt, die zu Beginn der Periode t_0 erwartet worden

---

251) Eine Übersicht über die Index-Entwicklungen in den verschiedenen Szenarien geben die Abbildungen 70 bis 76 im Anhang.

sind. Folglich entstehen die Kurse in t_0 implizit auf den Erwartungen der Periode t_2, womit sich ein unendlicher Regreß einstellt[252]. Damit die ex-post-Realisationen der Risikoprämie zumindest langfristig den Erwartungen entsprechen, folgt daraus ferner, daß bei unveränderten Erwartungen die Kurse in ihrer Gesamtheit kontinuierlich steigen müssen[253]. Dieses beharrliche Ansteigen läßt sich als Ansammlung der erwirtschafteten Gewinne im Unternehmen interpretieren. Veränderte Kurs<u>erwartungen</u> in t_1 führen zu Kurs<u>veränderungen</u>, die mit den Erwartungen der Periode t_0 nicht verträglich sind[254].

Gründen die Investoren ihre Entscheidungen dagegen ausschließlich auf Dividendenerwartungen, so erhalten die Anteilseigner dann eine ihren Erwartungen entsprechende Risikoprämie, wenn bei unveränderten Erwartungen die Dividendenverteilung ex-post der Dividendenverteilung ex-ante entspricht[255]. Unveränderte Erwartungen führen allerdings zu konstanten Kursen. Wird nun zu Beginn der Periode t_1 eine Änderung der Dividendenerwartungen angenommen, so werden sich zwar die Kurse ändern, aber die Risikoprämie entspricht nun nicht mehr den Erwartungen, da der Ertrag aus den Dividenden um die Kursveränderung zu korrigieren ist. Unabhängig davon, ob dieser Effekt positiv oder negativ ist, kann die Ertragserwartung ex-post der Ertragserwartung ex-ante nun nicht mehr entsprechen[256]. Dieses Problem läßt sich auch nicht dadurch beheben, daß alle möglichen Informationsänderungen in die gegebenen Erwartungen integriert werden, da sofort wieder konstante Kurse entstehen würden.

---

252) Vgl. auch Fama (1976), S.167-168.
253) Im Rahmen eines Simulationsmodells läßt sich dieses Problem durch eine rückwärts schreitende Kursberechnung leicht lösen. Allerdings entstehen Schwierigkeiten bei der Übertragung dieser Vorstellung auf reale Gegebenheiten.
254) Formal betrachtet werden die Kursrealisationen nicht aus der der Entscheidung in t_0 zugrundeliegenden Verteilung gezogen, womit der Kursfeststellung in t_0 falschen Risikoprämien zugrundelagen.
255) Damit ist nicht gemeint, daß die Dividendenzahlungen jeweils exakt dem Erwartungswert der zugrundegelegten Verteilung entspricht, sondern daß der Erwartungswert und die Varianz des Dividendenstroms weitgehend den Parametern dieser Verteilung entspricht.
256) Gleiches gilt für Änderungen des Zinssatzes für sicheren Anlagen R_F und für neu in den Markt eintretende oder aus dem markt ausscheidende Unternehmen.

Damit offenbaren Änderungen der Erwartungen ex-post immer einen Schätzfehler. Die der Kursfestellung der vergangenen Periode zugrundeliegenden Risikoprämien erweisen sich als falsch, wobei das Risiko falsch kalkulierter Risikoprämien nicht antizipiert wird. Die Entscheidung eines Investors, sich über die wirtschaftliche Entwicklung eines Unternehmens permanent zu informieren, beruht zum einen auf der Annahme, daß Erwartungen sich ändern können (da anderenfalls die Informationsbeschaffung überflüssig wäre) und zum anderen darauf, daß diese Möglichkeit einer Erwartungsveränderung nicht bereits in die Bewertung des Unternehmens eingeflossen ist (da anderenfalls die Informationsbeschaffung wiederum überflüssig wäre).

Über diesen Schätzfehler hinaus werden myopische Investoren um einen wesentlichen Teil ihrer Risikoprämie gebracht, wenn sie ihre Entscheidung auf der Grundlage von Kurserwartungen fällen, und diese Kurserwartungen im Zeitverlauf nicht aufeinanderaufbauen. Die _absolute_ _Höhe_ der Risikoprämie, die sich aus dem Zusammenwirken der Erwartungswerte, des vom Markt zu tragenden Risikos und der Risikoaversion der Investoren ergibt, hat allerdings im Rahmen eines Simulationsmodells, das zur Theorieexplikation und -weiterentwicklung zufällig erzeugte Daten verwendet, keinen eigenständigen Erklärungsgehalt. Es scheint daher vertretbar, auf die konkrete Ermittlung des Unternehmenserfolges zu verzichten, wodurch die Wirkungen der Informationsveränderungen auf die Investorenvermögen in unverzerrter Form beobachtet werden können.

Dementsprechend setzen sich die Vermögen der Investoren zum Ende eines Modellaufes bei homogenen Informationsständen aus dem anfänglich gehaltenen Kassenbestand und dem zu Kursen der letzten Modellperiode bewerteten Portefeuille zusammen, so daß die Investoren an der wirtschaftlichen Entwicklung der Unternehmen in einem Umfang partizipieren, der lediglich von ihrer Risikoaversion bestimmt wird[257].

---

257) Die Endvermögen der Investoren bei homogenen Informationsständen im positiven Konjunktur-Szenario sind in den Tabellen 10 und 11 im Anhang ausgewiesen.

8. Einführung heterogener Informationsstände

8.1. Formale Integration heterogener Informationsstände

Heterogene Erwartungen lassen sich grundsätzlich auf zwei Faktoren zurückführen: auf divergierendes Faktenwissen und auf divergierendes Methodenwissen[258]. Im Rahmen dieses Modells ist den Investoren die Methode der Unternehmensbewertung mit dem Capital Asset Pricing Model vorgegeben, so daß als Quelle heterogener Erwartungen ein unter den Investoren divergierendes Faktenwissen und somit heterogene Informationsstände heranzuziehen sind.

Der exogen vorgegebene Datenkranz legt zwei Möglichkeiten der Heterogenisierung dieses Wissens nahe. Zum einen kann die Reduzierung der Anzahl der zur Verfügung stehenden Informationen erwogen werden, so daß kein Investor mehr über alle zur vollständig richtigen Bewertung eines Unternehmens notwendigen Informationen verfügt. Zum anderen können die Unternehmensdaten verschleiert werden, indem den Investoren differierende Glaubwürdigkeitskennziffern zugeordnet werden, mit denen sie die tatsächlichen Unternehmensdaten bewerten. Beide Vorgehensweisen sind nicht unproblematisch. Während die Erstgenannte nur eine geringe Anzahl von Variationsmöglichkeiten zuläßt, spricht gegen die Zweitgenannte der erhebliche zusätzliche Datenaufwand und die zu erwartenden Auswertungsprobleme. Es kommt daher ein drittes Verfahren zur Anwendung.

Ausgehend von den in einer Periode t allgemein verfügbaren Informationen, wird den Investoren gestattet, den Schleier der Zukunft ein wenig zu lüften, indem ihnen Zugang zu einer begrenzten Anzahl von Informationen der Folgeperiode $t+1$ gewährt wird. Diese teil-monopolisierten Informationen ersetzen daraufhin die entsprechenden frei zugänglichen Informationen. In der Folgeperiode werden diese Informationen veröffentlicht und

---

258) Das Faktenwissen, "[die] Vorstellung von der Ausgangssituation", wird in der Literatur auch als ontologisches, das Methodenwissen, "[das] technologische Modell", auch als nomologisches Wissen bezeichnet. Vgl. Gäfgen (1974), S.97.

damit der Gesamtheit aller Investoren zugänglich gemacht[259]. Die Bewertung eines Unternehmens beruht somit stets auf einer Mischung von allgemein verfügbaren Informationen und von Informationen, die nur einem kleinen Kreis von Investoren offenstehen. Abbildung 3 verdeutlicht das Prinzip, wiederum beispielhaft für ein Unternehmen.

Bis auf die Wahrscheinlichkeit der ersten Verzweigung des Entscheidungsbaumes W_1, die stets allen Investoren zeitgleich zur Verfügung steht und deshalb nicht in die Betrachtung einbezogen werden braucht, sind alle 22 Unternehmensinformationen mit einem zusätzlichen Index ausgestattet worden, die den Zeitbezug dieser ·Informationen und damit deren Verbreitung kennzeichnen. Alle Werte, denen der Index t zugeordnet ist, beziehen sich auf die aktuelle Periode und sind somit allen Investoren bekannt. Der Index *t+1* ist Werten beigelegt, die die Entwicklung der Unternehmen in der Folgeperiode beschreiben und in dieser Periode allgemein verbreitet werden.

---

259) Diese regelmäßige Veröffentlichung ist nicht unbedingt notwendig, aber sehr hilfreich. Das hier verfolgte Konzept der Generierung heterogener Informationsstände läßt sowohl ein beliebiges Veralten von Informationen als auch eine mehrperiodige Vorausschau zu. Die Ergebnisauswertung wird dadurch allerdings erheblich erschwert. Im übrigen liegt der Annahme einer regelmäßigen Veröffentlichung von Unternehmensinformationen die Vorstellung einer gesetzlich vorgegebenen Mindestpublizitätspflicht zu Grunde. Vgl. auch R.H.Schmidt (1982), S.728-748.

Abb.3:   Struktur der bewertungsrelevanten Unternehmensinfor-
          mationen bei heterogenen Informationsständen

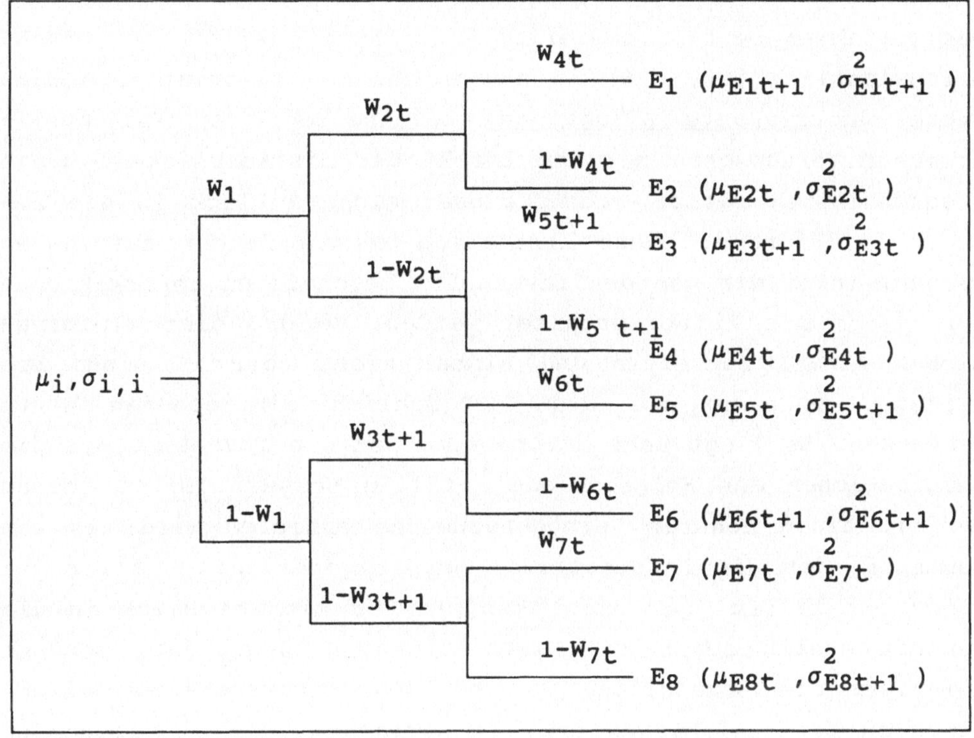

Ein Investor, der über einen Informationsstand verfügt, wie
ihn die Abbildung 3 ausweist, genießt Informationsvorteile
bezüglich der Werte von W_3, W_5, μ_{E1}, σ_{E1}^2, μ_{E3}, σ_{E5}^2, μ_{E6}, σ_{E6}^2
und σ_{E8}^2. Die Größe dieses Informationsvorteils hängt auch
davon ab, wieviel anderen Investoren ebenfalls die betreffende
Information vorliegt, was zum einen über die Anzahl der zur
Verfügung gestellten Informationen und zum anderen vom Zufall
gesteuert wird. Alle Investoren erhalten stets die gleiche Anzahl von Informationen, die die Folgeperiode betreffen. Sie
ist im Modell frei wählbar, wird im folgenden jedoch - sofern
nichts anderes angegeben ist - in Höhe von 176, d.h. der
Hälfte aller möglichen Informationen, angenommen. Die Frage,
welche der 352 möglichen neuen Informationen einem Investor
zuzuweisen sind, wird zu <u>Beginn</u> eines Modellaufs von einem Zu-

fallsprozeß entschieden[260], so daß die Zusammensetzung des Informationszugangs im Zeitablauf konstant bleibt.

Das Verfahren regt in zweierlei Hinsicht zur Kritik an. Obwohl offensichtlich ist, daß die neu zugehenden Informationen wiederum nur _riskante Situationen_ beschreiben, der Fall vollkommener Vorausschau mit dem Effekt der Risikolosigkeit somit ausgeschlossen bleibt, wirkt dieser sichere Blick in die Zukunft irritierend. Diese Irritation könnte leicht aufgehoben werden, indem die von den Investoren beschafften Informationen ihrerseits mit Risiko behaftet werden, so daß diese Informationen einmal zutreffen und einmal nicht oder in einem bestimmten Maße um die dann tatsächlich eintretenden Werte schwanken. Es liegt nahe anzunehmen, daß ein Investor, der die Informationen der Folgeperiode zufällig besser schätzt (genau kennt), einen höheren Vermögenszuwachs erzielen wird als ein Investor, der die Informationen der Folgeperiode zufällig weniger gut trifft (gar nicht kennt). Der sichere Blick in die Zukunft stellt somit kein inhaltliches Problem dar, sondern pointiert die Ergebnisse, was bei der Interpretation allerdings zu berücksichtigen ist. Im übrigen werden die folgenden Ausführungen zeigen, daß selbst die sichere Kenntnis eines Teils der Verteilungsparameter, die die künftigen Unternehmensentwicklung beschreiben, noch keine Garantie für einen entsprechend sicheren Ertrag ist[261].

Ein zweiter Kritikpunkt könnte die bei einem Verzicht auf Kosten der Informationsbeschaffung willkürlich anmutende Beschränkung auf (hier) die Hälfte aller möglichen Informationen sein. Ist Informationsbeschaffung kostenlos, so werden alle Informationen beschafft, und es herrschen homogene Erwartungen. Die Beschränkung auf eine - fraglos willkürlich ausge-

---

260) Die technische Realisierung ist einfach: für jeden Investor wird ein Vektor generiert, der die Zahlen 1 bis 352 in zufälliger Reihenfolge enthält. Sollen n Informationen verteilt werden, so bezeichnen die Elemente 1 bis n dieses Vektors die Informationen, die zur Verfügung gestellt werden sollen.

261) Was sich allein schon dadurch ergibt, daß der Wahrscheinlichkeitswert W_1 der ersten Baumverzweigung _immer_ allen Investoren zur Verfügung steht. Ändert sich dessen Wert, so ändert sich auch die Bedeutung aller anderer Werte, was positive wie negative Überraschungen auslösen kann.

wählte - Quote von gerade der Hälfte aller möglichen Informationen ließe sich durch die Annahme einer allgemein beschränkten Informationsverarbeitungskapazität begründen, was hier allerdings nicht weitergeführt werden soll, da in späteren Kapiteln der Arbeit Informationskosten berücksichtigt werden.

Die für den Fall homogener Informationsstände verwendeten Gleichungen müssen für die Berechnung der Gleichgewichtskurse bei heterogenen Informationsständen modifiziert werden. Ausgangspunkt ist Gleichung (22), die um einen zusätzlichen Index k ergänzt wird, der die individuellen Informationsstände des Investors *k* kennzeichnet.

$$(35) \qquad \sum_{l=1}^{N} Y_{l_k} \, \sigma_{il_k} = a_k \, (\mu_{i_k} - (1 + R_F) \, K_{0_i})$$

Werden beide Seiten dieser Gleichung mit der Summe der Inversen der individuellen Varianz-Kovarianz-Matrizen multipliziert, so ergibt sich

$$(36) \qquad \sum_{i=1}^{N} \sum_{l=1}^{N} \sigma_{il_k} \, \sigma^{ij}_{\;k} \, Y_{l_k} = \sum_{i=1}^{N} \sigma^{ij}_{\;k} \, a_k \, (\mu_{i_k} - (1 + R_F) \, K_{0_i}) \; .$$

Da sich die Summenausdrücke auf der linken Seite der Gleichung gerade zur Einheitsmatrix ergänzen, können sie bei den weiteren Berechnungen vernachlässigt werden. Die Nebenbedingung, daß die Gesamtzahl der Unternehmensanteile konstant bleibt, führt durch Summation über alle Anteile eines Unternehmens zu

$$(37) \qquad YG_j = \sum_{k=1}^{T} y_{j_k} = \sum_{k=1}^{T} \sum_{i=1}^{N} \sigma^{ij}_{\;k} \, a_k \, (\mu_{i_k} - (1 + R_F) \, K_{0_i}) \; .$$

Der Gleichgewichtskurs als Ziel der Berechnungen läßt sich durch die Einführung der Hilfsgrößen

$$(38) \qquad B_{ij} = \sum_{k=1}^{T} a_k \, (1 + R_F) \, \sigma_k^{\;ij}$$

und

$$(39) \quad b_j = \sum_{k=1}^{T} \sum_{i=1}^{N} \sigma^{ij}_{k} \cdot a_k \cdot \mu_{i_k} \qquad - YG_j$$

isolieren, so daß sich nach Inversion der Matrix B_{ij} der gesuchte Gleichgewichtskurs aus

$$(40) \quad K_{0_i} = \sum_{j=1}^{N} B^{ij} \, b_j$$

ergibt. Der optimale Bestand an Aktien des Unternehmens *i*, den Investor *k* in Anbetracht seiner Informationslage zu halten wünscht, kann durch Einsetzen der Gleichgewichtskurse in Gleichung (41)

$$(41) \quad y_{i_k} = a_k \sum_{j=1}^{N} (\mu_{j_k} - (1 + R_F) \, K_{0_j}) \, \sigma^{ij}_{k}, \quad i = (\,1,2,\ldots,N\,),$$

die Gleichung (23) bis auf die zusätzlichen, den individuellen Informationsstand kennzeichnenden Indices entspricht, ermittelt werden[262].

---

262) Eine ausführliche und variantenreiche Herleitung nimmt Lintner (1969), S.365-373, vor, wobei er Risikopräferenzfunktionen explizit vorgibt. Gonedes (1976), S.1-15, verzichtet bei seiner Untersuchung des CAPM unter heterogenen Erwartungen auf diese Annahme.

8.2. Kurs- und Vermögenseffekte heterogener Informationsstände

Heterogene Informationsstände führen unter den Investoren zu unterschiedlichen Bewertungen der Unternehmen und lösen so den Wunsch aus, die Wertpapierbestände den individuellen Informationsständen anzupassen. Es entstehen Transaktionen zwischen den Investoren, die die anfangs völlig gleiche Struktur der Portefeuilles aufheben. Die Tabellen 12 und 13 im Anhang zeigen den Anteilsbesitz der Investoren zum Ende der 50. Periode. Negative Bestände sind die Folge von Leerverkäufen, die im Rahmen der Modelläufe regelmäßig zugelassen werden. Die in dieser Tabelle ebenfalls ausgewiesenen Endvermögen enthalten die mit den Schlußkursen bewerteten Unternehmensanteile und den Kassenbestand der Schlußperiode.

Diese Endvermögen reflektieren nun nicht mehr ausschließich die der jeweiligen Risikoaversion entsprechende Partizipation an der allgemeinen Unternehmensentwicklung, sondern sind zusätzlich geprägt von den Effekten der unterschiedlichen Informationsstände[263]. Die Vermögensverschiebungen, die sich durch Informationsvorteile und -nachteile ergeben, lassen sich allerdings nicht durch einfache Differenzenbildung zu den Endvermögen bei homogenen Erwartungen berechnen.

Abbildung 4 zeigt den Index-Verlauf des positiven Szenarios, der sich aus einer Abfolge von Gleichgewichten bei heterogenen Informationslagen in der beschriebenen Form ergibt, ergänzt um den entsprechenden Kurvenzug bei homogenen Erwartungen. Die dem Index bei heterogenen Informationen zugrundeliegenden Kurse entstehen nun nicht mehr umsatzlos, sondern bringen Wertpapiernachfrage und -angebot zum Ausgleich[264].

---

[263] Es handelt sich ausschließlich um die Ergebnisse der von den Informationsänderungen ausgelösten Transaktionen. Die von den Unternehmen ausgeschütteten Gewinne, die von den Investoren zu leistenden Zinszahlungen oder entsprechende Zinserträge bleiben unberücksichtigt.

[264] Durch die Rundung der Kurse nach der zweiten Nachkommastelle und die Rundung der Anteile auf ganze Zahlen entsprechen sich Angebot und Nachfrage nie ganz genau. Im Modell werden diese geringfügigen Divergenzen durch ein Repartierungsverfahren berücksichtigt, so daß die Summe der Verkäufe stets der Summe der Käufe entspricht, und die Anzahl der umlaufenden Anteile konstant bleibt.

Abb.4:   Index-Verläufe bei heterogenen und homogenen Informa-
          tionen im positiven Konjunktur-Szenario

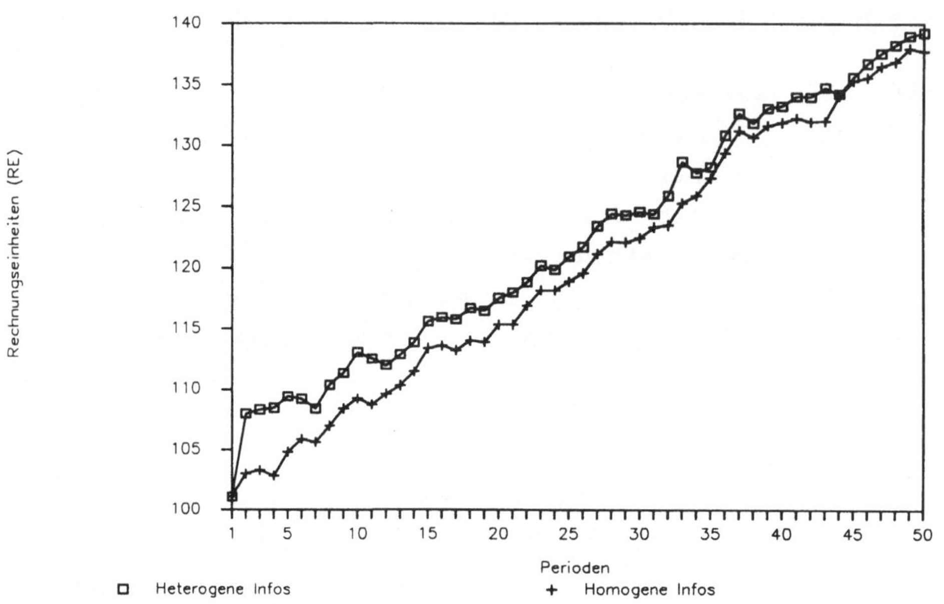

Auffällig ist nicht nur die starke Zunahme des Index in der
ersten Periode, sondern auch, daß der Index bei heterogenen
Informationen stets über demjenigen bei homogenen Informationen liegt. Hier liegt die Erklärung nahe, daß diese Entwicklung durch das positive Konjunktur-Szenario begründet wird. Da
die Investoren durchschnittlich die Hälfte der nahezu kontinuierlich positiven Entwicklung antizipieren können, sollte der
Kurvenverlauf in der Tat stets über demjenigen ohne Antizipa-
tion liegen. Allerdings liegt auch in den alternativen Konjunktur-Szenarien der Index bei heterogenen Informationen
stets über demjenigen bei homogenen Informationen. Diese Besonderheit wird in Abschnitt 8.3 gesondert untersucht und erklärt.

Da sich sowohl die Depotstrukturen zum Ende der 50. Periode
als auch die Kursverläufe der Unternehmen unterscheiden, muß
die Ermittlung der Gewinne und Verluste, die sich aus divergierenden Informationsständen ergeben, auf einem anderen Weg
erfolgen. Hierzu werden den Endvermögen bei heterogenen Informationen fiktive Endvermögen gegenübergestellt, die sich aus

den mit den Schlußkursen bei heterogenen Informationen bewerteten Startportefeuilles und den jeweiligen Anfangskassenbeständen zusammensetzen. Der Erfolg eines Investors aus der Nutzung individueller Informationsvorteile läßt sich in allgemeiner Form nach

$$(42) \quad H_{k_t} = \left(\sum_{i=1}^{N} y_{i_{k_t}} \; K_{i_t} \right) + C_{k_t} - \left(\left(\sum_{i=1}^{N} y_{i_{k_1}} \; K_{i_t} \right) + C_{k_1} \right)$$

H_{k_t} : Handelsergebnis des Investors k in der Periode t

C_{k_t} : Kassenbestand des Investors k in der Periode t

bestimmen, wobei für den Vergleich der Endvermögen der die Periode kennzeichnende Index t den Wert 50 annimmt. Die Differenz entspricht dem Betrag, der sich als Handelsgewinn durch die Nutzung individueller Informationsvorteile ergibt, relativ zu einer reinen Halte-Strategie bei gegebener Risikoaversion.

Der Erfolg von Transaktionen, die sich im Verlauf der Perioden gerade ausgleichen, schlägt sich im Kassenbestand nieder, während Bestandsdifferenzen gegenüber der Ausgangslage durch die Berücksichtigung der Startportefeuilles korrigiert werden. Bei einem Verzicht auf Portefeuilleumschichtungen beträgt die Differenz zwischen den Vergleichswerten gerade Null. Eine positive Differenz entspricht dem im Marktzusammenhang realisierten Ertrag individueller Informationsvorteile, während eine negative Differenz einen entsprechenden Verlust ausdrückt. Die Summe aller Handelsgewinne und -verluste beträgt genau Null, womit die Nutzung von Informationsvorteilen zu einem Nullsummenspiel führt: die Gewinne der einen sind die Verluste der anderen. Tabelle 1 gibt einen Aufschluß über das Ausmaß der Handelsgewinne- und verluste im positiven Konjunktur-Szenario.

Tab.1: Gewinne/Verluste durch heterogene Informationen							
(A)	(B)	(C)	(D)	(A)	(B)	(C)	(D)
1	20	411	58318.23	51	56	254	-1076.71
2	80	571	57074.71	52	40	124	-1226.73
3	89	701	48046.77	53	99	232	-1319.75
4	26	668	43056.26	54	6	283	-1706.95
5	69	701	42370.72	55	53	390	-2124.02
6	14	531	40519.55	56	81	459	-2445.11
7	94	385	38649.09	57	44	268	-2645.54
8	76	428	37933.65	58	100	99	-2726.12
9	50	636	35303.08	59	2	195	-4250.88
10	51	541	29719.26	60	83	172	-4447.41
11	41	746	24374.11	61	29	365	-4649.14
12	8	627	22495.71	62	33	633	-5299.27
13	59	447	22185.75	63	72	317	-5367.17
14	97	423	19338.23	64	17	367	-5878.61
15	27	613	19022.86	65	28	146	-6119.72
16	7	633	18635.31	66	95	512	-6435.00
17	87	277	16273.68	67	1	188	-6547.19
18	93	709	15766.82	68	60	245	-6833.95
19	21	607	15320.24	69	65	255	-6989.09
20	15	345	14561.46	70	43	302	-7148.44
21	98	665	14196.81	71	11	91	-7632.11
22	66	608	13447.79	72	96	91	-7860.42
23	88	453	12138.27	73	68	304	-7864.10
24	4	374	11240.56	74	73	417	-9274.69
25	25	340	10850.06	75	36	431	-10871.02
26	42	112	10680.73	76	55	681	-12694.20
27	78	148	9202.81	77	46	327	-12889.65
28	86	164	8644.05	78	39	717	-13080.63
29	82	170	7974.38	79	19	672	-14414.95
30	62	112	7483.83	80	91	681	-14449.07
31	92	662	7369.73	81	58	318	-14918.04
32	47	180	7127.11	82	63	502	-16272.53
33	48	579	7100.40	83	49	483	-16562.73
34	5	202	7043.02	84	12	373	-16642.65
35	74	350	6532.32	85	45	410	-17111.44
36	79	113	6466.75	86	34	430	-20532.35
37	16	464	5794.34	87	61	592	-20934.71
38	10	391	5688.31	88	52	531	-21697.65
39	18	337	4735.99	89	31	515	-25381.60
40	22	222	4720.38	90	57	292	-26008.17
41	30	338	4610.86	91	75	481	-27888.18
42	85	395	4355.32	92	77	537	-28119.34
43	90	116	3029.15	93	38	433	-32541.67
44	37	92	2974.59	94	13	331	-32777.12
45	84	183	2738.38	95	32	501	-34027.63
46	54	442	1592.13	96	24	633	-37016.51
47	9	508	1403.47	97	67	733	-39539.45
48	64	584	286.99	98	3	442	-49431.04
49	35	416	-518.92	99	70	623	-57871.40
50	71	175	-540.40	100	23	723	-75792.85

(A) Laufende Nummer   (B) Investorennummer
(C) Risikoaversionsparameter   (D) Vermögenszuwachs

Während der Spitzenreiter durch die Nutzung der ihm vorliegenden Informationen einen Gewinn von 58.318 RE erzielt, erleidet
das Schlußlicht einen Verlust von 75.792 RE. Die Reihenfolge
zwischen diesen Extremwerten wird nur noch in schwacher Form
durch das Ausmaß der Risikoaversion bedingt, deren Auswirkungen hier durch die Qualität der investorenindividuellen Informationen dominiert wird. Dabei ist zu berücksichtigen, daß die
Informationsverteilung nach einem Zufallsprinzip erfolgt. Da
die zufällig verteilten Informationen unterschiedlich "wert-
voll" sind, lösen sie auch unterschiedlich starke Vermögensän-
derungen aus. Würde ein Investor mit besonders niedriger Risikoaversion in den Besitz von Informationen gelangen, die in
besonderer Weise Handelsgewinne möglich machen, so würde er
auch in besonders starker Weise davon profitieren. Dies wird
am entgegengesetzten Fall deutlich. Investor *23*, der in dieser
Berechnung das Schlußlicht bildet und mit einer besonders geringen Risikoaversion versehen ist, verfügt offenbar nur über
sehr wenig ertragreiche Informationen, was in Verbindung mit
seiner Risikoneigung zu den erheblichen Handelsverlusten
führt.

Die Summe aller individuellen Handelsgewinne und -verluste
muß, im Gegensatz zu den Gewinnen, die sich aus dem positiven
Verlauf des Szenarios ergeben, genau Null sein. Einen Anhaltspunkt für die Effekte der asymmetrischen Informationsverteilung liefert jedoch das Umverteilungsvolumen, das sich als
Summe aller Handels<u>gewinne</u> ergibt, und in diesem Fall 808.394
RE beträgt. Diese Größe wird in den folgenden Kapiteln fallweise als Vergleichsgröße verwendet.

Wie für den Markt als Ganzes gilt für die einzelnen Unternehmen, daß sich die Handelsgewinne und -verluste jeweils zu Null
ergänzen[265]. Allerdings können auch für die Unternehmen die
Umverteilungsvolumina bestimmt werden, indem nur die
Handels<u>gewinne</u> aufsummiert werden. Die Summe dieser

---

265) Die unternehmensbezogenen Gewinne ergeben sich aus der Aufhebung der
Summenbildung in Gleichung (42). Die <u>unternehmensbezogenen</u> Gewinne
werden über alle Investoren summiert und geben Aufschluß über die mit
einem bestimmten Unternehmen verbundenen Umverteilungseffekte.

<u>unternehmensbezogenen</u> Handelsgewinne kann der Summe der umverteilten Vermögenswerte natürlich nicht entsprechen, da sich die von den einzelnen Unternehmen ausgelösten Umverteilungseffekte in den Portefeuilles der Investoren teilweise ausgleichen.

Tabelle 2 zeigt die Umsätze, die mit den 16 Unternehmen in Stück und in Rechnungseinheiten erzielt werden, sowie die Umverteilungsvolumina, die sich auf die einzelnen Unternehmen zurückführen lassen. Zur besseren Vergleichbarkeit sind zusätzliche Spalten eingefügt, die die Reihenfolge für den jeweiligen Wert bei einer absteigenden Sortierreihenfolge angeben. Der enge Zusammenhang zwischen den Umsätzen in Stück und in RE ist offensichtlich. Der Zusammenhang zwischen diesen Größen auf der einen Seite und den Umverteilungsvolumina auf der anderen Seite ist weniger ausgeprägt, aber in der Tendenz noch zu erkennen.

Tab.2: Umsatzvolumina (in Stück und RE) und auf die einzelnen Unternehmen zurückführbaren Umverteilungsvolumina						
A	B	C	D	E	F	G
1	229542	14	25680192.32	15	124556.90	12
2	269921	13	29383512.35	13	98252.77	15
3	650020	1	80197831.10	1	371829.85	4
4	371383	6	46544504.74	6	387475.48	3
5	340798	9	41764461.41	8	162355.68	9
6	343214	8	39981357.25	9	150046.19	10
7	325198	11	39386584.43	10	313632.29	5
8	160728	16	18491009.27	16	63607.43	16
9	314312	12	37191345.43	12	200803.67	8
10	515544	3	61506727.48	3	294958.04	6
11	219597	15	25998380.68	14	114980.77	13
12	567107	2	70595083.93	2	389971.78	2
13	335221	10	37954596.04	11	103888.23	14
14	363627	7	42655046.25	7	137714.62	11
15	423528	5	51698208.94	5	451393.93	1
16	441538	4	52948174.53	4	223023.75	7

(A)   Unternehmen
(B)   Umsätze in Stück
(C)   Rang nach Umsätzen in Stück (absteigende Sortierung)
(D)   Umsätze in RE
(E)   Rang nach RE (absteigende Sortierung)
(F)   Umverteilungsvolumen
(G)   Rang nach Umverteilungsvolumen
(absteigende Sortierung)

8.3. Kurserhöhung durch heterogene Informationsstände

Bei der Betrachtung der Abbildung 4 war aufgefallen, daß die Kursindices bei heterogenen Informationen im positiven Szenario grundsätzlich über denjenigen bei homogenen Informationen liegen. Die Abbildungen 70 bis 76 im Anhang zeigen, daß dieser Effekt auch in den anderen Szenarien auftritt. Somit ergibt sich als Hypothese, daß inhomogene Informationen kurserhöhend wirken.

Als erster Schritt auf dem Wege zur Analyse dieses Phänomens bietet es sich an, den Kursindex der Periode t_2 bei alternativen Informationsständen zu berechnen. Ausgangspunkt der Berechnungen ist jeweils das Startportefeuille bei homogenen Informationen. Die Marktgleichgewichte werden nun für alterna-

<u>tive</u> Informationsstände berechnet, wobei die Anzahl der ver-
fügbaren Informationen beginnend mit 0 stufenweise um 4 erhöht
wird.

Stehen den Investoren keinerlei Informationen der Folgeperiode
zur Verfügung, so ergibt sich als Ergebnis der Kursindex bei
homogenen Informationen der Periode 1, stehen den Investoren
alle 352 Informationen der Folgeperiode zur Verfügung, so ergibt sich der Kursindex bei homogenen Informationen der Periode 2. Abbildung 5 zeigt die Kursindices, die sich ergeben,
wenn die Investoren 0, 4, 8, ... , 344, 348, 352 Informationen
erhalten.

Abb.5:   Index-Stände bei zunehmender Anzahl verfügbarer In-
           formationen

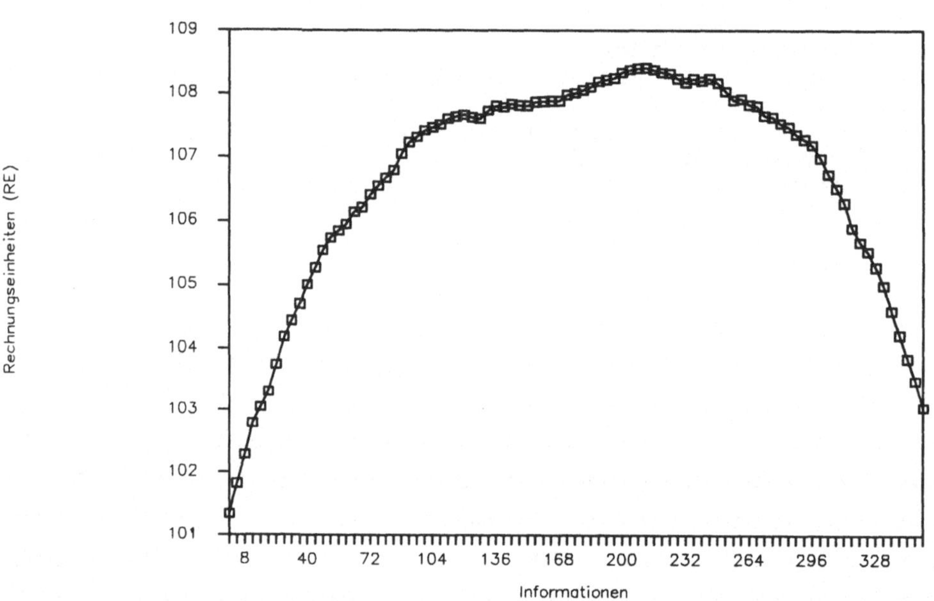

Während intuitiv zu erwarten ist, daß sich zwischen den Zeitpunkten t_1 und t_2 der Kursindex bei alternativen Informationsständen mehr oder minder linear entwickelt, zeigt Abbildung 5,
daß der Index mit zunehmender Informationsanzahl zunächst
stark steigt, dann in einen Bereich moderater Zunahme über-
geht, gefolgt von einem Bereich moderater Abnahme, um schließlich wieder stark zu fallen, wobei der Endpunkt der Entwicklung dem Ergebnis bei homogenen Informationen entspricht.

Diese Berechnungen zeigen erneut, daß inhomogene Informationen Kursniveaus erzeugen, die durchgehend über denjenigen bei homogenen Informationen liegen. Zudem zeigt sich, daß das Ausmaß der kurserhöhenden Wirkung vom Ausmaß der Heterogenität abhängt. Liegen den Investoren 8 statt nur 4 Informationen der Folgeperiode vor, so resultiert daraus eine deutlich viel stärkere Indexzunahme als im vergleichbaren Fall bei 92 und 94 Informationen. Zudem fällt auf, daß die Variation der Informationsversorgung weder eine monoton steigende (Übergang von 124 auf 128 Informationen) noch eine monoton fallende (Übergang von 254 auf 256 Informationen) Entwicklung des Kursniveaus auslöst. Abbildung 5 läßt zwar auf eine Systematik der Wirkungsweise heterogener Informationen schließen, wenn auch durch die Bereiche nicht-monotoner Kurvenverläufe neue Fragen aufgeworfen werden, doch bleibt sie die Erklärung der Ursache(n) dieses Phänomens schuldig.

Da die vollständige Erklärbarkeit aller Effekte zu den entscheidenden Vorteilen gerechnet wird, die mit der Methode der Simulation, wenn sie als mathematisches Experimentieren aufgefaßt wird, verbunden sind, muß sich der kurserhöhende Effekt heterogener Informationen aus den Verhaltensregeln der Investoren ableiten lassen. Die aus der Betrachtung realer Kapitalmärkte abgeleitete und naheliegende Vermutung, es handele sich um massenpsychologische Phanömene, muß hier fehlleiten, da die Investoren sich streng an den fundamentalen Daten orientieren und auf der Basis von Erwartungswert- und Varianzinformationen entscheiden. Damit ist der Ansatz zu einer weitergehenden Analyse gegeben.

Heterogene Informationsstände erlauben es den Investoren offenbar, Positionen einzugehen, die sie höher einschätzen als Positionen bei homogenen Informationen, so daß das Marktergebnis als Summe aller Einzelentscheidungen zu insgesamt höheren Kursen führt. Hierfür kann entweder die individuelle Sichtweise der Erwartungswerte, der Varianzen und Kovarianzen oder eine Mischung aus diesen drei Größen ausschlaggebend sein.

Die Berechnung des individuell erwarteten Portefeuille-Kurs-
wertes μ_k der riskanten Titel bei heterogenen Informationsständen nach

$$(43) \qquad \mu_k = \sum_{i=1}^{N} \ y_{i_k} \ \mu_{i_k}$$

mit anschließender Summation über alle Investoren führt zu dem
in Abbildung 6 ausgewiesenen Kurvenzug, der die Kurserwartung
des Gesamtmarktes bei alternativen Informationsständen zeigt.
Die in Periode t_2 geltenden höheren Erwartungswerte offenbaren
sich durch die sukzessive zunehmende Anzahl der den Investoren
vorliegenden Informationen relativ gleichförmig und können die
Auffälligkeit der Indexbewegung somit nicht erklären.

Abb.6:   Summe des erwarteten Ertrages aller Marktteilnehmer
           bei zunehmender Anzahl verfügbarer Informationen

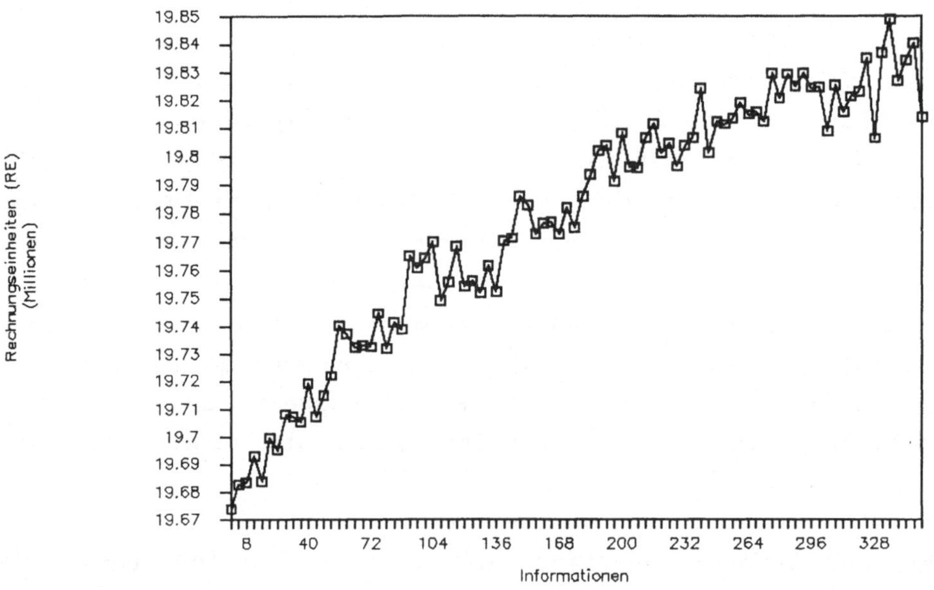

Ein anderes Bild zeigt die Betrachtung der aggregierten Portefeuillerisiken, die sich durch Summation über die individuellen Portefeuillerisiken[266] aller Marktteilnehmer ergibt. Deren
Entwicklung ist, wiederum bei alternativen Informationsstän-

---

266) Gleichung (20) ist um einen zusätzlichen Index zu ergänzen, der die
     Individualität des Informationsstandes anzeigt, und bleibt ansonsten
     unverändert.

115

den, in Abbildung 7 ausgewiesen. Die Auffälligkeit der
Indexentwicklung findet ihre Entsprechung im Steigen und Fallen der aggregierten Portefeuillerisiken.

Abb.7:   Summe der Portefeuillerisiken aller Marktteilnehmer
           bei zunehmender Anzahl verfügbarer Informationen

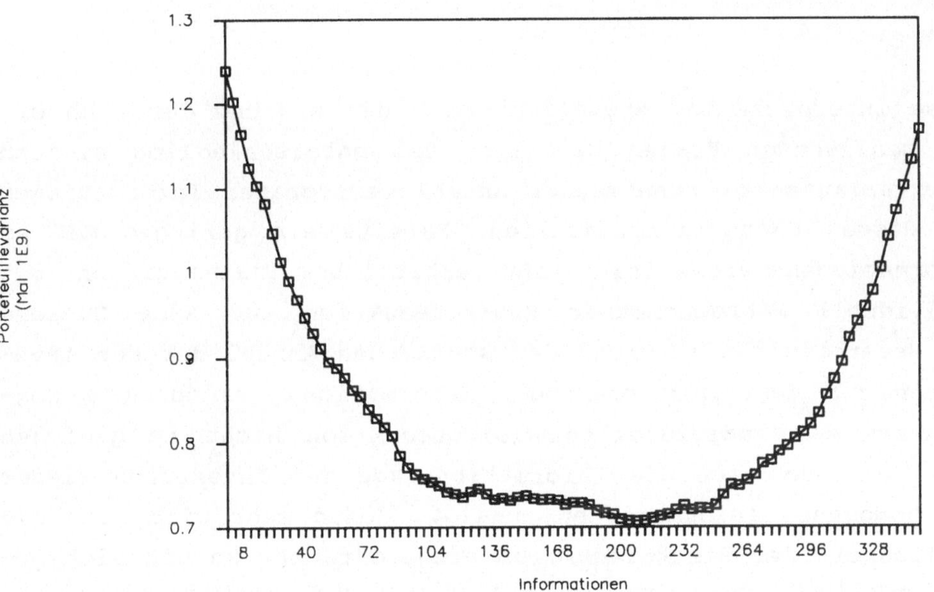

Nachdem mit den Portefeuillerisiken die Ursache der Kursbewegungen bei alternativen Informationsständen ausgemacht worden
ist, erschließt sich eine Interpretationsmöglichkeit aus Sicht
der Investoren, deren Zusammenwirken diese Bewegung auslöst.
Wie bereits festgestellt wurde, bleiben die Portefeuilles bei
Änderungen der Informationslage immer dann unverändert, wenn
diese Informationsveränderungen allen Investoren vorliegen,
die Informationslage damit homogen bleibt.

Liegen heterogene Informationen vor, so können die Investoren
ihr _individuell_ _wahrgenommenes_ Portefeuillerisiko reduzieren,
indem sie anderen Investoren einzelne Titel ihres Portefeuilles verkaufen oder einzelne Titel hinzukaufen. Obwohl das Risiko, das vom Gesamtmarkt zu tragen ist, konstant bleibt, nehmen alle Investoren die Möglichkeit zu einer Risikoreduktion
wahr. Die kurserhöhende Wirkung heterogener Informationen be-

ruht somit letztlich auf einer Fiktion, der das gesamte Investorenkollektiv unterliegt. Dabei tritt dieser Effekt um so deutlicher auf, je stärker die Unternehmen voneinander abhängen. Die verwendete Form der Datengenerierung führt mit zunehmendem Zeitverlauf zu einer stärkeren Unabhängigkeit der Unternehmensentwicklungen, wodurch der in allen Szenarien beobachtbare <u>nachlassende</u> Diversifikationseffekt zu begründen ist.

Diese Interpretation ermöglicht auch die Klärung der noch offen gebliebenen Fragen bezüglich des unterschiedlich steilen Indexverlaufs bei zunehmender Anzahl verfügbarer Informationen und dessen Unstetigkeitsstellen. Bereits ein geringes Maß an Informationsheterogenität läßt erhebliche Transaktionen mit individuell wahrgenommener Risikoreduktion zu. Eine Zunahme der Heterogenität aufgrund der steigenden Anzahl der den Investoren zur Verfügung stehenden Informationen erhöht die Möglichkeit zur individuellen Risikoreduktion nicht in gleichem Maße. Je mehr sich die Informationslage der Investoren wieder den homogenen Informationen zuneigt, desto mehr wird auch die Möglichkeit der Risikoreduktion eingeschränkt, so daß sich gegen Ende des Kurvenzuges wieder deutlichere Indexbewegungen ergeben.

Die Unstetigkeitsstellen resultieren aus der Unregelmäßigkeit der Informationsversorgung, wie sie in Anschnitt 8.1 dargestellt wurde. Die bei der Kursberechnung auf der Basis von 124 Informationen gegenüber der Kursberechnung bei 128 Informationen neu hinzukommenden 400 Informationen (vier je Investor) enthalten in besonderem Maße Informationen, die "dem Markt" bereits vorlagen und führen somit zu einer insgesamt weniger heterogenen Einschätzung des Gesamtmarktes mit der Folge verringerter Risikoreduktionsmöglichkeiten.

8.4. Ursachen der Vermögenseffekte heterogener Informationsstände

Die von den Anlegern erzielten Handelsgewinne und -verluste sind das Ergebnis zufällig verteilter Informationen, die unterschiedliche Preisänderungsimplikationen enthalten. Aus Sicht der Investoren wäre es in hohem Maße erstrebenswert, die mit individuellen Informationsvorteilen verbundenen Möglichkeiten zur Gewinnerzielung exakt ermitteln oder zumindest abschätzen zu können. Die Abschätzung der Preisänderungsimplikationen im Portefeuillezusammenhang erweist sich jedoch als schwierig.

Handelsgewinne entstehen trivialerweise dadurch, daß Aktien zu Kursen verkauft werden, die über den Einstandskursen liegen. Im Falle von Leerverkäufen tritt ein entsprechender Effekt auf, wenn die Kosten der Eindeckung den Erlös des Leerverkaufs unterschreiten. Offensichtlich wird die Höhe des Handelsgewinnes von zwei Datenkonstellationen bestimmt: derjenigen beim Eingehen und derjenigen beim Auflösen einer Position. Je größer die Kursdifferenz zwischen diesen Transaktionen ist, desto größer fällt der mit der Informationsverwertung verbundene Gewinn aus. Zusätzlich wird der Handelsgewinn von der Anzahl der Aktien bestimmt, die von einem Investor bei gegebener Datenkonstellation am Markt aufgenommen (an den Markt abgegeben) werden kann. Der mit einem Titel erzielbare Handelsgewinn steigt mit der Möglichkeit, in diesem Wert hohe Umsätze zu erzielen.

Ein Investor investiert um so stärker in einen bestimmten Titel, je höher das Informationsgefälle zwischen seinen (teilweise) monopolisierten Informationen und dem Informationsstand des Marktes ausgeprägt ist, und je weniger der Kurs dieses Titels die dem Investor vorliegenden Informationen widerspiegelt. Gleichung (41) ist unmittelbar zu entnehmen, daß eine vorübergehend ganz oder teilweise monopolisierte Information über eine Erhöhung des Erwartungswertes ceteris paribus die Nachfrage nach Anteilen des betreffenden Unternehmens steigen läßt.

Weniger deutlich erkennbar sind die Auswirkungen von Änderungen des Unternehmensrisikos und des Zusammenhangs mit allen anderen Unternehmen, die sich in der Inversen der Varianz-Kovarianz-Matrix niederschlagen. Anstelle der etwas unhandlichen Varianz-Kovarianz läßt sich zur Bewertung des Unternehmens im Marktzusammenhang der individuelle ß-Faktor verwenden, der sich hier nach

$$(44) \quad \beta_{j_k} = \sum_{i=1}^{N} y_{i_k} \, \sigma_{ij_k} \; / \; \sum_{i=1}^{N} \sum_{j=1}^{N} y_{i_k} \, y_{j_k} \, \sigma_{ij_k}$$

berechnet. Ist das Unternehmen nach den dem Investor vorliegenden Informationen von allen anderen Unternehmen unabhängig, so erhöht ceteris paribus eine Abnahme des Unternehmensrisikos die Nachfrage nach den Titeln dieses Unternehmens. Liegen dagegen Abhängigkeiten zwischen den Unternehmen vor, so erhöht ceteris paribus die Abnahme des ß-Faktors die Nachfrage, da das systematische, nicht diversifizierbare Risiko abnimmt[267].

Deutlich wird ebenfalls, daß die Umsatzhöhe nicht allein vom Informationsgefälle abhängt, sondern wiederum von der Sequenz der Informationskonstellationen beeinflußt wird. Das Ergebnis von Gleichung (41) ist der gewünschte optimale <u>Bestand</u> an Aktien des Unternehmens i, den der Investor k bei gegebenem Informationsstand zu halten wünscht. Treten hintereinander zwei Informationslagen mit unverändertem Informationsgefälle auf, so resultieren daraus deutlich viel geringere Umsätze als in Sequenzen mit jeweils stark divergierenden Informationsgefällen.

Ein weiterer Einfluß auf die Möglichkeit zur Erzielung von Handelsgewinnen geht von der jeweiligen Ausprägung der Risikoaversion aus. Bei gegebener Datenkonstellation strebt ein Investor mit geringer Risikoaversion (der Risikoaversionsparame-

---

267) Die ideale Situation für Handelsgewinne ergibt sich, wenn eine monopolistisch informierte Marktteilnehmergruppe Kenntnis von einer Erhöhung der Erwartungswerte und einer gleichzeitigen Senkung der Varianzen und der Betas hat, während der Rest der Investoren auf der Basis der jeweiligen Informationslage zu Erwartungen kommt, die genau in die entgegengesetzte Richtung weisen (und vice versa).

ter a nimmt einen hohen Wert an) einen hohen Anteil an dem betreffenden Unternehmen an und eröffnet sich damit die Aussicht auf eine intensive Nutzung der ihm zur Verfügung stehenden Informationsvorteile. Da in dem hier gewählten Modellrahmen die Transaktionswünsche der Investoren die Kurse beeinflussen, wird sich eine von Informationsvorteilen ausgelöste besonders hohe Nachfrage (ein hohes Angebot) in den Kursen niederschlagen und die Gewinnchancen dadurch teilweise reduzieren[268] [269]. Bei hoher Risikoaversion offenbart das Marktverhalten eines Investors zwar weniger von dessen Informationsvorteilen, womit die Möglichkeit der Nutzung hoher Kursdifferenzen erhalten bleibt, jedoch wird das Ausmaß der möglichen Gewinne durch den geringen Umfang der eingegangenen Position beschränkt.

Schließlich zeigt Gleichung (41), daß der Investor bei seinen Dispositionen über den Gleichgewichtskurs in das Marktgeschehen eingebunden ist und dadurch von den Informationsständen aller anderen Investoren abhängt[270]. Individuelle Informationsvorteile können dadurch vollständig konterkariert werden. Selbst eine vollständig monopolisierte Information bezüglich

---

268) Werden kurserhöhende Informationen allen Investoren gleichzeitig mitgeteilt, so führt die kumulierte Nachfrage, die auf kein Angebot stößt, zu umsatzlosen Kurssteigerungen. Für kurssenkende Informationen gilt dies in entsprechender Weise.

269) Es liegt nahe, nach einer optimalen Strategie für priviligiert informierte Marktteilnehmer zu suchen, was im Hinblick auf die generellen Probleme bei der Informationsbewertung wenig aussichtsreich erscheint und daher hier nicht weiterverfolgt wird. Die Abschätzung, in welchem Ausmaß ein Investor seine Informationen durch die von den eigenen Transaktionen ausgelösten Kursbewegungen reduziert, wird zusätzlich durch die kurstreibende Wirkung heterogener Informationen erschwert. Im Rahmen eines einperiodigen Modells, das die Bildung rationaler Erwartungen unterstellt, gehen Grinblatt/Ross (1985) der Frage nach, ob ein monopolistisch informierter Marktteilnehmer sein Nachfrageverhalten stochastisch stören soll, um seine Informationen vor den anderen Marktteilnehmern zu verbergen. Obwohl Preise in Modellen rationaler Erwartungen Informationen sehr weitgehend transportieren, erweist sich diese Strategie nicht als erfolgversprechend. Eine Übertragung dieses Ergebnisses auf den Mehr-Perioden-Fall ist allerdings nicht möglich.

270) Den Einfluß aller von einem Investor verwendeten Informationen betont Lintner (1969), S.373: "In _purely_ _competitive_ (_and_ _Pareto-optimal_) securities markets in which a fixed list of different securities are traded, the fractional holdings of the total outstanding supply of _each_ security held by _each_ investor behave in this very reasonable and sensible way _in_ _response_ _to_ _each_ _element_ _of_ _his_ _subjective_ _assessments_, given those of everyone else." [Unterstreichungen aus dem Original übernommen].

einer Erhöhung des Gewinnerwartungswertes kann von einem Anleger nicht entsprechend genutzt werden, wenn die anderen Investoren auf der Grundlage ihrer Informationen zu dem (möglicherweise unrichtigen) Schluß kommen, daß der ß-Wert dieses Unternehmens fällt. Die davon ausgelöste Nachfrage wirkt über die Nachfrage des Informationsmonopolisten hinaus kurserhöhend, wodurch dessen Spielraum zur Erzielung von Handelsgewinnen eingeschränkt oder vollständig beseitigt werden kann und in besonders ungünstigen Fällen sogar zu Verlusten führt[271].

Damit Preisänderungsimplikationen, die mit individuellen Informationsvorteilen verbunden sind, annähernd richtig eingeschätzt werden können, müßten die Investoren somit bereits beim Eingehen einer Position nicht nur über die Informationsstände aller anderen Investoren umfangreich unterrichtet sein, sondern auch deren Risikoaversion kennen. Selbst diese wenig realistische Annahme ist für eine adäquate Beurteilung des Informationswertes noch nicht ausreichend.

Nach dem hier verfolgten Konzept werden die teilweise monopolisierten Informationen nach einer Periode veröffentlicht, und die Anleger verwenden diese Informationen als Grundlage ihrer

---

271) Untersuchungen, die von der Bildung rationaler Erwartungen ausgehen, beschränken sich regelmäßig auf die Beobachtung je eines riskanten und eines risikolosen Titels. Admati (1985) erweitert das Modell von Hellwig (1980) durch die Berücksichtigung einer Vielzahl von riskanten Anlagen und stößt dabei ebenfalls auf merkwürdige Effekte. Im Portefeuillezusammenhang kann bei bestimmten Datenkonstellationen und jeweils "other things being equal"
- der Kurs eines Unternehmens mit steigender Ertragserwartung <u>abnehmen</u>,
- der Kurs eines Unternehmens mit steigendem Angebot dieses Titels <u>steigen</u> - da das insgesamt vom Markt zu tragende Risiko zunimmt, würde man genau das Gegenteil erwarten -, und schließlich
- verhält sich einer der Titel des zur Darstellung verwendeten <u>numerischen</u> <u>Beispiels</u> als Giffen-Gut: die Nachfrage steigt mit dem Preis.
Allerdings sind auch diese Ergebnisse strikt auf den einperiodigen Fall beschränkt. "An important direction for future research concerns extending the model to a multiperiod setting. Intertemporal models with heterogenous beliefs and rational expectations are quite complex, but their analysis is important for both theoretical and empirical research, since they will enable us to understand better the time series properties of observable variables." Admati (1985), S.655.

Kalkulationen. Allerdings werden auch diese Informationen durch neue, wiederum teilweise monopolisierte Informationen überlagert, so daß zu einer vollständigen Einschätzung der Preisänderungsimplikationen zusätzlich die Informationsstände heranzuziehen wären, mit denen alle am Markt tätigen Investoren in der Folgeperiode ausgestattet sind.

Einige Facetten des Zusammenspiels zwischen Risikoaversion und individuellen Informationsvorteilen im Marktzusammenhang lassen sich mit einer Variante des in Abschnitt 8.2. beschriebenen Modellaufes beleuchten. Zur Analyse des Zusammenhangs zwischen Informationsvorteilen, Umsatzhöhe und Handelsgewinnen erhalten alle Investoren identische Risikoaversionsparameter a. Damit werden die Effekte divergierender Risikoeinstellungen zunächst ausgeschlossen.

Dieser für alle Investoren gleiche Parameter wird so gewählt, daß die Marktrisikoaversion als Summe aller Risikoaversionsparameter weitgehend derjenigen des in Abschnitts 8.1. beschriebenen gleicht, und hier den Wert 41.000 annimmt[272]. Ferner werden die Investoren in Gruppen aufgeteilt, von denen eine jede _alle_ relevanten Informationen der Folgeperiode eines bestimmten Unternehmens erhält. Die Investoren _1_ bis _6_ sind über die Unternehmensparameter des Unternehmens _1_ vollständig informiert, die Investoren _7_ bis _12_ über diejenigen des Unternehmens _2_, so daß sich schließlich die Informationen des Unternehmens _16_ vollständig in der Hand der Investoren _91_ bis _96_ befindet. Die verbleibenden vier Investoren (_97-100_) nehmen am Marktgeschehen nicht teil.

Tabelle 3 faßt die hier interessierenden Ergebnisse des Modellaufes zusammen.

---

272) Gegenüber 40.996 bei divergierenden Risikoaversionsparametern. Die einheitliche Risikoaversion führt dazu, daß zu Beginn des Laufes alle Investoren eine identische Anzahl von Anteilen aller Unternehmen halten. Ferner fallen die in Abschnitt 8.2. erwähnten Rundungseffekte weg, so daß in dieser Modellvariante von jedem Unternehmen alle verfügbaren 10.000 Anteile umlaufen.

Tab.3:   Umsätze und Handelsergebnisse monopolistisch infor-
           mierter Marktteilnehmergruppen

A	B	C	D	E	F
1	9347	5434	-17976	-8473	0,386
2	19663	14933	-19095	568	0,640
3	35833	23953	-23188	10669	0,719
4	26051	12894	-22435	3616	0,620
5	18273	10481	-18817	-533	0,698
6	15568	12419	-19427	-3859	0,610
7	16747	10138	-21232	-4485	0,449
8	6123	4693	-17741	-11603	0,610
9	15751	10685	-19788	-4037	0,571
10	29422	18517	-21299	8150	0,701
11	15357	9199	-19244	-3869	0,548
12	37679	19818	-19751	17940	0,632
13	23142	15325	-25019	-1862	0,525
14	16480	15257	-20587	-4090	0,618
15	20196	13124	-21363	-1167	0,682
16	23914	15625	-21198	2724	0,473

A: Investorengruppe
B: Ergebnis des Handels mit dem Unternehmen, für das
   Informationsvorteile bestehen (in RE)
C: Umsätze mit Anteilen des Unternehmens, für das
   Informationsvorteile bestehen (in Stück)
D: Ergebnis des Handels mit Unternehmen, für die kein
   Informationsvorteil besteht (in RE)
E: Gesamtergebnis des Handels mit allen Unternehmen
F: Korrelationskoeffizienten der Regressionsrechnung,
   die die Informationsgefälle IG_μ, IG_σ und IG_β zur
   Erklärung der Umsätze verwendet

Wie erwartet, können die von einem Unternehmen monopolistisch
informierten Investoren durch den Handel mit diesem Unternehmen durchgängig Gewinne erzielen. Auffällig ist dagegen, in
welch unterschiedlicher Höhe diese Gewinne anfallen. Den Gewinnen beim Handel mit den Anteilen des "eigenen" Unternehmens
stehen erwartungsgemäß Verluste beim Handel mit den Anteilen
"fremder" Unternehmen gegenüber, die unter den Investorengruppen allerdings insgesamt eine geringere Streuung aufweisen[273].

---

273) Naheliegend ist es, den Investoren zu empfehlen, nur noch mit den An-
     teilen des Unternehmens zu handeln, über das Informationsvorteile
     vorliegen, und den Rest der Anteile zu halten oder zu verkaufen, den
     Portefeuillezusammenhang also aufzugeben. Die vereinfachende Annahme
     von Informationsvorteilen, die sich auf einzelne Unternehmen bezie-
     hen, wurde in diesem Abschnitt dagegen gerade deshalb getroffen, um
     ihre Auswirkungen im Portefeuillezusammenhang untersuchen zu können.
     Im übrigen würde der Handel, sofern sich alle Investoren an diese
     Empfehlung halten, sofort zum Erliegen kommen.

Der von den Daten nahegelegte Zusammenhang zwischen Umsätzen
in Stück und den von Informationsvorteilen verursachten Gewinnen legt den Versuch nahe, zumindest die Umsätze durch die
zwischen den Investorengruppen vorliegenden Informationsgefälle zu erklären.

Die Beschränkung auf sechs jeweils in einem Unternehmen optimal informierte Investoren erlaubt eine einfache Quantifizie-
rung der Informationsgefälle bezüglich der Unternehmenserwar-
tungswerte und -varianzen, da für jedes Unternehmen nur zwischen zwei Gruppen zu unterscheiden ist: den monopolistisch
informierten Anlegern und allen anderen, die für dieses Unternehmen über identische aber, "veraltete" Informationen verfügen. Die Informationsgefälle IG für das Unternehmen i berechnen sich somit nach

$$(45) \qquad IG_{\mu_i} = \mu_{i_m} - \mu_{i_a}$$

und

$$(46) \qquad IG_{\sigma_i} = \sigma_{i_m} - \sigma_{i_a} \quad ,$$

wobei die Indices m und a monopolistische oder veraltete Informationen bezeichnen. Die Einbeziehung der Beta-Faktoren,
die hier anstelle der vollständigen Varianz-Kovarianz-Matrizen
verwendet werden, macht es zunächst erforderlich, für jedes
Unternehmen ein Durchschnitts-ß der nicht-priviligierten
Marktseite zu ermitteln, da die Ausstrahlungseffekte der unternehmensbezogenen Informationsvorteile über die Kovarianzen
nicht die angenehme Trennung in zwei disjunkte Gruppen zuläßt.
Bei der Berechnung dieses Durchschnittswertes darf der Beta-
Wert des Unternehmens, für das Informationsvorteile bestehen,
nicht berücksichtigt werden, so daß dieser Durchschnittswert
durch

$$(47) \qquad \beta_{i_a} = \left(\left(\sum_{j=1}^{16} \beta_j \right) - \beta_m \right) / 15$$

ermittelt werden muß. Das Informationsgefälle IG_β kann nun analog zur Berechnung der IG_μ und IG_σ ermittelt werden

$$(48) \qquad IG_{\beta_i} = \beta_{i_m} - \beta_{i_a} \quad .$$

Die letzte Spalte der Tabelle 3 enthält die Korrelationskoeffizienten r, die sich bei einer gemeinsamen Regression der Umsätze auf die Informationsgefälle IG_μ, IG_σ und ergeben[274]. Erwartungsgemäß ist die Erklärungskraft der Regressionsrechnung nicht besonders stark ausgeprägt. Nicht alle eindeutigen Informationsgefälle-Kombinationen schlagen sich im Ergebnis in gleicher Deutlichkeit nieder, da ihre Auswirkungen auf die Umsätze von den vor- oder nachgelagerten Datenkonstellationen[275] abhängen. Zudem führt die Verwendung des ß-Wertes an Stelle der vollständigen Varianz-Kovarianz-Matrizen ebenso wie die Verwendung von Durchschnitts-Betas bei der Ermittlung des Informationsgefälles zu Informationsverlusten, die die Erklärungskraft der Regression reduzieren[276].

Die direkte Erklärung der Handels<u>gewinne</u> aus divergierenden Informationslagen erscheint noch weniger aussichtsreich. Nicht nur treten alle bei der Umsatzanalyse hinderlichen Probleme erneut auf, sondern es sind zusätzliche Zurechnungsprobleme zu lösen. Sowohl der Kauf wie auch der Verkauf von Unternehmensanteilen werden von Informationsdivergenzen ausgelöst: welcher dieser Transaktionen ist die gemeinsame Resultante Handelser-

---

274) Die Regression auf die Umsätze in Stück ist einer Regression auf die mit Kursen gewichteten Umsätze vorzuziehen, da aufgrund des positiven Konjunktur-Szenarios die absoluten Umsatzvolumina im Zeitverlauf zunehmen, ohne daß daraus auf höhere Gewinne aus Informationsvorteilen geschlossen werden kann.

275) Die naheliegende Überlegung, die zeitliche Komponente des Informationsgefälles durch Differenzenbildung zwischen den jeweiligen Werten aufeinanderfolgender Perioden zu berücksichtigen, führt zu einer Serienkorrelation zwischen den erklärenden Variablen, so daß die prima vista sehr viel eindeutigeren Ergebnisse der Regressionsrechnung entwertet werden.

276) Da der Informationsstand eines jeden Investors zu jedem Zeitpunkt des Modells bekannt ist, und sich alle Investoren nach bekannten Regeln verhalten, läßt sich jeder einzelne Umsatz exakt auf die ihm zugrundeliegende Datenkonstellation zurückführen, wie auch die Auswirkung einer einzelnen Information auf Umsätze und Handelsgewinne exakt zu ermitteln sind. Die damit verbundene Einzelfallbetrachtung führt hier aber nicht zum gewünschten Ziel.

folg zuzuordnen ? Fallen das Eingehen und die Glattstellung einer Position in zwei direkt aufeinanderfolgende Perioden, so könnte über eine hälftige Aufteilung des Ergebnisses nachgedacht werden. Sobald sich Käufe und Verkäufe aber periodenweise überschneiden, muß zusätzlich eine Entscheidung über die Zuordnung der einzelnen Transaktionen untereinander - etwa nach dem LIFO- oder FIFO-Prinzip - getroffen werden, was selbst dann willkürlich wirkt, wenn eine hälftige Ergebnisaufteilung grundsätzlich sinnvoll erscheint.

8.5. Variation des Risikoaversionsparameters bei heterogenen Informationsständen

Es bietet sich an, den von Hellwig (1982a) untersuchten Fall eines sehr großen Marktes, in dem ein gut informierter Anleger letztlich keinen Einfluß mehr auf den Marktpreis hat, in diesem Modellrahmen nachzuempfinden. Dabei ist zu beachten, daß zwischen den Modellen erhebliche Unterschiede bestehen, insbesondere was die Möglichkeit angeht, aus den aktuellen Gleichgewichtskursen Rückschlüsse auf die Informationslagen anderer Investoren zu ziehen.

Ein Investor, der mit dem fast exakt durchschnittlichen Risikoaversionsparameter a in Höhe von 410 ausgestattet ist, erhält in allen Perioden Zugriff auf alle 352 Informationen der jeweiligen Folgeperioden. Alle anderen Marktteilnehmer können nur die öffentlich zugänglichen Informationen der aktuellen Periode beobachten. Erwartungsgemäß kann der monopolistisch informierte Anleger seine Informationsvorteile nützen und erzielt einen Handelsgewinn in Höhe von 297.383 RE. Die anderen Investoren, die sich aufgrund der homogenen Informationslage verhalten wie ein einziger Marktteilnehmer mit entsprechender Risikoaversion, erleiden Verluste in einer von ihrer individuellen Risikoaversion abhängigen Höhe.

In einem weiteren Modellauf wird der Risikoaversionsparameter a des privilegiert informierten Anlegers auf 1 gesenkt, so daß dessen Risikoaversion zunimmt. Damit die im Markt insgesamt

vorliegende Risikoaversion, die die Höhe des Kursniveaus mit-
bestimmt, erhalten bleibt, muß die Risikoaversion der anderen
Marktteilnehmer angepaßt werden, was durch eine anteilige und
gleichmäßige Erhöhung dieses Parameters erreicht wird.

Erwartungsgemäß kommen die vorliegenden Informationsvorteile
kaum mehr zum Tragen. Kursveränderungen treten nur in Einzelfällen in der hier kleinstmöglichen Höhe von 0,01 RE auf, die
Umsätze gehen von insgesamt 228.226 Stück für alle Unternehmen
im oben genannten Fall auf 125 Stück zurück und die Handelsgewinne, die in dieser Modellvariante dem Umverteilungsvolumen
entsprechen, betragen nur noch 1.141 RE. Die Effekte einer
weiteren Reduzierung der Risikoaversion des monopolistisch informierten Investors verlieren sich in der aus Vereinfachungsgründen vorgenommenen Rundung auf ganze Stücke bei den Unternehmensanteilen und auf zwei Dezimalstellen bei den Kursen.

Der hier beobachtete Markt ist keineswegs so groß, wie dies
von Hellwig gefordert wird. Die Transaktionswünsche eines jeden Anlegers beeinflussen die Kurse, und die Möglichkeit,
diese Kursänderungen zu ermitteln, werden bei Aufhebung der
Rundungsvorschrift nur durch die Rechengenauigkeit des verwendeten Rechnertyps beschränkt. Dieses Problem scheint allerdings nachrangig[277]. Wesentlich wichtiger im Hinblick auf die
später vorzutragenden Überlegungen ist der mit der Reduzierung
des Markteinflusses eines einzelnen Investors einhergehende
Rückgang der Handelsgewinne.

Damit diese Handelsgewinne die mit der Informationsbeschaffung
und -verarbeitung verbundenen Kosten zumindest tragen, müssen
bei zunehmender Atomisierung des Einflusses eines einzelnen
Investors Annahmen über die Struktur dieser Kosten getroffen
werden. Wird lediglich davon ausgegangen, daß die Informationskosten vollständig variabel sind, so muß angenommen werden,

---

277) Bei vollständig unveränderten Kursen würde in der hier vorliegenden
Modellkonzeption überhaupt kein Umsatz stattfinden. Die Begründung
von Umsätzen bei unveränderten Kursen bleibt allerdings auch bei der
Annahme von rationalen Erwartungen schwierig. Aus der Kursveränderung
können die anderen Marktteilnehmer nicht auf das Vorliegen von Informationsvorteilen schließen, denn Kursveränderungen finden ja nicht
statt, womit das Motiv für Umsätze entfällt.

daß bei zunehmender Größe des Marktes die von einem Anleger zu
tragenden Informationskosten mindestens in dem Maße zurückgehen, wie die Möglichkeit zur Nutzung von Kursänderungsimplikationen auf Grund des geringen Einflusses eines einzelnen Investors eingeschränkt wird[278]. Diese Überlegung gilt in gleicher
Weise bei Berücksichtigung von Fixkostenanteilen, was allerdings nur mäßig plausibel ist. Es ist daher zu erwarten, daß
von nicht vollständig variablen Informationskosten die besonders risikoaversen Marktteilnehmer besonders betroffen sind.

Die eingangs dieses Abschnittes eingeführte Nivellierung der
Risikoaversionsparameter läßt sich auf die im Abschnitt 8.1.
vorgestellte Modellvariante völlig heterogener Informationen
übertragen. Investoren mit vorher geringer Risikoaversion, die
über Informationen mit hohen Kursänderungsimplikationen verfügen, können die Informationsvorteile nun nicht mehr in gleichem Umfang nutzen, und Investoren mit vorher geringer Risikoaversion, deren Informationsstände im Marktzusammenhang zu
Vermögensverlusten führen, werden sich im Ergebnis verbessern.

Intuitiv liegt die Vermutung nahe, daß sich das Kursniveau nur
unwesentlich ändert, da sich das vom Markt zu tragende Risiko
überhaupt nicht und die Marktrisikoaversion nur marginal ändert. Dagegen sollten sowohl die Umsätze als auch das Umverteilungsvolumen zurückgehen, da die Nivellierung der Risikoaversionen zu einer Nivellierung der Ergebnisse beitragen
sollte.

Als Ergebnis des Modellaufes zeigt sich, daß die Marktindizes
zwar nur sehr geringfügig um diejenigen des Modellaufes mit
divergierenden Risikoaversionen schwanken[279], das Niveau der
Umsätze und (-0,21%) und das des Umverteilungsvolumens (-
1,53%) aber ebenfalls nahezu unverändert bleibt. Der im
vorangegangenen Abschnitt von einer veränderten Aufteilung der
Marktrisikoaversion ausgelöste drastische Rückgang der Umsätze

---

278) Diese Überlegung wird besonders anschaulich, wenn man bedenkt, daß
     der monopolistisch informierte Anleger zur Erzielung seiner Handels-
     gewinne 17.600 Informationen beschafft und auswertet.
279) In 10 Perioden bleibt der Index unverändert, in 22 Perioden treten
     geringfügig positive und in 18 Perioden geringfügig negative Abwei-
     chungen auf.

und der Handelsgewinne läßt sich hier nicht beobachten, was allerdings durch die unterschiedliche Gestaltung der beiden Modellläufe zu erklären ist.

Während die Reduktion der Risikoaversion des monopolistisch informierten Investors einseitig die gut informierte Marktseite trifft, heben sich die von einer Nivellierung der Risikoaversion bei durchgängig heterogenen Informationsständen ausgelösten Effekte teilweise auf. Investoren, die vor den Wirkungen ihrer fehlleitenden Informationen bislang durch ihre hohe Risikoaversion geschützt worden sind, erleiden durch die (zwangsweise) Erhöhung ihrer Risikotoleranz nun höhere Verluste. Auf der Gewinnerseite stehen Anleger, die mit gewinnträchtigen Informationen versehen sind und, da befreit aus dem Korsett der zu starken Risikoaversion, die Kursänderungsimplikationen nun stärker nutzen. Diese Überlegungen gelten mutatis mutandis für Anleger mit vorher geringer Risikoaversion.

Dementsprechend weisen Anleger mit extremen Veränderungen ihrer Risikoaversion auch den größten Anteil an den Vermögensveränderungen in Höhe von 300.999 RE auf, die sich gegenüber der Modellvariante mit divergierenden Risikoaversionsparametern ergeben. Investor *23*, dessen Risikoaversion von 723 auf 410 sinkt, verbessert sich um 35.090 RE auf Grund der geringeren Nutzung seiner nachteiligen Informationen, während Investor *42*, dessen Risikoaversion von 112 auf 410 steigt, 27.398 RE durch die intensivere Nutzung seiner Informationsvorteile hinzugewinnt. Auf der anderen Seite der Skala stehen die Investoren *11* und *96*, deren Risikoaversionsparameter statt ursprünglich jeweils *91* nun 410 beträgt und deren unvorteilhafte Informationsausstattungen zu einer Ergebnisverschlechterung von 27.760 RE bzw. 26.918 RE führt. Die Summe aller Vermögensveränderungen innerhalb des Marktes ergänzen sich natürlich wieder zu Null.

9. Investorenstrategien bei Informationsnachteilen

9.1. Einleitung

Die Investoren dieses Modells können sich vorübergehend teil-
monopolisierte Informationen beschaffen, deren Kursänderungsimplikationen ihnen a priori unbekannt sind. Die Werthaltig-
keit dieser Informationen, die im Marktzusammenhang zusätzlich
von den Informationsständen der anderen Investoren beeinflußt
wird, kann daher erst ex post durch die Gewinne und Verluste
beurteilt werden, die sich aus der Teilnahme am Handel ergeben. Zur Ermittlung der individuellen Handelsergebnisse kann
auf das in Kapitel 8.2. (Gleichung (42)) entwickelte Verfahren
zurückgegriffen werden. Die Mehrzahl der hierzu erforderlichen
Informationen (Struktur des Startportefeuilles, Anfangskassen-
bestand, Struktur des aktuellen Portefeuilles und aktueller
Kassenstand) stehen den Investoren kostenfrei zur Verfügung.
Die zusätzliche Annahme einer kostenfreien Verbreitung der
Gleichgewichtskurse stellt allein schon deshalb keine einengende Annahme dar, weil jeder Investor stets mit den Anteilen
aller Unternehmen handelt und dadurch ständig über die aktuellen Kurse informiert wird.

Dieses Verfahren ist insofern befriedigend, als es ausschließlich auf Informationen zurückgreift, die dem Anleger kostenfrei zur Verfügung stehen. Zu berücksichtigen ist allerdings,
daß die aus Vereinfachungsgründen gewählte Ausgangslage bei
homogenen Informationsständen den Investor exakt über die Höhe
seines Anteils am Marktportefeuille informiert[280]. Die leichte
Überschaubarkeit der aus nur 16 Unternehmen zusammengesetzten
Portefeuilles führt zusammen mit der Vernachlässigung der
stochastischen (Dividenden-) Komponente darüberhinaus zu einer
Eindeutigkeit der Erfolgskontrolle, wie sie in der Realität
nicht zu erzielen sein dürfte.

Das Verfahren zur Ermittlung der individuellen Handelsergebnisse beruht auf dem Vergleich zwischem dem Portefeuilleer-

---

280) Bereits die ausschließliche Berücksichtigung von marktgängigen Wertpapieren im Rahmen des CAPM ist eine problematische Vereinfachung.

trag, der sich als Folge eines passiven Haltens des Startportefeuilles ergibt, und dem Ertrag einer Anlagepolitik, die die vorliegenden und kostenfreien Informationen einsetzt, um durch Markttransaktionen Vermögensvorteile zu erzielen. Sobald diese Vermögensvorteile ausbleiben oder in Vermögensnachteile umschlagen, liegt es nahe, auf die Informationsbeschaffung und -auswertung sowie die ständige Teilnahme am Handel zu verzichten und eine passive Portefeuillepolitik zu verfolgen. Hierzu stehen drei alternative Strategien zur Verfügung:[281]

1.) Rekonstruktion des bei homogenen Erwartungen optimalen (Start-) Portefeuilles (REBUY-Strategie).

2.) Halten des auf der Grundlage der letzten vorliegenden Informationen entstandenen Portefeuilles (HOLD-Strategie). Obwohl diese Entscheidungsregel ad hoc wirkt, entspricht sie immer dann realem Anlageverhalten, wenn mehr oder minder zufällig entstandene und in der Regel nicht dem Marktportefeuille entsprechende Aktienbestände ohne weitere Umschichtungen nur gehalten werden.

3.) Verkauf des gesamten Anteilsbesitzes und Glattstellung aller leerverkaufter Positionen (SELL-Strategie). Mit dieser Entscheidungsregel wird allerdings die grundsätzliche Annahme aufgehoben, daß die Investoren grundsätzlich sowohl in risikolose wie auch in riskante Titel investieren. Die Analyse der SELL-Variante beschränkt sich daher auf einige wenige Aspekte, die zum Verständnis der Modellergebnisse beitragen können.

Jeder Investor, der eine dieser Strategien ergreift, verzichtet auf die Nutzung der ihm vorliegenden Informationen und trägt nicht mehr zu Feststellung des Gleichgewichtskurses bei. In die Gleichung (37), die die Ausgangssituation der Gleichgewichtskursermittlung beschreibt, gehen daher nur noch die Informationen der im Markt verbleibenden Investoren ein.

---

[281] Hierbei wird implizit die Annahme getroffen, daß der Anleger nur vor der Wahl steht, die ihm zur Verfügung stehenden Informationen zu nutzen oder darauf zu verzichten. Die Folgen einer zielgerichteten Veränderung der Anzahl und der Struktur der von den Investoren beschafften Informationen werden in Abschnitt 9.6 diskutiert.

Darüberhinaus werden durch jeden Marktaustritt nach der REBUY-oder der HOLD-Strategie Unternehmenstitel stillgelegt, über die im laufenden Handel nicht mehr disponiert werden kann. Die ebenfalls in das Verfahren zur Bestimmung des Gleichgewichts-kurses einfließende Anzahl YG_i der verfügbaren Titel eines Un-ternehmens sinkt bei Verfolgung der REBUY-Strategie um die An-zahl der Anteile, die sich im Startportefeuille des betreffen-den Investors befunden haben. Da das aktuelle und von der in-dividuellen Informationslage geprägte Portefeuille eines Inve-stors, der den Markt verlassen will, allenfalls zufällig dem Startportefeuille entspricht, wird die Höhe der Handelsverlu-ste in der Periode des Marktaustritts durch die Umsätze beein-flußt, die der Rekonstruktion des Startportefeuilles dienen.

Die Anzahl YG_i der verfügbaren Titel eines Unternehmens sinkt bei Verfolgung der HOLD-Strategie um die Anzahl der Anteile, die sich im aktuellen Portefeuille des betreffenden Investors befinden. Dieses Portefeuille bleibt ab dem Zeitpunkt des Marktaustritts völlig unverändert.

Die SELL-Strategie erfordert keine Anpassung des Bestandes um-laufender Titel YG_i, da das Portefeuille des Investors, der den Markt verläßt, unter den im Markt verbleibenden Investoren aufgeteilt wird[282].

In den folgenden Abschnitten werden die Konsequenzen dieser Strategien unter verschiedenen Blickwinkeln beleuchtet. Dabei bleibt das positive Szenario Grundlage der Modelläufe. Auf systematische Modellberechnungen, die sich auf die verblei-benden Konjunktur-Szenarien beziehen und die weitergehende Aussagen über Parallelen und Unterschiede in der Ergebnis-entwicklung zulassen, wird jeweils separat hingewiesen. Die Anzahl und die Struktur der Informationen, die den Investoren zur Verfügung stehen, bleiben gegenüber Abschnitt 8.1. eben-falls unverändert.

---

282) Die Portefeuillestrukturen der weiterhin am Handel teilnehmenden In-vestoren ergeben sich durch die vorgenommene (REBUY/HOLD) oder unter-lassene (SELL) Anteilsanpassung nach der Gleichgewichtskursermittlung direkt aus Gleichung (41).

9.2. Marktrückzug mit REBUY-Strategie

Nach der Ermitttlung der Gleichgewichtskurse und der Startportefeuilles in der ersten Periode werden die Portefeuilles in der zweiten Periode erstmalig umgeschichtet. Die betreffenden Umsätze werden aber zu Einstandskursen bewertet und sind daher noch nicht erfolgswirksam. Abweichungen gegenüber der Wertentwicklung des Startportefeuilles, die von den laufenden Handelsaktivitäten ausgelöst werden, lassen sich nach dem hier verwendeten Verfahren somit erstmalig in der dritten Periode eines Modellaufes feststellen.

Um die Entscheidungen der Investoren über einen Marktaustritt nicht ausschließlich an die zufällig in der zweiten Periode vorliegenden Informationen zu binden, wird die Entscheidungsregel in zweifacher Hinsicht modifiziert. Zum einen erfolgt die erste Überprüfung des Handelserfolges erst nach Ablauf der dritten Periode und bezieht somit zusätzlich die Informationsstände dieser Periode mit ein. Zum anderen wird den Investoren eine Toleranz gegenüber Verlusten, die aus der Informationsverwertung entstehen, unterstellt, die als prozentualer Anteil des aktuellen Wertes des Startportfeuilles vorgegeben wird.

Bei einer Verlusttoleranz in Höhe von 5% entschließen sich insgesamt 28 Investoren, auf die weitere Teilnahme am Handel zu verzichten, wobei der erste Marktaustritt in der 9. Periode und der letzte Marktaustritt in der 49. Periode vorgenommen wird. An der Kursfeststellung beteiligen sich mit zunehmender Modellzeit somit immer weniger Investoren.

Abbildung 8 ist allerdings zu entnehmen, daß der kurserhöhende Effekt heterogener Informationsstände auch in einem eingeschränkten Investorenkreis erhalten bleibt. Der in dieser Abbildung enthaltene Kurvenzug zeigt die Differenzen zwischen den Index-Entwicklungen, die sich in dem Modellauf mit der Möglichkeit des Marktrückzuges und dem Modellauf ohne diese Möglichkeit ergeben. Der kurserhöhende Effekt heterogener Informationen bleibt nicht nur erhalten, er nimmt mit zunehmender Anzahl ausscheidender Marktteilnehmer sogar geringfügig

zu. Offenbar nimmt eine reduzierte Anzahl von Investoren größere Möglichkeiten der Risikoreduzierung im Portefeuillezusammenhang wahr, als dies bei der Beteiligung aller Marktteilnehmer der Fall ist.

Abb. 8:   Index-Differenzen zwischen den Modelläufen ohne und
           mit REBUY-Strategie (Verlusttoleranz 5%)

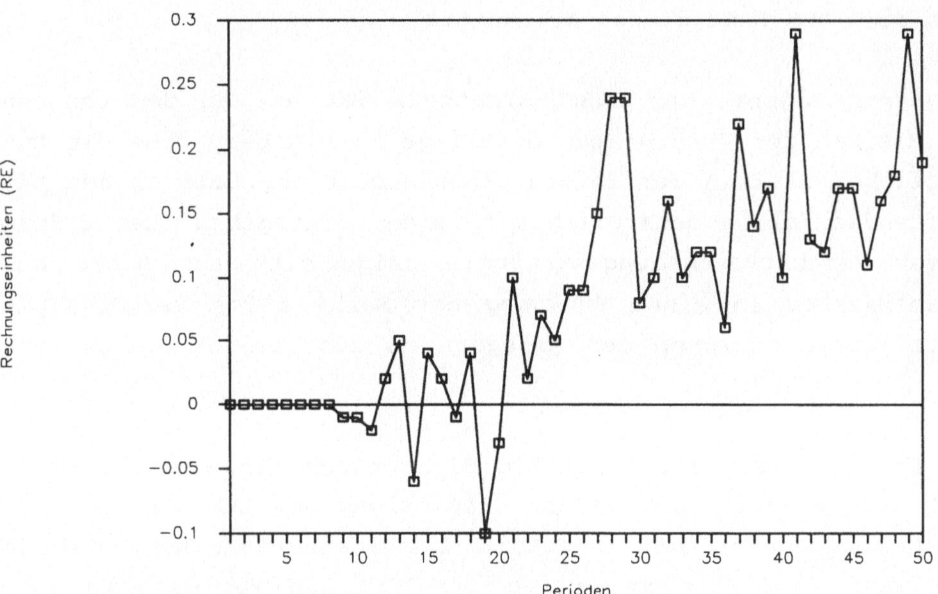

Da die Risikoaversion der ausscheidenden Investoren als Erklärungsansatz ausscheidet[283], muß sich dieser Effekt aus dem
Charakteristikum derjenigen Anleger ergeben, die den Markt
verlassen. Die REBUY-Strategie wird ergriffen, sobald die
Verluste aus der Teilnahme am Handel eine gewisse Höhe erreichen. Dies ist nur dann der Fall, wenn die verfügbaren Informationen keine oder nur geringfügige Gewinnmöglichkeiten beinhalten. Voraussetzung für Gewinnmöglichkeiten sind ausgeprägte
Informationskonstellationen, die im Marktzusammenhang das Eingehen großer Bestands- oder Leerverkaufspositionen erlaubt. Es
scheiden somit zunächst diejenigen Investoren aus, die nicht
über besonders ausgeprägte Informationsvorteile verfügen und

---

283) Jeder Investor, der den Markt verläßt, legt Titel in einem Umfang
      still, die exakt seinem anfänglichen Anteil am Gesamtmarkt entspre-
      chen, so daß auch der von den verbleibenden Anlegern zu tragende Teil
      des Gesamtmarktrisikos unverändert bleibt.

am Markt deshalb bisher ohne eindeutige Anlageschwerpunkte agiert haben. Je mehr dieser Marktteilnehmer dem Handel fernbleiben, desto mehr Anleger mit eindeutigen Positionen stehen sich gegenüber, und desto größer können die Möglichkeiten werden, durch das Eingehen deutlich ausgeprägter Positionen das individuell wahrgenommene Portefeuillerisiko zu senken. Die naheliegende Annahme, daß sich dieser Effekt mit einer weiter abnehmenden Anzahl aktiver Marktteilnehmer verringert, bestätigt sich zum Ende dieses Abschnitts.

Tragender Gedanke der REBUY-Strategie ist es, an den Chancen und Risiken der Unternehmen beteiligt zu bleiben, ohne die zusätzlichen Risiken der Informationsbeschaffung, die in den betreffenden Fällen beharrlich eintreten, einzugehen. Der Erfolg dieser Verlustvermeidungsstrategie zeigt sich aus Sicht des Gesamtmarktes in einem Rückgang der Summe aller Vermögensumverteilungen zwischen den Anlegern um 264.540 RE auf 543.854 RE.

Der Erfolg dieser Strategie aus Sicht eines einzelnen Anlegers läßt sich exemplarisch an der Entwicklung der kumulierten Handelsergebnisse[284] des Investors *23* veranschaulichen, der im Modellauf ohne Strategieoption die höchsten Verluste zu verzeichnen hatte. Abbildung 9 weist die divergierenden Entwicklungen der kumulierten Handelsergebnisse in den vergleichbaren Läufen aus. Zusätzlich ist in diese Abbildung die sich in den jeweiligen Perioden ergebende absolute Höhe der Verlusttoleranz eingefügt.

---

284) Die kumulierten Handelsergebnisse ergeben sich durch fortlaufende Summation der nach Gleichung (42) ermittelten Periodenergebnisse.

Abb. 9:   Kumulierte Handelsergebnisse des Investors 23 in den
           Modelläufen mit und ohne-REBUY-Strategie
           (Verlusttoleranz 5%)

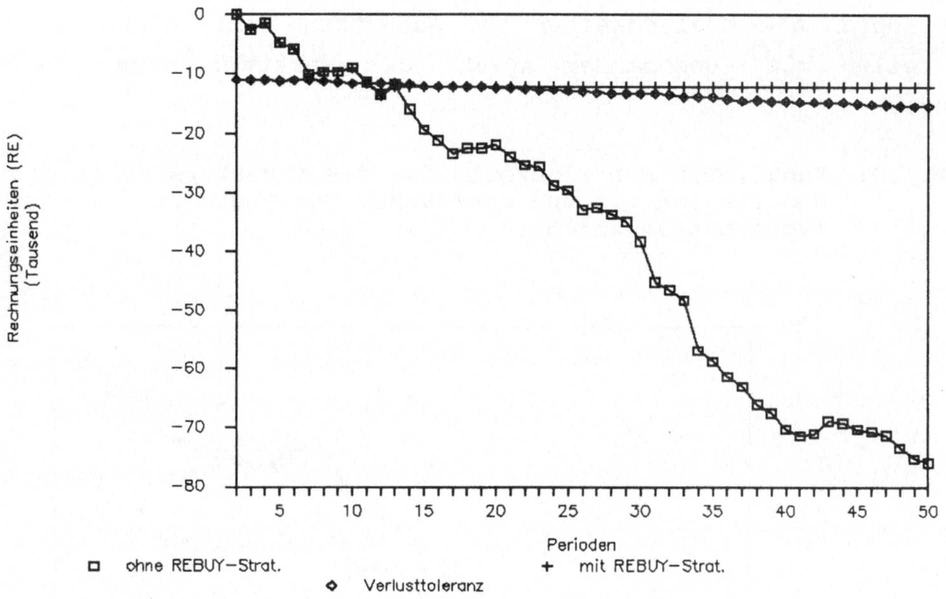

Bei kontinuierlicher Teilnahme am Handel nimmt die Summe aller
Periodenverluste bis zum Ende des Modellaufs ständig zu. Die
Möglichkeit, den Markt zu verlassen, wird genutzt, sobald die
kumulierten Verluste die Toleranzschwelle durchbrechen. Deren
zunehmende absolute Höhe wird durch das in diesem Szenario
ständig steigende Kursniveau bestimmt, das den Wert des als
Referenzgröße verwendeten Startportefeuilles ebenfalls ständig
steigen läßt. Nachdem der Investor seine ursprüngliche Depotstruktur wiederhergestellt hat und auf weitere Transaktionen
verzichtet, bleibt die absolute Höhe der bis zu diesem Zeitpunkt erlittenen Verluste unverändert, so daß das Ziel, weitere Verluste zu vermeiden, erreicht wird. Gegenüber dem Vergleichslauf verbessert sich dieser Investor um 63.611 RE.

Da sich die durch Informationsverwertung ergebenden Gewinne
und Verluste im Gesamtmarkt gerade zu Null ergänzen, müssen
den Nutznießern der REBUY-Strategie Investoren gegenüberstehen, bei denen sich vermiedene Verluste als entgangene Gewinne
niederschlagen. Abbildung 10, deren Aufbau demjenigen der Abbildung 9 entspricht, beschreibt die Gewinnentwicklungen des

Investors *89*, der mit seinen Informationen im Modellauf ohne REBUY-Strategie den dritthöchsten Gewinn erzielen kann und durch die Marktaustritte nun von der ausgeprägtesten Gewinnminderung (-13.585 RE) betroffen ist. Ganz offensichtlich schrumpfen die Möglichkeiten zur Ausnutzung von Informationsvorteilen mit abnehmender Anzahl der Marktteilnehmer immer mehr.

Abb. 10: Kumulierte Handelsergebnisse des Investors 89 in den Modelläufen mit und ohne-REBUY-Strategie (Verlusttoleranz 5%)

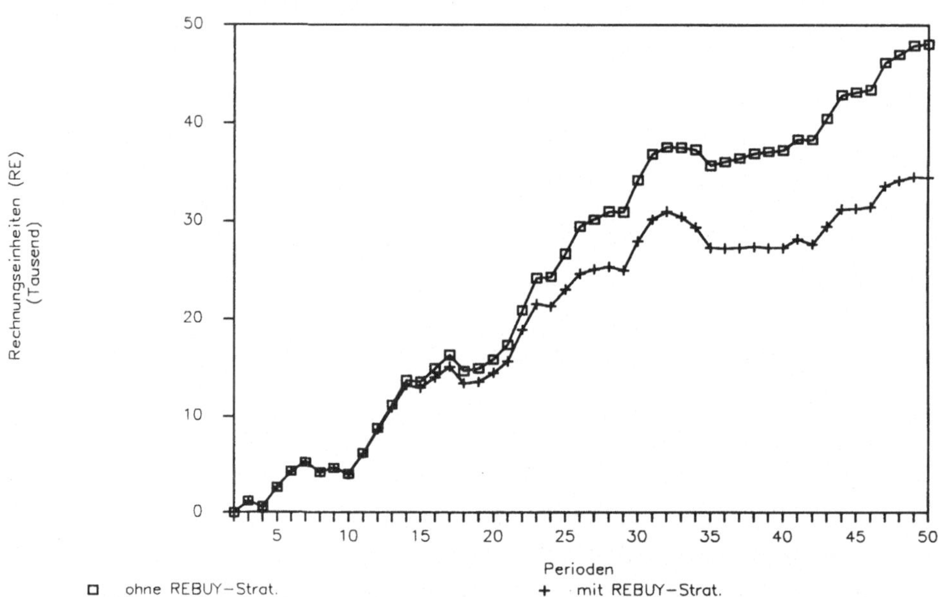

Der am Beispiel des Investors *23* deutlich gewordene Erfolg der REBUY-Strategie tritt allerdings nicht durchgehend auf, denn nur 24 der insgesamt 28 Investoren, die den Markt verlassen, profitieren von ihrem Verzicht auf Handelsaktivitäten und damit vom Verzicht auf die Verwendung ihrer Informationen. Die Mehrzahl der Investoren, die die Strategie des REBUY ergreifen, sind mit Informationen ausgestattet, die nur in wenigen Ausnahmen und dann in nicht signifikanter Höhe gewinnträchtige Kursänderungsimplikationen aufweisen. Sobald der Wert der individuell verfügbaren Informationen im Zeitverlauf schwankt, führt der Marktaustritt nicht mehr zum gewünschten Ziel.

Abbildung 11 verdeutlicht diese Zusammenhänge an der Entwicklung der kumulierten Handelsergebnisse des Investors *33*. In der 11. Periode wird die Verlusttoleranz dieses Anlegers überschritten, so daß die zu diesem Zeitpunkt realisierten Verluste eingefroren werden. Die Entscheidung erweist sich bis zur 33. Periode als richtig, danach als falsch. Die bei Verzicht auf die REBUY-Strategie ab der 34. Periode zu erzielenden Gewinne können Teile der anfänglich erzielten Verluste ausgleichen. Mutatis mutandis gilt dies auch für Investor *36*, dessen kumulierte Handelsergebnisse in Abbildung 12 enthalten sind. Das Ausscheiden aus dem Markt verhindert im Zeitraum zwischen der 20. und der 32. Periode weitere Verluste und in den darauf folgenden Perioden Gewinne, die diese Verluste ausgleichen würden. Die Varianten mit und ohne Marktaustritt sind hier im Ergebnis nahezu gleich.

Abb. 11: Kumulierte Handelsergebnisse des Investors 33 in den Modellläufen mit und ohne-REBUY-Strategie (Verlusttoleranz 5%)

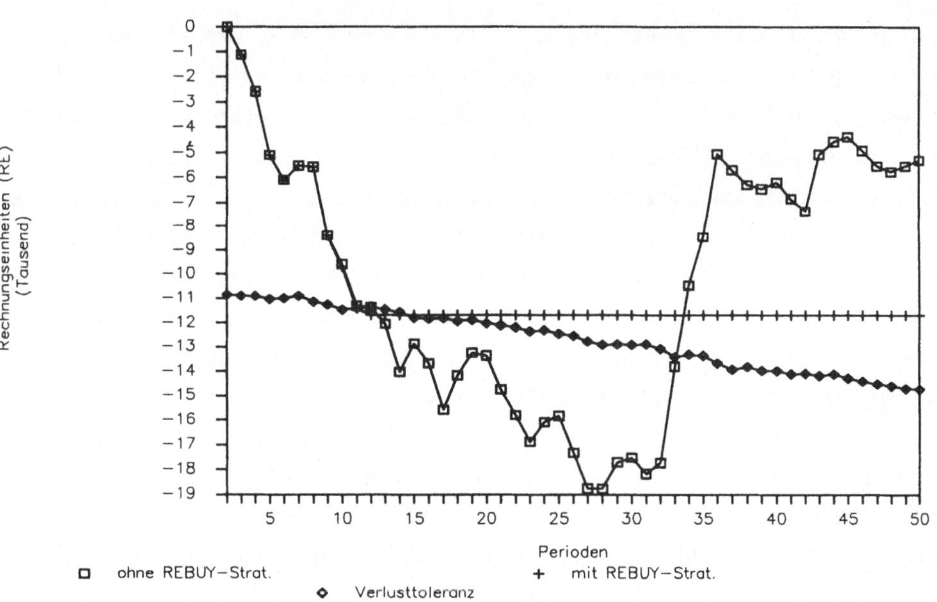

Abb. 12: Kumulierte Handelsergebnisse des Investors 36 in den
          Modelläufen mit und ohne-REBUY-Strategie
          (Verlusttoleranz 5%)

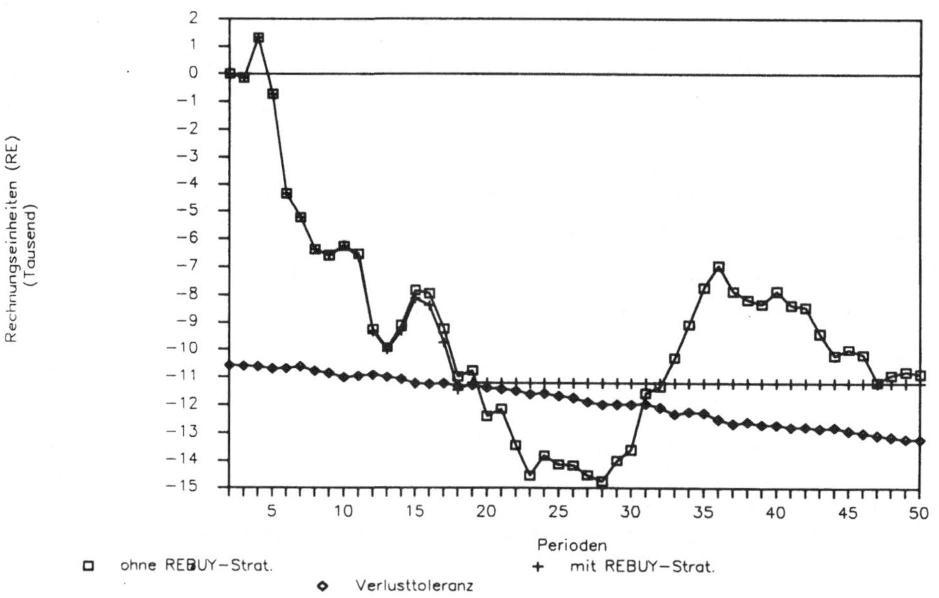

Im Gegensatz zu diesen beiden Investoren, die unter den Folgen
ihrer eigenen Entscheidung zu leiden haben, fallen die Investoren *73* und *55* den Entscheidungen der anderen Marktteilnehmer zum Opfer. Abbildung 13 ist zu entnehmen, daß sich die
kumulierten Handelsergebnisse des Anlegers *73* mit zunehmender
Modellzeit immer mehr verschlechtern. Da dieser Anleger jedoch
erst in der 49. Periode den Markt verläßt, muß diese Entwicklung von den Marktaustrittsentscheidungen aller anderen Investoren ausgelöst werden. Der Verzicht eines schlecht informierten Marktteilnehmers auf weitere Transaktionen wirkt auf
die nächstbesser informierten Marktteilnehmer in zweierlei
Hinsicht. Zum einen gehen Möglichkeiten verloren, die vorhandenen Informationsvorteile in Gewinne umzumünzen, und zum anderen entstehen höhere Verluste aus dem Handel mit den besser
informierten Investoren. Diese Überlegung gilt natürlich für
alle im Markt verbleibenden Anleger, unter denen die Anleger
73 und *55* [285] nur deshalb besonders auffallen, weil die in der

---

285) Vgl. Abbildung 77 im Anhang.

Mehrzahl aller Fälle erfolgreiche Strategie des REBUY hier scheinbar nicht greift[286].

Abb. 13: Kumulierte Handelsergebnisse des Investors 73 in den Modelläufen mit und ohne-REBUY-Strategie (Verlusttoleranz 5%)

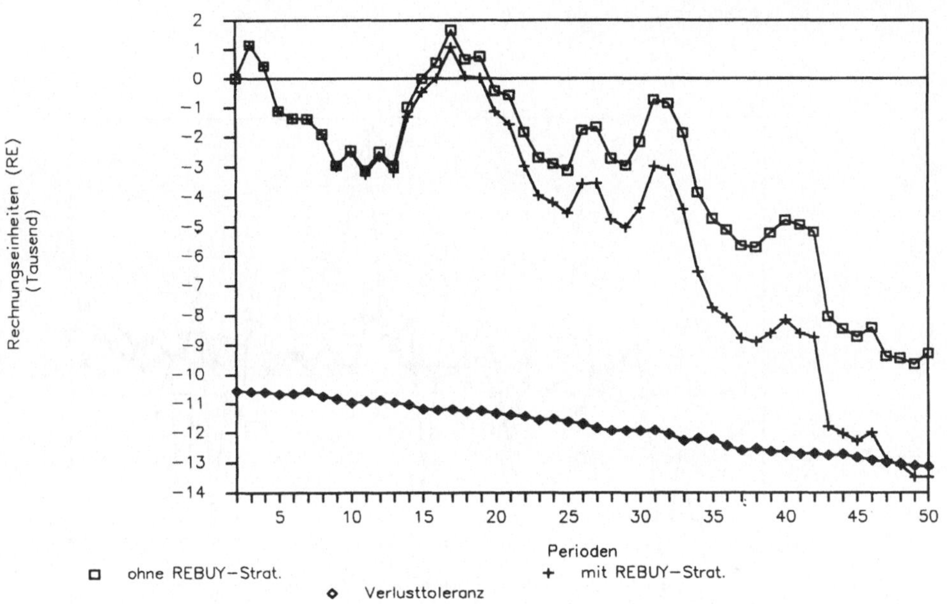

Die Verwendung einer Verlusttoleranz in Höhe von 5% des zu aktuellen Kursen bewerteten Startportefeuilles führt innerhalb der betrachteten Modellaufzeit zu einem Ausscheiden von etwa einem Viertel aller Marktteilnehmer, wovon das Marktgeschehen allerdings nicht signifikant verändert wird. Fraglich ist, ob sich der Markt in ähnlicher Weise robust verhält, wenn deutlich viel mehr Anleger den Markt verlassen. Zur Untersuchung dieser Fragestellung wird die Verlusttoleranz auf 0 % gesenkt, so daß jeder Investor bestrebt ist, zumindest die Marktrendite seines Startportefeuilles zu erzielen.

Erwartungsgemäß verläßt die Mehrzahl der Anleger (89 von 100) den Markt, wobei allein in der vierten und fünften Periode 60

---

286) Auf Grund dieser Umschichtungseffekte zwischen den Investoren entspricht der Rückgang des umverteilten Vermögens in Höhe von 264.540 RE auch nicht dem gesamten Vermögensvorteil von 350.117 RE, der von den Investoren, die die REBUY-Strategie ergreifen, erzielt werden kann.

Marktteilnehmer ausscheiden. Die daraus resultierenden Kurswirkungen sind Abbildung 14 zu entnehmen, die die Indexdifferenzen zwischen diesem Modellauf und demjenigen ohne REBUY-
Strategie enthält. Zum Vergleich ist der Kurvenzug aus Abbildung 8 zusätzlich aufgenommen worden.

Abb. 14: Index-Differenzen zwischen den Modelläufen ohne und
          mit REBUY-Strategie (Verlusttoleranz 0%)

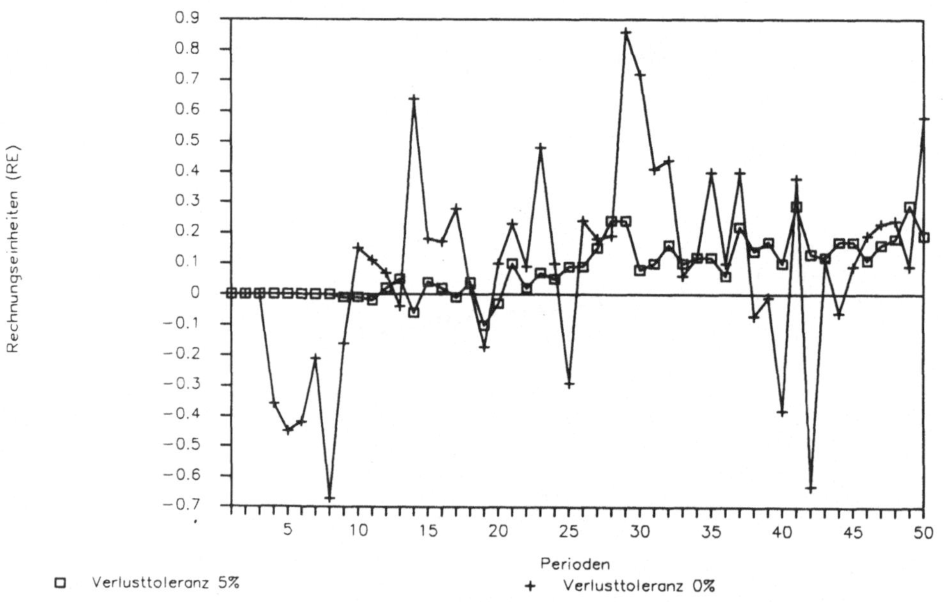

Während das frühe Ausscheiden einer großen Anzahl von Investoren von der Zufälligkeit der Informationsstände der ersten Perioden geprägt ist, verbleiben mit zunehmender Modellaufzeit
wiederum diejenigen Investoren im Markt, deren Informationen
mit deutlichen Kursänderungsimplikationen versehen sind. Die
davon ausgelöste Bereitschaft, besonders ausgeprägte Bestands-
und Leerverkaufspositionen einzugehen, führt in der Mehrzahl
der Perioden wiederum zur Realisierung von Risikosenkungspo-
tentialen mit den entsprechenden Indexsteigerungen. Der Index
reagiert auf die Transaktionen der im Markt verbleibenden Investoren insgesamt heftiger und weist gegenüber dem Modellauf
mit einer Verlusttoleranz von 5% einige auffällige negative
Abweichungen auf. Beides wird durch die stark reduzierte Anzahl aktiver Investoren, die durch Informationsbeschaffung und
-verarbeitung zur Feststellung des Kurses beitragen, verur-

sacht. Auf der einen Seite führen in der verbleibenden kleinen Gruppe von kursgestaltenden Anlegern stark divergierende Informationsstände zur Wahrnehmung größerer Diversifikationsmöglichkeiten mit der entsprechenden kurssteigernden Wirkung. Auf der anderen Seite nimmt mit abnehmender Anlegerzahl die Wahrscheinlichkeit zu, daß in einzelnen Perioden keiner dieser Investoren über Informationen verfügt, die zu ausgeprägten Portefeuilleumschichtungen Anlaß geben, so daß auch die Indexausschläge an Deutlichkeit gewinnen.

Der geringen Zahl der im Markt aktiven Anleger entspricht ein gegenüber dem Modellauf ohne REBUY-Strategie deutlich reduziertes Umverteilungsvolumen von nur noch 112.693 RE. Die Verluste, die diesen Gewinnen in gleicher Höhe gegenüberstehen, entspringen zwei unterschiedlichen Quellen. Zum einen ergeben sie sich aus Umsätzen, die auf Grund fehlleitender Informationen zu Verlusten führen und somit die Entscheidung zum Marktaustritt herbeiführen. Zum anderen kann auch die von individuellen Informationslagen unabhängige Wiederherstellung des ursprünglichen Startportefeuilles mit zusätzlichen Verlusten verbunden sein. Allerdings führt diese Operation gelegentlich auch zu Gewinnen, so daß einige der Investoren, die den Markt verlassen, im Unterschied zu der Modellvariante mit einer Verlusttoleranz von 5% geringfügig positive Handelsergebnisse ausweisen.

An diesem Modellauf überrascht zunächst das Ausbleiben des Marktzusammenbruchs. Da kein Anleger Verluste aus seinen Handelstransaktionen akzeptiert, wäre zu erwarten gewesen, daß bereits nach kurzer Zeit Marktteilnehmer mit gewinnträchtigen Preisänderungsimplikationen, die auf der Gegenseite zu den entsprechenden Verlusten führen, keine kontraktwilligen Kontrahenten mehr finden. Dieser Marktzusammenbruch bleibt aus, weil die bei den erfolgreichen Anlegern kumulierten Gewinne einen Puffer bilden, der zumindest vorübergehend Verluste aus Markttransaktionen abfedert. Bis zum Ende der Modellaufzeit verfügt keiner der Investoren über Informationen, die geeignet sind, auf Grund ihrer Preisänderungsimplikationen alle anderen Marktteilnehmer zu verdrängen.

Die Betrachtung der Gewinnentwicklung ausgewählter Investoren legt allerdings den Verdacht nahe, daß die Anzahl der im Markt Verbleibenden bei einer Ausdehnung der Modellzeit weiter zurückgehen würde. Die Abbildungen 15 und 16 zeigen die kumulierten Handelsergebnisse der Investoren *51* und *37*, die unter den 89 Ausscheidenden als vorletzter und als letzter Marktteilnehmer auf die aktive Teilnahme am Handel verzichten. In der Modellvariante ohne REBUY-Strategie werden die zum Ende des Modellaufs auftretenden Handelsverluste von den anfänglich erzielten Gewinnen aufgefangen. Diese Verlustkompensation ist nun nicht mehr möglich, da Investoren, die den Markt zu einem frühen Zeitpunkt verlassen, nicht mehr zur Bildung von Gewinnreserven beitragen, die später gleichwohl erfolgenden Gewinneinbrüche nicht mehr ausgeglichen werden können und zu Marktaustritten führen.

Abb. 15: Kumulierte Handelsergebnisse des Investors 51 in den Modellläufen mit und ohne REBUY-Strategie (Verlusttoleranz 0%)

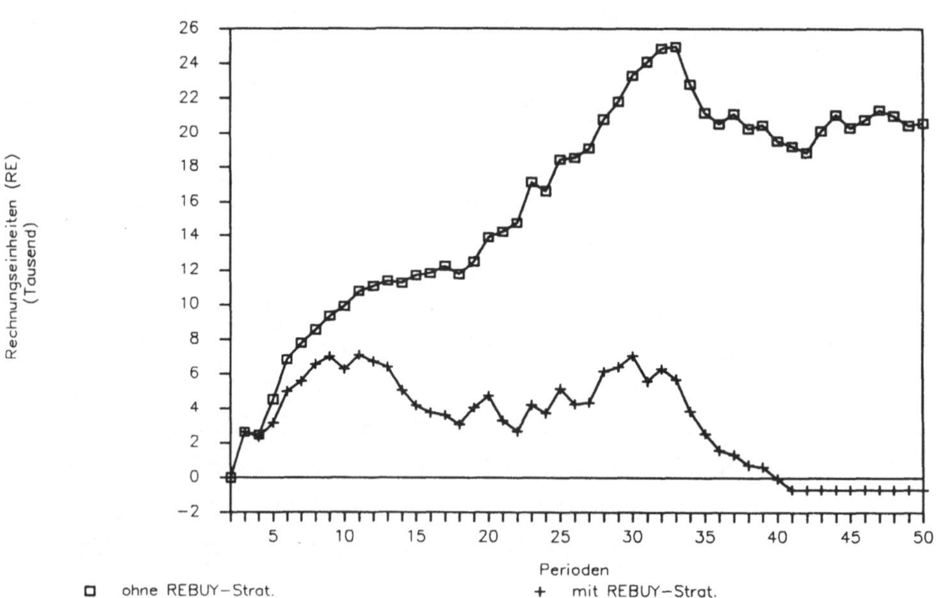

Abb. 16: Kumulierte Handelsergebnisse des Investors 37 in den
         Modelläufen mit und ohne REBUY-Strategie
         (Verlusttoleranz 0%)

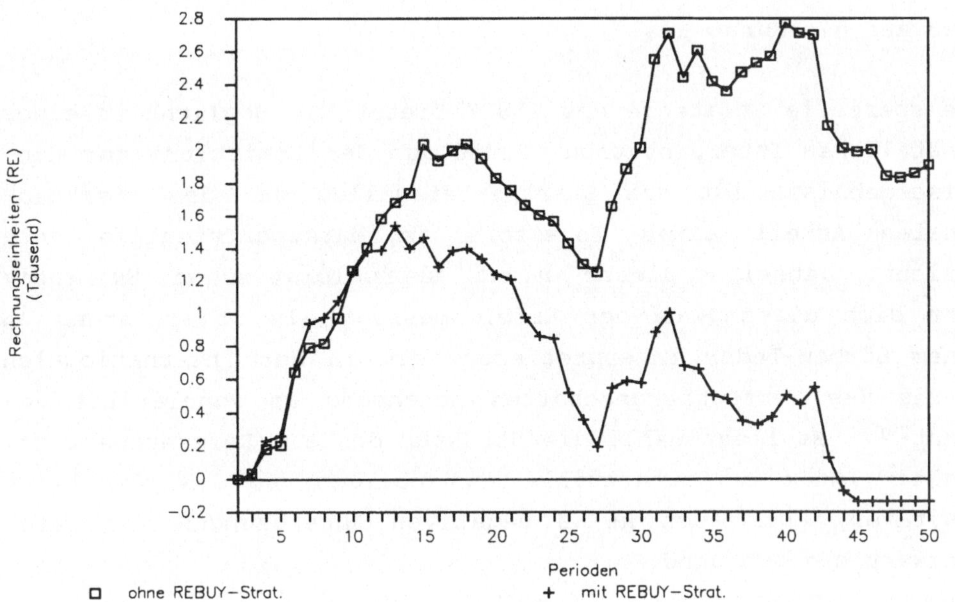

Dagegen kann Investor *78* [287] trotz eines völlig veränderten
Umfeldes Gewinne in annähernd der gleichen Höhe wie in der
strategiefreien Modellvariante erzielen, und auch Investor
42 [288] verbessert seine Handelsgewinne zum Ende der Modellzeit
auf Kosten der verbliebenen Marktteilnehmer weiter. Zu den
Leidtragenden dieser Entwicklung gehört Investor *62* [289], dessen angesammelte Gewinne zunehmend abschmelzen. Eine weitere
Marktkontraktion kann somit nicht völlig ausgeschlossen werden. Solange von Informations- und Transaktionskosten abgesehen wird, bleibt die Möglichkeit erhalten, daß bei langfristig
annähernd gleich verteilten Informationswerten Handelsgewinne
und -Verluste zwischen den verbleibenden Marktteilnehmern
herumgereicht werden, ohne daß ein weiterer Marktaustritt
erfolgt.

Der Marktrückzug mit Rekonstruktion des Startportefeuilles erweist sich für die Mehrzahl der Investoren als erfolgreiche

---

287) Vgl. Abbildung 78 im Anhang.
288) Vgl. Abbildung 79 im Anhang.
289) Vgl. Abbildung 80 im Anhang.

Strategie, den unerwünschten Folgen heterogener Informationsstände zu entgehen. Das Ausscheiden der Marktteilnehmer aus der Informationsbeschaffung und damit aus der Kursfeststellung übt in dieser Form des Börsenmarktes nur einen geringen Einfluß auf die Kurse aus.

Die spezielle Strategie des REBUY bietet die Möglichkeit einer zusätzlichen Interpretation. Grundlage der Ermittlung der Handelsergebnisse ist das Startportefeuille, das dem risikoadäquaten Anteil eines Investors am Marktportefeuille entspricht. Jenseits dieser nicht unproblematischen Exaktheit läßt sich diese Form der Erfolgsmessung als Orientierung an einem Börsen-Index interpretieren, die in der internationalen Praxis des Wertpapiergeschäftes zunehmend an Popularität gewinnt[290]. Es liegt nahe, die Struktur des als Referenzwert gewählten Index im Portefeuille nachzubilden, so daß zwar keine positiven, aber auch keine negativen Abweichungen vom Referenzwert möglich sind.

Fraglich bleibt, ob von einer Orientierung einer großen Anzahl von Portefeuilles an verbreiteten Indices Auswirkungen auf das Indexniveau und damit auf den Wertmaßstab selbst ausgehen können. Die Ergebnisse dieses Abschnitts geben zumindest keinen Hinweis darauf, daß die <u>Umstrukturierung</u> von informationsinduziert diversifizierten Portefeuilles in Portefeuilles, die einem bestimmten Muster genügen, mit unerwünschten Folgen verbunden ist, wobei die strenge Regelgebundenheit der Modellinvestoren jedoch berücksichtigt werden muß.

---

290) Vgl. u.a. Kurm (1990), Mühlbradt (1989) und Schredelseker (1990).

9.3. Marktrückzug mit HOLD-Strategie

Bei der Verwendung der HOLD-Strategie verzichten Investoren, die den Markt verlassen, auf die Rekonstruktion des Startportefeuilles und beschränken sich darauf, das zum Zeitpunkt des Marktaustritts bestehende Portefeuille unverändert beizubehalten. Die Konsequenzen dieser Strategie werden anhand eines Modellaufes untersucht, der den Investoren eine Verlusttoleranz von 5% unterstellt.

Die HOLD-Strategie führt wie die REBUY-Strategie zu einer Stillegung von Titeln, die für die Dispositionen im laufenden Handel nicht mehr zur Verfügung stehen. Während die REBUY-Strategie dazu führt, daß die Anzahl der umlaufenden Titel aller Unternehmen gleichförmig abnimmt, divergiert die Anzahl umlaufender Titel, wenn die Marktteilnehmer nach der HOLD-Strategie verfahren. Zum Ende der 50. Periode des Modellaufes, der die REBUY-Strategie (Verlusttoleranz 5%) untersucht, befinden sich von allen Unternehmen jeweils noch 6.472 Anteile im Handel. Dagegen streut der Umfang der umlaufenden Titel in der letzten Periode des Modellaufes mit HOLD-Strategie zwischen 4.126 und 10.161 Anteilen[291].

Die für die REBUY-Strategie beobachtete Indexzunahme mit abnehmender Anzahl der Marktteilnehmer zeigt sich auch bei der HOLD-Strategie und ist Abbildung 17 zu entnehmen, die die Index-Differenzen zwischen diesem Modellauf und dem strategiefreien Modellauf enthält. Der indexerhöhende Effekt tritt zunächst deutlich stärker, zum Ende des Modellaufs schwächer auf. Diese Entwicklung wird von zwei Faktoren ausgelöst. Zum einen bleiben als Konsequenz der HOLD-Strategie insgesamt _mehr_ Titel im Markt, so daß Marktteilnehmer mit eindeutigen Informationen stärker ausgeprägte Positionen eingehen können. Die individuell wahrgenommene Möglichkeit der Risikosenkung wird

---

291) Das Grundkapital aller Unternehmen dieses Modells setzt sich aus 10.000 Anteilen mit einem Nennwert von je 100 RE zusammen. Die Erhöhung des Bestandes handelbarer Unternehmensanteile über die Anfangsausstattung hinaus ist eine Folge der Leerverkäufe, die einer (zusätzlichen) Emission der betreffenden Titel entsprechen. Diese Leerverkaufseffekte treten bei der HOLD-Strategie und einem Verzicht auf die Verlusttoleranz noch deutlicher auf.

somit verbessert. Die ungleichmäßige Abnahme der Anzahl umlaufender Titel führt dagegen zu einer beständigen Reduktion der Diversifikationsmöglichkeiten, deren kurssenkende Wirkung zum Ende des Modellaufs immer deutlicher wird.

Abb.17:   Index-Differenzen zwischen den Modelläufen ohne und mit HOLD-Strategie (Verlusttoleranz 5%)

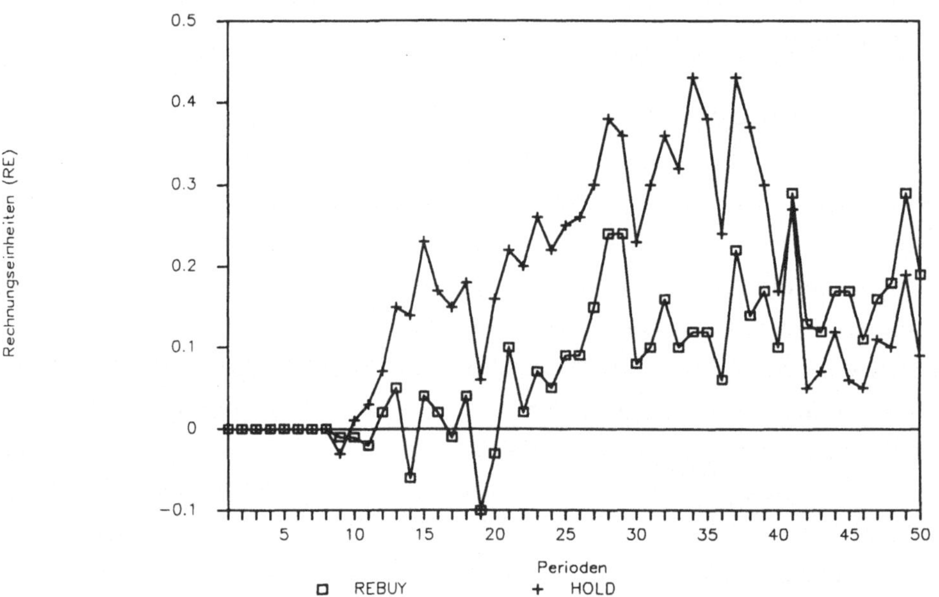

Bezogen auf den Gesamtmarkt sinkt das Umverteilungsvolumen um 179.822 RE (REBUY: 264.540). Mit Ausnahme des Investors *73*, der sich gegenüber der REBUY-Strategie im Ergebnis verbessert und den Markt nicht verläßt, ergreifen alle Anleger, die die REBUY-Strategie ergriffen haben, auch die HOLD-Strategie. Wiederum sind alle Marktteilnehmer, die sich gegenüber dem strategiefreien Modellauf verbessern, unter denjenigen zu finden, die den Markt verlassen. Allerdings rekrutieren sich aus dieser Gruppe auch viele Investoren, die sich gegenüber dem strategielosen Lauf verschlechtern. Insbesondere tragen vier der insgesamt 27 Investoren, die nach der HOLD-Strategie verfahren, unter <u>allen</u> Investoren, deren Ergebnisse <u>zurückgehen</u>, die höchsten Verluste davon. Diese Ergebnisverschlechterung beruht nur zum geringen Teil auf den Transaktionen der anderen Marktteilnehmer, sondern wird überwiegend von der Zufälligkeit der

Depotstruktur zum Zeitpunkt des Marktaustritts bestimmt. Die Einbuße fällt um so deutlicher aus, je weniger Anteile von Unternehmen, die eine besonders positive Entwicklung aufweisen, und je mehr Anteile von Unternehmen, die eine unterdurchschnittliche Entwicklung durchlaufen, gehalten werden.

Schredelseker (1984) schlägt suboptimal informierten Investoren vor, auf kostenverursachende Informationsbeschaffung zu verzichten und stattdessen eine zufällige Portefeuilleauswahl zu treffen, was im Ergebnis den Konsequenzen der HOLD-Strategie nahekommt. Kromschröder (1984) empfiehlt in seiner Erwiderung eine stärkere Systematisierung der Portefeuilleauswahl, entsprechend den Folgen der REBUY-Strategie. Offensichtlich streuen die Ergebnisse, die sich nach Ergreifen der HOLD-Strategie ergeben, in stärkerem Umfang als die von der REBUY-Strategie hervorgerufenen Ergebnisse. Von einem Investor, der sich vor den Risiken suboptimaler Informiertheit schützen will, sollte in gleicher Weise angenommen werden können, daß er sich vor den Folgen einer zufälligen Portefeuilleauswahl schützen will, so daß eine Portefeuille-Vorauswahl, wie sie etwa durch einen Marktindex ausgedrückt wird, in der Tat empfehlenswert erscheint[292].

Wie für die REBUY-Strategie läßt sich auch für die HOLD-Strategie prüfen, ob sich der Markt gegenüber einem völligen Wegfall der Verlusttoleranz robust verhält. Das Bestreben, zumindest die Rendite des Startportefeuilles zu erwirtschaften, veranlaßt bis zum Ende des Modellaufes 96 der insgesamt 100 zum Marktaustritt. Auch hier verläßt eine große Anzahl von Anlegern den Markt bereits bis zur sechsten Periode (61 von 96 Investoren).

Die sich bereits bei der HOLD-Strategie mit Toleranzschwelle andeutende und durch die asymmetrische Veränderung der umlaufenden Anteile begündete Abnahme der Risikosenkungspotentiale in den Investorenportefeuilles findet eine konsequente Fortsetzung. Abbildung 18 zeigt die Indexdifferenzen zwischen die-

---

292) Vgl. Schredelseker (1984a), S.44-59, den Kommentar von Kromschröder (1984), S.732-747 und die Replik von Schredelseker (1984b), S.1074-1079.

sem Modellauf und dem strategiefreien Modellauf. Der Kurvenzug aus Abbildung 17 ist zum Vergleich zusätzlich aufgenommen worden. Es wird deutlich, daß der Indexverlauf des Modellaufes mit HOLD-Strategie ohne Verlusttoleranz ständig unter demjenigen des Modellaufes mit Verlusttoleranz liegt[293]. Die durch die ungleichmäßig abnehmende Anzahl umlaufender Titel ausgelöste Verminderung der Diversifikationsmöglichkeiten kann durch Tauschoperationen zwischen den Investoren nicht ausgeglichen werden.

Abb. 18: Index-Differenzen zwischen den Modelläufen ohne und mit HOLD-Strategie (Verlusttoleranz 0%)

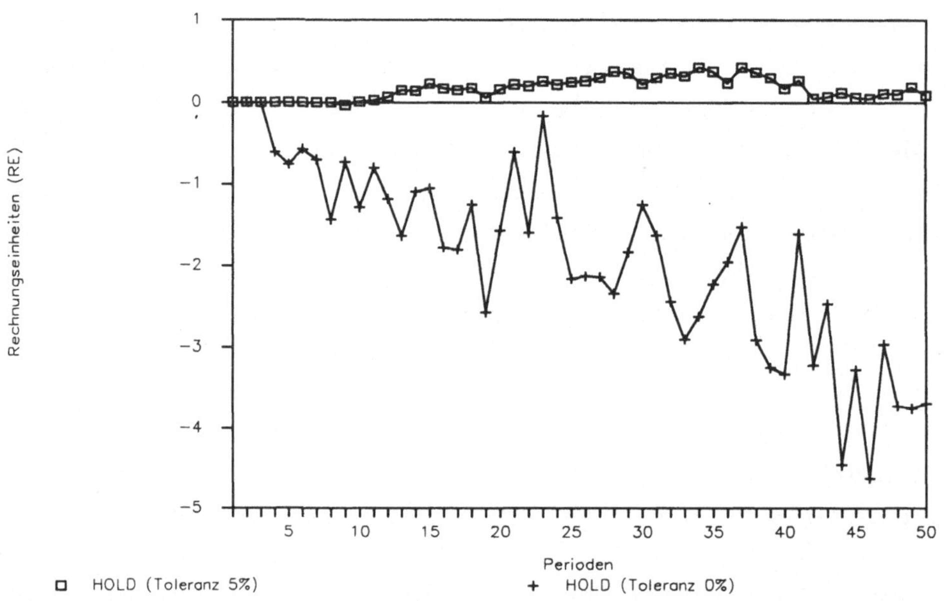

Der asymmetrische Rückgang der verfügbaren Unternehmensanteile, der die deutliche Index-Reaktion auslöst, ist durch den Wegfall der Verlusttoleranz allerdings auch in besonderer Weise ausgeprägt. In den letzten Perioden des Modellaufes ergeben sich für die Anzahl frei verfügbarer Titel teilweise sogar negative Werte (Unternehmen 3: -99 Anteile, Unternehmen 14: -543 Anteile und Unternehmen 16: -459 Anteile). Diese Kuriosität, die sich mit einiger Vorsicht als der ausschließli-

---

293) Teilweise wird sogar das Indexniveau des Modellaufes bei homogenen Informationen unterschritten, so daß sogar der kurserhöhende Effekt heterogener Informationsstände überkompensiert wird.

che Handel mit Leerverkaufskontrakten interpretieren läßt, entsteht aus dem Zusammenwirken der Möglichkeit zu Leerverkäufen und der konsequenten Anwendung der HOLD-Strategie.

Der Leerverkauf von Anteilen wirkt wie die Emission von Anteilen der betreffenden Unternehmen. Jeder leerverkauften Position steht eine entsprechende Bestandsposition gegenüber, so daß die Summe aus leerverkauften und positiven Beständen immer genau der Anzahl der anfänglich verfügbaren Titel entspricht. Durch jeden Marktrückzug nach der REBUY-Strategie werden leerverkaufte Positionen glattgestellt und durch einen positiven Bestand ersetzt. Diese Glattstellung bleibt bei der HOLD-Strategie aus.

Verläßt ein Investor, der Titel eines Unternehmen leerverkauft (und damit emittiert) hat, den Markt, so verbleiben die von ihm emittierten Titel im Markt und die Anzahl der zum Handel bereitstehenden Titel <u>nimmt</u> <u>zu</u>. Genau der entgegengesetzte Effekt tritt auf, wenn sich ein Investor mit positiven Beständen aus dem Markt zurückzieht. Da leerverkaufte Positionen nicht glattgestellt werden, kann die Summe aller stillgelegten positiven Bestände den Umfang der von den Unternehmen emittierten Titel übersteigen. Ein negativer Restbestand an handelbaren Anteilen kann sich folglich ergeben, wenn durchschnittlich mehr Bestands- als Leerverkaufspositionen durch die HOLD-Strategie stillgelegt werden.

Die HOLD-Strategie wird in diese Untersuchung aus zwei Gründen einbezogen. Zum einen erscheint es intuitiv eingängiger, auf Verluste durch Informationsverwertung mit einer spontanen Strategie völliger Untätigkeit zu reagieren, als den Rückzug aus dem Marktgeschehen durch eine komplizierte Umstrukturierung des Portefeuilles zu begleiten. Zum anderen läßt die HOLD-Strategie Rückschlüsse darauf zu, ob die theoriekonforme Wiederherstellung des risikoadäquaten Anteils am Marktportefeuille, die die Grundlage der REBUY-Strategie ist, die Modellergebnisse in besonderer Weise prägt. Diesbezügliche Zweifel können ausgeräumt werden, da die Ergebnisse der alternativen Strategien die gleiche Struktur aufweisen, wobei die HOLD-Strategie die Index-Entwicklung stärker beeinflußt.

9.4. Marktrückzug mit SELL-Strategie

Investoren, die sich aus dem Markt zurückziehen und dabei nach der REBUY- oder der HOLD-Strategie verfahren, sind weiterhin bereit, riskante Titel zu halten. Sie entziehen sich durch ihre passive Portefeuillepolitik lediglich zusätzlichen Verlusten, die durch eine weitere Teilnahme am Handel mit besser informierten Investoren zu befürchten sind. Mit der Strategie, bei nachhaltig auftretenden Verlusten aus Portefeuilleumschichtungen das Depot aufzulösen und ausschließlich in risikolose Titel zu investieren, wird diese grundlegende Annahme aufgehoben. Der Marktrückzug nach der SELL-Strategie bedeutet eine generelle Abkehr von Investitionen in riskante Positionen.

Die Konsequenzen der SELL-Strategie werden zunächst wiederum unter der Annahme untersucht, daß die Investoren eine Verlusttoleranz von 5% aufweisen. Wie aus Abbildung 19 deutlich wird, bewirken die Marktrückzüge der Investoren eine durchgehende Senkung des Index gegenüber dem strategiefreien Modellauf. Marktteilnehmer, die auf Grund ihrer Handelsverluste den Markt verlassen, trennen sich von ihren Beständen und stellen Leerverkaufspositionen glatt. Im Gegensatz zu den bisher betrachteten Modellvarianten hat jeder der im Markt verbleibenden Investoren nun einen größeren Teil des <u>Gesamtmarktrisikos</u> zu tragen. Diese Zunahme des individuell zu tragenden Risikos, die von den risikosenkenden Transaktionen zwischen den Investoren nicht ausgeglichen werden kann, führt zur Forderung nach erhöhten Risikoprämien, was sich bei ansonsten <u>unveränderten Unternehmensdaten</u> nur in <u>Kurssenkungen</u> niederschlagen kann. Gleichwohl folgt der Indexverlauf der Sell-Variante mit einer Verlusttoleranz von 5% demjenigen des strategiefreien Modelllaufes, wenn auch mit einem moderaten Abschlag.

Die Senkung der Verlusttoleranz auf 4% führt lediglich zu einem weiteren und etwas deutlicheren Abschlag. Die abermalige Senkung der Verlusttoleranz auf nun 3% zieht dagegen in der 37. Periode einen völligen Marktzusammenbruch nach sich. Da in dieser Periode **alle** noch verbliebenen Anleger den Markt verlassen wollen, endet der betreffende Kurvenzug in der 36. Periode, der letzten, die noch eine ordentliche Kursfeststellung zuließ[294].

An diesem Ergebnis überrascht nicht so sehr, **daß** der Markt zusammenbricht - spätestens bei einem völligen Wegfall der Verlusttoleranz wäre dies zu erwarten gewesen -, sondern die Geschwindigkeit, mit der er zusammenbricht. Drei Ursachen wirken hier zusammen. Zum einen führt die abermals reduzierte Verlusttoleranz zu mehr Marktaustritten, die ein weiteres Nachgeben der Kurse zur Folge haben. Zum anderen wirkt jeder zusätzliche Marktaustritt stärker als der jeweils vorangegangene, da das durchschnittlich an den Markt abgegebene Volumen mit jedem Marktaustritt zunimmt. Schließlich sinkt mit nachgebendem Kursniveau die **absolute** Höhe der Verlusttoleranz, auch wenn deren prozentualer Wert unverändert bleibt. Folglich kann ein nachgebendes Kursniveau einen Investor mit bisher noch tolerierten Handelsverlusten zum Verlassen des Marktes bewegen, ohne daß zusätzliche informationsbedingte Handelsverluste aufgetreten sind. Diese Ursachen greifen ab der 29. Periode unheilvoll ineinander und münden in Form einer Kettenreaktion in den Zusammenbruch des Marktes.

---

294) Der Marktrückzug auch des letzten Investors wird im Simulationsprogramm abgefangen, da andernfalls die als Hilfsgröße verwendete Matrix B_{ij} aus Gleichung (38) nur noch Null-Elemente enthält und der Versuch, diese Matrix zu invertieren, zu einem Programmabbruch führt.

Abb. 19: Index-Differenzen zwischen den Modelläufen mit SELL-
Strategie (Verlusttoleranz 5%), SELL-Strategie
(Verlusttoleranz 4%) und SELL-Strategie
(Verlusttoleranz 3%) und dem strategiefreien Modell-
lauf.

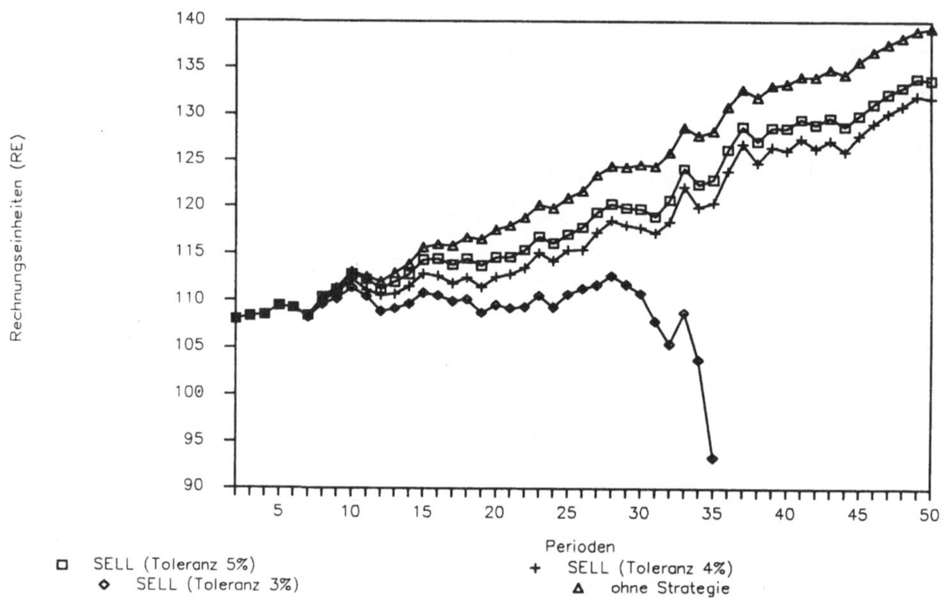

Bei der Interpretation der SELL-Variante ist zu berücksichtigen, daß es sich hier um einen geschlossenen Markt handelt,
der nur Marktaustritte und keine Markteintritte, insbesondere
keine Markteintritte von bislang externen Investoren erlaubt.
Der Marktzusammenbruch vollzieht sich inmitten eines Szenarios
mit durchgehend positiver Unternehmensentwicklung, so daß zumindest in diesem Fall Investoren, die sich von ihren Positionen trennen wollen, bislang externe Nachfolger finden sollten,
die deren Platz im Investorenkollektiv einnehmen.

Andererseits bietet sich mit den Beleihungsgepflogenheiten der
Kreditinstitute im Wertpapiergeschäft eine Parallele zu der
hier verwendeten Verlusttoleranz an, da beide die gleichen
Wirkungszusammenhänge aufweisen. Die Kredithöhe bemißt sich
nach dem aktuellen Wert eines Wertpapierbestandes und -in kon-
sequenter Weiterführung des bisher verwendeten Vokabulars- der
"Verlusttoleranz" des Kreditinstitutes, die bei riskanten Ti-

teln üblicherweise bei 50% liegen dürfte. Wie bei der SELL-Strategie führt ein Nachgeben der Kurse um mehr als 50 % genau dann zu zusätzlichem Druck auf die Kurse, wenn die Kreditinstitute bei Überschreiten ihrer Verlusttoleranz für den Depotinhaber die Entscheidung treffen, den Markt zu verlassen, und das Depot liquidieren.

9.5. Integration von Kosten der Informationsbeschaffung

9.5.1. Struktur und Interpretation der Informationskosten

Die Bewertung der Unternehmen orientiert sich in diesem Modell an Informationen, die den erwarteten wirtschaftlichen Erfolg eines Unternehmens beschreiben. Die Informationen werden in regelmäßigen Abständen von den Unternehmen veröffentlicht und sind die Grundlage der Unternehmensbewertung. Zwischen den Zeitpunkten der freiwilligen oder durch Rechnungslegungsvorschriften erzwungenen Unternehmenspublizität können neue Informationen auftreten, die Anlaß zu einer Neubewertung der Unternehmen geben.

Diese neuen Informationen können wiederum zentral veröffentlicht werden und den Investoren damit kostenfrei zufließen. Die in diesem Modell kostenfreie und allgemeine Verfügbarkeit des Konjunkturparameters, der die zentral ermittelte Schätzung der weiteren Wirtschaftsentwicklung beinhaltet, beruht auf dieser Annahme.

Ein weit größerer Anteil der Informationen, die zwischen den Zeitpunkten freiwilliger oder erzwungener Publizität neu auftreten, dürfte zunächst dezentral verfügbar sein. Die Analyse der Konsequenzen heterogener Informationsstände folgte bisher der Vorstellung, daß die Investoren über zufällige oder systematische Vorteile beim Zugriff auf diese zunächst dezentral auftretenden Informationen verfügen, und sowohl die Informationsbeschaffung als auch die Informationsverarbeitung kostenfrei ist.

Heterogene Informationsstände lassen sich jedoch auch als das Ergebnis einer aktiven Suche nach dezentral verfügbaren Informationen interpretieren, die aus dem Bedürfnis nach einer zeitnahen Unternehmensbewertung, die sich nicht ausschließlich auf die unternehmensseitig veröffentlichten Informationen stützt, resultiert. Die gezielte Suche nach dezentral verfügbaren Informationen führt im Gegensatz zu einem kostenfreien Informationszugriff, der auf zufälligen oder systematischen Informationsvorteilen beruht, zu einem Ressourcenverzehr, der bei der Beurteilung der Vorteilhaftigkeit der Informationsbeschaffung zu berücksichtigen ist.

Der im Modell verwendete Modus der Informationsbereitstellung erlaubt eine einfache Berücksichtigung von Informationskosten. Jede Information, die den Investoren zusätzlich zu den frei verfügbaren Informationen zugänglich gemacht wird, hat ihren Preis, der für alle Informationen und für alle Investoren in gleicher Weise gilt und in unterschiedlichen Modelläufen variiert werden kann. Der zentral veröffentlichte Konjunkturparameter bleibt dagegen weiterhin kostenfrei.

Diese homogene Kostenstruktur legt eine Differenzierung nahe, die sich sowohl auf die Informationsempfänger als auch auf die Informationsausprägungen richten kann. Beide Formen der Differenzierung führen allerdings nicht zu zusätzlichen Erkenntnissen. Unterschiedliche Informationskosten zwischen den Investoren begünstigen diejenigen zusätzlich, die über Informationen mit ertragreichen Preisänderungsimplikationen verfügen, und stellen diejenigen zusätzlich schlechter, deren Informationen zu negativen Ergebnissen führen. In beiden Fällen tritt lediglich eine Verstärkung der ohnehin schon zu beobachtenden Effekte ein.

Eine Kostendifferenzierung nach der Informationsausprägung (Wahrscheinlichkeit, Erwartungswert oder Varianz) - mit oder ohne Differenzierung zwischen den Unternehmen - kann zwar vorgesehen werden, bleibt aber ohne Konsequenz für die Verhaltensweisen der Investoren, da es nur in Ausnahmefällen möglich ist, die Preisänderungsimplikationen <u>einzelner Informationen</u>

zu isolieren. Damit entfällt die Möglichkeit einer Gegenüberstellung zwischen den Ertragswirkungen und den divergierenden Kosten einzelner Informationen, und die Kostendifferenzierung bleibt ohne Auswirkungen.

Solange in einem Modellauf die Anzahl der Informationen, die von einem Investor kostenverursachend beschafft werden, konstant bleibt, erhalten die Informationsbeschaffungskosten den Charakter von Fixkosten. In jeder Modellperiode ist ein gleichbleibender Preis für die Informationsbereitstellung zu entrichten. Diese Konstanz der Kosten eröffnet die Möglichkeit einer alternativen Interpretationen der Informationskosten. Sie lassen sich zum einen als Stückkosten einer ausgeführten Kauf- oder Verkaufstransaktion interpretieren, die von der Institution Börse zur Deckung der laufenden Kosten erhoben werden. Zum anderen können sie als fixe Kosten interpretiert werden, die von der ständigen Handelsbereitschaft des Investors, seiner Bereitschaft, bei jeder Änderung der Informationslage alle 16 Unternehmen neu zu bewerten und diese Neubewertung in entsprechende Kauf- und Verkaufsorder umzusetzen, ausgelöst werden.

9.5.2. Informationskosten und REBUY-Strategie

In den bislang analysierten Modelläufen führen heterogene Informationsstände zu einem Marktrückzug derjenigen Investoren, die im laufenden Handel Verluste in einer nicht mehr tolerierten Höhe erleiden. Die Berücksichtigung von Informationskosten erhöht die Attraktivität dieser passiven Strategie[295].

Während sich bei einer 5-prozentigen Verlusttoleranz und kostenfreien Informationen 28 Investoren aus dem Markt zurückziehen und ihr Startportefeuille rekonstruieren, steigt deren Anzahl bei Informationskosten von 1 RE für jede bezogene Information auf 53. Steigen die Kosten auf 3 RE, so ziehen sich

---

295) Die Berücksichtigung von Kosten in Modelläufen ohne Strategieoption ist wenig ergiebig, da als einziger Effekt eine durchgehende Senkung der Handelsergebnisse in Höhe der kumulierten Informationskosten zu verzeichnen ist.

weitere 37 Investoren zurück und bei Informationskosten in Höhe von 5 RE beteiligen sich nur noch 2 Investoren an der Kursfindung. Eine weitere Kostensteigerung auf 6 RE je bezogene Information führt zu einer vollständigen Degeneration des Marktes in der 39. Periode. In dieser Periode scheidet der vorletzte Investor aus, dessen Startportefeuillerekonstruktion dazu führt, daß auch der letzte verbleibenden Investor den auf ihn entfallenden Anteil am Marktportefeuille halten <u>muß</u>. Der Handel kommt auf Grund des vollkommenen Mangels an potentiellen Kontrahenten zum Erliegen. Damit entfällt jede Möglichkeit, die Informationskosten durch zusätzliche Erträge aus der Verwertung dieser Informationen zu decken, mit der Folge, daß keine Informationen mehr beschafft werden.

In einem geschlossenen Markt, in dem eine fixe Anzahl von Investoren einen unveränderlichen Bestand an Wertpapieren unter sich aufteilt, führen positive Informationskosten auf jeden Fall zu einer Einstellung des Handels, da sich jeder Investor diesen Kosten durch eine Strategie der Untätigkeit entziehen kann. Die absolute Höhe der Informationskosten ist für die Marktdegeneration folglich überhaupt nicht entscheidend, sondern beeinflußt im Zusammenspiel mit der vorgegebenen Heterogenität der Informationsstände und der ebenfalls vorgegebenen Verlusttoleranz der Anleger lediglich die Geschwindigkeit dieses Prozesses.

Die Obergrenze des Betrages, der zur Informationsbeschaffung bereitsteht, wird durch die Summe aller Verluste determiniert, die die Investoren im Handel hinzunehmen bereit sind. Sind die auf eine einzelne Information entfallenden Kosten gering, so wird der Marktrückzug einzelner Investoren vor allem durch Verluste ausgelöst, die sie auf Grund ihrer Informationsnachteile im laufenden Handel erleiden. Die diesen Verlusten gegenüberstehenden Gewinne wirken bei den erfolgreichen Investoren als Puffer, der es ihnen erlaubt, die Kosten der Informationsbeschaffung länger zu tragen[296]. Der Degenerationsprozeß

---

296) Im positiven Szenario wird dieser Effekt noch verstärkt, da die absolute Höhe der tolerierten Verluste auf Grund des steigenden Kursniveaus mitwächst und ein Teil der szenariobedingten Kursgewinne zusätzlich zur Beschaffung von Informationen aufgewendet werden kann.

wird dadurch allerdings nicht verhindert, sondern lediglich verzögert[297]. Hohe Informationskosten reduzieren diesen Puffer, da die Verlusttoleranzen in stärkerem Maße durch die Informationskosten überschritten werden, so daß der Degenerationsprozeß beschleunigt wird.

Nach dem Marktrückzug des vorletzten Investors beruht die Unternehmensbewertung nun wieder ausschließlich auf den Informationen, die zu den Zeitpunkten der zentralen Unternehmenspublizität veröffentlicht werden. Unter der Annahme, daß der letzte verbleibende Investor nun nur noch auf die frei verfügbaren Informationen zurückgreift, führt dessen Kursfeststellung zum gleichen Ergebnis wie die gemeinschaftliche Unternehmensbewertung aller Investoren auf der Basis homogener Informationen, und sie erfolgt wiederum <u>umsatzlos</u>. Über diese Merkwürdigkeit hinaus verliert der Markt seine Funktion, Unternehmen <u>zeitnah</u> zu bewerten.

Der von heterogenen Informationen ausgelöste Prozeß einer zunehmenden Marktverengung wird durch die Einbeziehung von Informationskosten beschleunigt. In einem geschlossenen Markt sind Handelsaktivitäten, die von heterogenen Informationsständem ausgelöst werden und zu Umverteilungseffekten führen, nur unter der Annahme erklärbar, daß sich diese Umverteilungseffekte langfristig unter den Investoren ausgleichen. Kostenverursachende Informationsbeschaffung, die zu einer zeitnahen Unternehmensbewertung beiträgt, ist in einem geschlossenen Markt überhaupt nicht zu erklären, da sich jeder Investor durch Marktrückzug in einfacher Weise diesen Kosten entziehen kann.

---

297) Bei alternativer Anwendung der HOLD-Strategie wird <u>innerhalb der Modellaufzeit</u> der Zustand der vollständigen Marktdegeneration erst bei Informationskosten in Höhe von 7 RE erreicht, wobei sich die divergierenden Rückzugsverhalten der Investoren und die unterschiedlichen Umverteilungseffekte auswirken.

9.6. Informationen als Ansatzpunkte für Strategien

Auslöser der REBUY-, HOLD- und SELL-Strategien sind Handelsverluste, die durch Informationsnachteile ausgelöst werden. Mit jeder dieser Strategien ist der vollständige Verzicht auf weitere Informationsbeschaffung und -verarbeitung verbunden. Näherliegend scheint es zu sein, diesen Verzicht durch differenziertere Strategien der Informationsbeschaffung oder -auswahl zu ersetzen. Obwohl die Diskussion alternativer Formen der Informationsbeschaffung dem Stand der Ergebnispräsentation teilweise vorausgreift, erscheint es sinnvoll, diese Überlegungen hier zusammenzufassen.

Zwei Wege sind grundsätzlich gangbar, um den Investoren zu einer größeren Flexibilität bei der Informationsbeschaffung zu verhelfen. Zum einen kann es für sie von Vorteil sein, bei gegebener Anzahl verfügbarer Informationen über die Zusammensetzung der Informationen bestimmen zu können, und zum anderen erscheint es aussichtsreich, eine größere Anzahl als die bisher regelmäßig verfügbaren 176 Informationen zu beschaffen.

Unter der Annahme, daß die Informationsverarbeitungskapazitäten der Investoren beschränkt sind und eine Erhöhung der Anzahl verfügbarer Informationen daher ohne Erfolg bleiben muß, kann es den Investoren anheimgestellt werden, die Struktur der zu beschaffenden Informationen zu beeinflussen.

Es liegt dann nahe, zunächst nach besonders ertragreichen Informationsgattungen oder nach besonders ertragreichen Kombinationen von Informationsgattungen zu suchen. Die Informationsgattungen sind durch den in diesem Modell verwendeten Modus der Informationsgenerierung in Form der Wahrscheinlichkeiten, Erwartungswerte und Varianzen vorgegeben. Ein Investor, der im laufenden Handel Verluste erleidet, zieht sich nun nicht mehr aus dem Handel zurück, sondern beginnt damit, eine der zahlreichen möglichen Tauschstrategien anzuwenden, z.B. unternehmensweise alle Wahrscheinlichkeitsinformationen durch Erwartungswertinformationen oder alle Varianzinformationen durch Wahrscheinlichkeitsinformationen zu ersetzen. Durch diese

Strategie können Verluste im laufenden Handel allerdings nicht vermieden werden, da der Erfolg der Tauschoperationen auch von der weiterhin unveränderten Anzahl der über ein Unternehmen verfügbaren Informationen bestimmt wird[298].

Damit gewinnt eine Strategie an Attraktivität, die die verfügbaren Informationen auf einzelne Unternehmen konzentriert. Hierzu ist es zunächst erforderlich, die auf die jeweiligen Unternehmen entfallenden Handelsergebnisse zu isolieren. Durchbrechen die auf ein Unternehmen bezogenen Handelsverluste die Verlusttoleranz eines Investors, so zieht er sich lediglich aus dem Handel mit diesem Unternehmen zurück[299] und verteilt die nun frei gewordenen Informationen auf die verbleibenden Unternehmen.

Da insgesamt 176 Informationen zur Verfügung stehen, liegen einem Investor für acht der 16 Unternehmen vollständige Informationen vor, sobald er sich aus dem Handel mit den verbleibenden acht Unternehmen zurückgezogen hat[300]. Trotz der sich daraus ergebenden Teilhomogenität der Informationsstände treten weiterhin Gewinne und Verluste im laufenden Handel auf, da über die Kovarianzeffekte _alle_ verfügbaren Informationen den Handelserfolg bestimmen. Entscheidend ist nun nicht mehr, in welcher Kombination die Informationen vorliegen, die _alle_ Unternehmen betreffen, sondern entscheidend wird die Kombination der Unternehmen, über die vollständige Informationen vorliegen. Somit führt diese Strategie weder in den Modellvarianten mit noch in den Modellvarianten ohne Informationskosten zu strukturellen Änderungen der Ergebnisse.

---

298) Diese Strategie ist ohnehin eher dazu geeignet, die Funktionsmechanismen der im Modell verwendeten Informationsgenerierung aufzudecken. Hier zeigt sich eine leichte Tendenz zur Bevorzugung von Informationskombinationen, die die Erwartungswertinformationen einbeziehen. Die Handelsergebnisse der Investoren werden dadurch allerdings nicht in auffälliger Weise beeinflußt.

299) Dieser partielle Marktrückzug wird in Abschnitt 12.3 unter einem anderen Blickwinkel analysiert.

300) Die vollständige Informiertheit über ein Teilsegment des Marktes nimmt dieser Strategie etwas von ihrer Plausibilität, so wie alle Maßnahmen zur Milderung der Heterogenität der Informationen stets die Gefahr in sich bergen, das Forschungsziel, die Untersuchung asymmetrischer Informationsbeziehungen im Marktzusammenhang, aus dem Auge zu verlieren.

Nachdem sich Strategien, die die Informationsstruktur variieren, als wenig erfolgversprechend erwiesen haben, verbleibt als Ausweg eine Verbreiterung der Informationsbasis. Ein Investor, der in einzelnen oder in allen Unternehmen Handelsverluste erleidet, reagiert nicht mehr sofort mit einem Marktaustritt, sondern versieht sich mit zusätzlichen Informationen, deren Beschaffbarkeit aus Vereinfachungsgründen unterstellt wird.

Bei kostenfreien Informationen ist dieses Verfahren unplausibel, da nicht erklärt werden kann, warum sich nicht von vornherein alle Investoren mit allen Informationen versorgen[301]. In dem bisher betrachteten geschlossenen Markt führt die Einbeziehung von Informationskosten wiederum zu einem Ausscheiden von Marktteilnehmern, das in eine völlige Marktdegeneration münden kann. Auch die Ergebnisstruktur der Modelläufe, die exogen generierte Transaktionswünsche[302] berücksichtigen, bleibt unverändert. Im Extremfall werden die Kurse dann von einigen wenigen und homogen informierten Investoren geprägt, die das Ertragspotential der im Markt nachgefragten Transformationsleistungen ausschöpfen.

Der Erkenntniszuwachs, der sich aus der Einführung differenzierterer Strategien der Informationsbeschaffung oder -auswahl ergibt, bleibt somit im Rahmen der hier verfolgten Fragestellungen beschränkt.

---

301) Werden diese Bedenken beiseite geschoben, so ergibt sich ein Wettlauf um die Informationen, der an ein "Prisoner's Dilemma" erinnert. Ausgehend von homogenen Informationen löst der erste Investor, der zusätzliche Informationen beschafft, diesen Wettlauf aus, der damit endet, daß alle Investoren alle zusätzlich zur Verfügung stehenden Informationen beschaffen. Die daraus resultierenden Portefeuillestrukturen sind mit denen der Ausgangslage identisch. Die Parallelen zum "Prisoner's Dilemma" sind allerdings beschränkt, da sich ohne Informationskosten kein Investor schlechter stellt, wenn von den Vermögensumschichtungen, die sich während des Prozesses zunehmender Informationsbeschaffung ergeben, abgesehen wird. Bei Berücksichtigung von Informationskosten bietet sich wieder die Möglichkeit des Marktrückzuges. Zum "Prisoner's Dilemma" vgl. Luce/Raiffa (1966), S. 94-102.

302) Vgl. die Kapitel 10, 11 und 12.

9.7. Zusammenfassung der wichtigsten Ergebnisse

Motiv der Informationsbeschaffung durch Investoren ist - in der Formulierung von R.H.Schmidt - die gegen den Kapitalnehmer gerichtete Skepsis vor Eintritt in die Finanzierung und das Mißtrauen nach Eintritt in die Finanzierung. Die von Skepsis ausgelöste Informationsbeschaffung senkt das Risiko, riskante Positionen in einem nicht präferenzgerechten Umfang einzugehen[303]. Die von Mißtrauen ausgelöste Suche nach Informationen unterrichtet den Investor in einer dualen Finanzierungsbeziehung ohne Markt ständig über den aktuellen Wert seines Vermögens und läßt gewisse Rückschlüsse auf die Qualität der vom Kapitalnehmer überlassenen Informationen zu. Sofern der Kapitalnehmer unzutreffende Informationen zu verantworten hat und für diesen Fall Sanktionsmaßnahmen vertraglich vereinbart worden sind, bleibt dem Investor als einzige Konsequenz seiner Informationsbeschaffung die Möglichkeit, diese Maßnahmen zu ergreifen, um eine weitere unerwünschte Entwicklung abzuwenden. Die Anpassung seiner Beteiligung am Finanzierungsprojekt des Kapitalnehmers an die aktuellen Finanzierungsparameter ist nicht möglich oder mit hohen Such- und Verhandlungskosten verbunden.

Werden Anteile eines Unternehmens dagegen ständig im Markt gehandelt, so eröffnet sich die Chance einer alternativen Nutzung dieser Informationen. Durch entsprechende Markttransaktionen kann der informierte Investor versuchen, sich den Folgen einer bereits eingetretenen negativen Entwicklung zu entziehen oder von einer unerwarteten positiven Entwicklung zu profitieren. Die hierdurch erzielten zusätzlichen Gewinne oder vermiedenen Verluste können als direktes Äquivalent für die Kosten der Informationsbeschaffung interpretiert werden. Da sich die Informationen im Marktpreis niederschlagen, kann über diesen Marktpreis mittelbar auf die wirtschaftliche Entwicklung eines riskanten Titels geschlossen

---

303) Dem liegt die Vorstellung zugrunde, daß sich ein Investor an die unveränderlichen Ertrags- und Risikoparameter eines Finanzierungsprojektes über die Losgröße anpaßt, was an die wenig realistische Bedingung geknüpft ist, daß sich eine gegebene Rendite-Risiko-Position in beliebigen Losgrößen realisieren läßt.

werden, womit die Möglichkeit verbunden ist, auf direkte und kostenverursachende Informationsbeschaffung zu verzichten. Der Markt scheint seine Leistungsfähigkeit als informationskostensenkende Institution zu beweisen.

In einem geschlossenen Markt, einem Markt mit einer konstanten Anzahl von Investoren, kann Informationsbeschaffung in dieser Form allerdings nicht erklärt werden. Vermögensvorteile durch die Nutzung privat beschaffter und damit teil-monopolisierter Informationen lassen sich nur zu Lasten anderer Investoren realisieren. Ein von langfristigen und anhaltenden Informationsasymmetrien betroffener Investor kann sich vor den davon ausgelösten Verlusten durch Rückzug aus dem aktiven Handel schützen, ohne Nachteile befürchten zu müssen. Den Konsequenzen negativer Unternehmensentwicklungen kann er sich ohne Abweichen von der grundsätzlich angenommenen Bereitschaft, riskante Titel zu halten, selbst bei homogenen Informationsständen nicht entziehen. Er vermeidet es aber, darüberhinausgehende Verluste zu erleiden. Er erhält weiterhin eine Risikoprämie in Form der Dividende, die hier nicht explizit betrachtet wird, und die Möglichkeit, aus der Kursentwicklung gegebenenfalls Rückschlüsse auf den Wahrheitsgehalt der vom Kapitalnehmer publizierten Informationen zu ziehen, bleibt bestehen.

Liegen unter den Investoren <u>systematische</u> Informationsasymmetrien vor, die zu einer Kumulation der im Handel erzielbaren Erträge führen, so wird eine zunehmende Anzahl derjenigen Anleger, bei denen sich diese Erträge als Verluste niederschlagen, aus dem Marktgeschehen ausscheiden. Je geringer die Toleranz der Investoren gegenüber diesen Verlusten ausgeprägt ist, desto schneller vollzieht sich dieser Prozeß. Verfolgen diese Anleger die REBUY- oder die HOLD-Strategie, so droht der Markt zu degenerieren und verliert seine Funktion einer zeitnahen Unternehmensbewertung. Führen die von den Informationsasymmetrien ausgelösten Verluste zu einem völligen Verzicht auf das Halten riskanter Titel (SELL-Strategie), so bricht der Markt zusammen. Liegen <u>keine systematischen</u> Informationsasymmetrien vor, so werden die aus Informationsvorteilen entstehenden Handelsgewinne zwischen den Investoren wandern und sich langfristig ausgleichen[304]. Solange von Kosten der Informationsbeschaffung abgesehen wird, läßt sich die Aufrechterhaltung des Handels, der in diesem Fall ohne Konsequenzen für die Gewinne der Investoren bleibt, allerdings nur durch die Wahrnehmung eines Spielnutzens erklären.

Ist die Informationsbeschaffung mit Kosten verbunden, so besteht unabhängig von der Existenz von systematischen Informationsasymmetrien ein ständiger Anreiz, sich diesen Kosten durch Marktabstinenz zu entziehen[305]. Die bei einer konstanten Anzahl von Investoren einzige Funktion des Marktes, Wertpapiere aktuell zu bewerten, kann in Form des Marktpreises kostenfrei in Anspruch genommen werden. Da die Attraktivität des Verzichtes auf Informationsbeschaffung durch den damit verbundenen Wegfall der Informationskosten für alle Investoren gilt, drohen langfristig die gleichen Funktionsschwächen, wie sie mit systematischen Informationsasymmetrien verbunden sind.

---

304) Diese Überlegungen beruhen zusätzlich auf der Annahme, daß früher erzielte Gewinne nicht höher eingeschätzt werden als später erzielte Gewinne. Die Einbeziehung von Zeitpräferenzen hätte über die ungleiche Verteilung der Erträge _im Zeitverlauf_ wiederum den Marktaustritt einiger Investoren zur Folge, so daß keine grundsätzlich anders gearteten Effekte auftreten. Zur Problematik der expliziten Berücksichtigung von Zeitpräferenzen vgl. Lehmann (1975).

305) Akerlof (1970), S.488-500, demonstriert den von Informationsasymmetrien ausgelösten Marktzusammenbruch am Beispiel des Handels mit gebrauchten Automobilen ("Zitronen"). Die Fahrzeuge werden auf Grund unterschiedlicher Informationsstände nach ihrer durchschnittlichen Qualität bewertet, so daß sich die Besitzer von überdurchschnittlich gut erhaltenen Fahrzeugen aus dem Markt zurückziehen und damit diejenigen mit Informations_vorteilen_. Die REBUY-, HOLD- und SELL-Strategie wird dagegen von Investoren ergriffen, die von Informations_nachteilen_ betroffen sind.

10. Informationsprozesse in offenen Märkten aus Nachfrager-
sicht

10.1. Einführung

Die irritierende Tendenz zur Funktionsschwäche hat ihre Ursache in dem eingeschränkten Nutzungsspektrum einer Börse, die auf einer konstanten Anzahl von Teilnehmern mit unveränderter Risikoaversion beruht und durch ihren eingeschränkten Leistungsumfang nicht einem Institutionenverständnis entspricht, wie es in Abschnitt 1.2. dieser Arbeit vorgetragen wurde. Die Wertpapierbörse dient als zentraler Treffpunkt, der <u>Investitions</u>- und <u>Desinvestitions</u>wünsche, die im Zeitverlauf <u>asynchron</u> auftreten, zusammenführt, dadurch Suchkosten reduziert und die Möglichkeit der Fristen- und Losgrößentransformation verbessert.

Die Fokussierung einer Vielzahl teils gleichgerichteter, teils entgegengesetzter Transaktionswünsche auf eine Institution aggregiert gleichzeitig die in diesen Transaktionswünschen inkorporierten Informationen und offenbart sie teilweise in den entstehenden Kursen. Die Nutzung des Marktpreises als Bewertungskonsens aller sich informierenden Marktteilnehmer eröffnet nun einem Teil des Marktes die Möglichkeit, riskante Positionen unter zumindest teilweisem Verzicht auf Informationsbeschaffung einzugehen.

Ganz offensichtlich beruht die kostenreduzierende Nutzung der Bewertungsfunktion des Marktes aber darauf, daß nicht alle Marktteilnehmer auf Informationsbeschaffung verzichten. Soll der Marktpreis langfristig ein valider Ausdruck für den Wert eines riskanten Unternehmenstitels bleiben, so müssen diejenigen, die zur Unternehmensbewertung beitragen, für ihre Informationskosten entschädigt werden, was nur durch diejenigen erfolgen kann, die diese Bewertungsleistung in Anspruch nehmen, mit der Folge, daß die Nutzung des Marktpreises nun nicht mehr ganz kostenfrei ist.

Damit rücken zwei eng verbunden Fragestellungen in den Mittelpunkt der Betrachtung:

- Bietet die informationsunabhängige Nutzung des Marktpreises bei finanziellen Transaktionen Vorteile gegenüber den alternativen Strategien, kostenfrei veröffentlichte oder dezentral beschaffte Informationen zu verwenden, und wie groß ist dieser Vorteil ?

- Werden diejenigen, die kostenverursachende Informationsbeschaffung betreiben und damit aktiv zur Kursfeststellung beitragen, für ihre Aufwendungen entschädigt, und auf welchem Wege erfolgt diese Entschädigung ?

Diese spezifischen Fragestellungen lassen sich jedoch nur analysieren, wenn die Geschlossenheit des bisherigen Modells aufgehoben wird und Investoren in die Betrachtung einbezogen werden, die den Markt nur für zeitlich begrenzte Anlagen nutzen wollen. Zu Zeitpunkten, die vom Zufall bestimmt werden, treten Investoren am Markt als Käufer auf, halten die erworbenen Titel für einen ebenfalls zufällig bestimmten Zeitraum und veräußern die Titel dann wieder. Um die Folgen alternativer Informationsstrategien in einem Rahmen untersuchen zu können, in den sich die bisher präsentierten Ergebnisse einfügen, werden die willkürlich ausgewählten ersten 20 der im Modell betrachteten Investoren, die bislang durch ständige Informationsbeschaffung ebenfalls zur Kursfeststellung beigetragen haben, zu Trägern dieser exogenen Transaktionswünsche. Zu Beginn eines Modellaufes halten diese Investoren wie bisher ihren risikoadäquaten Anteil am Marktportefeuille, so daß die Startsituation für die restlichen Marktteilnehmer in gleicher Weise unverändert bleibt.

Da die exogenen Transaktionen in den von Informationsdivergenzen ausgelösten Handel _einfließen_, würde es sich anbieten, die Effekte alternativer Informationsstrategien der exogenen Marktteilnehmer und die Ertragschancen der informationsbeschaffenden Investoren uno actu zu ermitteln. Die Analyse wird jedoch erleichtert, wenn diese Fragestellungen getrennt und unter Verwendung unterschiedlicher Modi zur Generierung der exogenen Transaktionen untersucht werden. Investoren mit exogen festgelegten Transaktionswünschen lassen sich als Nachfrager von Transformationsleistungen interpretieren, so daß der zur Untersuchung der ersten Fragestellung verwendete Modus als Nachfrager-Noise bezeichnet wird, während der alternative Modus die Bezeichnung Anbieter-Noise trägt.

10.2. Gestaltungsmerkmale des Nachfrager-Noise

Während für Wertpapierverkäufe kaum eine Alternative zur Hinnahme des gerade geltenden Marktpreises sinnvoll erscheint - sieht man von der Aufgabe limitierter Order oder schlichtem Warten auf bessere Zeiten ab -, so können Käufe alternativ unter Nutzung des Marktpreises, unter Verwendung der periodenweise kostenfrei veröffentlichten Informationen oder unter Rückgriff auf teilmonopolisierte Informationen, deren Beschaffung mit einem Ressourcenverzehr verbunden sein kann, erfolgen. Damit die Konsequenzen dieser alternativen Verfahrensweisen schlüssig miteinander verglichen werden können, ist es notwendig, als erste zufällige Transaktion stets einen Verkauf der von Beginn an gehaltenen Bestände vorzuschreiben. Als beobachtbare Erfolgsgrößen ergeben sich _in der_ _Folge_ die Ergebnisse von Transaktionen, die sich aus einem einleitenden Kauf und einem abschließenden Verkauf von Unternehmenanteilen zusammensetzen.

Bildet der Marktpreis die Kontraktgrundlage einer zufällig ausgelösten Kauftransaktion, so wird jeweils ein dem Startportefeuille entsprechender Anteil am Marktportefeuille nachgefragt. Bei der Verwendung von veröffentlichten wie auch von teilmonopolisierten Informationen folgt die Struktur des entstehenden Portefeuilles sowohl der Risikoaversion des Investors als auch den sich im Marktkontext ergebenden (Gleichgewichts-) Kursen, in die die individuellen Informationsstände bereits eingegangen sind. Wäre als _erste_ stochastische Transaktion auch ein _Kauf_ von Unternehmensanteilen zugelassen, so würde sich bei Verwendung des Marktpreises das Startportefeuille gerade verdoppeln, und bei Verwendung von frei zugänglichen oder teil-monopolisierten Informationen würde das Startportefeuille durch die in diesen Fällen gewünschten optimalen Bestände <u>überlagert</u> werden.

Da sich diese Überlagerungseffekte rechnerisch kaum isolieren lassen, müßten alle einleitenden Kauftransaktionen bei der Ergebnisanalyse unberücksichtigt bleiben, so daß das grundsätzliche Einsetzen mit Verkaufstransaktionen sinnvoller erscheint. Die mit diesem Verfahren verbundenen Nebeneffekte, die im nächsten Kapitel deutlich werden, behindern allerdings die Ergebnisanalyse der Marktteilnehmer, die durch Informationsbeschaffung zur Kursfeststellung beitragen, erheblich und sind Ursache für die Verwendung des alternativen Anbieter-Noise im Kapitel 11.

Der Zeitpunkt des ersten Auftretens eines exogen bestimmten Transaktionswunsches wird durch Ziehen aus einer Gleichverteilung mit den willkürlich gewählten Unter- und Obergrenzen von 2 und 8 bestimmt. Durch Ziehen aus einer Gleichverteilung mit der Untergrenze von 3 und der Obergrenze von 8 werden für den verbleibenden Zeitraum jeweils die Zeitpunkte bestimmt, in denen Anteile in einem der Risikoaversion des Investors entsprechenden Umfang gekauft und, sofern der nächste Transaktionszeitpunkt noch innerhalb der Modellaufzeit liegt, wieder verkauft werden.

Die Aktivitäten der Investoren, deren Auftreten vom Zufall bestimmt wird, lassen sich unter Wahrung der Identität des ursprünglichen Investors, dessen Risikoaversion und dessen Informationsstände übernommen werden, interpretieren, wie auch unter der Annahme, daß es sich um jeweils voneinander unabhängige Vorgänge handelt. Im ersten Fall würde der betreffende Investor nun nicht mehr regelmäßig, sondern nur noch gelegentlich am Markt auftreten. Im zweiten Fall wären die exogen bestimmten Transaktionen einer Gruppe von Investoren zuzuordnen, die teils mit identischen, teils mit divergierenden Risikoneigungen ausgestattet sind, Zugriff zu unterschiedlichen Informationsquellen haben, die unabhängig voneinander agieren und deren Transaktionsergebnisse separat zu beurteilen sind. Die

Möglichkeit, diese unabhängigen Einzelergebnisse unter den alternativen Entscheidungsregeln (Hinnahme des Marktpreises, Rückgriff auf veröffentlichte oder teil-monopolisierte Informationen) zu vergleichen, wird dadurch gewährleistet, daß die Transaktionswünsche in allen Modellvarianten zum gleichen Zeitpunkt auftreten.

Die zufälligen und von "fundamentalen" Informationen unabhängigen Transaktionswünsche erinnern an den in vielen Modellen rationaler Erwartungen analysierten "Noise" und entsprechen diesem in der Art der Generierung weitgehend. Allerdings unterscheidet sich die Interpretation dieses "Noise" in der hier verfolgten Konzeption von derjenigen, wie sie in Modellen Verwendung findet, denen die Annahme rationaler Erwartungen zugrundeliegt. Dort entspringen sie der Not, die perfekte Informationsübertragung durch die Gleichgewichtskurse zu durchbrechen und weiteren Anreiz für Informationsbeschaffung zu erzeugen, die ansonsten unterbleiben würde oder nicht zu erklären wäre. Dabei bezieht sich der "Noise" auf die den Investoren zur Verfügung stehenden Informationen, die von einem zufälligen Rauschen gestört und überlagert werden[306].

Hier dagegen werden die informationsunabhängig agierenden Investoren nicht primär als Störgröße betrachtet, die sie - wie zu zeigen sein wird - aus Sicht der sich informierenden Investoren bleiben, sondern als Marktteilnehmer, die nur für einen beschränkten Zeitraum einen bestimmten Teil ihres Vermögens riskant anlegen wollen und ihn danach für andere Zwecke (konsumptiv) verwenden. Sie nehmen dadurch die Transformationsleistungen des hier in idealtypischer Form vorliegenden Börsenmarktes in Anspruch.

Da Risiko-, Losgrößen,- Fristen- und Informationstransformation überwiegend als Leistungsbündel angeboten und nachgefragt werden, wären die Wirkungen asymmetrischer Informationsverteilungen, die eine Informationstransformation erst nötig werden lassen, immer auch daraufhin zu untersuchen, wie sie die ande-

---

306) Die Bedeutung des "Noise" in allen Bereichen wirtschaftswissenschaftlicher Forschung unterstreicht Black (1986), S.529-543.

ren Transformationsleistungen beeinflussen. Die Untersuchung dieser Quereffekte wird, soweit sie sich isolieren lassen, anhand des Anbieter-Noise vorgenommen, während die Analyse der Transformationsleistungen aus <u>Nachfragersicht</u> und damit aus Sicht derjenigen Investoren, die mit exogenen Transaktionswünschen ausgestattet sind, auf die erkennbaren Effekte der Informationstransformation beschränkt bleibt.

10.3. Nachfrager-Noise im Marktzusammenhang

Obwohl in diesem Teil der Arbeit der Leistungsumfang der Informationstransformation aus Nachfragersicht im Vordergrund steht, wird das Verständnis der folgenden Ausführungen erleichtert, wenn zunächst die Wirkungsweise der exogenen Transaktionen in allgemeiner Form erläutert und durch eine Analyse der Auswirkungen auf die Endvermögen der informationsbeschaffenden Investoren ergänzt wird. Als weitere Vereinfachung wird angenommen, daß die an der Marktpreisfindung beteiligten Anleger über homogene Informationen verfügen und alle exogen ausgelösten Umsätze den Marktpreis als Grundlage haben.

Überwiegen in einer Periode die exogen bestimmten Verkaufswünsche, so haben die aktiv an der Kursfindung beteiligten Investoren diese Titel zusätzlich aufzunehmen, dominieren die exogenen Kaufwünsche, so gibt die Gruppe der aktiven Marktteilnehmer die entsprechende Anzahl von Titeln ab. Solange der Marktpreis als Bewertungsgrundlage der exogen ausgelösten Transaktionen verwendet wird, beschränkt sich der Einfluß dieser Transaktionen auf den Saldo der von den informationsbeschaffenden Investoren aufzunehmenden oder von diesen abzugebenden Stücke. Entsprächen sich in einer Periode exogene Kauf- und Verkaufswünsche vollständig, so bliebe der Handel der sich informierenden Marktteilnehmer vollkommen unbeeinflußt. Abbildung 20 zeigt die Summen der in den einzelnen Perioden von den exogenen Investoren nachgefragten und angebotenen Anteile, sowie die kumulierten Salden dieser Transaktionen, die von den ständig im Markt vertretenen Investoren aufzunehmen sind[307].

Abb. 20: Summen der exogenen Wertpapierkäufe und -verkäufe und deren kumulierte Transaktionssalden (Nachfrager-Noise)

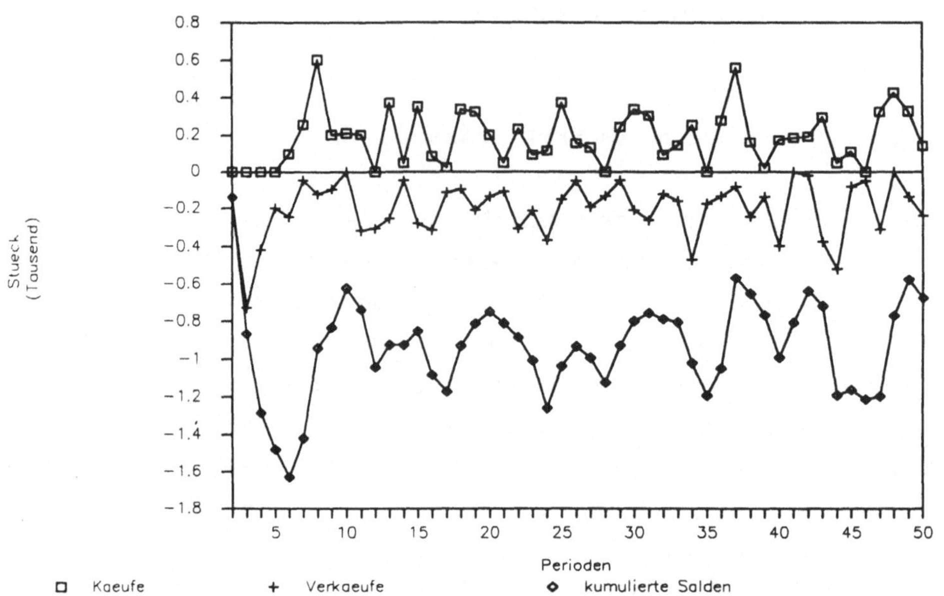

Die formale Integration der exogen bestimmten Transaktionswünsche in die Gleichgewichtspreisermittlung entspricht dem bei der Analyse der REBUY-, HOLD- und SELL-Varianten verwendeten Verfahren. Jeder informationsunabhängige Verkauf von Anteilen erhöht die Anzahl der Anteile YG_i, die unter den sich informierenden Marktteilnehmern umlaufen und diesen für ihre Transaktionen zur Verfügung stehen, jeder informationsunabhängige Kauf von Anteilen reduziert diese Anzahl.

Geben die informationsunabhängig agierenden Marktteilnehmer Anteile an die sich informierenden Investoren, die unmittelbar zur Kursfindung beitragen, ab, so verhalten sich letztere, als ob die Verkäufe bereits stattgefunden hätten, und teilen die nun zusätzlich zur Verfügung stehenden Anteile gemäß ihrer

---

307) Die Zahlen beziehen sich auf ein Unternehmen. Da im Marktportefeuille alle Unternehmen zu gleichen Teilen enthalten sind, gelten die betreffenden Stückzahlen und Salden für alle gehandelten Titel.

individuellen Informationsstände bereits bei der Kursfeststellung unter sich auf. Nehmen die exogenen Investoren dagegen Anteile auf, so beziehen sich die festgestellten Kurse bereits auf das reduzierte Volumen umlaufender Anteile. Da sich Gleichgewichtskurse und Gleichgewichtsportefeuilles durch Gleichung (40) simultan ergeben, und die Zielportefeuilles der zufällig auftretenden Investoren ohnehin exogen bestimmt sind, führt die Anpassung von YG_i unmittelbar zu den gewünschten Anteilsstrukturen.

Einen ersten Eindruck von den Effekten, die von den zufällig agierenden Marktteilnehmern ausgehen, vermittelt Tabelle 4. Sie enthält die Veränderungen der Endvermögen der homogen informierten Marktteilnehmer, die sich durch den Handel mit den exogen bestimmten Investoren im Vergleich zu einem bloßen Halten der Startportefeuilles ergeben. Die Teilnahme am Handel führt zu einer durchgehenden Ergebnisverbesserung, wobei der Umfang des Vermögenszuwachses weitgehend[308] von der investorenindividuellen Risikoaversion geprägt wird.

---

308) Die Reihenfolge des Vermögenszuwachses müßte sich **streng** nach der Ausprägung der Risikoaversion richten. Rundungsdifferenzen und das implementierte Verfahren zur Konstanthaltung der umlaufenden Anteile führen zu den in Tabelle 4 ersichtlichen Abweichungen. Da die Varianz-Kovarianz-Matrizen **aller informierten** Investoren identisch sind, wirkt sich die Starrheit der noise-induzierten Transaktionen vergleichsweise heftig aus.

Tabelle 4: Vermögenszuwachs der aktiven Marktteilnehmer durch exogene Transaktionen bei homogenen Informationen (Nachfrager-Noise)							
(A)	(B)	(C)	(D)	(A)	(B)	(C)	(D)
1	41	746	13033.24	41	34	430	7362.36
2	23	723	12731.72	42	38	433	7337.69
3	67	733	12594.76	43	73	417	7127.59
4	39	717	12396.57	44	45	410	7125.90
5	93	709	12348.02	45	85	395	7037.51
6	69	701	12152.83	46	53	390	6835.78
7	89	701	12152.83	47	94	385	6718.41
8	55	681	11857.11	48	29	365	6333.42
9	91	681	11857.11	49	74	350	6319.40
10	92	662	11780.71	50	30	338	6100.50
11	98	665	11774.29	51	25	340	5848.07
12	26	668	11605.97	52	72	317	5687.50
13	24	633	11229.12	53	46	327	5559.41
14	33	633	11229.12	54	68	304	5451.31
15	50	636	11138.81	55	58	318	5281.16
16	70	623	10726.78	56	57	292	5134.76
17	66	608	10666.71	57	43	302	5064.67
18	21	607	10576.65	58	44	268	4970.93
19	61	592	10519.59	59	65	255	4474.68
20	27	613	10439.50	60	87	277	4462.33
21	64	584	10432.42	61	56	254	4405.61
22	48	579	10201.33	62	60	245	4153.51
23	80	571	10109.45	63	22	222	3925.03
24	51	541	9394.49	64	99	232	3757.83
25	77	537	9356.01	65	82	170	3257.00
26	63	502	8947.45	66	47	180	3059.68
27	52	531	8923.08	67	84	183	2986.76
28	95	512	8852.43	68	83	172	2953.48
29	32	501	8796.27	69	86	164	2920.89
30	31	515	8792.69	70	71	175	2913.52
31	75	481	8574.39	71	78	148	2604.65
32	49	483	8245.66	72	28	146	2380.33
33	88	453	8166.64	73	40	124	2376.63
34	81	459	7995.93	74	90	116	2204.77
35	59	447	7806.11	75	42	112	2080.08
36	76	428	7675.17	76	62	112	2080.08
37	54	442	7610.53	77	37	92	1878.64
38	36	431	7529.22	78	100	99	1829.57
39	35	416	7437.26	79	79	113	1789.19
40	97	423	7375.00	80	96	91	1624.09

(A) Laufende Nummer   (B) Investorennummer
(C) Risikoaversionsparameter   (D) Vermögenszuwachs

Der in Abbildung 20 erkennbare und über die gesamte Laufzeit des Modells auftretende Saldo der Anteile, die von den exogenen Investoren abgegeben werden, stellt in dem hier vorliegenden positiven Szenario die wesentliche Quelle des Mehrertrages der aktiven Marktteilnehmer dar, da diesen nun der szenariobedingte Wertzuwachs dieser Anteile zufällt. Ganz allgemein begünstigen durchschnittlich hohe Abgabesalden die informierten Marktteilnehmer in positiven und benachteiligen sie in negativen Konjunktur-Szenarien. Durchschnittlich hohe Aufnahmesalden wirken in entgegengesetzter Weise.

Die Betrachtung von Abbildung 21 legt eine weitere Determinante der Vermögensveränderungen offen. Der obenliegende Kurvenzug zeigt die Differenzen zwischen den Indexwerten, die sich in einem Modellauf mit exogenen Transaktionen und einem sonst gleichen Modellauf ohne exogene Transaktionen ergeben[309]. Der darunter liegende Kurvenzug zeigt den Umfang der von den homogen informierten Investoren gegenüber ihren anfänglichen Beständen zusätzlich aufgenommenen Titel, deren Anzahl aus Darstellungsgründen durch 1000 dividiert wurde.

Ganz offensichtlich folgen die durchgehend negativen Indexabweichungen den Salden aufgenommener oder abgegebener Titel. Der Verkauf von Anteilen durch die exogenen Investoren an den Rest des Marktes bewirkt, daß sich das vom Szenario vorgegebene und in den entsprechenden Perioden jeweils gleichbleibende Gesamtrisiko aller Unternehmen auf weniger Investoren verteilt, die folglich jeweils einen größeren Anteil dieses Gesamtrisikos zu tragen haben. Die sich als Konsequenz ergebende Forderung nach einer erhöhten Risikoprämie kann sich - da die Unternehmensparameter unbeeinflußt bleiben - nur in einem Sinken der Kurse niederschlagen[310]. Der Rückkauf von

---

309) Es handelt sich um den in Kapitel 7 beschriebenen Kursverlauf bei homogenen Informationen _aller_ Investoren. 100 homogen informierte Anleger müssen bei unverändertem Szenario den gleichen Indexverlauf erzeugen wie 80 homogen informierte Anleger und 20 Anleger, die permanent das gleichgewichtige Startportefeuille halten, so daß eine separate Ermittlung des von 80 homogen informierten Investoren erzeugten Kursverlaufs unterbleiben kann.

310) Die durchgehende Absenkung des Kursniveaus könnte bei diesem Verfahren der Generierung zufälliger Transaktionen vermieden werden, wenn die Anteilsbestände der exogen handelnden Investoren zu Beginn des Modellaufes unter den anderen Investoren aufgeteilt werden. Allerdings würden die zufälligen Transaktionen das Kursniveau dann durchgehend anheben, womit kein Vorteil verbunden ist. Zudem behindert eine Veränderung der Startportefeuilles die Vergleichbarkeit von Modelläufen, die bei sonst gleicher parametrischer Ausstattung exogene Transktionen einmal zulassen und einmal nicht.

Anteilen durch exogen bestimmte Investoren hat den entgegengesetzten Effekt.

Abb. 21: Indexdifferenzen vergleichbarer Modelläufe ohne und mit Nachfrager-Noise bei **homogenen** Informationsständen der endogenen Investoren und kumulierte Transaktionssalden (Marktpreise als Kontraktgrundlage der exogenen Investoren)

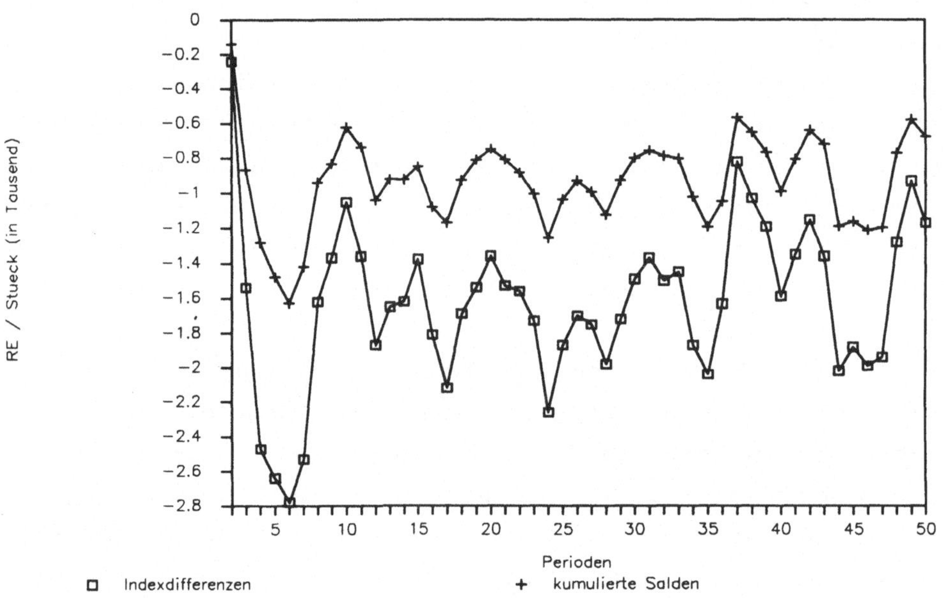

Da zum Ende des Modellaufes nicht alle von den exogen bestimmten Investoren verkauften Anteile von diesen zurückgekauft worden sind, liegt der Wert des zu Schlußkursen bewerteten Startportefeuilles der informationsbeschaffenden Investoren unter dem Vergleichswert des Modellaufes ohne exogene Transaktionen. Diese Minderung des Wertzuwachses des Startportefeuilles wird durch den Wertzuwachs der zusätzlich gehaltenen Anteile allerdings mehr als ausgeglichen.

Auch bei Aufhebung der vereinfachenden Annahme homogener Informationsstände unter den den Marktpreis prägenden Investoren werden überwiegend Endvermögen erreicht, die über denjenigen eines vergleichbaren Modellaufes ohne exogene Transaktionen liegen[311]. Die sich im Vergleich zu einem bloßen Halten des

---

311) Im Gegensatz zum Fall homogener Informationen müssen die als Referenzgröße dienenden Endvermögen nun separat ermittelt werden. Sie

Startportefeuilles ergebenden Vermögensabweichungen sind Tabelle 5 zu entnehmen. Das Ausmaß der individuellen Ergebnisverbesserung wird nicht mehr vorwiegend von der Ausprägung des Risikoaversionsparameters bestimmt, sondern in erheblichem Maße von den Preisänderungsimplikationen der jeweils zur Verfügung stehenden Informationen. Investor *23* ist von den Umverteilungseffekten, die von heterogenen Informationsständen ausgehen, in besonderer Weise betroffen, da er gegenüber dem Referenzlauf Vermögensverluste hinnehmen muß, obwohl der Handel mit den exogen bestimmten Investoren zusätzliche Ertragspotentiale erschließt.

sind das Ergebnis eines Modellaufes bei heterogenen Informationen, in dem die Investoren 1 - 20 nicht am Handel teilnehmen, sondern ausschließlich ihr Startportefeuille halten.

Tabelle 5:			Vermögenszuwachs der aktiven Marktteilnehmer durch exogene Transaktionen bei heterogenen Informationen				
(A)	(B)	(C)	(D)	(A)	(B)	(C)	(D)
1	89	701	18549.23	41	29	365	5045.44
2	69	701	18253.08	42	35	416	4710.75
3	26	668	18147.72	43	73	417	4661.93
4	80	571	18086.88	44	32	501	4618.64
5	50	636	14963.99	45	22	222	4569.13
6	21	607	13409.41	46	43	302	4378.61
7	51	541	13344.65	47	82	170	4332.31
8	93	709	12688.19	48	60	245	4279.31
9	76	428	12505.10	49	56	254	4111.53
10	92	662	12148.94	50	44	268	4091.04
11	98	665	11998.34	51	47	180	4077.52
12	66	608	11742.62	52	24	633	4045.88
13	41	746	11505.25	53	86	164	3836.92
14	55	681	11379.52	54	31	515	3706.63
15	94	385	10762.29	55	45	410	3591.42
16	27	613	10311.36	56	72	317	3430.29
17	97	423	10255.34	57	75	481	3415.01
18	33	633	9553.95	58	99	232	3401.18
19	64	584	9531.83	59	46	327	3244.57
20	48	579	9025.36	60	42	112	3239.37
21	59	447	8831.55	61	78	148	3210.78
22	61	592	8673.77	62	38	433	3172.60
23	91	681	8410.77	63	84	183	3164.58
24	95	512	7821.32	64	62	112	2994.67
25	39	717	7760.96	65	77	537	2704.86
26	54	442	7749.62	66	90	116	2572.50
27	87	277	7747.33	67	68	304	2511.73
28	85	395	7505.27	68	79	113	2508.25
29	81	459	7143.72	69	65	255	2506.25
30	67	733	6898.43	70	71	175	2502.30
31	53	390	6784.89	71	70	623	2495.75
32	88	453	6778.37	72	37	92	2229.21
33	25	340	6594.41	73	83	172	2048.10
34	30	338	6592.22	74	40	124	1635.93
35	52	531	6150.12	75	58	318	1594.99
36	74	350	5905.43	76	28	146	1453.90
37	63	502	5778.98	77	100	99	964.50
38	34	430	5678.14	78	96	91	363.41
39	49	483	5578.62	79	57	292	112.38
40	36	431	5139.84	80	23	723	-3072.00

(A) Laufende Nummer (B) Investorennummer
(C) Risikoaversionsparameter (D) Vermögenszuwachs

Da die vom Szenario vorgegebenen Informationen unverändert bleiben, somit auch Informationsvor- und -nachteile weiterhin bestehen bleiben, wäre es auf Grund der höheren Anzahl umlaufender Titel zu erwarten gewesen, daß sich Investoren, die im permanenten Handel bislang Verluste erzielen, weiter verschlechtern, und die bisher schon erfolgreichen Investoren überproportional hinzugewinnen. Die erhöhte Anzahl umlaufender Titel wirkt allerdings asymmetrisch.

In der zur Bestimmung der individuell optimalen Anteilsbestände verwendeten Gleichung (41) ändern sich lediglich die Kurse, die nun durchgehend niedriger sind als in dem vergleichbaren Lauf ohne exogene Transaktionen. Damit steigt in der Regel bei unveränderten individuellen Informationsständen die Anzahl der Titel, die im Bestand gehalten werden sollen, und die Anzahl der Titel, für die ein Leerverkauf vorgesehen ist, nimmt ab[312]. Der Wertzuwachs der von den exogenen Investoren abgegebenen und nun zusätzlich umlaufenden Titel wird auf Grund dieser Asymmetrie nicht vollständig umverteilt, so daß sich die Mehrzahl der Investoren trotz weiterhin bestehender Informationsdivergenzen gegenüber dem Vergleichslauf ohne exogene Transaktionen verbessern kann.

Auch die Art und Weise, wie sich spezifische Informationsstände auf deren Ertrag auswirken, wird durch die exogen festgelegten Transaktionswünsche beeinflußt. Geben die exogenen Investoren mit tendenziell kurssenkender Wirkung Anteile an den Rest des Marktes ab, so profitieren Investoren, die sich auf Grund positiver Unternehmensinformationen besonders stark in einem Titel eindecken wollen, wie auch Investoren, die in Kenntnis negativer Informationsnachrichten Unternehmensanteile leerverkauft haben, durch den zusätzlich negativ beeinflußten Kurs Nutznießer dieser zufällig entstandenen Entwicklung sind. Die Aufnahme von Titeln durch die exogen determinierten Anleger reduziert die Gewinnmöglichkeiten dieser Konstellationen in entsprechender Weise.

Wesentlich stärker noch als dieser direkte Noise-Effekt wirkt das asymmetrische Steigen der Bestandshaltewünsche gegenüber

---

312) Gleichung (39) ist zu entnehmen, daß sich die für alle Unternehmen jeweils in gleicher Höhe ergebende Korrektur der umlaufenden Stücke unterschiedlich stark auf die Kurse auswirkt, so daß in seltenen Fällen auch der umgekehrte Effekt auftritt. Bei unveränderten fundamentalen Informationen und variierten Kursen ist sogar ein Vorzeichenwechsel der gewünschten Positionen denkbar (Kauf statt Leerverkauf und vice versa), der jedoch nicht beobachtet werden konnte.

den Leerverkaufspositionen. Da die Nutzung von Informationslagen, die auf Kurssteigerungen hindeuten, mit dem verstärkten
Halten der betreffenden Titel verbunden ist und die größere
Zahl der zur Disposition stehenden Anteile dieses Bestreben
erleichtert, gewinnen unter den besser informierten Anleger
diejenigen besonders stark hinzu, deren Gewinnmöglichkeiten in
besonderer Weise auf der Nutzung positiver Unternehmensinformationen beruhen.

Diese Effekte lassen sich an einem willkürlich ausgewählten
Einzelfall exemplarisch zeigen. Abbildung 22 enthält zum einen
die Differenzen zwischen den periodenweisen Gewinnen, die Investor *80* mit Unternehmen *15* aus der kontinuierlichen Teilnahme am Handel in den Modelläufen mit exogenen und ohne exogene Transaktionen erzielt, wobei diese Differenzen aus
Darstellungsgründen jeweils durch 1.000 dividiert wurden. Zum
anderen enthält die Abbildung die Differenzen D_t zwischen den
periodenweisen Kursdifferenzen dieser Läufe, die nach

$$(49) \quad D_t \quad = \quad (KN_t - KN_{t-1}) - (K_t - K_{t-1})$$

ermittelt werden, wobei KN_t und K_t die Kurse des Unternehmens
15 in den Läufen mit exogenen beziehungsweise ohne exogene
Transaktionen bezeichnen. Das Fehlen eines <u>durchgehenden</u> systematischen Zusammenhangs zwischen Kursabweichungen und Han-
delserfolgen ist die Folge der möglichen Ertragswirkungen, die
bei heterogenen Informationsständen von zufällig auftretenden
Transaktionswünschen ausgehen können. Diese wirken ertrags-
steigernd, wenn bei

-   Informationsständen, die eine Kurssteigerung erwarten las-
    sen
    -   in der Kaufperiode exogen ausgelöste und kurssenkende
        Verkaufstransaktionen erfolgen und/oder
    -   in der Verkaufsperiode exogen ausgelöste und zusätz-
        lich kurssteigernde Kauftransaktionen erfolgen, und
        bei

- Informationsständen, die eine Kurssenkung erwarten lassen
  - in der Periode des Leerverkaufs exogen ausgelöste und kurssteigernde Kauftransaktionen erfolgen und/oder
  - in der Periode der Glattstellung exogen ausgelöste und zusätzlich kurssenkende Verkaufstransaktionen erfolgen.

Ertragssenkende Effekte ergeben sich, wenn die Kurswirkungen der exogen determinierten Kontraktwünsche den auf der Basis der jeweiligen Informationen erwarteten Kurswirkungen gerade entgegenlaufen. Durch Rückgriff auf die Transaktionssalden der zufällig agierenden Investoren und die Informationsstände des Investors *80* lassen sich auffällige Veränderungen der Handelsgewinne jeweils auf eine dieser möglichen Konstellationen zurückführen.

Abb. 22: Periodenweise Kursdifferenzen und periodenweise Gewinndifferenzen des Investors 80 im Handel mit Unternehmen 15 in Modelläufen mit und ohne Nachfrager-Noise (heterogene Informationsstände der endogenen Investoren und Marktpreise als Kontraktgrundlage der exogenen Investoren)

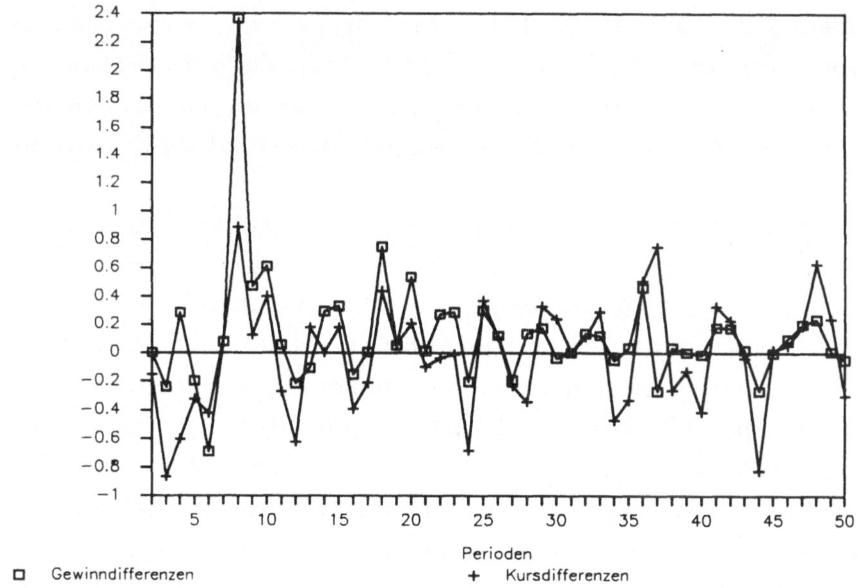

Die besonders auffällige Gewinnsteigerung in Periode 8 beruht auf dem Zusammenwirken dreier Momente. Zum einen verfügt Investor *80* in dieser Periode über Informationen, die auf eine starke Verbesserung der wirtschaftlichen Situation des Unternehmens *15* hindeuten, was bereits im Vergleichlauf zum Halten hoher positiver Bestände führt. Die Möglichkeit, auch noch auf die von den zufällig handelnden Investoren zur Verfügung gestellten Titel zurückgreifen zu können, führt dazu, daß dieser hohe Bestand um weitere 17 % erhöht wird. Der kurssteigernde Effekt der Veröffentlichung der dem Investor *80* teilweise monopolistisch vorliegenden Informationen wird durch das Auftreten der zufällig auftretenden Investoren noch verstärkt, die in dieser Periode von allen Unternehmen jeweils 480 [313) Anteile zurückkaufen.

In Periode 37 lösen exogen ausgelöste Kauftransaktionen dagegen eine Abnahme der Handelsgewinne aus. Im Vertrauen auf die Kursänderungsimplikationen der ihm vorliegenden Informationen geht Investor *80* eine Leerverkaufsposition ein, deren gewinnbringende Glattstellung zu niedrigeren Kursen jedoch durch den kurserhöhenden Effekt der exogen determinierten Kaufaufträge verhindert wird. Schließlich zeigt sich in Periode 4 die additive Wirkung von fundamental begründeten Leerverkäufen und noise-induzierten Verkäufen. Der Ertrag aus der zu einem niedrigeren Kurs möglichen Glattstellung einer leerverkauften Position, der im Moment der Veröffentlichung der teilweise monopolisierten Informationen realisiert werden kann, steigt durch den kurssenkenden Effekt der exogen determinierten Verkäufe.

Die Indexdifferenzen zwischen den Modelläufen mit exogenen und ohne exogene Transaktionen bei heterogenen Informationen sind in Abbildung 23 ausgewiesen, in die die Kurvenzüge aus Abbildung 21 zum Vergleich aufgenommen worden sind. Die Notwendigkeit zur Aufnahme zusätzlicher Unternehmensanteile führt bei heterogenen Informationsständen <u>durchgehend</u> zu geringeren Kursabschlägen, womit sich ein zusätzlicher Effekt der Informationsheterogenität offenbart, da deren generell zu beobachtende kurssteigernde Wirkung durch die Differenzenbildung korrigiert wird.

---

313) Vgl. Abbildung 20.

Die von den exogenen Investoren abzugebenden Titel werden von
den informationsbeschaffenden Investoren auf der Grundlage der
gleichen Informationen bewertet wie die bereits vorhandenen
Anteile und partizipieren anteilig an der kurserhöhenden Wirkung heterogener Informationsstände. Die Distanz zwischen den
Kurvenzügen, die die Indexdifferenzen widerspiegelt, entspricht somit dem auf die abgegebenen Titel entfallenden kurssteigernden Effekt nicht-homogener Informationen.

Abb. 23: Indexdifferenzen vergleichbarer Modelläufe ohne und
          mit Nachfrager-Noise bei homogenen und heterogenen
          Informationen der endogenen Investoren und kumulierte
          Transaktionssalden (Marktpreise als Kontraktgrundlage
          der exogenen Investoren)

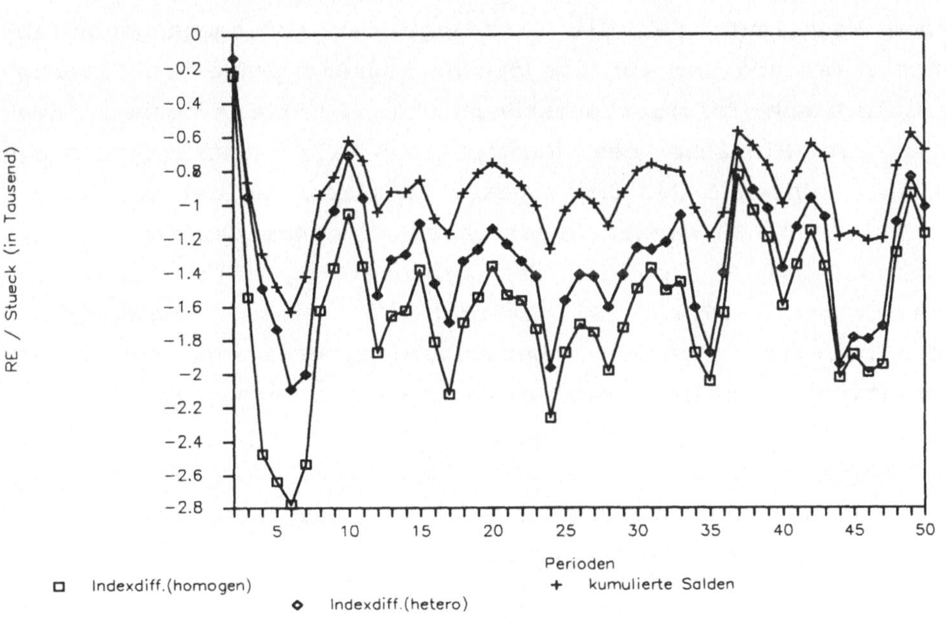

10.4. Alternative Informationsstrategien der Nachfrager von Transformationsleistungen

10.4.1. Transaktionsergebnisse bei Hinnahme des Marktpreises

Die Generierung der zufällig auftretenden Transaktionswünsche nach dem Modus des Nachfrager-Noise führt zu insgesamt 93 zusammenhängenden Umsatzpaaren, die sich jeweils aus einem Wertpapierkauf und einem Wertpapierverkauf zusammensetzen[314]. Da sowohl die Transaktionsvolumina als auch die in den Kauf- und Verkaufsperioden herrschenden Kurse bekannt sind, lassen sich die Ergebnisse dieser zeitlich begrenzten Anlagen in riskante Titel sowohl einzeln als auch insgesamt ermitteln.

In dem Modellauf, der die Grundlage der vorangegangenen Abschnitte war und der für die den Marktpreis prägenden Investoren heterogene Informationsstände und für die exogenen Investoren die Hinnahme des Marktpreises als Kontraktgrundlage vorsieht, führen 5 der Umsatzpaare zu einem Verlust von insgesamt 3.767 RE, 88 dieser Umsatzpaare zu einem Gewinn von insgesamt 420.241 RE, so daß der Gesamtertrag aller zufälligen Transaktionen 416.474 RE beträgt[315]. Diese Ertragsgrößen werden bei der folgenden Untersuchung alternativer Formen der Informationsbeschaffung als Vergleichsgröße herangezogen.

10.4.2. Transaktionsergebnisse bei Verwendung allgemein zu gänglicher Informationen

Die Konzentration der Kontraktwünsche einer Vielzahl von Kapitalanlegern- und nachfragern eröffnet die Möglichkeit, auf der Basis des Marktpreises als Aggregat aller individuellen Informationsstände unter Verzicht auf die sonst nötige Informati-

---

314) Bei der zu diesem Konzept der isolierten Betrachtung einzelner Transaktionspaare alternativen Sichtweise, die Identität der die zufälligen Transaktionen tragenden Investoren beizubehalten, wären die Einzelgeschäfte den jeweiligen Investoren zuzuordnen und aufzusummieren. Ein Vergleich mit der Wertentwicklung des permanent gehaltenen Startportefeuilles ist allerdings nur noch bedingt möglich.

315) Die von den zufällig auftretenden Investoren zum Ende des Modellaufes gehaltenen Anteile werden zu den Schlußkursen des Modellaufes bewertet.

onsbeschaffung Transaktionen abzuschließen. Die auf Seiten der
aktiv an der Preisfindung beteiligten Investoren anfallenden
und über den Szenarioeffekt hinausgehenden Mehrerträge, die
aus Sicht der exogen determinierten Marktteilnehmer den Kosten
der Institutionennutzung entsprechen, beruhen auf der ständigen Bereitschaft, Unternehmensanteile aus dem bisherigen Bestand abzugeben oder zusätzlich aufzunehmen, sind damit nur
indirektes Entgelt für die Informationsbeschaffung und nicht
spezifisch für die Nutzung des Marktpreises als Kontraktgrundlage. Fraglich bleibt, ob der mit der Nutzung des Marktpreises
verbundene vollständige Verzicht auf Informationsbeschaffung
gegenüber den alternativen Strategien, lediglich die kostenfrei veröffentlichten Informationen zu nutzen, von Vorteil
ist.

Die Verwendung der periodenweise frei zugänglichen Informationen als Entscheidungsgrundlage für den Kauf von Wertpapieren -
Verkäufe werden weiterhin zum Marktpreis vorgenommen - schafft
unter den in einer Periode auftretenden exogen bestimmten Käu-
fern homogene Informationsstände. Dementsprechend stehen deren
Portefeuillestrukturen in einem Verhältnis, das dem Verhältnis
der betreffenden Risikoaversionsparameter entspricht. Da die
exogen ausgelösten Transaktionswünsche nun mit Informationen
unterlegt sind, nehmen die exogenen Investoren am Kursfindungsprozeß teil und es ergeben sich Portefeuillestrukturen,
die sich von den gleichgewichtigen Startportefeuilles signifikant unterscheiden, obwohl die Risikoaversion dieser Investoren unverändert bleibt.

Der Rückgriff auf kostenfrei zugängliche Informationen führt
durchschnittlich zu einer deutlichen Ergebnisverschlechterung.
11 Investoren, die ihren Anlageerfolg im Durchschnitt verbessern können, stehen 82 Investoren gegenüber, die eine durchschnittlich stärker ausgeprägte Ergebnisminderung hinnehmen
müssen. Insgesamt verschlechtern sich die nur zeitweise im
Markt aktiven Anleger gegenüber der Verwendung des Marktpreises als Kontraktgrundlage um insgesamt 186.985 RE und durchschnittlich um 2.011 RE, entsprechend 44,9 % des Ergebnisses
der alternativen Verfahrensweise.

Der Vergleich mit den Ergebnissen, die bei ausschließlicher Verwendung des Marktpreises erzielt werden können, ist allerdings nicht vollständig exakt. Das auf weniger aktive Marktteilnehmer aufzuteilende Volumen an umlaufenden Titeln führt in Verbindung mit dem davon ausgelösten niedrigeren Kursniveau dazu, daß die auf der Grundlage veröffentlichter Informationen handelnden Investoren im Durchschnitt etwas mehr Titel aufnehmen als bei der Orientierung an starren Marktportefeuilleanteilen[316].

Das veränderte Verhalten der exogenen Marktteilnehmer hinterläßt nahezu keine Spuren im Indexverlauf[317]. Die Verschlechterung der Ergebnisse der exogenen Transaktionen vollzieht sich ganz überwiegend auf der Portefeuille-Ebene, was die von Beaver (1981) und Latham (1986) vorgetragene Forderung, Portefeuillestrukturen bei der Untersuchung von Informationseffizienz auf Wertpapiermärkten zu berücksichtigen, stützt.

Obwohl eine Ergebnisverschlechterung bei Rückgriff auf allgemein verfügbare Informationen auf Grund der im Modell verwendeten Form der Informationsbereitstellung zu erwarten war, ist sie in gewisser Weise überraschend. Die Preisänderungsimplikationen der teilweise monopolisierten Informationen beziehen sich _direkt_ lediglich auf die unmittelbare Folgeperiode. Je länger die auf der Grundlage der frei verfügbaren Informationen entstandenen Portefeuilles in unveränderter Form gehalten werden, desto weniger stark sollten die Auswirkungen der teilmonopolisierten Informationen spürbar sein und desto mehr sollte das Ergebnis dieser Portefeuillestrukturen dem Zufall unterliegen. Statt einer ausgeprägten Benachteiligung der auf der Grundlage öffentlicher Informationen handelnden Investoren wäre im Mehrperiodenzusammenhang eher eine annähernde Gleichverteilung zwischen Gewinnern und Verlierern dieser Verhaltensweise zu erwarten gewesen.

---

316) Vgl. Gleichung (41). Für die im folgenden Kapitel analysierte Unterlegung der exogenen Transaktionen mit dezentral beschafften Informationen gilt das Gleiche.
317) Vgl. Abbildung 81 im Anhang.

Die systematische Schlechterstellung der exogenen Marktteilnehmer ergibt sich aus dem Zusammenwirken mehrerer Effekte. Verfügen die sich informierenden Investoren über Informationen, die auf eine Verbesserung der Unternehmenslage hindeuten, so wird deren erhöhte Nachfrage den Kurs des betreffenden Titels erhöhen. Die in dieser Periode als Käufer auftretenden exogen bestimmten Investoren, denen die Informationsänderung verborgen bleibt, engagieren sich daraufhin weniger stark in diesem Unternehmen als bei einem Kauf eines Anteils am Marktportefeuille. Da sie am Markt zwar <u>per Saldo</u> als Käufer auftreten, ihre Portefeuillestruktur jedoch auf der Grundlage ihrer Risikoaversion und der verfügbaren Informationslage gestalten, sind sogar Leerverkäufe möglich. Signalisieren die teil-monopolisierten Informationen eine Ergebnisverschlechterung, so sind die Inhaber dieser Informationen bestrebt, die Anteile des betreffenden Unternehmens abzugeben, und der auf der Basis der frei verfügbaren Informationen unerklärbare Kursrückgang führt zu einer bereitwilligen Aufnahme dieser Titel durch die in dieser Periode zufällig als Käufer auftretenden Marktteilnehmer.

Während beim exogen bestimmten Kauf eines risikoadäquaten Anteils am Marktportefeuille die Informationsvorteile der informationsbeschaffenden Anleger tendenziell nivelliert werden - ein zufälliger Kauf bei positiven Informationen senkt deren Vorteil, ein zufälliger Kauf bei negativen Informationen erhöht ihn -, kommen diese bei Transaktionen, die auf frei verfügbaren Informationen beruhen, voll zur Geltung. Investoren, die auf zusätzliche Informationsbeschaffung verzichten, halten von Unternehmen mit einer erwarteten positiven Entwicklung besonders wenig, von Unternehmen mit einer erwarteten negativen Entwicklung besonders viele Anteile.

Sofern sich die erwartete Ertragssituation der Unternehmenstitel innerhalb des Zeitraums, in dem sie von den exogenen Marktteilnehmern gehalten werden, nicht signifikant ändert, beeinflußt auch die beim Verkauf der Titel entstehende Marktkonstellation deren Erträge in negativer Weise. Anteile von Unternehmen mit schwacher Ertragsentwicklung werden, da in großer Zahl vorhanden, an den Markt abgegeben, womit der Kurs zusätzlich gedrückt wird, und leerverkaufte Positionen an prosperierenden Unternehmen müssen mit kurserhöhender Wirkung durch Rückkauf glattgestellt werden.

Zudem entfällt bei einer informationsorientierten Ausprägung der exogenen Transaktionen ein Teil der Transformationsleistungen, die _von_ exogenen Investoren _für_ exogene Investoren erbracht werden können. Korrespondierende Kauf- und Verkaufswünsche dieser Investoren werden stets zum Marktpreis abgewickelt und in diesem Umfang erfolgt die Nutzung des Marktpreises als Kontraktgrundlage in strengem Sinne kostenfrei. Das Volumen der sich genau entsprechenden zufälligen Kauf- und Verkaufswünsche nimmt bei einer Abweichung von den Strukturen des Marktportefeuilles ab, und ein größerer Teil des exogen ausgelösten Transaktionsvolumens unterliegt den Ertragswirkungen der dezentral beschafften Informationen.

Diese Effekte wirken um so deutlicher, je kürzer die Halteperioden der jeweiligen Depots ausfallen und je ausgeprägter die in den jeweiligen Perioden dem Gesamtmarkt vorliegenden Informationen divergieren. Die Ergebnisverbesserung einiger weniger Umsatzpaare, die auf der Basis der frei verfügbaren Informationen entstehen, beruht auf einem Mangel an eindeutigen Preisänderungsimplikationen in den jeweiligen Kauf-Perioden, der der eigentlich erwarteten zufälligen, negativen wie positiven Ertragsentwicklung freieren Lauf läßt. Zudem liegt der durchschnittliche Zeitraum, über den hinweg diese Portefeuilles gehalten werden, über der durchschnittlichen Haltedauer aller zufällig generierten Transaktionen[318].

Die Vorteilhaftigkeit der Verwendung des Marktpreises als Kontraktgrundlage gegenüber der Nutzung frei und kostenlos verfügbarer Informationen bleibt in allen anderen Konjunktur-Szenarien erhalten und ist somit von diesen _unabhängig_. Die minimale Abweichung, die im Sinus-Szenario auftritt, beträgt

---

318) Die durchschnittliche Haltedauer der Portefeuilles mit verbesserter Ertragslage liegt bei 5,27, diejenige aller Portefeuilles bei 4,69.

90.306 RE, die maximale wird mit 152.762 RE im negativen Szenario erzielt.

Die aus diesem Ergebnis abzuleitende Maxime, bei der Wahl zwischen Transaktionen, die entweder auf veröffentlichten Informationen beruhen können oder sich lediglich auf den Marktpreis stützen, der Wahl des Marktpreises stets den Vorzug zu geben, läßt sich auf reale Märkte nur mit einiger Vorsicht übertragen. Das im Modell verwendete Preisfindungsverfahren ist idealtypisch. Zwischen den sich informierenden Anlegern, die die entstehenden Kurse maßgeblich beeinflussen, herrscht <u>vollständige</u> <u>Konkurrenz</u>. Exogen bestimmte Transaktionen werden weder als solche erkannt, noch besteht das Bestreben, sie als solche zu erkennen, sie werden weder antizipiert noch zu Kursmanipulationen benutzt. Die <u>Konkurrenz</u> um die bestmögliche Nutzung wahrgenommer Kursänderungsimplikationen bezieht sich auch auf die Möglichkeit, das bei ausschließlicher Verwendung des Marktpreises bewußt in Kauf genommene Unwissen der exogen agierenden Investoren gewinnsteigernd zu nutzen. Über diese ausschließliche Orientierung an fundamentalen Informationen hinaus reduziert auch die <u>Bündelung</u> aller Transaktionswünsche auf einen Zeitpunkt die Aussichten, einen uninformierten Anleger zu erkennen und ihn auf Grund spezifischer Informationsvorteile <u>gezielt</u> zu benachteiligen.

Die perfekte Informationstransformationsfunktion eines zentralen Treffpunktes für Kapitalanleger und -nachfrager in Gestalt der institutionalisierten Marktform Börse, die sich hier ohne einengende Annahmen bezüglich der Informiertheit der Marktteilnehmer zeigen läßt, dürfte auf realen Börsenmärkten um so weniger gegeben sein,

- <u>je weniger Marktteilnehmer um die bestmögliche Verwertung ihrer Informationen konkurrieren</u> und

- <u>je weniger die Transaktionswünsche räumlich und zeitlich gebündelt</u> werden.

10.4.3. Transaktionsergebnisse bei dezentraler Informations-beschaffung

Gegenüber den passiven Strategien, sich ausschließlich auf eine angenäherte Markteffizienz zu verlassen oder lediglich die ohnehin verfügbaren Informationen auszuwerten, verbleibt als weitere Verhaltensregel die aktive Informationsbeschaffung. Zu den exogen determinierten Kaufzeitpunkten, die gegenüber den bisher betrachteten Varianten unverändert bleiben, werden den Investoren diejenigen Informationen kostenfrei zur Verfügung gestellt, die sie auch bei kontinuierlicher Teilnahme am Handel erhalten würden. Die entsprechenden Verkäufe werden wiederum zum Marktpreis abgewickelt.

Die aktive Informationsbeschaffung führt gegenüber der Strategie, Käufe zum <u>Marktpreis</u> durchzuführen, für die Summe aller zufälligen Transaktionen zu einer <u>Verbesserung</u> um 35.184 RE, die zu Lasten der ständig am Handel beteiligten Investoren realisiert werden kann. Auch der Ertrag der exogenen Transaktionen ist nun an die Preisänderungsimplikationen gebunden, die die in den jeweiligen Kaufperioden vorliegenden Informationen beinhalten. In 51 Umsatzpaaren kann ein Mehrertrag von insgesamt 124.505 RE realisiert werden, während 42 Umsatzpaare zu Verlusten in Höhe von insgesamt 89.320 RE führen.

Obwohl das <u>Umverteilungsvolumen</u> gegenüber der Verwendung homogener Informationen als Kontraktgrundlage <u>abnimmt</u>, weicht die Index-Entwicklung <u>stärker</u> von derjenigen ab, die sich bei ausschließlicher Nutzung des Marktpreises ergibt. Abbildung 24 zeigt die Indexdifferenzen zwischen dem Modellauf, der den exogen bestimmten Investoren die Beschaffung dezentraler Informationen gestattet, und dem Modellauf ohne zufällige Transaktionen. Der mittlere Kurvenzug aus Abbildung 23 ist zum Vergleich ebenfalls in die Abbildung aufgenommen.

Während bei der Verwendung der frei zugänglichen Informationen die homogene Informiertheit der exogenen Investoren noch geringfügig diversifikationsfeindlicher ist als die starren Transaktionswünsche bei Verwendung des Marktpreises und somit

geringfügig stärkere Indexreaktionen auslöst, erweitert die
heterogene Informiertheit der exogenen Investoren die Diversifikationsmöglichkeiten des Gesamtmarktes wieder, so daß die
Indexreaktionen weniger heftig ausfallen. Der bereits bei der
Einführung heterogener Informationen für die 80 ständig im
Markt aktiven Investoren aufgefallene kursmoderierende Effekt
divergierender Informationsstände findet hier seine Entsprechung für die exogen bestimmten Investoren.

Abb. 24: Indexdifferenzen zwischen den Modelläufen mit Nach-
          frager-Noise, die jeweils den Marktpreis oder dezen-
          tral beschaffte Informationen zur Grundlage habe, und
          dem Modellauf ohne exogene Transaktionen (heterogene
          Informationsstände der endogenen Investoren)

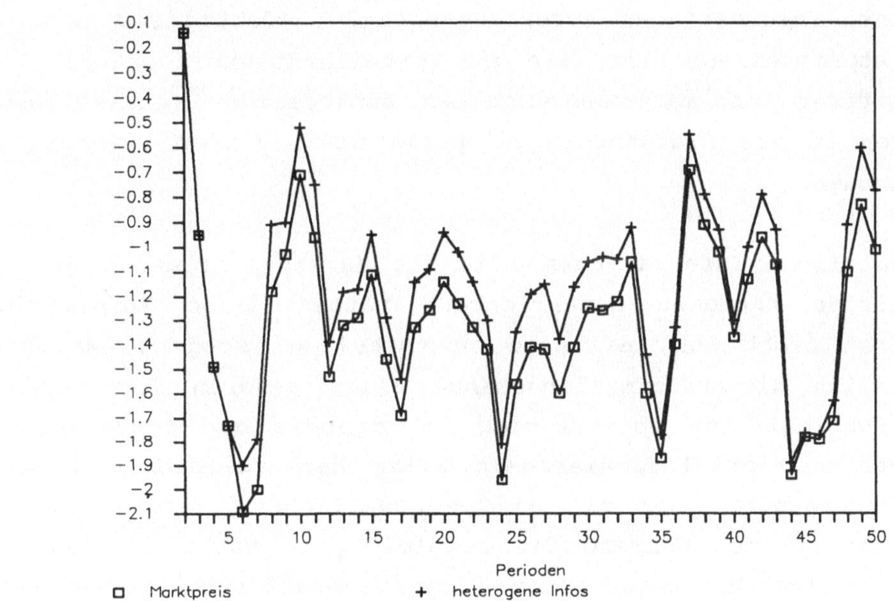

Die Verwendung dezentral beschaffter Informationen führt in
allen Konjunktur-Szenarien dieses Modells zu höheren Vermögensendwerten der zufällig generierten Umsatzpaare als bei einem Rückgriff auf die allgemein verfügbaren Informationen.
Dies gilt jedoch nicht im Vergleich zu den Vermögensendwerten,
die bei einer Hinnahme des Marktpreises zu erzielen sind.
Lediglich in drei der insgesamt sieben Vergleichs-Szenarien
führt die Verwendung dezentral beschaffter Informationen zu
einem insgesamt höheren Ertrag, wobei diese Ergebnisverbesse-

rung im Tief-Hoch-Szenario mit 94.674 RE am deutlichsten ausfällt. In den verbleibenden vier Konjunktur-Szenarien ist die
Verwendung des Marktpreises auch gegenüber der Beschaffung
teilmonopolisierter Informationen von Vorteil, was sich im Ne-
gativ-Szenario mit einer Ergebnisdifferenz von 96.804 RE am
ausgeprägtesten zeigt.

Der Ertrag der auf dezentral beschafften Informationen beruhenden Transaktionen wird auch bei unregelmäßiger Marktteilnahme von den Preisänderungsimplikationen geprägt, die mit den
individuell gegebenen Informationsständen verbunden sind, und
die in den alternativen Konjunktur-Szenarien unterschiedliche
Ausprägungen annehmen. Während der Vergleich der Verfahrensweisen, entweder den Marktpreis zu nutzen oder auf veröffentlichte Informationen zurückzugreifen, eindeutig zugunsten des
Marktpreises. ausfällt, ist die Vorteilhaftigkeit dezentral beschaffter Informationen auch bei punktuellen Transaktionswünschen an die Preisänderungsimplikationen dieser Informationen
gebunden.

Zusätzliche Informationen, die die Marktteilnehmer über diese
Preisimplikationen unterrichten, hätten diese Informationen
selbst nicht nur teilweise zu enthalten, sondern hätten zusätzlich die Informationsstände aller anderen Investoren zu
berücksichtigen, so daß sich im Ergebnis die Forderung nach
einer a-priori-Informiertheit aller Marktteilnehmer in einem
Umfang ergibt, der mit diesem Modellansatz gerade vermieden
werden sollte. Während die regelmäßig im Markt aktiven Investoren aus den Ergebnissen ihrer Transaktionen ex-ante nicht
verfügbare Informationen über die durchschnittlichen Preisänderungsimplikationen ihrer fundamentalen Informationen zumindest ex-post gewinnen, bleibt diese Möglichkeit den zufällig
und unregelmäßig auftretenden Marktteilnehmern verwehrt. Der
Erfolg der Informationsbeschaffung dieser Investoren wird somit von einer Zufälligkeit geprägt, die nicht zufriedenstellen
kann.

Wenn aber mit der ständigen Informationsbeschaffung auf dem
Wege einer Rückkopplung über das Marktergebnis die Möglichkeit

verbunden ist, etwas über die Qualität der beschafften Informationen zu lernen, dann entsteht die Frage, ob die Konsequenz dieses Lernens, der Rückzug aus dem Marktgeschehen bei anhaltenden Verlusten, nicht Auswirkungen auf die Vorteilhaftigkeit der den exogenen Investoren zur Verfügung stehenden alternativen Kontraktgrundlagen hat. Da zu vermuten ist, daß sich die drei Rückzugsstrategien REBUY, HOLD und SELL unterschiedlich auswirken, sind sie jeweils unter der Annahme zufälliger Käufe zu Marktpreisen, auf der Grundlage von allgemein zugänglichen und von teilmonopolisierten Informationen zu untersuchen.

10.4.4. Alternative Informationsstrategien der Nachfrager und REBUY-Strategie der Anbieter von Transformationsleistungen

Die Einführung exogener Transaktionen führt bei heterogenen Informationsständen der ständig am Handel teilnehmenden Investoren mit einer Ausnahme zu einem Vermögenszuwachs dieser Investoren. Dieser Mehrertrag kann Verluste, die durch Informationsnachteile ausgelöst werden, jedoch in der Regel nicht ausgleichen. Tabelle 6 weist die Vermögensabweichungen der aktiven Marktteilnehmer aus, die sich zwischen den Endvermögen bei einer Teilnahme am Handel mit exogenen Investoren, die den <u>Marktpreis</u> als Kontraktgrundlage verwenden, und dem Wert des unveränderten und zu Schlußkursen bewerteten Startportefeuilles ergeben.

Tabelle 6: Vermögensabweichungen der aktiven Marktteilnehmer bei heterogenen Informationen und exogenen Transaktionen (Marktpreis) im Vergleich zu einer reinen Haltestrategie

(A)	(B)	(C)	(D)	(A)	(B)	(C)	(D)
1	80	571	77039.02	41	33	633	4126.99
2	89	701	68331.75	42	56	254	3670.61
3	69	701	62932.26	43	99	232	2519.74
4	26	668	62697.96	44	71	175	2231.77
5	94	385	51974.01	45	44	268	2120.56
6	50	636	51768.03	46	95	512	1293.73
7	76	428	51160.21	47	55	681	935.72
8	51	541	44655.56	48	29	365	576.49
9	41	746	35549.65	49	40	124	-14.08
10	59	447	32472.62	50	43	302	-1529.51
11	97	423	30746.56	51	60	245	-1688.33
12	21	607	29770.74	52	100	99	-1811.40
13	93	709	29636.06	53	83	172	-1969.30
14	27	613	28503.55	54	72	317	-2319.61
15	66	608	26818.63	55	28	146	-4062.77
16	98	665	26313.33	56	39	717	-4064.04
17	87	277	24558.38	57	68	304	-4283.61
18	92	662	21067.42	58	73	417	-4664.88
19	88	453	20117.58	59	65	255	-4699.43
20	25	340	18303.91	60	36	431	-5325.61
21	48	579	17587.33	61	91	681	-7050.65
22	42	112	14155.96	62	96	91	-7580.89
23	74	350	13449.72	63	63	502	-7971.88
24	78	148	13271.53	64	46	327	-9318.70
25	86	164	13077.91	65	49	483	-11627.57
26	82	170	12549.62	66	61	592	-11936.28
27	47	180	12287.53	67	45	410	-12688.57
28	30	338	12279.28	68	58	318	-13638.97
29	85	395	12193.09	69	52	531	-14627.22
30	62	112	11076.72	70	34	430	-15195.72
31	54	442	10192.93	71	31	515	-20561.34
32	64	584	10182.69	72	75	481	-24109.29
33	22	222	9913.35	73	77	537	-24388.71
34	79	113	9086.70	74	57	292	-24903.66
35	84	183	6342.53	75	38	433	-28379.49
36	90	116	6170.70	76	32	501	-28607.39
37	81	459	5678.82	77	67	733	-33189.68
38	37	92	5441.74	78	24	633	-35531.43
39	53	390	5366.74	79	70	623	-54198.12
40	35	416	4375.36	80	23	723	-78485.98

(A) Laufende Nummer   (B) Investorennummer
(C) Risikoaversionsparameter   (D) Vermögenszuwachs

Die ständige Teilnahme am Handel ist für 31 der insgesamt 80 Marktteilnehmer, die durch Informationsbeschaffung zur Feststellung des Marktpreises beitragen, weniger ertragreich als eine Strategie der Untätigkeit, die auf dem Halten des unver-

änderten Startportefeuilles beruht. Investoren, deren Handelsaktivitäten im Vergleich zu einer reinen Halte-Strategie zu
Verlusten in einer nicht mehr tolerierten Höhe führen, wird es
nun wie in Abschnitt 9.2 gestattet, auf diese Verluste mit einem Verzicht auf die weitere Teilnahme am Handel zu reagieren,
der mit einer Rekonstruktion des Startportefeuilles verbunden
ist[319].

Diese Strategie der aktiven Marktteilnehmer führt im Vergleich
zum Modellauf ohne Strategie-Option zu einer durchschnittlichen Ergebnisverschlechterung der _zufälligen_ _Transaktionen_ um
138 RE, entsprechend einem totalen Ergebnisrückgang um 12.788
RE, wobei 31 Umsatzpaare zu Gewinnen in Höhe von 7.103 RE und
62 Umsatzpaare zu Verlusten von insgesamt 19.891 RE führen. Da
sowohl das Konjunktur-Szenario, die Ausprägung der individuellen Informationsstände als auch Umfang und Frequenz der zufälligen Transaktionen unverändert bleiben, muß diese Ergebnisverschlechterung durch den Marktrückzug einzelner Investoren
ausgelöst worden sein.

Die Ursachen für diese Ergebnisverschlechterung sind Abbildung
25 zu entnehmen. Sie enthält die Indexdifferenzen zwischen den
Modelläufen mit und ohne REBUY-Option und dem Modellauf ohne
exogene Transaktionen. Der Kurvenzug der kumulierten Transaktionssalden ist zum Vergleich ebenfalls in die Abbildung aufgenommen. Die Indexdifferenzen weichen erstmalig in der 9. Periode, in der der erste endogene Anleger den Markt verläßt,
voneinander ab. In der Folge sinkt das Index-Niveau des
Modellaufes mit Strategie-Option tendenziell ab, und die
Marktreaktionen auf die zufällig generierten Transaktionssalden fallen deutlicher aus.

---

319) Bei dieser und allen folgenden Strategie-Ausprägungen wird wiederum
     eine Verlusttoleranz von 5% angenommen.

Abb. 25: Indexdifferenzen zwischen den Modelläufen mit Nachfrager-Noise, die die REBUY-Option einmal zulassen
und einmal nicht, und dem Modellauf ohne exogene
Transaktionen (heterogene Informationsstände der endogenen Investoren und Marktpreise als Kontraktgrundlage der exogenen Investoren)

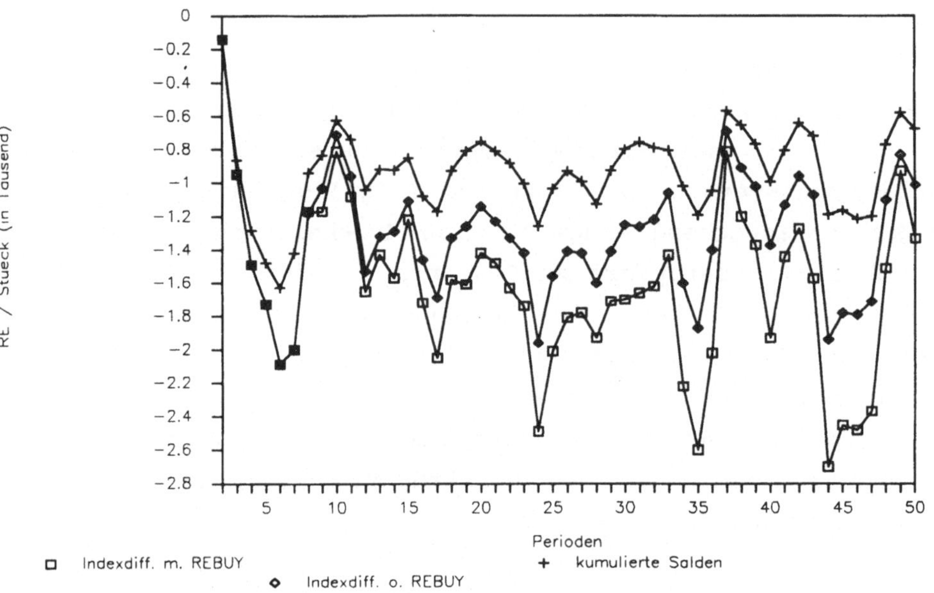

Die sich mit zunehmender Deutlichkeit zeigende <u>Abnahme</u> des In-
dex-Niveaus wird durch die Besonderheit des Nachfrager-Noise
ausgelöst. Nach diesem Modus der Generierung zufälliger Transaktionen geben die exogenen Investoren per Saldo durchgehend
Anteile ab, die von den aktiven Marktteilnehmern aufgenommen
werden. Zieht sich einer dieser Marktteilnehmer auf den zum
Modellstart nutzenoptimalen Anteil an allen umlaufenden Unternehmensanteilen zurück, so haben die verbleibenden Investoren
dessen Anteil an den von den zufällig auftretenden Marktteilnehmern abgegebenen Titeln zusätzlich zu übernehmen. Das mit
den abgegebenen Titeln insgesamt verbundene, szenariobestimmte
und damit fundamentale Risiko verteilt sich nun auf abermals
weniger Anleger, die darauf mit der Forderung nach einer erhöhten Risikoprämie reagieren. Bei unveränderter wirtschaftlicher Situation der Unternehmen ist diese erhöhte Risikoprämie
nur durch ein Absenken der Kurse zu realisieren[320].

---

320) Reale Börsenmärkte lassen sich bereits durch die <u>Möglichkeit</u> exogener
Transaktionen beunruhigen, wenn diese einen gewissen Umfang zu errei-

Die mit <u>abnehmender</u> Anzahl aktiver Marktteilnehmer <u>zunehmende</u> Reaktion des Index auf exogene Transaktionssalden ist auf den gleichen Wirkungszusammenhang zurückzuführen, vom Modus der Noise-Generierung dagegen unabhängig. Je kleiner die Anzahl der Marktteilnehmer ist, die durch ihre ständige Handelsbereitschaft als Puffer für die exogen ausgelösten Transaktionswünsche dienen, desto stärker wirkt sich ein zufällig auftretender Verkaufswunsch (Kaufwunsch) kurssenkend (kurssteigernd) aus.

Die zunehmende Kursreagibilität hat unmittelbare Ertragswirkungen, wie die Betrachtung der durchschnittlichen Erträge, die sich in einer Periode durch den Abschluß zufälliger Transaktionen auf dem Wege des Verkaufs des gesamten Bestandes ergeben, zeigt[321]. Abbildung 26 enthält die Differenzen dieser durchschnittlichen Erträge in den Modelläufen ohne und mit Berücksichtigung der REBUY-Strategie. Bis zum Zeitpunkt des ersten Marktaustrittes sind diese Differenzen naturgemäß Null, da sich die Modelläufe bis dorthin nicht unterscheiden. Sie sind darüberhinaus in den Perioden 10, 41 und 48 Null, da in diesen Perioden keine zufälligen Verkaufstransaktionen auftreten. In der Mehrzahl der verbleibenden Perioden sind die Differenzen dagegen negativ, wobei besonders die mit zunehmendem Zeitverlauf immer stärker ausgeprägten Ausschläge auffallen.

---

chen drohen. So stand zu befürchten, daß sich die Herrscher des Emirats Kuweit zur <u>Finanzierung des Golf-Krieges</u> von Teilen ihres deutschen Industriebesitzes trennen könnten. Ohne eine grundsätzliche Änderung in den wirtschaftlichen Verhältnissen der betreffenden Unternehmen wurden Kurseinbußen allein dadurch befürchtet, daß bislang fest plazierte Titel unter den <u>"ständig im Markt aktiven Investoren"</u> aufzuteilen wären. Sowohl Anlaß wie auch Wirkungsweise dieser - lediglich erwarteten - exogenen Transaktionen entsprechen der in dieser Arbeit verfolgten Konzeption.

321) Die Auswirkungen der REBUY-Strategie auf die weiterhin im Handel vertretenen Marktteilnehmer werden in Abschnitt 11.2 analysiert.

Abb. 26: Differenzen der durchschnittlichen Erträge exogen generierter Umsatzpaare in den Modelläufen ohne und mit
Berücksichtigung der REBUY-Strategie (heterogene Informationsstände der endogenen Investoren und Marktpreise als Kontraktgrundlage der exogenen Investoren)

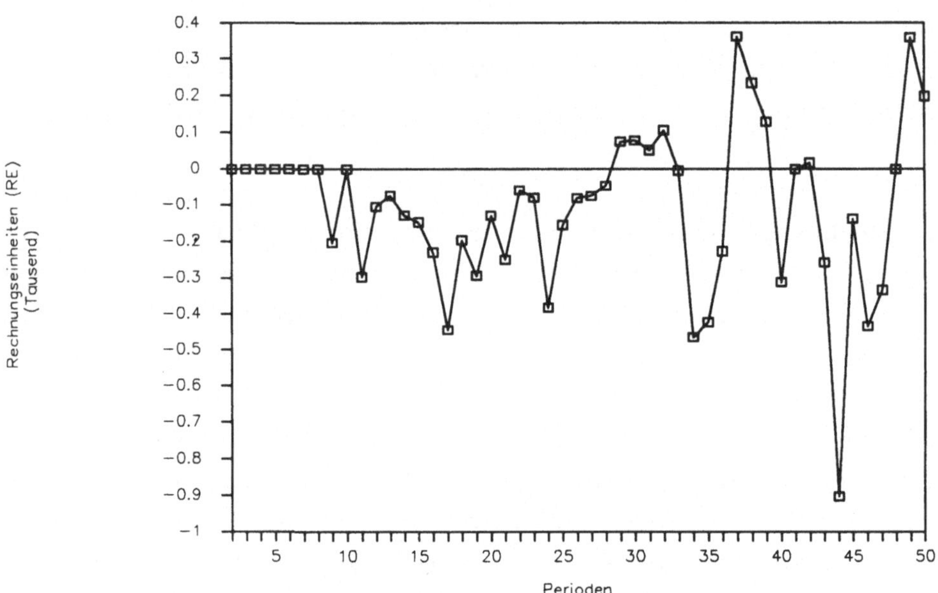

Die Verwendung der **allgemein zugänglichen** Informationen führt
gegenüber der Verwendung des Marktpreises auch bei Berücksichtigung der REBUY-Option der endogenen Marktteilnehmer zu einer
deutlichen Ergebnisverschlechterung der exogenen Transaktionen
in Höhe von 198.613 RE. Die Wirkung der REBUY-Option läßt sich
durch den Vergleich der Modelläufe ohne und mit Strategieoption isolieren. 77 Umsatzpaare haben einen Ergebnisrückgang
von 29.271 RE zu verzeichnen, 16 Umsatzpaare zeitigen eine Er-
gebniszunahme von insgesamt 4.855 RE. Im Durchschnitt aller
Umsatzpaare ergibt sich somit ein Ergebnisrückgang von 263 RE,
wobei die sich ergebenden Indexabweichungen im Vergleich zum
Modellauf ohne REBUY-Strategie von den Auswirkungen der Marktrückzüge der endogenen Investoren geprägt sind[322].

Die Ergebnisrelationen zwischen der Verwendung des Marktpreises und der Verwendung allgemein zugänglicher Informationen
als Kontraktgrundlage der exogenen Transaktionen bleiben auch

---

322) Vgl. Abbildung 82 im Anhang.

bei der Einführung der REBUY-Strategie erhalten und sind somit von dieser unabhängig. Dieses Ergebnis war nicht unbedingt zu erwarten, da die Verwendung allgemein zugänglicher Informationen zusätzliche Effekte nach sich zieht, deren Auswirkungen auf das Transaktionsergebnis von komplexen Wirkungsmechanismen bestimmt wird. Die zufällig auftretenden Investoren beteiligen sich bei der Nutzung veröffentlichter Informationen am Kursbildungsprozeß. Das Volumen ihrer Kauftransaktionen nimmt bei <u>gleichbleibender</u> Risikoaversion und <u>zunehmender</u> <u>Anzahl</u> der <u>Marktaustritte</u> ebenfalls zu. Die exogenen Investoren sollten mit zunehmender Modellaufzeit somit in immer stärkerem Maß am szenariobedingten Wertzuwachs der Unternehmensanteile partizipieren. Andererseits eröffnet dieses erhöhte Transaktionsvolumen den Investoren mit Informationsvorteilen einen breiteren Spielraum zur Nutzung dieser Vorteile, wodurch die stärkere Teilnahme am Wertzuwachs der Unternehmen überkompensiert wird.

Ferner sollte der erhöhte Umfang der Kauftransaktionen einen Teil der kurssenkenden Wirkung abfangen, der von den Marktrückzügen ausgelöst wird. Allerdings schränken die höheren Volumina <u>der homogen</u> <u>informierten</u> exogenen Investoren in einem reduzierten Feld ständig informationsbeschaffender Investoren die von den heterogenen Informationsständen verursachten Diversifikationsmöglichkeiten immer weiter ein. Die gegenläufigen Effekte heben sich im Marktzusammenhang nahezu vollständig auf, so daß keine signifikante Beeinflussung des Kursgefüges festzustellen ist.

Ein zusätzlicher Effekt wird von der REBUY-Strategie ausgelöst, wenn die zufällig ausgelösten Transaktionen durch <u>dezentral</u> <u>beschaffte</u> Informationen unterlegt werden. Durch die szenariospezifische Ausprägung[323] dieser Informationen dominiert deren Nutzung die Verwendung des Marktpreises, wobei der insgesamt erzielte Mehrertrag zu Lasten der Investoren reali-

---

[323] Im Gegensatz zu den Auswirkungen, die vom Nachfrager-Noise auf die Erträge der ständig im Markt vertretenen Investoren ausgehen und die an das Steigen der Kurse im <u>positiven</u> Konjunktur-Szenario gebunden sind, ist eine Dominanz der Verwendung dezentraler Informationen nicht an den Konjunktur-Verlauf, sondern an die spezifische Ausprägung der Informationsstände in den Kaufperioden der exogen determinierten Investoren gebunden.

siert wird, die ständig Informationen beschaffen. Dieser Effekt bleibt bei einer Einführung der REBUY-Option erhalten und führt gegenüber der Verwendung des Marktpreises (ebenfalls mit REBUY-Option) zu zusätzlichen Gewinnen von 20.410 RE. Der Marktrückzug von Investoren, die auf Grund von Informationsnachteilen Verluste in einer nicht mehr tolerierten Höhe hinnehmen müssen, belastet die Ergebnisse der zufällig auftretenden Investoren gegenüber der <u>strategiefreien</u> Modell-Variante allerdings nicht nur über die zunehmend heftigeren Index-Reaktionen auf deren Transaktionssalden, sondern zusätzlich über den Wegfall von Gewinnen, die im strategiefreien Modellauf durch Informationsvorteile erzielt werden können.

Dementsprechend werden die Erträge der exogen ausgelösten Umsatzpaare durch die Strategie des REBUY auch am stärksten reduziert. 27 Umsatzpaaren, deren Ergebnisse um insgesamt 7.298 RE zunehmen, stehen 66 Umsatzpaare gegenüber, die sich um insgesamt 34.861 RE verschlechtern, wobei auch in dieser Modell-Variante die sich ergebenden Indexabweichungen im Vergleich zum Modellauf ohne REBUY-Strategie von den Auswirkungen der Marktrückzüge der endogenen Investoren dominiert sind[324].

Obwohl sich die REBUY-Strategie auf alternative Formen des Informationsverhaltens der zufällig auftretenden Investoren unterschiedlich auswirkt, bleiben die in den strategiefreien Modelläufen ermittelten Ergebnisrelationen erhalten. Sowohl die Verwendung des Marktpreises als auch die Verwendung dezentral beschaffter Informationen als Kontraktgrundlage für exogene Transaktionen dominieren die Verwendung der frei zugänglichen Informationen. Die Vorteilhaftigkeit der Verwendung dezentral beschaffter Informationen gegenüber der Hinnahme des Marktpreises bleibt an die Preisänderungsimplikationen der jeweils verfügbaren Informationen gebunden und damit szenarioabhängig.

---

324) Vgl. Abbildung 83 im Anhang.

10.4.5. Alternative Informationsstrategien der Nachfrager und HOLD-Strategie der Anbieter von Transformationsleistungen

Die HOLD-Strategie unterscheidet sich von der REBUY-Strategie nur dadurch, daß die aus der aktiven Beteiligung am Marktgeschehen ausscheidenden Marktteilnehmer nicht mehr ihr Startportefeuille rekonstruieren, sondern sich auf das zum Zeitpunkt des Ausscheidens bestehende Portefeuille zurückziehen. Während als Konsequenz der REBUY-Strategie die Anzahl der umlaufenden Titel für alle Unternehmen gleichförmig abnimmt, zieht es die HOLD-Strategie nach sich, daß die Preisfindung auf der Basis unterschiedlich hoher Bestände an verfügbaren Titeln der Unternehmen erfolgt.

Die bei der Analyse der REBUY-Strategie ermittelten Ergebnisse werden hiervon strukturell nicht verändert. In Modelläufen, die die HOLD-Strategie jeweils berücksichtigen, führt die Verwendung der frei zugänglichen Informationen gegenüber der Verwendung des Marktpreises zu einem Ergebnisrückgang der zufälligen Transaktionen von insgesamt 202.756 RE und die Verwendung dezentral beschaffter Informationen führt zu einem Mehrertrag von 21.929 RE. Im Vergleich der Modelläufe ohne und mit Strategie-Option zeigt sich wiederum der durchgehend ergebnisreduzierende Effekt der Marktrückzüge der endogenen Investoren. Die Ergebnisse der exogenen Transaktionen nehmen bei Verwendung des Marktpreises um 8.897 RE ab, bei Verwendung der allgemein verfügbaren Informationen um 24.681 RE und bei dezentraler Informationsbeschaffung um 22.153 RE.

10.4.6. Alternative Informationsstrategien der Nachfrager und SELL-Strategie der Anbieter von Transformationsleistungen

Die atypische SELL-Strategie, bei der von Handelsverlusten betroffene Investoren ihre Anteile verkaufen und somit ihre Bereitschaft, riskante Titel zu halten, ganz grundsätzlich aufgeben, führt zu einer stärkeren Reaktion der Kurse auf die zufällig generierten Transaktionen. Wie in den REBUY- und HOLD-Strategien wird das Feld der Teilnehmer, die als Puffer für die Abgabe- und Aufnahme-Salden der exogenen Investoren dienen, immer kleiner. Zusätzlich bewirken die Verkäufe der den Markt verlassenden Investoren eine stärkere Konzentration der Unternehmensrisiken unter den weiterhin aktiven Marktteilnehmern, für die nicht erkennbar ist, ob es sich bei auftretenden Verkaufswünschen um informations-induzierte, noise-induzierte oder strategie-induzierte Transaktionen handelt. Das Zusammenwirken dieser Effekte wird aus Abbildung 27 deutlich, die die Indexdifferenzen zwischen dem Modellauf ohne Strategie-Option (und ohne Noise) und den Modelläufen mit REBUY-Strategie und SELL-Strategie - beide unter Verwendung des Marktpreises für die zufälligen Transaktionen - gegenübergestellt. Mit zunehmender Anzahl der Marktaustritte sinkt das Kursniveau deutlich und die Kursreaktionen werden immer heftiger.

Abb. 27: Indexdifferenzen zwischen den Modelläufen mit Nachfrager-Noise, die einmal die REBUY- und einmal die SELL-Strategie zulassen, und dem Modellauf ohne exogene Transaktionen (heterogene Informationsstände der endogenen Investoren und Marktpreise als Kontraktgrundlage der exogenen Investoren)

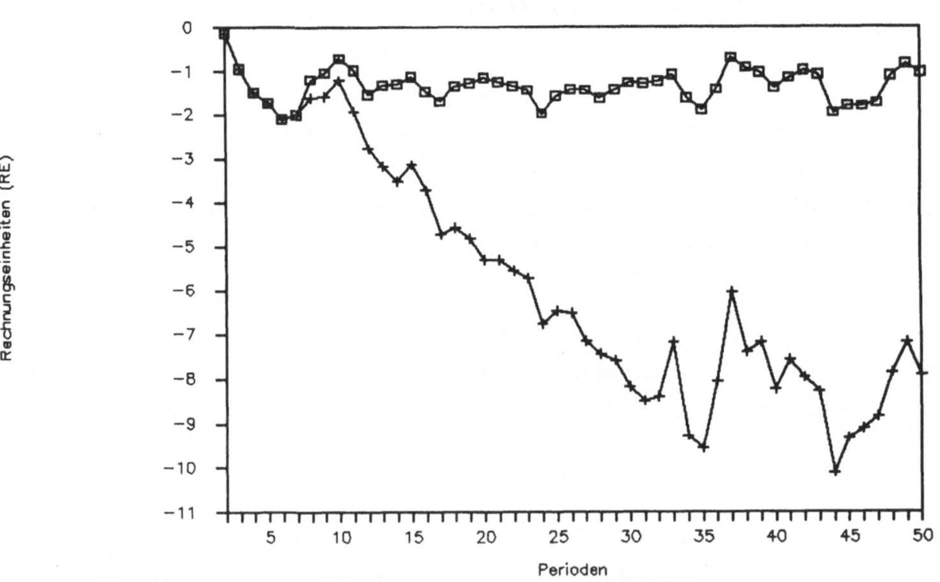

Auch die SELL-Strategie verändert die bei der Analyse der RE-BUY- und der HOLD-Strategie ermittelten Ergebnisse nicht strukturell, weist jedoch einige Besonderheiten auf. Bei Verwendung allgemein verfügbarer und dezentral beschaffter Informationen nehmen die exogen determinierten Investoren in den Kaufperioden bei unveränderter Risikoaversion nun abermals eine größere Anzahl von Titeln auf, deren szenariobedingter Wertzuwachs sich signifikant in den Ergebnissen niederschlägt. So sinkt in Folge der SELL-Strategie das Gesamtergebnis aller zufälligen Transaktionen bei Verwendung der allgemein verfügbaren Informationen gegenüber der Verwendung des Marktpreises nur noch um 105.785 RE, während die Beschaffung dezentraler Informationen gegenüber der Verwendung des Marktpreises zu einem Mehrertrag von insgesamt 122.070 RE führt.

Diese Besonderheit prägt auch den Vergleich der Modelläufe ohne und mit Strategie-Option, wobei sich zusätzlich sowohl das deutlich abgesunkene Index-Niveau als auch die deutlich erhöhten Reaktionen des Index auf die Transaktionssalden der exogenen Investoren auswirken. Gegenüber den strategiefreien Modell-Varianten sinken die Gesamtergebnisse der exogenen Transaktionen bei Verwendung des Marktpreises um insgesamt 128.690 RE, bei Verwendung der frei verfügbaren Informationen um 47.489 RE und bei Beschaffung nur dezentral verfügbarer Informationen um 41.804 RE.

10.5. Unterbindung von Leerverkäufen

Die übliche Annahme kapitalmarkttheoretischer Modelle, daß Leerverkäufe in beliebiger Höhe zugelassen sind, ist für dieses Modell übernommen worden. Bei homogenen Informationsständen und der Möglichkeit einer risikolosen Anlage bleibt diese Annahme folgenlos, da alle Investoren identische Portefeuillestrukturen aufweisen und es ausgeschlossen ist, daß <u>alle</u> Investoren Anteile eines Unternehmens leerverkaufen[325].

---

325) Die Möglichkeit, Leerverkäufe vorzunehmen, ist unter homogenen Informationsständen notwendig, wenn die Annahme eines risikolosen Zinssatzes aufgehoben wird. Vgl. Black (1972), S.444-455.

Liegen heterogene Informationsstände vor, so wird die Möglichkeit zu Leerverkäufen insbesondere dann genutzt, wenn die individuell verfügbaren Informationen auf eine Verschlechterung der wirtschaftlichen Situation der Unternehmen hindeuten. In Abschnitt 9.3 führte die Anwendung der HOLD-Strategie durch die endogenen Investoren zu dem merkwürdigen Effekt, daß dem laufenden Handel von einigen Unternehmen nur noch eine _negative_ Anzahl von Anteilen zur Verfügung stand, was mit einiger Vorsicht als der ausschließliche Handel mit Leerverkaufskontrakten interpretiert wurde.

Der Leerverkauf im Sinne der Kapitalmarkttheorie und der empirische Tatbestand eines Terminverkaufes[326] entsprechen sich allerdings nicht vollständig[327]. Zudem ist auch die Möglichkeit zu Terminverkäufen nicht auf allen Börsenmärkten und nicht für alle auf den jeweiligen Märkten gehandelten Titel gegeben, so daß zu prüfen bleibt, wie sich eine Aufhebung der Möglichkeit, Leerverkäufe vorzunehmen, auf die Vorteilhaftigkeit alternativer Informationsstrategien der exogenen Investoren auswirkt.

Die Aufhebung der Leerverkaufsmöglichkeit ist als Nebenbedingung zu interpretieren[328]. Ein Investor, der nach Gleichung (41) für ein Unternehmen als optimalen Bestandshaltewunsch einen negativen Wert ermittelt hat, wird nun durch einen exogenen Eingriff -durch eine institutionelle Regelung- daran gehindert, diese Position einzunehmen. Die formal einfachste Lösung zur Unterbindung von Leerverkäufen ist es, alle Bestandshaltewünsche mit positiven Vorzeichen beizubehalten und alle Positionen mit negativen Vorzeichen durch eine Null zu ersetzen.

---

326) Zu den Funktionen von Terminmärkten vgl. insbesondere Spremann (1986), S.443-464.
327) Vgl. Schneider (1989), S.441-446.
328) Vgl. Lintner (1969), insbesondere S.384-394. Untersuchungen zu den Konsequenzen eines Leerverkaufsverbotes bei heterogenen Informationsständen sind in der Literatur äußerst selten zu finden, etwa bei Jarrow (1980), S.1105-1113. Die Aufhebung der Annahme beliebiger Leerverkäufe wird in der Regel im Zusammenhang mit dem Verzicht auf sichere Kapitalanlage- und -aufnahmemöglichkeiten untersucht. Vgl. u.a. Elton/Gruber/Padberg (1976), S.1341-1357, und Ross (1977), S. 177-183.

Diese Lösung ist allerdings unbefriedigend, da der Investor seinen optimalen Bestand bei gegebenen Informationsständen unter der Annahme möglicher Leerverkäufe ermittelt hat. Die Berechnung der optimalen Bestandshaltewünsche ist daher unter der Annahme zu wiederholen, daß der betreffende Titel nicht leerverkauft werden kann. Bei der erneuten Berechung wird für diesen Titel von vornherein ein gewünschter Bestand von Null vorgegeben[329]. Da die Revision des Bestandshaltewunsches eines Investors die Entscheidungen aller anderen Investoren beeinflußt, ist auch für diese Investoren die Berechnung zu wiederholen, was zur Notwendigkeit einer weiteren Wiederholung aller Berechnungen führen kann[330] [331].

Die Unterbindung der Leerverkäufe reduziert die zusätzlichen Diversifikationsmöglichkeiten, die die Investoren bei heterogenen Informationsständen wahrnehmen. Dieser Effekt ist in Abbildung 28 ausgewiesen[332] [333].

---

329) Technisch kann diese Vorgabe in einfacher Weise durch die Null-Setzung aller Zeilen- und Spaltenelemente der Varianz-Kovarianz-Matrix des betreffenden Unternehmens bewältigt werden. Nach der Matrizeninversion weisen die entsprechenden Zeilen und Spalten, bis auf das mit Eins belegte Element der Hauptdiagonalen wiederum nur Werte von Null aus, so daß sich die Vernachlässigung des betreffenden Unternehmens bei der Portefeuille-Zusammenstellung des Investors direkt aus Gleichung (41) ergibt.

330) In der Regel liegen nach 3 oder 4 vollständigen Berechungen aller optimalen Bestände keine Leerverkaufswünsche mehr vor.

331) Die den Tabellen 12 und 13 entsprechenden Tabellen 14 und 15 im Anhang zeigen die Auswirkungen der Leerverkaufsunterbindung auf die Endportefeuilles aller Investoren.

332) Grundlage der Abbildung ist der bei Berücksichtigung exogener Investoren verwendete Referenzlauf, der auf den Transaktionen von 80 endogenen Investoren beruht.

333) Miller (1977), S.1160-1162, argumentiert, daß ohne die Möglichkeit von Leerverkäufen Aktienkurse tendenziell zu hoch sind, weil Investoren, die die Überbewertung erkennen, keine Gelegenheit haben, die Überbewertung durch Leerverkäufe zu korrigieren. Zu beachten ist, daß die in Abbildung 28 erkennbare Kurssenkungstendenz zwar auf das Verbot der Leerverkäufe zurückgeht, aber nicht durch Bewertungskorrekturen, sondern durch abnehmende Diversifikationseffekte ausgelöst wird.

Abb. 28: Kursdifferenzen zwischen einem Modellauf bei homogenen Informationsständen und Modelläufen mit und ohne Leerverkaufsmöglichkeit bei heterogenen Informationsständen

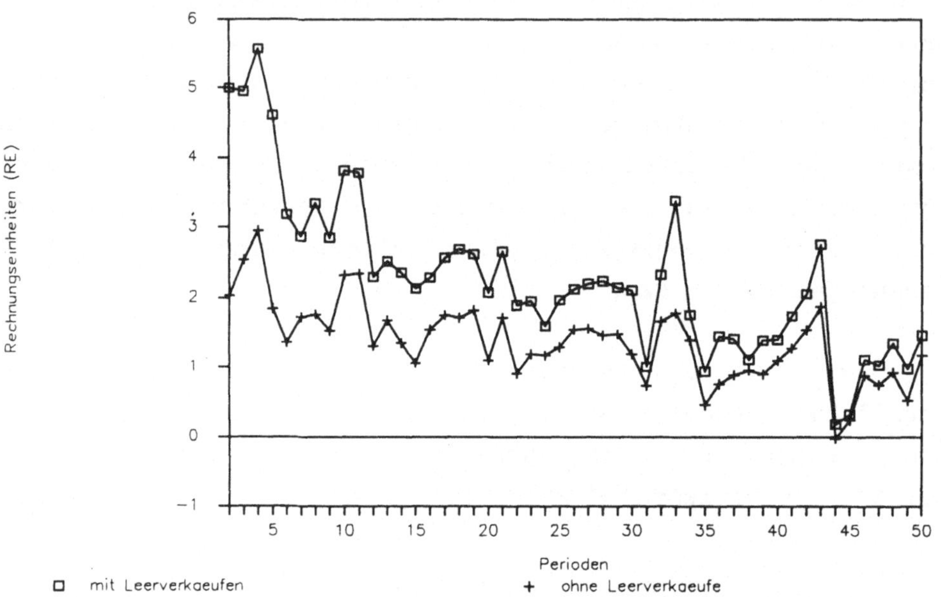

Mit der Abnahme der individuell wahrgenommenen Diversifikationsmöglichkeiten ist eine Abnahme der Umsätze verbunden und damit eine Abnahme der Umverteilungsvolumina, die von 652.008 RE (mit Leerverkäufen) auf 263.505 RE (ohne Leerverkäufe) sinkt.

Die zusätzliche Berücksichtigung exogener Investoren beeinflußt den Kursverlauf wiederum in Abhängigkeit der Transaktionssalden dieser Investoren. Abbildung29, die die Index-Differenzen der Modelläufe mit exogenen und ohne exogene Investoren bei zugelassenen und unterbundenen Leerverkäufen gegenübergestellt, zeigt die Parellelität der Index-Entwicklungen, wobei das Index-Niveau durch das Verbot der Leerverkäufe durchgehend abgesenkt ist.

Abb. 29: Kursdifferenzen zwischen Modelläufen mit exogenen und ohne exogene Investoren, in denen Leerverkäufe alternativ zugelassen und verboten sind (Nachfrager-Noise)

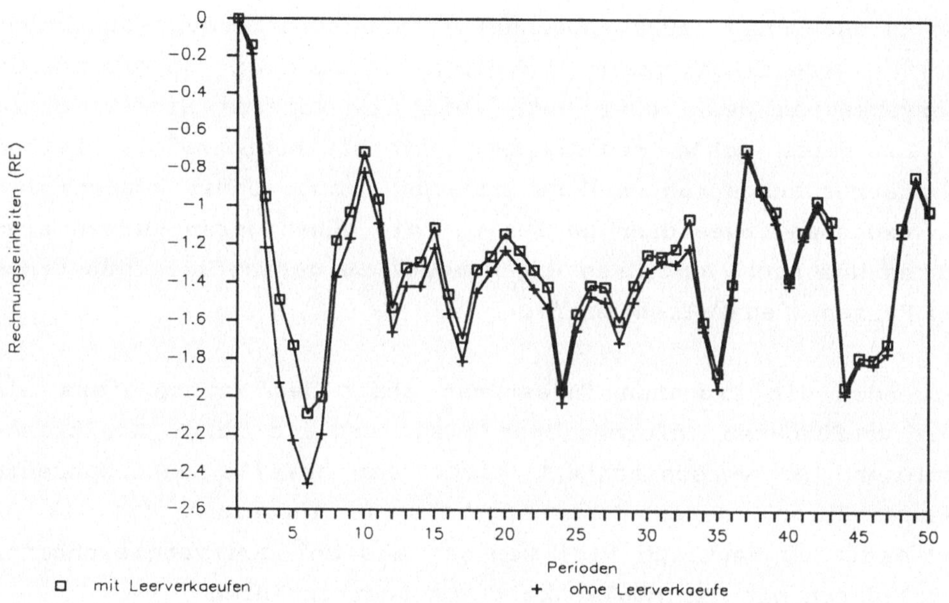

Dieser Abbildung liegt die Annahme zugrunde, daß die exogenen Investoren den Marktpreis als Kontraktgrundlage verwenden. Die 93 exogen generierten Umsatzpaare führen in diesem Fall bei unterbundenen Leerverkäufen zu einem Gesamtergebnis von 445.180 RE und übersteigen das Gesamtergebnis des Modellaufes, der die Möglichkeit der Leerverkäufe vorsieht, um 28.706 RE.

Die Ursachen dieses Mehrertrages erschließen sich durch eine Analyse der von exogenen Transaktionen ausgelösten Kurseffekte. Exogene Kauftransaktionen, die den Marktpreis als Kontraktgrundlage verwenden, beziehen sich auf einen bestimmten Teil des Marktportefeuilles und verfügen damit über eine fixierte Struktur. Exogene Kauftransaktionen führen zu einer breiteren Verteilung der vom Markt zu tragenden Risiken und wirken damit kurserhöhend. Durch die vorgegebene Struktur der Kauftransaktionen werden die Diversifikationsmöglichkeiten der endogenen Investoren allerdings eingeschränkt, so daß zum kurserhöhenden ein allerdings deutlich viel kleinerer, kurssenkender Effekt tritt. Werden Anteile eines exogenen Investors an den Markt abgegeben, so tritt der Effekt in umgekehrter Richtung auf. Die Übernahme zusätzlicher Risiken senkt den Kurs, und die zusätzlichen Diversifikationsmöglichkeiten erhöhen ihn geringfügig.

Der kurssenkende (kurserhöhende) Effekt abnehmender (zunehmender) Diversifikationsmöglichkeiten tritt bei unterbundenen Leerverkäufen deutlicher auf, weil die weitere Einschränkung der ohnedies schon reduzierten Diversifikationsmöglichkeiten zu stärker ausgeprägten Kurswirkungen führt. Somit können sich die exogenen Investoren zu geringfügig günstigeren Kursen eindecken und sich von ihren Engagements zu geringfügig günstigeren Kursen wieder trennen[334].

Verwenden die exogenen Investoren statt des Marktpreises die frei verfügbaren Informationen als Grundlage ihrer Kauftransaktionen, so verschlechtert sich, bei jeweils unterbundenen Leerverkäufen, deren Gesamtergebnis um insgesamt 134.748 RE und damit um deutlich viel weniger als bei den vergleichbaren Modelläufen mit der Möglichkeit von Leerverkäufen (-186.985 RE).

Diese geringere Ergebnisverschlechterung beruht auf drei Ursachen. Zum einen verhindert das Verbot von Leerverkaufstransaktionen, daß die exogenen Investoren in Kaufperioden Leerverkäufe eingehen[335], die auf Grund ihrer Informationsnachteile regelmäßig mit Verlusten verbunden sein dürften. Zum anderen profitieren sie _indirekt_ von den Leerverkaufsverboten, da die Aufnahme zusätzlicher Titel, die aus Leerverkäufen besser informierter endogener Investoren resultiert, eingeschränkt wird. Schließlich tritt der bereits erwähnte Diversifikationseffekt in modifizierter Form auf. Da die exogenen Investoren auf Grund ihrer Informationsnachteile bereitwillig Titel aufnehmen, die die endogenen Investoren abzugeben wünschen, tragen sie aus Sicht des Gesamtmarktes zu stärker wahrgenommenen Diversifikationsmöglichkeiten bei und

---

334) 77 Umsatzpaare sind von dieser Entwicklung begünstigt, 22 Umsatzpaare benachteiligt. Eine Benachteiligung ergibt sich insbesondere dann, wenn die jeweilige Kauftransaktion in eine Periode erhöhter und die Verkaufstransaktion in eine Periode abgesenkter Kurse fällt.
335) Auf diese Möglichkeit wurde in Abschnitt 10.4.2. hingewiesen.

erhöhen somit das Kursniveau über den Effekt der breiteren Risikostreuung hinaus. Dieser kurserhöhende Effekt wird durch das Verbot der Leerverkäufe wiederum eingeschränkt.

Die Verwendung dezentral beschaffter Informationen dominiert in dem hier betrachteten positiven Konjunktur-Szenario auch bei unterbundenen Leerverkäufen die Verwendung des Marktpreises als Kontraktgrundlage. Die Verbesserung des Gesamtergebnisses um 33.319 RE setzt sich dabei aus zwei Komponenten zusammen. Zum einen schränkt das Verbot der Leerverkäufe die Nutzung von Informationsvorteilen ein, was die Vorteilhaftigkeit der Verwendung dezentral beschaffter Informationen zunächst reduziert. Zum anderen treten wieder die gerade für den Fall der Verwendung frei verfügbarer Informationen beschriebenen Diversifikationseffekte auf, die das Ergebnis positiv beeinflussen. Als Resultat ergibt sich bei unterbundenen Leerverkäufen ein Vorteil der Verwendung dezentral beschaffter Informationen von gleicher Größenordnung, wie er bei erlaubten Leerverkäufen beobachtet werden konnte.

Die Relationen zwischen den alternativen Möglichkeiten der exogenen Investoren, ihre Transaktionswünsche durch Informationen zu unterlegen, bleiben auch bei der Unterbindung von Leerverkäufen erhalten, wobei "naive" Investoren, die frei verfügbare Informationen als Kontraktgrundlage verwenden, von einem Verbot der Leerverkäufe in besonderem Maße profitieren.

10.6. Zusammenfassung der wichtigsten Ergebnisse

Investoren mit exogen festgelegten Transaktionswünschen, die den Markt lediglich für zeitlich beschränkte Anlagen in riskanten Titeln nutzen wollen, können ihre Transaktionen bei Markteintritt auf den Marktpreis gründen, auf die allgemein verfügbaren Informationen und auf Informationen, die dezentral beschafft werden. Bei Verwendung des Marktpreises nutzen diese Investoren die Informationstransformationsfunktion des Marktes und somit die Informationsbeschaffung derjenigen Investoren, die durch informationsinduzierte Transaktionen zur Feststellung des Marktpreises beitragen.

Die Verwendung des Marktpreises als Kontraktgrundlage führt in allen verwendeten Konjunktur-Szenarien zu besseren Ergebnissen der exogenen Transaktionen als die Verwendung der frei verfügbaren Informationen als Kontraktgrundlage. Die Nutzung der Informationstransformationsfunktion des Marktes ist für Investoren mit exogen festgelegten Transaktionswünschen mit direkten Vermögensvorteilen verbunden. Die Vorteilhaftigkeit dezentraler Informationsbeschaffung gegenüber der Verwendung des Marktpreises ist dagegen von den Informationsständen abhängig, die den Investoren in den jeweiligen Konjunktur-Szenarien vorliegen, und somit ohne weitgehende zusätzliche Informationen über deren Preisänderungsimplikationen nicht allgemein zu entscheiden.

Die durch dezentrale Informationsbeschaffung als Anbieter der Informationstransformation auftretenden Investoren können durch den Handel mit den exogen auftretenden Investoren zusätzliche Erträge erwirtschaften. Diese zusätzlichen Erträge können Verluste, die durch Informationsnachteile entstehen, überwiegend nicht ausgleichen. Durch den Marktaustritt von Investoren, deren Verlusttoleranz überschritten wird, werden nach der REBUY-, HOLD- und SELL-Strategie die Ergebnisrelationen unterschiedlicher Kontrahierungsgrundlagen der exogenen Investoren nicht verändert. Allerdings führt der Marktrückzug von Investoren, deren Informationsbeschaffung die Grundlage der Informationstransformation ist, bei allen Informationsstrategien der zufällig auftretenden Investoren (und in allen Konjunktur-Szenarien) zu einem Ergebnisrückgang der exogenen Transaktionen.

11. Informationsprozesse in offenen Märkten aus Anbietersicht

11.1. Anbieter-Noise im Marktzusammenhang

Die durch die exogenen Transaktionen ausgelösten Mehrerträge
der ständig am Handel beteiligten Investoren werden in den
vorangegangenen Kapiteln überwiegend durch die Form der Noise-
Generierung bestimmt. Durch das Einsetzen mit zufälligen Verkäufen halten die endogenen Marktteilnehmer durchgehend wesentlich mehr Unternehmensanteile als in vergleichbaren Modelläufen ohne exogene Transaktionen, woraus sich in einem
positiven Szenario zusätzliche Gewinne ergeben. Aussagen zu
den Ertragsmöglichkeiten der Marktteilnehmer, die Bewertungs-
und Liquiditätsleistungen bereitstellen, mußten daher auf die
eher grundsätzlichen Wirkungszusammenhänge zwischen
informationsinduzierten und zufälligen Transaktionen beschränkt bleiben und erlaubten keinen szenariounabhängigen
Rückschluß auf die Möglichkeiten, Informationskosten durch
Markttransaktionen zu erwirtschaften.

Zur Untersuchung dieser Fragestellung wird das Verfahren zur
Generierung der zufällig auftretenden Transaktionswünsche variiert, dessen Ergebnis zur Unterscheidung vom bisher verwendeten Modus als Anbieter-Noise bezeichnet wird. Die Hälfte aller exogenen Transaktionen beginnt nun mit einem Kauf von Unternehmensanteilen in einem Umfang, der dem Startportefeuille
entspricht, so daß dessen Volumen gerade verdoppelt wird, die
verbleibenden zufälligen Transaktionen setzen wiederum mit
Verkäufen des Startportefeuilles ein. Alle auf die ersten Verkaufstransaktionen folgenden Käufe umfassen das Doppelte des
Anfangsbestandes.

Die Summe aller unter den informationsbeschaffenden Investoren
umlaufenden Anteile oszilliert damit in einer von der Sequenz
der zufälligen Kauf- und Verkaufswünsche geprägten Weise um
die Bestände, die auch ohne exogene Transaktionen gehalten
werden würden. Da in der zufälligen Folge der Kauf- und Verkaufswünsche die Kauftransaktionen geringfügig stärker vertreten sind, geben die endogenen Investoren im Durchschnitt 40

Anteile eines jeden Unternehmens pro Periode an die exogenen
Investoren <u>ab</u>, während sie nach dem Modus des Nachfrager-Noise
im Durchschnitt 933 Anteile pro Periode <u>aufzunehmen</u> hatten.
Ein Szenario-Effekt wird damit zwar nicht vollständig vermie-
den, jedoch auf ein Maß zurückgeführt, das die Ergebnisse der
Berechnungen·nicht mehr signifikant beeinflußt[336].

Abbildung 30 verdeutlicht den Effekt der geänderten Noise-
Generierung durch die Gegenüberstellung der Kauf- und
Verkaufstransaktionen sowie der kumulierten Salden dieser
Transaktionen. Letztere schwanken in unterschiedlicher Inten-
sität um die Null-Linie und enden über ihr, so daß die zufäl-
lig auftretenden Investoren zum Ende eines Modellaufes mehr
Anteile aller Unternehmen halten als zu Beginn.

Abb. 30: Summen der exogenen Wertpapierkäufe und -verkäufe und
          deren kumulierte Transaktionssalden (Anbieter-Noise)

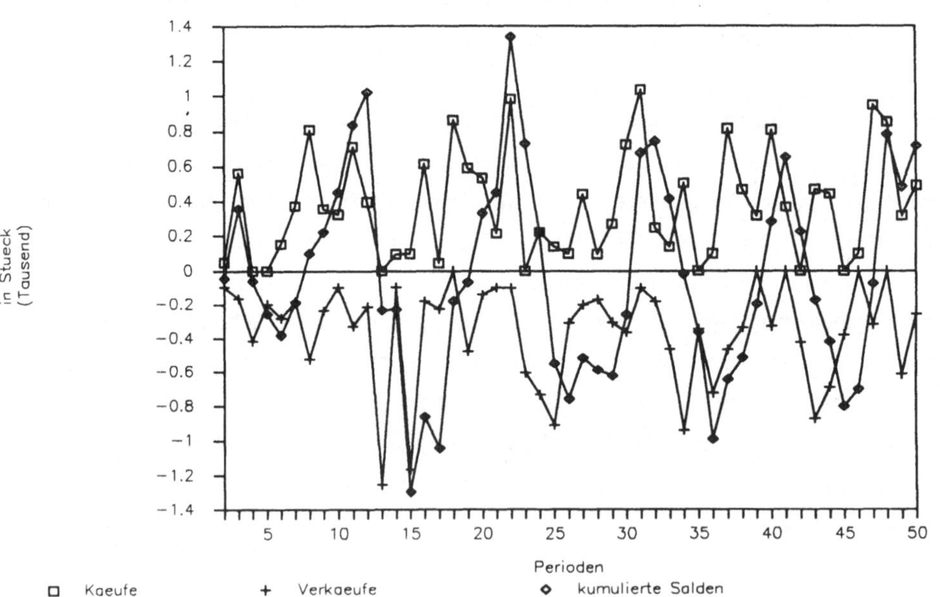

---

336) Im Durchschnitt hat jeder der 80 zu Beginn eines Modellaufes aktiven
      Investoren 0,5 Anteile aller Unternehmen pro Periode abzugeben. In
      dem weiterhin die Grundlage der Berechnungen bildenden positiven
      Szenario beeinflußt die Abgabe dieser Titel die Ergebnisse der endo-
      genen Investoren <u>geringfügig negativ</u>.

Die Auswirkungen auf das Endvermögen derjenigen Investoren,
die zufällig auftretende Überschußangebote vorübergehend aufnehmen und zufällig auftretende Überschußnachfrage durch Abgabe von Titeln befriedigen, lassen sich zunächst für den Fall
homogener und kostenfreier Informationen analysieren, wobei
die exogenen Investoren - wie in allen folgenden Modell-Varianten - den Marktpreis als Kontraktgrundlage verwenden. Die
entsprechenden Endvermögen sind in Tabelle 7 ausgewiesen, liegen durchgehend über den Endvermögen, die ohne exogen generierte Transaktionswünsche zu erzielen wären, und folgen weitgehend dem Ausmaß der Risikoaversion der endogenen Investoren.

Durch den erheblich reduzierten Szenario-Effekt fallen die
Vermögenszuwächse jedoch deutlich geringer aus als im vergleichbaren Fall des Nachfrager-Noise. Bei gegebenem Umfang
der exogen generierten Transaktionsbedürfnisse entsprechen
diese Vermögensveränderungen dem maximalen Ertrag, der bei homogenen Informationen mit der Abgabe von Transformationsleistungen an die exogenen Investoren zu erzielen ist, und aus
deren Sicht den minimalen Kosten, die mit der Inanspruchnahme
von Transformationsleistungen verbunden sind.

Tabelle 7: Vermögenszuwachs der aktiven Marktteilnehmer durch exogene Transaktionen bei homogenen Informationen (Anbieter-Noise)							
(A)	(B)	(C)	(D)	(A)	(B)	(C)	(D)
1	23	723	4213.81	41	85	395	2390.08
2	41	746	4165.68	42	34	430	2361.85
3	67	733	3969.36	43	45	410	2271.47
4	92	662	3960.76	44	53	390	2252.63
5	39	717	3960.66	45	94	385	2176.63
6	69	701	3942.53	46	74	350	2166.65
7	89	701	3942.53	47	38	433	2166.38
8	93	709	3928.70	48	30	338	2146.24
9	55	681	3811.14	49	73	417	2132.33
10	91	681	3811.14	50	29	365	2105.98
11	24	633	3765.13	51	72	317	1957.15
12	33	633	3765.13	52	25	340	1917.80
13	26	668	3708.70	53	68	304	1805.92
14	98	665	3701.55	54	57	292	1777.10
15	50	636	3564.12	55	44	268	1738.51
16	64	584	3535.75	56	46	327	1651.93
17	66	608	3519.97	57	65	255	1578.78
18	61	592	3508.86	58	58	318	1471.30
19	21	607	3464.86	59	43	302	1438.88
20	70	623	3388.95	60	22	222	1348.12
21	48	579	3278.49	61	56	254	1345.45
22	80	571	3235.84	62	87	277	1329.12
23	27	613	3177.35	63	82	170	1257.16
24	77	537	3046.51	64	60	245	1210.91
25	63	502	3046.14	65	99	232	955.67
26	51	541	2993.27	66	83	172	927.70
27	32	501	2951.23	67	47	180	919.79
28	75	481	2853.11	68	86	164	908.53
29	95	512	2794.19	69	42	112	863.13
30	88	453	2783.49	70	62	112	863.13
31	52	531	2683.99	71	90	116	843.68
32	76	428	2638.77	72	78	148	821.14
33	35	416	2634.77	73	71	175	818.79
34	31	515	2622.39	74	40	124	817.05
35	49	483	2588.58	75	84	183	802.46
36	81	459	2531.40	76	37	92	772.62
37	59	447	2504.39	77	96	91	631.73
38	36	431	2486.51	78	28	146	621.21
39	97	423	2467.12	79	100	99	483.29
40	54	442	2435.23	80	79	113	384.42

(A) Laufende Nummer (B) Investorennummer
(C) Risikoaversionsparameter (D) Vermögenszuwachs

Die Indexdifferenzen zwischen Modelläufen bei homogenen kostenfreien Informationen, die exogene Transaktionen nach dem
Verfahren des Anbieter-Noise einmal berücksichtigen und einmal
nicht, weist Abbildung 31 aus, die um den Kurvenzug der kumu-

lierten Aufnahme- und Abgabesalden der informierten Investoren
ergänzt worden ist. Im Unterschied zu Abbildung 21, die den
vergleichbaren Fall für den Nachfrager-Noise widerspiegelt,
oszillieren die Index-Differenzen jetzt im Gleichklang zu der
Entwicklung der kumulierten Salden um die Null-Linie. Die
ständig im Handel vertretenen Investoren nehmen nicht mehr
durchgängig Unternehmensanteile auf, was zu einem durchgehenden Sinken des Index führen würde, sondern geben phasenweise
auch Titel in einem Umfang ab, der ihre Bestände unter das Niveau der Startportefeuilles senkt. In diesen Phasen wirken die
Transaktionen der zufällig auftretenden Investoren wie der
Markteintritt zusätzlicher Anleger, so daß das gesamte Risiko
der Unternehmen breiter gestreut wird und das Kursniveau
steigt[337].

Die Volatilität des Index, die als Varianz der Indexdifferenzen aufeinander folgender Perioden nach

$$(50) \quad Var_{Index} = \left(\sum_{t=3}^{50} \left(\left(\sum_{t=3}^{50} (I_t - I_{t-1})/48 \right) - (I_t - I_{t-1}) \right)^2 \right)/48$$

$$I_t : \text{Index in der Periode t}$$

berechnet werden kann[338], steigt von 0,55 auf 1,10, was der
minimalen Beeinflussung des Index durch die exogenen
Transaktionen bei vollständiger Marktteilnahme aller endogenen
Investoren entspricht.

---

337) Die Kursreaktionen als Folge der zufälligen Kauftransaktionen ergeben
sich durch die Variation der Anzahl der von jedem Unternehmen unter
den endogenen Investoren umlaufenden Anteile YG_i. Bei homogenen Informationen entstehen identisch gleiche Effekte, wenn der Risikoaversionsparameter der exogenen Investoren bei Kauftransaktionen gerade
verdoppelt werden würde. Beide Verfahren führen zu einer Veränderung
der Marktrisikoaversion als Summe der individuellen Ausprägungen des
Risikoaversionsparameters. Bei der Analyse unterschiedlicher Kontrahierungsgrundlagen in den vorangegangenen Kapiteln hätte sich diese
schwankende Marktrisikoaversion insbesondere bei heterogenen Informationen der exogenen Investoren störend ausgewirkt, was zur Verwendung
des Nachfrager-Noise beigetragen hat.
338) Die Kursdifferenzen zwischen der ersten und zweiten Periode bleiben
unberücksichtigt, da in Modelläufen mit heterogenen Informationsständen in der zweiten Periode der diversifikationsinduzierte und für den
weiteren Indexverlauf atypische Kurssprung auftritt.

Abb. 31: Indexdifferenzen vergleichbarer Modelläufe ohne und mit Anbieter-Noise bei homogenen Informationsständen der endogenen Investoren und kumulierte Transaktionssalden (Marktpreise als Kontraktgrundlage der exogenen Investoren)

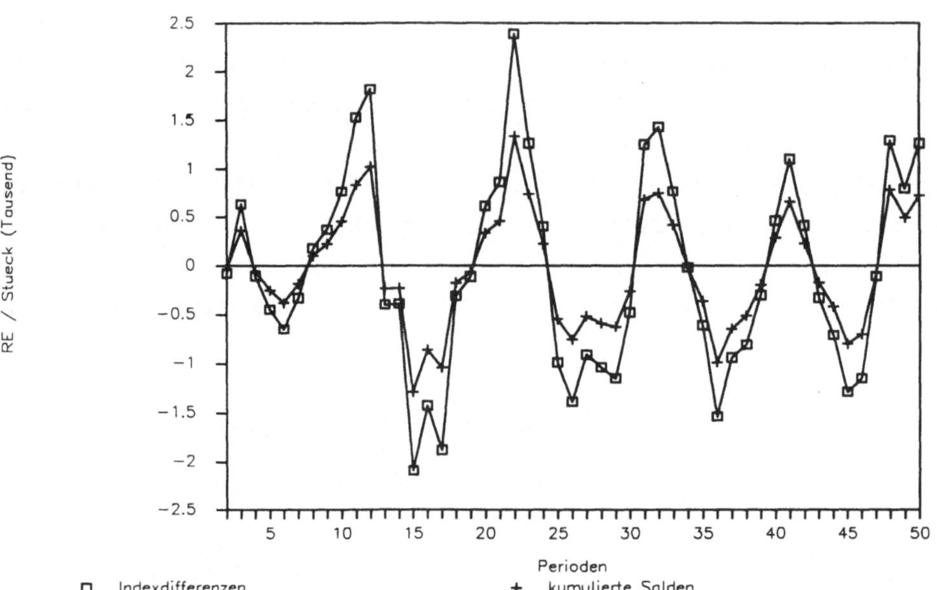

Abbildung 32 zeigt, daß diese Wirkungszusammenhänge auch bei der Einführung heterogener Informationsstände der endogenen Marktteilnehmer erhalten bleiben. Auf der Grundlage des durch die individuell wahrgenommenen Diversifikationsmöglichkeiten erhöhten Kursniveaus folgen die Indexabweichungen vergleichbarer Modelläufe ohne und mit stochastischer Transaktionen wiederum den kumulierten Auf- und Abnahmesalden. Dabei fallen die Indexdifferenzen bei heterogenen Informationsständen geringfügig kleiner aus - die Varianz der Indexabweichungen steigt von 0,72 auf 1,02 -, was wiederum durch die Möglichkeiten zur Portefeuillediversifikation verursacht wird. Das durch die Orientierung an den Startportefeuilles völlig starre Angebots- und Nachfrageverhalten der zufällig auftretenden Investoren, das alle Unternehmen in gleicher Weise betrifft, führt auf der Seite der heterogen informierten Marktseite zu Portefeuilleumschichtungen, die die Kurswirkungen in geringem Umfang reduzieren.

Abb. 32: Indexdifferenzen vergleichbarer Modelläufe ohne und
          mit Anbieter-Noise bei homogenen und heterogenen In-
          formationsständen der endogenen Investoren und kumu-
          lierte Transaktionssalden (Marktpreise als Kontrakt-
          grundlage der exogenen Investoren)

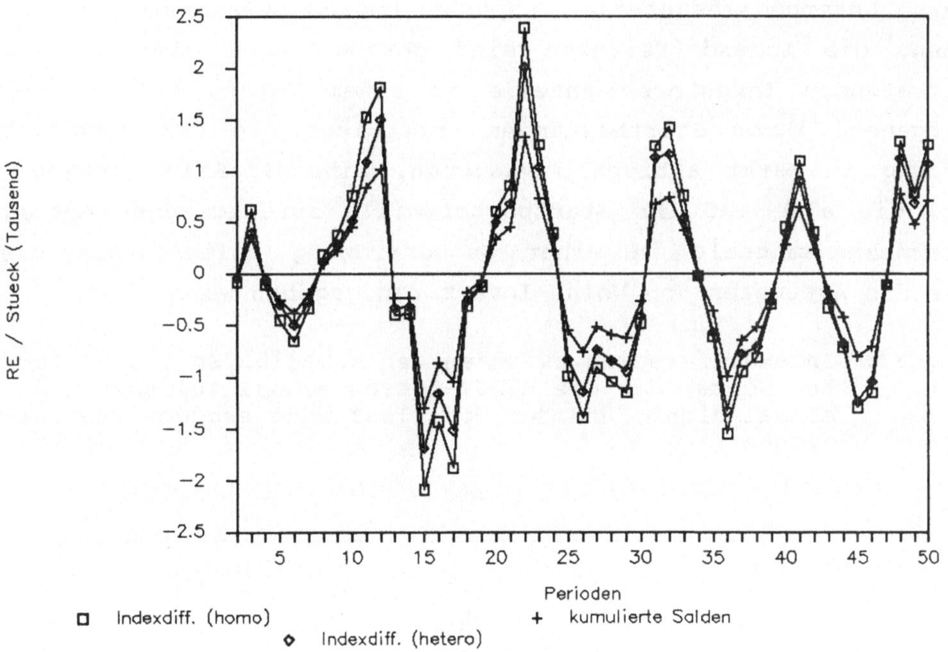

11.2. Anbieter-Noise und REBUY-Strategie

Aus dem Vergleich der Tabellen 4, 6 und 7 läßt sich schließen,
daß die um den Szenario-Effekt bereinigten Ergebnisbeiträge
aus der Abgabe von Transformationsleistungen nicht geeignet
sind, Verluste, die im laufenden Handel von Informationsnachteilen ausgelöst werden, auszugleichen. Die Folgen eines
Marktrückzuges derjenigen Investoren, deren Handelsverluste
durch Transaktionen mit den zufällig auftretenden Investoren
nicht gedeckt werden, sind daher erneut zu untersuchen, wobei
sich die Untersuchung auf die Strategie des REBUY beschränkt.

Abbildung 33 zeigt die Indexdifferenzen zwischen den Modelläufen mit und ohne REBUY-Strategie und dem bereits bisher als
Referenz verwendeten Modellauf, der 80 heterogen informierte
Investoren ohne exogene Transaktionen betrachtet. Die Kurvenverläufe sind bis zum ersten Ausscheiden eines aktiven Markt

teilnehmers in der 10. Periode identisch. Die abnehmende Anzahl der aktiven Marktteilnehmer in der Modellvariante mit
Rückkauf des Startportefeuilles bei Unterschreitung der 5-pro-
zentigen Verlusttoleranz führt in der Folge immer dann zu
stärkeren Indexausschlägen, wenn die exogen gesteuerten Investoren Unternehmensanteile in großem Umfang aufnehmen oder ab-
geben. Die Indexdifferenzen sind gering, wenn die zufällig
auftretenden Investoren Anteile in einem Umfang halten, der
weitgehend ihren Startbeständen entspricht, so daß auch die
ständig im Markt aktiven Investoren, einschließlich derjenigen, die sich auf ihr Startportefeuille zurückgezogen haben,
Unternehmensanteile in einer Größenordnung halten, wie sie
ohne das Auftreten von Noise-Investoren gegeben wäre.

Abb. 33: Indexdifferenzen zwischen den Modelläufen mit Anbie-
          ter-Noise, die die REBUY-Option einmal zulassen und
          einmal nicht, und dem Modellauf ohne exogene Transak-
          tionen

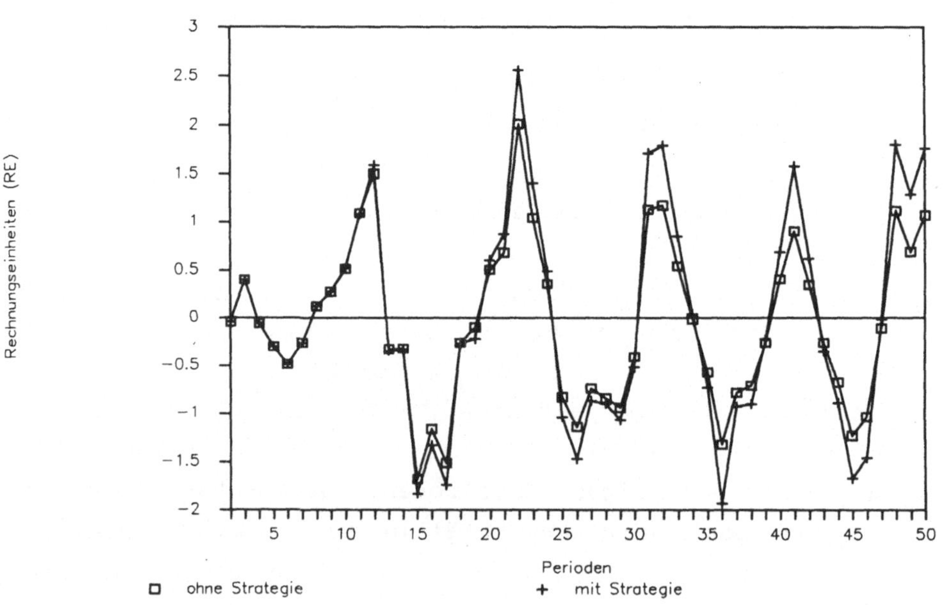

Die Integration von Informationskosten führt in Verbindung mit
der REBUY-Strategie wie im Fall des Nachfrager-Noise zu einer
deutlicheren Ausprägung der Kursausschläge. Abbildung 34 zeigt
die Differenzen zwischen den Index-Verläufen mit REBUY-Option

ohne Kosten, mit Kosten von 1 RE, 3 RE und 5 RE pro Informationseinheit und dem Referenzlauf ohne exogene Transaktionen.

Der Verdrängungseffekt asymmetrischer Informationsstände, der bereits ohne Informationskosten 21 Investoren zum Rückzug auf das Startportefeuille veranlaßt, wird durch die Einbeziehung der Kosten verstärkt. Während Kosten in Höhe von 1 RE pro Informationseinheit lediglich 15 weitere Investoren die REBUY-Strategie ergreifen lassen, steigt deren Anzahl bei Informationskosten von 3 RE auf insgesamt 64, so daß zur Kursfindung nur noch 16 Investoren beitragen. Die abermalige Kostensteigerung von 3 RE auf 5 RE verdrängt weitere 6 dieser Investoren aus dem Markt.

Abb. 34: Indexdifferenzen zwischen Modelläufen, die bei Kosten von 0 RE, 1 RE, 3 RE und 5 RE die REBUY-Option zulassen, und dem Modellauf ohne exogene Transaktionen (Anbieter-Noise)

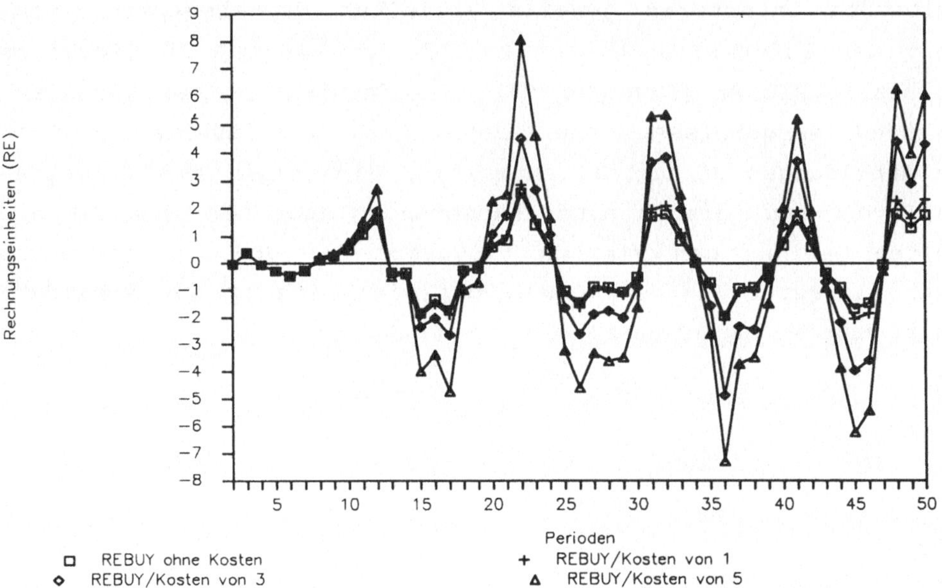

Mit jedem Marktrückzug eines bislang informationsbeschaffenden und informationsverarbeitenden Investors nehmen die Erträge, die im Handel mit zufällig auftretenden Investoren erzielt werden können, zu, da die Marktreaktionen auf exogene Transaktionen immer heftiger ausfallen[339]. Sie werden auf Grund der abnehmenden Anzahl endogener Investoren darüberhinaus stärker konzentriert. Gleichwohl ist nicht auszuschließen, daß diese Erträge die Informationskosten der aktiven Investoren langfristig nicht decken und dieser Markt durch das Ausscheiden auch noch der verbliebenen Investoren in gleicher Weise wie der Markt ohne exogene Transaktionswünsche degeneriert.

Eine Marktdegeneration ist zu erwarten, wenn die kumulierten Handelsgewinne der im Markt verbleibenden aktiven Investoren eine fallende Tendenz aufweisen, so daß langfristig weitere Rückzüge auf das Startportefeuille zu erwarten sind. Die Analyse der Handelsergebnisse derjenigen Investoren, die sich nicht aus dem Handel zurückgezogen haben, beruht auf der Modellvariante, die Kosten in Höhe von 5 RE pro Informationseinheit vorsieht.

Die Spanne der zum Ende dieses Modellaufes durch die 10 verbleibenden Investoren jeweils erzielten Handelsgewinne nach Abzug der Informationskosten reicht von +46.162 RE (Investor *80*) bis -2.210 RE (Investor *93*). Die Entwicklung der kumulierten Handelsergebnisse dieser Investoren im Zeitverlauf ist in den Abbildungen 35 und 36 enthalten, diejenigen zweier weiterer Investoren, die in einer Rangordnung nach der Höhe der erzielten Gewinne den vierten (Investor *76*) und den siebenten Platz (Investor *51*) einnehmen, befinden sich in den Abbildungen 84 und 85 im Anhang.

---

339) Die Varianzen der Indices nehmen in der obengenannten Reihenfolge auf 1,33, 1,55, 3,59 und 7,98 zu.

Abb. 35: **Kumulierte Handelsergebnisse nach Kosten des Investors 80 in Modelläufen mit und ohne Anbieter-Noise, die jeweils Informationskosten in Höhe von 5 RE und die REBUY-Strategie berücksichtigen**

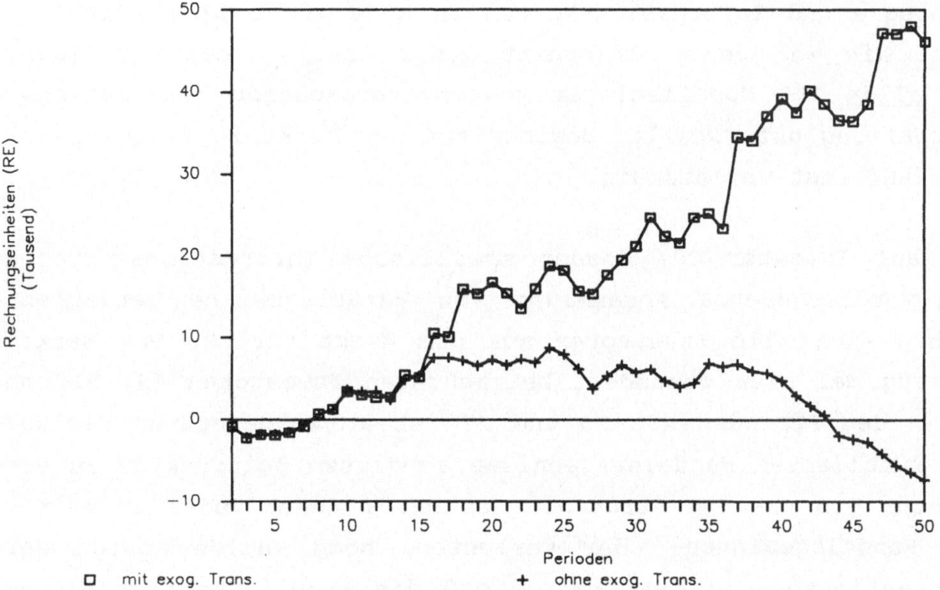

Abb. 36: **Kumulierte Handelsergebnisse nach Kosten des Investors 93 in Modelläufen mit und ohne Anbieter-Noise, die jeweils Informationskosten in Höhe von 5 RE und die REBUY-Strategie berücksichtigen**

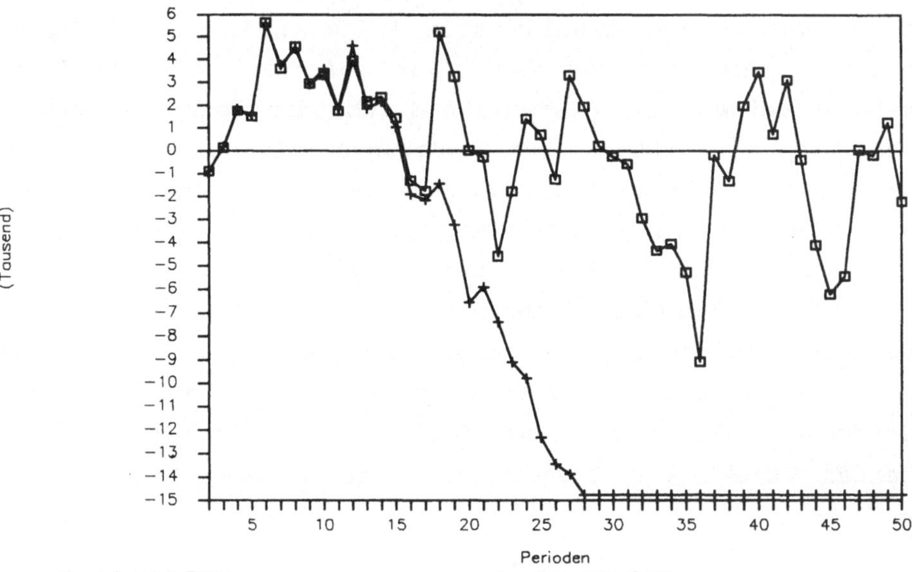

In diesen Abbildungen ist ein weiterer Kurvenzug enthalten, der die Entwicklung der kumulierten Handelsergebnisse der endogenen Investoren in einem Referenzlauf abbildet, der bei einem Verzicht auf exogene Transaktionen ebenfalls die REBUY-Strategie und Informationskosten in Höhe von 5 RE berücksichtigt. Wie in dem in Abschnitt 9.5.2 analysierten Modellauf, der _allen_ 100 Modellanleger kostenverursachende Informationsbeschaffung unterstellt, degeneriert der Markt in diesem Referenzlauf fast vollständig.

Bis auf Investor _80_, dessen spezifische Informationsvorteile die vorübergehende Ansammlung von Handelsgewinnen erlauben, ziehen sich alle Investoren aus dem Markt zurück. Der Marktrückzug der hier gesondert betrachteten Investoren _76_, _51_ und _93_ in den Perioden 48, 25 und 27 ist am waagerechten Verlauf der kumulierten Handelsergebnisse ab diesen Zeitpunkten zu erkennen. Die passive Strategie des REBUY führt weder zu weiteren Handelsgewinnen- oder verlusten, noch fallen Kosten der Informationsbeschaffung an, so daß die kumulierten Handelsergebnisse unverändert auf dem Stand des Marktaustritts verharren.

Das Konzept, die zeitnahe Bewertung von Unternehmen, die sich in der Hand einer Vielzahl von Eigentümern befinden, an den Markt zu delegieren, erweist sich in bescheidenem Umfang als erfolgreich. Im Konkurrenzkampf der informationsbeschaffenden Investoren setzen sich diejenigen durch, die über die Informationen mit den größten Preisänderungsimplikationen verfügen und somit den größten Beitrag zu einer effizienten Unternehmensbewertung liefern. Erwartungsgemäß zeichnet sich jedoch auch für den einzig verbleibenden Investor _80_ ein Marktrückzug ab, dessen durch informationsinduzierte Markttransaktionen angesammelten Gewinne im letzten Drittel der Modellzeit kontinuierlich abschmelzen. Der gleichförmigen Belastung durch Informationskosten stehen durch den Marktrückzug einer immer größer werdenden Anzahl von Investoren immer weniger Möglichkeiten gegenüber, die bestehenden Informationsvorteile ertragbringend zu nutzen[340].

<u>Nach</u> <u>Einbeziehung</u> <u>der</u> <u>exogen</u> <u>ausgelösten</u> <u>Transaktionswünsche</u> weist kein Verlauf der kumulierten Handelsergebnisse eine eindeutig fallende Tendenz auf. Der Markt erreicht bei einem <u>gegebenen</u> <u>Umfang</u> an exogen ausgelösten Transaktionswünschen und weiter bestehender <u>Informationsheterogenität</u> einen weitgehend stabilen Zustand, in dem kein Investor, der Informationen beschafft und die damit verbundenen Kosten trägt, den Markt zu verlassen wünscht.

Bei der Betrachtung der kumulierten Handelsergebnisse fallen besonders die Perioden 37 und 47 auf, die durch signifikante Ergebniszuwächse gekennzeichnet sind. In diesen Perioden kaufen die exogen bestimmten Anleger in größerem Umfang Anteile zurück, die sie in den vorangegangenen Perioden mit teilweise erheblich kurssenkender Wirkung abgegeben haben[341]. Der Rückkauf auf höherem Kursniveau führt bei den Investoren, die diese Anteile vorübergehend aufgenommen haben, zu den in den Kurvenzügen auffallenden Gewinnzuwächsen. In gleicher Weise würden sich die in den letzten Perioden des Modellaufes vermehrt auftretenden Kauftransaktionen der exogen bestimmten Investoren erst dann signifikant in den kumulierten Handelsergebnissen niederschlagen, wenn die Anteile wieder verkauft werden. Dieser Verkaufszeitpunkt liegt jedoch jenseits des Laufzeitendes und bleibt daher unbeobachtet.

Die aus dem Handel mit den exogen bestimmten Investoren resultierenden Ertragspotentiale werden von den im Handel verbleibenden Investoren in unterschiedlichem Maße ausgeschöpft. Wäh-

---

340) Mit dem Marktrückzug des vorletzten aktiven Investors (76) tritt natürlich wieder der Effekt ein, daß der letzte aktive Investor (80) ebenfalls exakt sein Startportefeuille hält. Das Verfahren zur Bestimmung des Gleichgewichtskurses bleibt davon unberührt. Auf der Basis der Informationen dieses einen Investors werden Kurse ermittelt, zu denen er exakt diejenigen Anteile der Unternehmen nachfragt, die er ohnehin schon besitzt.

341) Vgl. Abbildung 30. Dabei ist zu berücksichtigen, daß sich Aufnahme- oder Abgabesalden gleichen oder ähnlichen Umfangs mit zunehmender Modellaufzeit durch das Ausscheiden einer immer größeren Anzahl von Investoren immer stärker auswirken.

rend die Ertragsentwicklung des Investors *80* eine steigende Tendenz aufweist, vermag Investor *93* noch nicht einmal ein ausgeglichenes Ergebnis zu erzielen, und lediglich seine Verlusttoleranz verhindert einen Marktrückzug. Da die absolute Höhe der Handelsergebnisse bei gegebenen Kursen von der Höhe der Umsätze abhängt, liegt die Annahme nahe, daß die Divergenz der Ergebnisentwicklungen von der Risikoaversion der Investoren beeinflußt wird. Folglich wäre zu erwarten, daß der besonders erfolgreiche Investor *80* unter den im Markt verbleibenden Investoren die geringste Risikoaversion (den höchsten Wert des Risikoaversionsparameter) und Investor *93* die höchste Risikoaversion (den niedrigsten Wert des Risikoaversionsparameters) aufweist.

Allerdings ist gerade der Letztgenannte, dessen Risikoaversionsparameter den Wert 709 annimmt, mit der unter den verbleibenden Investoren geringsten Risikoaversion versehen. Der Risikoaversionsparameter a des besonders erfolgreichen Investors *80* liegt mit einem Wert von 541 zwar über dem Durchschnitt, ist aber deutlich viel geringer als derjenige des Investors *93*. Die nicht der individuellen Risikoneigung entsprechende Partizipation an den Ertragspotentialen, die sich aus dem Handel mit den exogen bestimmten Investoren ergeben, wird von den unterschiedlichen Preisänderungsimplikationen der individuellen Informationsstände ausgelöst. Investor *93*, der auf Grund seiner geringen Risikoaversion am Markt "ein großes Rad" dreht, kann zwar im Handel mit den zufällig auftretenden Marktteilnehmern erhebliche Gewinne erzielen, verliert einen wesentlichen Teil dieser Gewinne aber uno actu an seine besser informierte Konkurrenz.

Auf Grund des Fixkostencharakters der Informationskosten kommt der Risikoaversion im Verdrängungswettbewerb der informationsbeschaffenden Investoren dennoch eine wesentliche Rolle zu. Der Durchschnitt der Risikoaversionsparameter der zum Ende des Modellaufes noch nicht ausgeschiedenen Marktteilnehmer beträgt 608 und liegt damit deutlich über dem Durchschnittswert <u>aller</u> Marktteilnehmer in Höhe von 410. Unbeschadet von Informationsvor und -nachteilen erfordert die Deckung der Informationskosten eine gewisse Mindesthöhe der Umsätze, deren Umfang entscheidend von der individuellen Risikoaversion geprägt wird.

Die Notwendigkeit eines gewissen Mindestumsatzvolumens zur Deckung der Informationskosten zeigt sich noch deutlicher an dem einfacheren Fall allgemein verfügbarer Informationen. Tabelle 7 ist zu entnehmen, daß der Ertrag bei homogenen - weil allgemein verfügbaren - Informationen von der Höhe der Umsätze abhängt, die hier über die Risikoaversion der Investoren gesteuert wird. Mit allgemein verfügbaren Informationen dürften immer dann Kosten verbunden sein, wenn deren Verarbeitung Informationstechnologien in größerem Umfang erfordern, wie es etwa beim Handel mit derivativen Finanztiteln der Fall ist[342]. Dieses Marktsegment ist somit in natürlicher Weise ein Betätigungsfeld umsatzstarker Investoren, so daß den Bemühungen zur Erweiterung der Anzahl "aktiver Marktteilnehmer" gewisse Grenzen gesetzt sein dürften.

11.3. Informationstransformation im Transformationsleistungsverbund

Ganz offensichtlich können diejenigen Investoren, die bis zum Ende des Modellaufes nicht die REBUY-Strategie ergriffen haben, ihre Informationskosten durch den Handel mit den zufällig auftretenden Investoren decken. Diese indirekte Deckung der Informationskosten schlägt sich bei den zufällig auftretenden Investoren in einer Abnahme der Erträge nieder, die sie aus ihren zeitlich befristeten Anlagen erzielen können. Während der Gesamtertrag aller 98 [343] exogen ausgelösten Umsatzpaare bei homogener und kostenfreier Informationsbereitstellung 763.564 RE beträgt, sinkt er bei heterogenen Informationen und Informationskosten von 1 RE auf 753.636 RE. Ein Anstieg der Informationskosten auf 3 RE senkt das Gesamtergebnis auf 711.637 RE, und die abermalige Erhöhung der Informationskosten

---

342) Vgl. Jurgeit (1990), Uhlir/Sievi (1990).
343) Nach dem Modus des Anbieter-Noise steigt die Anzahl der auswertbaren Umsatzpaare von 93 auf 98.

auf 5 RE führt nur noch zu einem Gesamtergebnis von 613.363 RE [344].

Im Gegensatz zu Kreditinstituten, die Transformationsleistungen durch Selbsteintritt zur Verfügung stellen, bietet die Finanzinstitution Börse lediglich ein Forum, auf dem Marktteilnehmer Transformationsleistungen anbieten und nachfragen können. Dementsprechend fließen die Erlöse, die sich aus der Abgabe der Transformationsleistungen ergeben, unmittelbar denjenigen Marktteilnehmern zu, die diese Leistungen anbieten, und diese Leistungen werden nur angeboten, wenn die Erlöse zumindest die Kosten decken.

Bei isolierter Betrachtung der von Finanzinstitutionen erbrachten Transformationsleistungen wären die Kosten der Informationsbeschaffung und -verarbeitung den Erlösen aus der Publizitäts- oder Informationstransformation gegenüberzustellen. Die Analyse der Modelläufe, die einen Markt mit einer konstanten Anzahl identisch gleicher Investoren unterstellen, hat gezeigt, daß den Kosten der Informationsbeschaffung langfristig keine Erlöse gegenüberstehen, die durch ausschließliche Informationstransformation erzielt werden können. Mit dem Auftreten von Investoren, die mit Transaktionswünschen in exogen bestimmter _Höhe_ und _Fristigkeit_ versehen sind, entsteht Bedarf an zusätzlichen Transformationsleistungen, dessen Befriedigung zu Erlösen führt, die die Informationskosten decken können.

Die zufällig auftretenden Investoren wünschen eine zeitlich befristete Kapitalanlage, die es ihnen ermöglicht, an den Chancen und Risiken der Unternehmensentwicklung zu partizipieren. Da die Endfälligkeit der Unternehmenstitel unbestimmt ist, entsteht der Bedarf nach Fristentransformation. Diese Fristentransformation wird in Höhe der sich entsprechenden Kauf- und Verkaufswünsche durch die zufällig auftretenden Anleger _selbst bereitgestellt_. Die Salden der nicht genau korrespondierenden Transaktionswünsche werden durch die permanent im Markt aktiven Teilnehmer reguliert. Deren ständige

---

344) Jeweils bezogen auf die im vorangegangenen Kapitel analysierten Modelläufe mit REBUY-Strategie.

Bereitschaft, Angebotsüberhänge aufzunehmen oder Nachfrageüberhänge zu befriedigen, beeinflußt allerdings die Kurse und somit den Ertrag einer vorübergehenden Anlage in riskante Titel. Da alle in einer Periode abgewickelten Transaktionen den jeweils geltenden Gleichgewichtskurs zur Grundlage haben, werden von dieser Ertragsbeeinflussung alle zufälligen Transaktionen berührt und nicht nur diejenigen, die einen Kauf- oder Verkaufsüberhang auslösen.

Dieser Effekt bleibt auch dann erhalten, wenn das Verfahren zur Gleichgewichtskursermittlung, das alle Order simultan berücksichtigt, durch eine Folge jeweils bilateraler Gleichgewichtszustände ersetzt wird. Die Entwicklung der Investorenvermögen hängt dann zusätzlich zu den Wirkungen der individuellen Informationsstände von der Sequenz ab, in der die einzelnen Investoren aufeinandertreffen. Der Kontrakt zweier exogen bestimmter Investoren, deren Transaktionswünsche genau korrespondieren, würde dann den Kurs der letzten abgewickelten Transaktion als Grundlage haben und, sofern diese von einem Kauf-oder Verkaufssaldo geprägt war, dessen Kurseffekt in gleicher Weise tragen. Allerdings nehmen in einem sequentiell ablaufenden Marktprozeß die Kosten der Fristentransformation insgesamt zu, da der Anteil der Transaktionen, die zwischen den exogenen Investoren direkt und kostenfrei ausgeglichen werden, allenfalls zufällig dem entsprechenden Anteil bei einem zeitlich konzentrierten Orderausgleich entspricht.

Treffen die exogenen Transaktionswünsche in sehr kurzen Intervallen und mit großer Gleichmäßigkeit ein, so verringern sich auch die Zeiträume, auf die sich die Fristentransformation bezieht, und die Prämie für diese Transformationsleistung sollte in gleichem Maße abnehmen. Die Feststellung der Kurse in einer sich permanent ändernden Marktlage beruht dann in immer geringerem Maße auf einer Unternehmensbewertung, die sich auf spezifische Unternehmensinformationen stützt, und basiert zunehmend auf der Annahme eines weitgehend konstanten Orderflusses. Die Transformationsleistungen des Marktes in engerem Sinne treten dann gegenüber einer eher technischen Koordinierung, einem bloßen "Matchen" von Transaktionswünschen, die sich weitgehend entsprechen, in den Hintergrund. Der Kurseffekt eines Überwiegens exogener Kauf- oder Verkaufswünsche tritt bei sequentieller wie auch bei zeitlich konzentrierter Orderabwicklung in gleicher Weise auf. Er tritt mit einem Time-Lag auf, wenn sich die Marktteilnehmer in der Einschätzung der Konstanz der exogenen Transaktionen täuschen und diese Fehleinschätzung mit entsprechenden Transaktionen korrigieren.

Ferner gewinnen in einem <u>sequentiell ablaufenden</u> Marktprozeß <u>ex-ante</u>-Informationen über die Struktur der exogenen Transaktionen und damit über die Transaktionssalden einen eigenständigen Wert, da die Reaktion des Marktes auf Kauf- oder Verkaufsüberhänge antizipiert werden kann[345]. Die mit der Nutzung dieser zusätzlichen Informationen verbundenen Mehrerträge können in Abhängigkeit von der Sequenz der eingehenden Order sowohl zu Lasten der endogenen als auch zu Lasten der exogenen Investoren erzielt werden. Dagegen kann es sinnvoll sein, die bei der Ermittlung des amtlichen Kurses nach dem Meistausführungsverfahren <u>ex post</u> auftretenden Transaktionssalden einem möglichst weiten Investorenkreis zur Verfügung zu stellen, um die Anzahl zusätzlich aufzunehmender oder abzugebender Titel mit kursmoderierender Wirkung breit zu streuen.

Die Inanspruchnahme der Fristentransformation durch die zufällig auftretenden Investoren reduziert deren Anlageergebnis bereits bei homogenen und kostenfreien Informationen[346]. Der Umfang dieser Ergebnisminderung läßt sich in einfacher Weise dadurch ermitteln, daß der Anlageerfolg aller stochastischen Kauf- und Verkaufstransaktionen unter Verwendung der Kurszeitreihen ermittelt wird, die sich <u>ohne</u> diese Transaktionen ergeben. Dieses hypothetische Gesamtergebnis liegt mit 914.557 RE deutlich über dem tatsächlich erzielten Gesamtergebnis von 763.563 RE und die Differenz von 150.994 RE entspricht aus

---

345) Für die ertragssteigernde Nutzung von Informationen über die Transaktionswünsche von Investoren hat sich der Begriff des "Front-Running" eingebürgert. Vgl. o.V. (1988), S.309.
346) Hierbei spielt es keine Rolle, ob die zufällig auftretenden Investoren auf der Basis der homogenen und kostenfreien Informationen agieren oder ob sie den Marktpreis akzeptieren. Die Kurs- und Ertragseffekte sind identisch.

Sicht der zufällig auftretenden Investoren den Kosten der Fristentransformation[347].

Selbst unter idealtyischer Ausgestaltung des Marktes mit homogenen und kostenfreien Informationen können sich Investoren, die den Markt für vorübergehende Anlagen in riskante Titel nutzen wollen, den Kosten für die Inanspruchnahme von Transformationsleistungen nicht entziehen. Sie haben diese Kosten zu akzeptieren oder dem Markt fernzubleiben. Damit entsteht im Gegensatz zum geschlossenen Markt die Möglichkeit zur Erzielung zusätzlicher Erträge, die zur Deckung von Informationskosten herangezogen werden können. In einem Markt mit heterogenen Informationsständen, in dem die Effekte der Fristentransformation ganz grundsätzlich erhalten bleiben, konkurrieren die informationsbeschaffenden Investoren implizit um diese Ertragspotentiale. Da der anonyme Marktprozess keine Identifizierung des Kontrahenten zuläßt und es somit offenbleibt, ob ein Kontrakt mit einem Investor, dessen Transaktionswünsche exogen bestimmt werden, oder mit einem Investor, der auf der Grundlage abweichender Informationsstände handelt, zustandekommt, wird die Beschaffung von Informationen zur Bedingung für die Partizipation an den Ertragspotentialen der Fristentransformation.

In einem Markt, der von heterogenen Informationen geprägt ist, werden Informations- und Fristentransformation aus Sicht der ständig im Markt vertretenen Investoren zu einem untrennbaren Kuppelprodukt. Obwohl die Erträge nach ihrer Entstehung Erträge aus der Fristentransformation und die Kosten nach ihrer Entstehung Kosten der Informationsbeschaffung sind, erscheint eine direkte Zurechnung der jeweiligen Kosten- und Erlöskomponenten willkürlich.

Aus Sicht der Nutzer dieser Transformationsleistungen scheint diese Verbundwirkung weniger ausgeprägt zu sein. Mit jeder

---

347) Die Differenz zu den tatsächlich erzielten Mehrerträgen der informationsbeschaffenden Investoren in Höhe von 64.193 RE ergibt sich jeweils etwa zur Hälfte aus dem Szenarioeffekt, der sich auf Seiten der endogenen Investoren nun negativ auswirkt und dem Schlußkurseffekt der alternativen Indexzeitreihen, der zu einer niedrigeren Bewertung der Schlußbestände der exogenen Investoren führt.

Markttransaktion nehmen die zufällig auftretenden Investoren eine Fristentransformationsleistung in Anspruch. Als Verhaltensstrategien stehen ihnen grundsätzlich die Verwendung der kostenfrei veröffentlichten Informationen, die Nutzung des Marktpreises und eine eigenständig betriebene Informationsbeschaffung offen. Die Nutzung des Marktpreises, die die Verwendung veröffentlichter Informationen dominiert, kann als Inanspruchnahme einer Informationstransformation interpretiert werden, die kostenfrei erfolgt. Die Mindereinnahmen, die den informationsbeschaffenden Investoren dadurch erwachsen, daß die zufällig ausgelösten Transaktionen zum Marktpreis abgeschlossen werden, entsprechen den Preisänderungsimplikationen, die durch den Marktpreis transportiert und damit "entwertet" werden. Beschaffen die zufällig auftretenden Investoren selbst Informationen, die noch nicht vollständig veröffentlicht worden sind, so verzichten sie auf die Inanspruchnahme einer Informationstransformation und tragen stattdessen selbst zu ihrer Erstellung bei. Aus Sicht der exogen bestimmten Marktnutzer entsteht somit der Eindruck, als ob Informationstransformation fakultativ in Anspruch genommen und somit von der Fristentransformation abgekoppelt werden könnte.

Mit der eigenständigen Informationsbeschaffung durch die zufällig auftretenden Investoren wird die Fristentransformation allerdings wiederum beeinflußt, wenn auch in weniger deutlichem Umfang. Prägend für informationsinduziertes Handeln am Markt ist die Anpassung der individuellen Bestände an die bestehenden Gleichgewichtspreise, in die sämtliche Informationen eingeflossen sind. Damit wird nicht nur das gesamte Transaktionsvolumen der zufällig auftretenden Investoren, sondern insbesondere auch dessen Zusammensetzung verändert und der Umfang der insgesamt und in einzelnen Werten zu erbringenden Fristentransformation beeinflußt. Er sinkt dort, wo die heterogenen Informationsstände den Marktausgleich innerhalb der exogen ausgelösten Transaktionswünsche verbessern, und er steigt, wenn die Salden der sich nicht entsprechenden Kauf- und Verkaufswünsche zunehmen.

Die kaum lösbare Verbundwirkung der Transformationsleistungen, die durch das Zusammenwirken der Investoren an der Finanzinstitution Börse entstehen, zeigt sich auch an der Losgrößentransformation. Die durch die heterogenen Informationsstände ausgelösten Umsätze treten, der individuellen Risikoneigung der Investoren folgend, in unterschiedlicher Höhe auf und werden durch die markträumende Wirkung der Gleichgewichtskurse gebündelt oder zerlegt. Besonders deutlich wird die Losgrößentransformation dort, wo die in einer Periode auftretenden Kauf- oder Verkaufssalden der zufällig auftretenden Anleger auf die 80 ständig im Markt aktiven Anleger aufgeteilt werden. Umgekehrt lassen sich die zunehmenden Kosten der Fristentransformation, die sich mit einer abnehmenden Zahl informationsbeschaffender Investoren ergeben, auf eine eingeschränkte Möglichkeit der Losgrößentransformation zurückführen, so daß es wiederum willkürlich erscheint, die mit einem Marktein- oder austritt verbundenen Kosten der Fristen- oder der Losgrößentransformation zuzurechnen.

Die wahlweise der Losgrößentransformation zuzurechnenden steigenden Kosten des Marktein- oder austritts bei abnehmender Anzahl transaktionswilliger Marktteilnehmer werden durch die heterogenen Informationen und deren Kosten ausgelöst und somit durch Friktionen, die auf unvollkommenen Märkten auftreten. Auf einem unorganisierten Markt im Sinne von Gerke[348] würde die Losgrößentransformation insbesondere durch die Unkenntnis potentieller Marktteilnehmer behindert. Die Börse als zentrale Anlaufstelle von Kapitalanlegern und Kapitalnachfragern ersetzt aufwendige Such- und Verhandlungsprozesse und reduziert daher den Aufwand insbesondere der Losgrößentransformation. Den Erträgen dieser verbesserten Losgrößentransformation, deren Zurechnung wiederum nicht unproblematisch ist, wäre somit als originäre Kostengröße die Kosten der Aufrechterhaltung des Börsenbetriebes in technischer Hinsicht gegenüberzustellen.

Aus der Palette möglicher Transformationsleistungen ist bislang lediglich die Rendite- und Risikotransformation unbetrachtet geblieben. Ob die an der Finanzinstitution Börse tä-

---

348) Vgl. Abschnitt 1.2..

tigen Investoren diese Transformationsleistung überhaupt erbringen, hängt vom Standpunkt des Betrachters ab. Im Gegensatz zu Kreditinstituten, die das Kreditrisiko durch die anteilige Unterlegung mit Eigenkapital reduzieren und somit die Rendite-Risiko-Position eines Kapitalbetrages inhaltlich verändern, werden an der Börse Unternehmensanteile ohne inhaltliche Veränderung und damit ohne erkennbare Rendite-Risikotransformation lediglich getauscht. Die Nutzung der Börse als kostengünstige Möglichkeit zur <u>Aufteilung</u> einer Risikoposition auf eine Vielzahl von Investoren ließe sich zwar als Transformation des Risikos interpretieren, betrifft aber in gleicher Weise die bereits diskutierte Losgrößentransformation.

11.4. Auswirkungen einer Marktzersplitterung

Die in einer Periode auftretenden Transaktionswünsche der endogenen und der exogenen Investoren werden in diesem Modell zur Kursfeststellung sowohl räumlich als auch zeitlich vollständig zusammengeführt, was gegenüber realen Börsenmärkten eine Vereinfachung darstellt. Zur Analyse der Auswirkungen einer Marktzersplitterung wird der bislang verwendete Zentralmarkt in zwei Hälften zerlegt, so daß sich die exogenen Investoren 1-10 und die endogenen Investoren 21-60 auf einem Teilmarkt I und die verbleibenden Investoren auf einem Teilmarkt II bewegen. Die sich auf den Teilmärkten ergebenden Index-Differenzen[349] zum Referenzlauf ohne exogene Transaktionen zeigt Abbildung 37, in die zum Vergleich der entsprechende Kurvenzug des Zentralmarktes ebenfalls eingefügt worden ist.

---

349) Grundlage der Index-Entwicklungen ist die in Kapitel 11.1. vorgestellte Modellkonstellation mit heterogenen Informationsständen der endogenen Investoren ohne Informationskosten und ohne REBUY-Strategie.

Abb. 37: Indexdifferenzen zweier Teilmärkte und des Zentral-
          marktes zum Vergleichslauf ohne exogene Transaktionen
          (Anbieter-Noise)

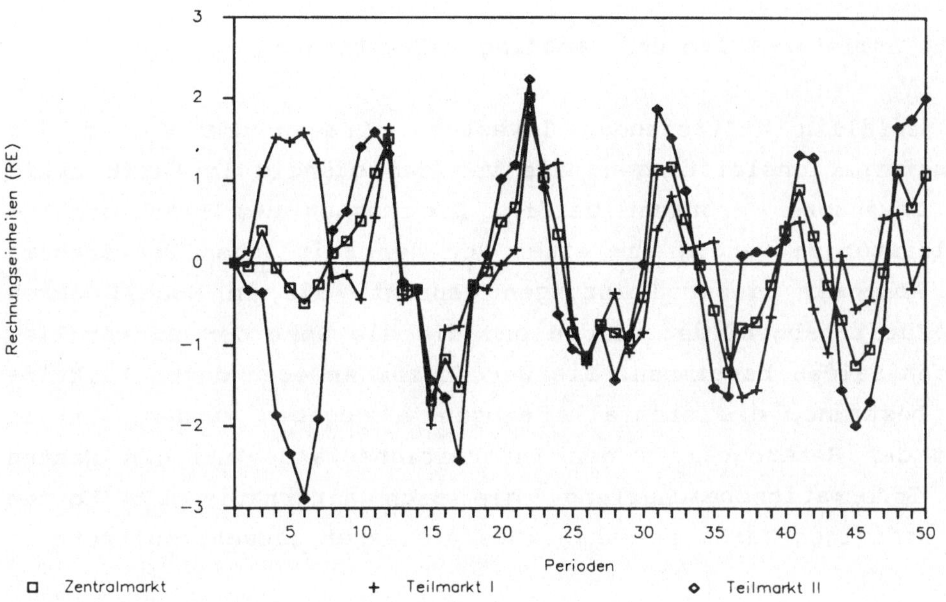

Aufgrund der reduzierten Anzahl der Marktteilnehmer nimmt auf
den Teilmärkten auch die Anzahl der sich ausgleichenden Kauf-
und Verkaufswünsche der zufällig auftretenden Anleger ab, so
daß insgesamt höhere Aufnahme- und Abgabesalden entstehen, die
- bei gleicher wirtschaftlicher Entwicklung der Unternehmen -
auf den Teilmärkten divergierende Kursverläufe bewirken.

Diese unterschiedliche Bewertung beruht auf der Annahme, daß
sich die Teilmärkte unabhängig voneinander entwickeln. Mit
Aufhebung dieser Annahme treten Arbitrageprozesse auf, die die
Kursdifferenzen zwischen den Teilmärkten reduzieren. Arbitrage
bedeutet das Ausnutzen von Preisunterschieden für gleiche Pro-
dukte auf unterschiedlichen Märkten und setzt Ertragschancen
voraus, die zumindest die Informationskosten über die auf dem
jeweiligen Parallelmarkt entstehenden oder entstandenen Transaktionssalden decken. Die Ertragschancen der Arbitrageure
stellen aber aus Sicht der anderen Marktteilnehmer Transaktionskosten dar, die die Rendite einer Wertpapieranlage reduzieren. Jenseits der von heterogenen Informationsständen und In-

formationskosten ausgehenden Zunahme der Transformationskosten wirkt auch eine Marktzersplitterung kostensteigernd[350].

11.5. Anbieter-Noise und Nachfrager-Reaktionen

Die zufällig auftretenden Investoren tragen die Kosten der Transformationsleistungen, die von den ständig im Markt aktiven Investoren erbracht werden. Die Kosten der Transformationsleistungen werden zum einen von den zeitlichen Präferenzen der Abnehmer dieser Leistungen geprägt, die im Modell durch den Zufall abgebildet werden und die die Höhe der zu regulierenden Salden bestimmen. Sie werden zum anderen durch Friktionen bestimmt, die ebenfalls exogen vorgegeben werden, und in Form der Heterogenität der Informationsstände und den Kosten der Informationsbeschaffung, die sich alternativ als Kosten der ständigen Marktteilnahme interpretieren lassen, auftreten.

Solange die zufällig auftretenden Investoren die Kosten der Transformationsleistungen tolerieren, bleiben die Finanzierungskosten der Unternehmen, die den Markt zur Beschaffung langfristigen Kapitals nutzen und damit ebenfalls Nutznießer der Transformationsleistungen sind, unbeeinflußt. Eine indirekte Beteiligung an den Kosten der Transformationsleistungen ist allerdings durch die implizite Annahme gegeben, daß die Unternehmen Rendite-Risiko-Positionen anbieten, die aus Sicht der zufällig auftretenden Investoren auch bei Berücksichtigung der Transformationskosten eine attraktive Form der Vermögensanlage darstellen.

Das Modell beschreibt, ausgehend von einem Gleichgewichtszustand bei homogenen Informationen, den von diesen Friktionen ausgelösten Anpassungsprozeß, der bei gegebener Nachfrage nach Transformationsleistungen zu einer Auslese unter den Anbietern dieser Leistungen führt. Dieser Anpassungsprozeß führt zu einem neuen Gleichgewicht, in dem eine reduzierte Anzahl informationsbeschaffender Investoren die Transformationswünsche der exogenen Investoren wiederum befriedigt. Die Transformations-

---

350) Vgl. auch Gerke/Hamann (1991), S.560-566.

kosten liegen nun allerdings deutlich über den Kosten, die sich ohne die exogen eingeführten Marktfriktionen ergeben.

Den bislang analysierten Modellvarianten lag die Annahme zugrunde, daß die zufällig auftretenden Investoren Transformationskosten in beliebiger Höhe akzeptieren. Diese Annahme wird nun aufgehoben. Da sich Investoren, die den Markt nur sporadisch für vorübergehende Anlagen in riskante Titel nutzen, den Transformationskosten nicht grundsätzlich entziehen können, wird ihnen eine Kostentoleranz unterstellt, die sich als prozentualer Anteil am eingesetzten Kapital bemißt. Führt der Verkauf einer vorübergehend gehaltenen Position zu einem Verlust, der diese kritische Größe überschreitet, so unterbleiben alle zufälligen Transaktionen, die in den dann noch folgenden Perioden von dem betreffenden Investor vorgenommen werden würden. Diese Kostentoleranz entspricht damit sowohl nach ihrem Prinzip wie auch in ihrer Wirkungsweise der Verlusttoleranz, die das Verhalten der informationsbeschaffenden Investoren steuert.

Die ausschließliche Orientierung an einer Verlustgröße führt allerdings wieder eine Abhängigkeit von dem unterstellten Konjunktur-Szenario ein. Die den ständig im Markt vertretenen Investoren als Vergleichswert zur Verfügung stehende Wertentwicklung des unverändert gehaltenen Startportefeuilles steht den exogenen Investoren nicht in gleicher Weise zur Verfügung, da dessen Wertentwicklung in den jeweiligen Anlageintervallen durch die zu ermittelnden Kosten des Marktein- und austritts beeinflußt werden. In positiven Konjunktur-Szenarien würden die Kosten der Transformationsleistungen daher unterschätzt, in negativen Konjunktur-Szenarien überschätzt werden.

Zur Vermeidung dieser Szenarioeffekte bietet es sich an, auf die kostenfrei veröffentlichten Informationen zurückzugreifen, die grundsätzlich allen Investoren zur Verfügung stehen, und die als Orientierungsgröße verwendet werden können[351]. Um den

---

351) Damit wird auch das Problem entschärft, daß mit der Integration der Nachfrager-Reaktion die Identität der die exogenen Transaktionen tragenden Investoren 1 bis 20 wieder hergestellt müßte. Auch unabhängig voneinander auftretenden exogenen Investoren werden die Abweichungen

formalen Aufwand für die Gewinnung einer Schätzgröße auf der Grundlage dieser Informationen zu beschränken, werden den zufällig auftretenden Investoren die Werte der Indexentwicklung zur Verfügung gestellt, die sich bei homogenen Informationen in den den jeweiligen Kauf- und Verkaufszeitpunkten <u>vorangehenden</u> Zeitpunkten ergeben haben. Dieses Verfahren entspricht einer individuell vorgenommen Unternehmensbewertung auf der Basis der veröffentlichten Informationen und hat den Charakter einer Schätzung, da die zur Verfügung gestellten Indexwerte der aktuellen Entwicklung jeweils um eine Periode nachlaufen. Die Differenz dieser somit nicht ganz zutreffenden Indexwerte dient den zufällig auftretenden Investoren als Anhaltspunkt für die Wertentwicklung ihrer Portefeuilles ohne Transformationskosten. Von der in Prozent ermittelten fiktiven Wertentwicklung wird nun die ebenfalls in Prozent gegebene Transformationskostentoleranz abgezogen. Die Differenz wird mit dem Kaufpreis der gehaltenen Anteile mulitpliziert, so daß sich zum Zeitpunkt des Verkaufs ein Mindestertrag ergibt, bei dessen Unterschreitung der Investor von weiteren Markttransaktionen absieht.

Die Konsequenzen einer Transformationskostentoleranz auf das Marktgeschehen lassen sich auf zweierlei Art untersuchen. Entweder werden bei einer fixierten Kostentoleranz die Marktfriktionen (Heterogenität der Informationen, Informationskosten) gezielten Veränderungen ausgesetzt, oder es wird bei gegebenen Marktfriktionen die Kostentoleranz variiert. Beide Verfahrensweisen führen zu identischen Ergebnissen. Da der letztgenannte Modus ein direktes Anknüpfen an die bereits analysierten Ergebnisse erlaubt, wird ihm hier der Vorzug gegeben. Damit bleibt die Modellvariante, die den endogenen Investoren Informationskosten von 5 RE und eine Verlusttoleranz von 5% unterstellt, weiterhin die Grundlage der Analyse.

Wird die Höhe der Transformationskostentoleranz der exogenen Investoren mit 10% angenommen, so überschreitet keines der zufällig generierten Umsatzpaare den kritischen Verlustwert und

---

zwischen veröffentlichten Unternehmensinformationen und Kursvolatilität nicht verborgen bleiben.

das Marktgeschehen bleibt unbeeinflußt. Die Reduktion dieses Prozentsatzes auf 9% führt dazu, daß nicht mehr alle Transaktionen den geforderten Mindestertrag aufweisen. Die betroffenen Investoren verzichten in der Folge auf alle weiteren Marktaktivitäten. Hiervon sind insgesamt 14 Kauftransaktionen betroffen, von denen 9 während des Modellaufes durch Verkaufstransaktionen wieder ausgeglichen werden würden. Das Ausbleiben dieser Umsätze schlägt sich zunächst in der Entwicklung der kumulierten Transaktionsalden nieder, die von den ständig im Markt vertretenen Investoren reguliert werden müssen.

Diese Saldenentwicklung ist in Abbildung 38 enthalten, in die zum Vergleich die Saldenentwicklung aufgenommen worden ist, die sich ohne Reaktionsmöglichkeit der zufällig auftretenden Investoren ergibt. Eine Abweichung ist erstmalig in der 31. Runde festzustellen, in der eine ausbleibende Kauftransaktion den Umfang der Anteile reduziert, die von den ständig am Markt aktiven Investoren abgegeben werden. Die für diese Investoren daraus resultierende Notwendigkeit, mehr Anteile zu halten als in den bisher analysierten Modellvarianten, bleibt bis zum Ende des Modellaufes erhalten und gewinnt mit fortschreitender Laufzeit an Umfang. In der 36. und in der 45. Periode müssen kurzfristig besonders viele Anteile aufgenommen werden, was durch ausbleibende Käufe in der 34. Periode, beziehungsweise in der 43. und 44. Periode verursacht wird.

Abb. 38: Kumulierte Transaktionssalden ohne und mit Nachfrager-Reaktion (Anbieter-Noise)

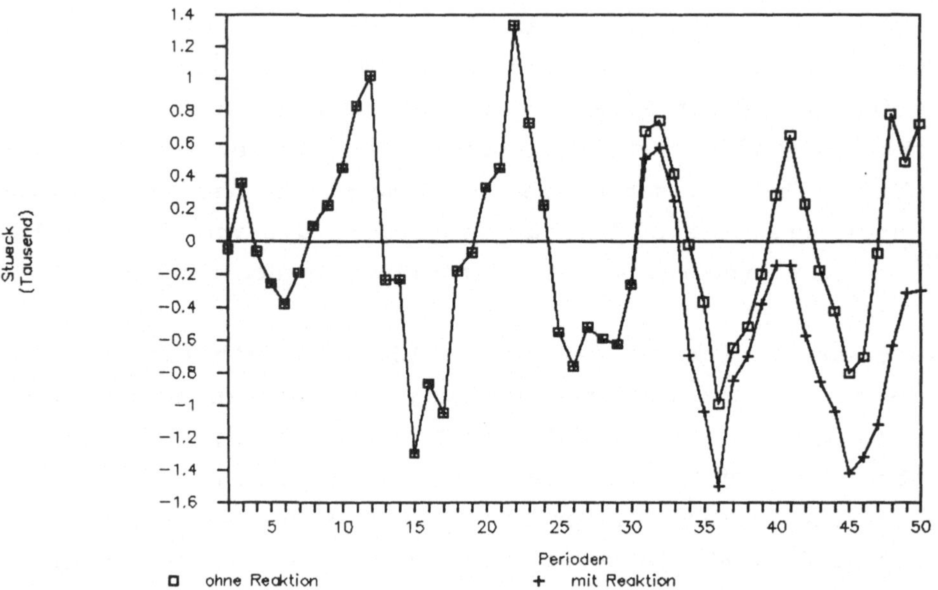

Dem Verlauf der Salden folgt der Verlauf des Index, der in Abbildung 39 ausgewiesen ist. Beginnend mit der 31. Periode, liegt er durchgehend unter dem Indexverlauf, der ohne Reaktionsmöglichkeit der zufällig auftretenden Investoren entsteht. Der Verzicht dieser Investoren, einmal verkaufte Anteile später zurückzukaufen, entspricht in seinen Auswirkungen der in Abschnitt 9.4. für den Gesamtmarkt analysierten SELL-Strategie. An die Stelle eines kurzfristen Marktausgleichs tritt aus Sicht der die Transformationsleistungen anbietenden Investoren der Dauerbesitz an den betreffenden Anteilen. Verkaufstransaktionen, die bei ungestörtem Verlauf der stochastischen Transaktionen lediglich zu kurzfristigen Kurseinbußen führen, ziehen auf Grund der nun dauerhaft geringeren Risikostreuung auch langfristig niedrigere Kurse nach sich, was sich besonders deutlich in den letzten Perioden des Modellaufes zeigt.

Abb. 39: Indexdifferenzen zwischen Modelläufen ohne und mit
          Nachfrager-Reaktion, jeweils bei Berücksichtigung der
          REBUY-Strategie und Informationskosten von 5 RE, und
          dem Modellauf ohne exogene Transaktionen (Anbieter-
          Noise)

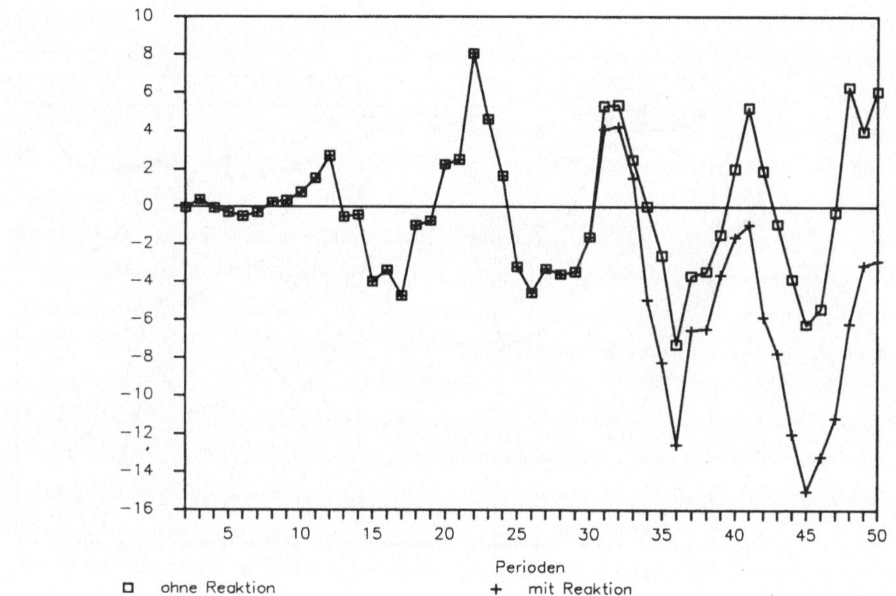

Durch die von Marktfriktionen ausgelöste Kurserosion auf dem
Sekundärmarkt wird der Zusammenhang zwischen den Kosten der
Transformationsleistungen und den Finanzierungskosten der Unternehmen sichtbar. Neuemissionen oder Kapitalerhöhungen, die
sich am Kursniveau des Sekundärmarktes orientieren, erzielen
geringere Emissionserlöse und führen damit zu einer Zunahme
der Finanzierungskosten, wobei Unternehmen, die in hohem Maße
zum Gesamtrisiko des Marktes beitragen, von Kursrückgängen besonders betroffen sind. Abbildung 40 enthält die Abweichungen
der Einzelkurse, die sich für die Unternehmen *1-4* [352] aus der
Reaktion der exogenen Investoren auf Transformationskosten in
nicht mehr tolerierter Höhe ergeben. Auffällig ist insbesondere Unternehmen *2*, dessen hoher Risikobeitrag zu einem Kurs-

---

352) Die entsprechenden Kurvenzüge für die Unternehmen *5* bis *8*, *9* bis *12*
      und *13* bis *16* sind in den Abbildungen 86, 87 und 88 im Anhang ent-
      halten. Um die Vergleichbarkeit dieser Abbildungen zu gewährleisten,
      sind sie mit einheitlicher Skalierung versehen.

einbruch führt, der im Vergleich zu allen anderen Unternehmen am stärksten ausgeprägt ist[353].

Abb. 40: Einzelkursabweichungen der Unternehmen 1 bis 4 in den Modelläufen mit und ohne Reaktionen der exogenen Investoren

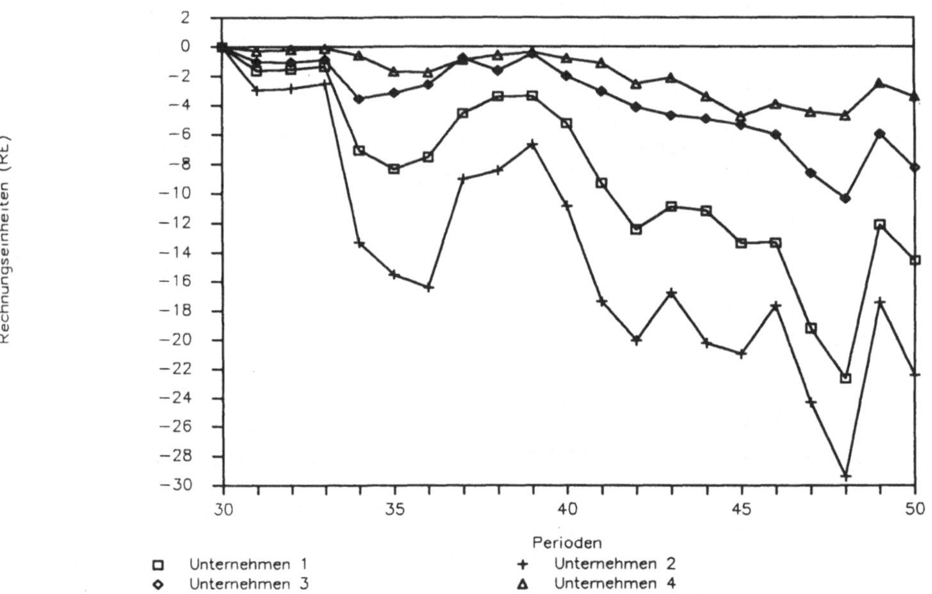

Zur Bestimmung der Kurse werden in diesem Modell Informationen herangezogen, die sich direkt auf die erwartete wirtschaftliche Entwicklung beziehen und die somit nicht auf der Basis historischer Kurse geschätzt werden. Würden die exogenen Investoren des Modells alternativ oder ergänzend die sich im Modellverlauf ergebenden Kurse zur Schätzung der künftigen Unternehmensentwicklung heranziehen, so würde sich in diesen Schätzungen auch der Einfluß der zufälligen Transaktionen niederschlagen, der im Laufe des Anpassungsprozesses an die Marktfriktion zunimmt[354]. Die zunehmende Volatilität der Kurse, der zunächst keine Zunahme der zu erwartenden Renditen gegenübersteht, würde dann zu einer reduzierten Nachfrage

---

353) Auch Unternehmen *15* ist in hohem Maße betroffen, während Unternehmen *8* vom Marktrückzug der exogenen Investoren in geringer Weise sogar profitieren kann.

354) Der volatilitätserhöhende Einfluß exogener Transaktionen in einem unvollkommenen Markt entspricht dem Ergebnis der empirischen Arbeiten von Shiller (1981), der feststellt, daß die Kursvolatilität größer ist als die Volatilität der ausgewiesenen Unternehmensergebnisse.

führen, was das Kursniveau senken und die Kosten der Unternehmensfinanzierung ebenfalls steigern würde.

Die Ertragsentwicklung der informationsbeschaffenden Investoren wird vom Ausbleiben einzelner zufälliger Transaktionen in unterschiedlicher Weise beeinflußt. Das gegenüber dem Vergleichslauf geringere Kursniveau in der Schlußperiode betrifft alle Anteile, die zu diesem Zeitpunkt gehalten werden, und führt daher zu einer relativen Ertragseinbuße. Die Kursbewegungen, die sich als Reaktion auf die exogenen Transaktionen ergeben, bleiben zwar tendenziell erhalten, führen jedoch auf Grund des eingeschränkten Transaktionsvolumens ebenfalls zu einem geringeren Ertrag. Die szenariobedingt positive Entwicklung der zusätzlich gehaltenen Anteile kann diese Ertragseinbußen jedoch mehr als ausgleichen.

Abbildung 41 weist die Entwicklung der kumulierten Ergebnisse des Investors 80 für den Modellauf mit Nachfrager-Reaktion aus[355]. Auffällig ist insbesondere der starke Ertragszuwachs in der 37. Periode, der sich als Konsequenz der unmittelbar vorangegangenen Salden- und Index-Entwicklung ergibt.

---

[355] Die entsprechenden Abbildungen 89 und 90 für die Investoren 76 und 51 befinden sich im Anhang.

Abb. 41: Kumulierte Handelsergebnisse nach Kosten des Inve-
          stors 80 in Modelläufen mit und ohne Nachfrager-Reak-
          tion (9%), die jeweils Informationskosten in Höhe von
          5 RE und die REBUY-Strategie berücksichtigen

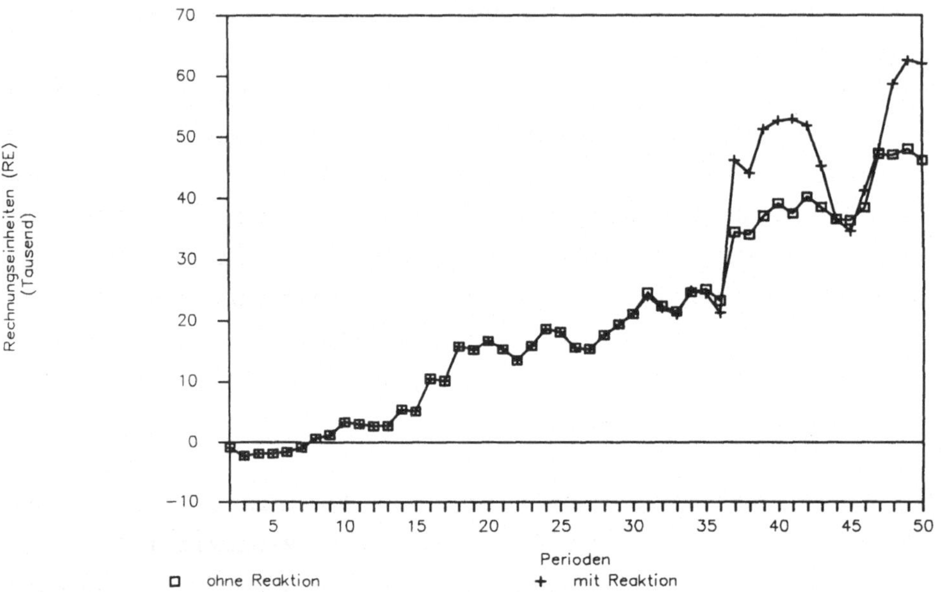

In diesem Modellauf scheiden zwei weitere, bislang aktive Investoren aus dem Marktgeschehen aus, so daß nur noch acht Investoren zur Kursfeststellung beitragen. Wie der folgenden Abbildung 42, die die kumulierten Handelsergebnisse des Investors *93* -eines der beiden zusätzlich ausscheidenden
Marktteilnehmer- enthält, zu entnehmen ist, lassen sich daraus
jedoch nur bedingt Aussagen über eine generell weiter voran-
schreitende Marktverengung ableiten. Die Verlusttoleranz dieses Investors wird in der 36. Periode geringfügig überschritten, was die Entscheidung zum Marktrückzug auslöst. Die darauf
folgende Rekonstruktion des Startportefeuilles führt in Verbindung mit der Kurserholung, die durch die stochastischen
Transaktionen ausgelöst wird, zu einem Ertrag, der deutlich
über dem entsprechenden Ertrag des Vergleichslaufes liegt. Damit wäre ein Anreiz zur weiteren Teilnahme am laufenden Handel
gegeben, der auf Grund der völligen Unbeirrbarkeit der Modellinvestoren aber unbeachtet bleibt[356]. Folglich bleibt der

---

356) Der Effekt, daß die Rekonstruktion des Startportefeuilles einen Inve-
      stor auf ein Ertragsniveau hebt, das <u>oberhalb</u> seiner Verlusttoleranz

in dieser Periode erzielte Ertrag bis zum Ende des Modellaufes in unveränderter Höhe erhalten.

Abb. 42: Kumulierte Handelsergebnisse nach Kosten des Investors 80 in Modelläufen mit und ohne Nachfrager-Reaktion (9%), die jeweils Informationskosten in Höhe von 5 RE und die REBUY-Strategie berücksichtigen

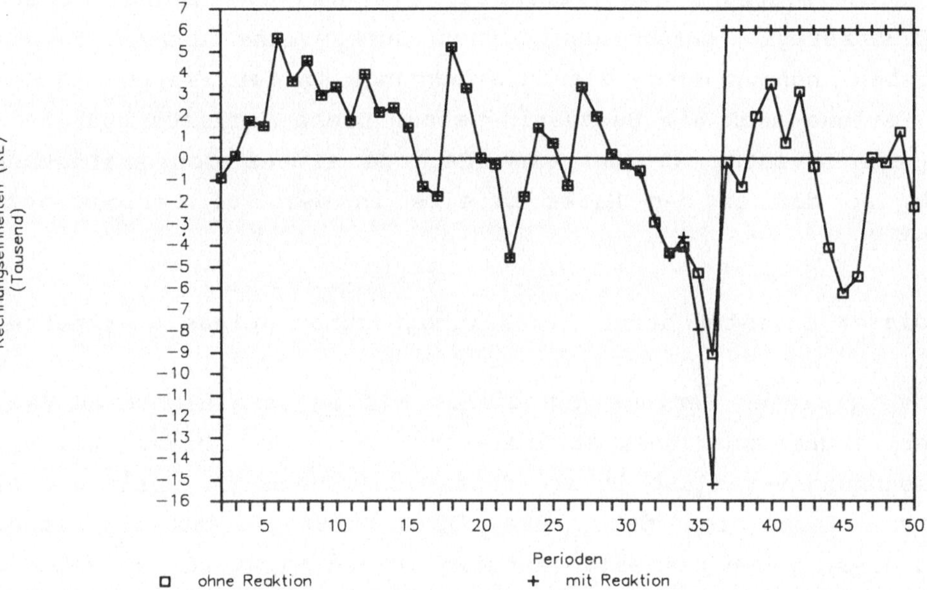

Eine abermalige Senkung der Transformationskostentoleranz auf nunmehr 8% verstärkt diese Effekte nicht nur, sondern führt zu einem Zusammenbruch des Marktes[357] [358]. Durch eine Verkaufs-

---

liegt, konnte bereits in anderen Modellvarianten beobachtet werden. Durch die erneute Prüfung der Ertragssituation _nach_ erfolgtem Marktaustritt läßt sich auf einfache Weise ein Wiedereintritt dieses Investors in den Markt herbeiführen. Die im Modell ablaufenden Prozesse werden dadurch verlangsamt, strukturell jedoch nicht verändert. Gleiches gilt für eine mögliche Modell-Variante, Investoren, die den Markt verlassen haben, nach einer fest vorgegebenen Zeit wieder für die aktive Teilnahme am Handel zuzulassen. Die Verbindung dieses Verfahrens mit der SELL-Strategie führt zu einem ähnlichen Modellverhalten, wie es von rein zufälligen Transaktionen ausgelöst wird. Der Zufall wird durch das Zusammenwirken zwischen den Preisänderungsimplikationen der individuellen Informationsstände und der exogen bestimmten Dauer der Marktabstinenz ersetzt. Ähnliche Wirkung hätte eine Modell-Variante, die den zufällig auftretenden Investoren für die Dauer ihrer Marktpräsenz ständige aktive Informationsbeschaffung unterstellt.

357) In alternativer Sichtweise entspricht diese Toleranzschwellensenkung bei gegebenen Marktfriktionen einer Zunahme der Friktionen bei gegebener Toleranzschwelle.

transaktion erleidet Investor 7, einer der zufällig handelnden
Investoren, in der 25. Periode einen Verlust, der seine Verlusttoleranz übersteigt. In der 31. Periode bleibt deshalb
eine Kauftransaktion aus, die in der 36. Periode durch einen
Verkauf wieder ausgeglichen werden würde. Die Anteile dieses
Investors sind in diesem Zeitraum von den informationsbeschaffenden Investoren zusätzlich zu halten. Da in die Ermittlung
der Handelsgewinne und -verluste, die über das Ergreifen der
REBUY-Strategie entscheiden, auch Buchgewinne und -verluste
eingehen, nehmen durch die Kursrückgänge in der 34. und in der
35. Periode auch die Buchverluste zu. Diese Verluste übersteigen bei Investor 93 nun eine Periode früher den kritischen
Wert, so daß er den Markt bereits in der 36. Periode verläßt[359].

Da dieser Investor durch die Rekonstruktion seines Startportefeuilles per Saldo Anteile an den Markt abgibt, liegen die
Kurse in dieser Periode nun tiefer als im vergleichbaren Fall
einer Transformationskostentoleranz von 9%. Diese weitere
Kurssenkung veranlaßt in der darauf folgenden 37. Periode drei
weitere Investoren dazu, die REBUY-Strategie zu ergreifen.
Auch diese geben per Saldo Anteile in den Markt ab, so daß die
in dieser Periode in erheblichem Umfang einsetzenden Käufe der
zufällig handelnden Investoren teilweise kompensiert werden
und sich als Ergebnis ein geringeres Ansteigen der Kurse ergibt. Die ab der 42. Periode einsetzenden zufälligen Verkäufe
müssen nun von einer abermals verminderten Anzahl aktiver
Marktteilnehmer reguliert werden. Der daraus resultierende
starke Druck auf die Kurse führt dazu, daß in der 45. Periode
alle verbleibenden aktiven Marktteilnehmer den Markt zu verlassen wünschen.

---

358) Gegen die Adjustierung der Transformationskosten um die aus den kostenfrei veröffentlichten Informationen ableitbare wirtschaftliche
Entwicklung der Unternehmen, die zur Reduzierung des Szenario-Effek-
tes vorgenommen wird, läßt sich einwenden, daß die Investoren bei
ausgesprochen positiver Kursentwicklung höhere Transformationskosten
tolerieren werden. Ohne diese Adjustierung liegt die kritische Kostentoleranz, die zum Zusammenbruch des Marktes führt, bei 4%.

359) Damit entfällt auch der hohe Gewinn, der mit der Rekonstruktion des
Startportefeuilles zu erzielen war. Vgl. Abbildung 91 im Anhang.

Das Forschungsziel, die Leistungsfähigkeit organisierter Märkte unter gelockerten Prämissen zu untersuchen, und die Möglichkeiten der Simulation legen es nahe, nach den Grenzen der Belastbarkeit dieser Märkte zu suchen[360]. Da die Überwindung von Marktunvollkommenheiten, ohne die organisierte Märkte ihre Existenzberechtigung verlieren würden, mit Kosten verbunden ist und diese Kosten durch eine einfache Strategie der Untätigkeit vermieden werden können, löst der Zusammenbruch des Marktes bei fortwährender Verstärkung der Friktionen weniger Überraschung aus als das alternative Ergebnis eines ausbleibenden Zusammenbruchs. Auffällig ist dagegen die <u>Sensitivität</u> des <u>Marktsystems</u> im <u>Grenzbereich</u>, die sich hier erneut und deutlicher zeigt als in Abschnitt 9.4., das sich mit den Folgen einer SELL-Strategie der von Verlusten betroffenen Investoren beschäftigte. Der eigentliche Auslöser des Marktzusammenbruchs zeigt <u>keine</u> <u>unmittelbare</u> <u>Wirkung</u> und führt erst mit einem erheblichen <u>Time-Lag</u> und über eine <u>Reihe</u> <u>ineinandergreifender</u> <u>Effekte</u> zum endgültigen Marktversagen[361].

11.6. Zusammenfassung der wichtigsten Ergebnisse

Zur Untersuchung der Auswirkungen exogener Transaktionen auf die Handelsergebnisse informationsbeschaffender Investoren wird ein geänderter Modus zur Generierung der exogenen Transaktionen verwendet. Bei <u>homogenen</u> und <u>kostenfreien</u> Informationen der endogenen Investoren ergeben sich die für das vorgegebene Verhältnis zwischen der Anzahl endogener und exogener Investoren <u>minimalen</u> Kursreaktionen auf die exogenen Transaktionswünsche. Diesen minimalen Kursreaktionen entsprechen aus Sicht der exogenen Investoren die minimalen Kosten der Inan-

---

360) Bei weniger rigiden Verhaltensannahmen für die exogenen Investoren kann bei ansonsten gleicher parametrischer Ausstattung der Modelläufe die Transformationskostentoleranz weiter gesenkt werden. Abbildung 92 im Anhang zeigt die Indexdifferenzen zwischem dem Referenzlauf und einem Modellauf mit Anbieter-Noise, in dem die exogenen Investoren bei Überschreitung einer Verlusttoleranz von <u>5%</u> nur jeweils auf die nächstfolgende Transaktion verzichten und sich dem Markt somit nur temporär abwenden. Es ergibt sich eine deutlich verlangsamte Kurserosion und die Kursabweichungen folgen überwiegend der geänderten Sequenz der exogenen Kauf-und Verkaufstransaktionen.

361) Zu den Wirkungen selbstverstärkender Rückkopplungseffekte auf Finanzmärkten vgl. Matthiesen (1990), S.7.

spruchnahme von Transformationsleistungen und aus Sicht der endogenen Investoren die minimalen Erträge aus der Abgabe von Transformationsleistungen.

Der von den heterogenen Informationsständen der endogenen Investoren ausgelöste und von Kosten der Informationsbeschaffung beschleunigte Verdrängungsprozeß erhöht die von den exogenen Transaktionen ausgehende Kurs-Volatilität. Damit nehmen aus Sicht der exogenen Investoren die Kosten der in Anspruch genommenen Transformationsleistungen zu. Die mit der Abgabe von Transformationsleistungen verbundenen Erträge nehmen dementsprechend ebenfalls zu und werden darüberhinaus stärker konzentriert. Informationskosten verdrängen insbesondere Investoren mit hoher Risikoaversion, die auf Grund ihrer geringen Beteiligung am Handel auch nur in geringem Umfang an den zusätzlichen Ertragsmöglichkeiten des Handels mit exogenen Investoren partizipieren können.

Die sich als Folge des Anpassungsprozesses ergebende Zunahme und Konzentration der Erträge aus der Abgabe von Transformationsleistungen erlaubt es den im Markt verbleibenden endogenen Investoren, ihre Informationskosten zu decken, so daß die ohne exogene Transaktionen auftretenden Degenerationserscheinungen ausbleiben. Obwohl die hier betrachteten Kosten nach ihrer Entstehung Kosten der Informationsbeschaffung und die Erträge nach ihrer Entstehung Erträge aus der Fristentransformation sind, erscheint eine direkte Zuordnung der Kosten- und Leistungskomponenten willkürlich, da Transformationsleistungen auf Börsenmärkten als kaum trennbare Kuppelprodukte auftreten.

Die von heterogenen Informationsständen und Informationskosten ausgelöste Zunahme der Transformationskosten kann dazu führen, daß zeitlich beschränkte Investitionen in riskante Unternehmensanteile ihre Attraktivität verlieren. Die abnehmende Beteiligung der Investoren mit exogen determinierten Transaktionswünschen am Marktprozeß führt zu einer Erosion des Kursniveaus, wodurch der Zusammenhang zwischen den Kosten der im Marktzusammenhang erbrachten Transformationsleistungen und den Kosten der Unternehmensfinanzierung unmittelbar deutlich wird.

12. Freiwillige Publizität der Unternehmen

12.1. Einführung

Die Möglichkeit, teil-monopolisierte Informationen zu beschaffen, führt zu einem Ausleseprozess unter den Investoren, die Transformationsleistungen durch ihre ständige Handelsbereitschaft anbieten. Mit diesem Ausleseprozeß ist eine Zunahme der Transformationskosten verbunden, die von den exogen bestimmten Investoren zu tragen sind. Wird die Attraktivität riskanter Anlagen durch die Kosten der Transformationsleistungen zu stark reduziert, so bleiben die exogenen Investoren, die sich diesen Kosten auf keine andere Art entziehen können, dem Markt fern. Der dadurch ausgelöste Kursrückgang erhöht unmittelbar die Finanzierungskosten derjenigen Unternehmen, die den Markt für Kapitalbeschaffungsmaßnahmen nutzen wollen.

Mit der Möglichkeit, teil-monopolisierte Informationen überhaupt beschaffen zu können, kann der Auslöser einer möglichen Zunahme der Finanzierungskosten eindeutig identifiziert werden. Es liegt deshalb nahe, durch eine zusätzliche und freiwillige Unternehmenspublizität dem Verdrängungseffekt heterogener Informationsstände zu begegnen, so daß mehr Investoren Transformationsleistungen anbieten können[362].

Die unternehmensseitige Veröffentlichung von Informationen, die bislang dezentral beschafft wurden und damit teil-monopolisiert waren, setzt voraus, daß die betreffenden Informationen dem Unternehmen bereits vorliegen. Diese Annahme erscheint plausibel, da es im Interesse des Unternehmens liegen muß, über möglichst viele Informationen zu verfügen, die für die künftige wirtschaftliche Entwicklung relevant sind. Sie ist indes nicht zwingend, da nicht gewährleistet ist, daß die Unternehmen alle relevanten Informationen im Moment ihres Entstehens erhalten, und somit Spielräume für temporäre Informa-

---

362) Im Sinne von R.H.Schmidt (1981a) kann sich der Markt als System erweisen, das Anreize zur Veröffentlichung zutreffender Informationen bietet. Die Auswirkungen freiwilliger Informationsbereitstellung im Rahmen eines Modelles rationaler Erwartungen untersucht Diamond (1985), S.1071-1094.

tionsvorsprünge erhalten bleiben. Zudem wird die wirtschaftliche Entwicklung der Unternehmen von einer so großen Zahl von
Informationen direkt oder indirekt beeinflußt, daß eine vollständige Beschaffung aller Informationen kaum möglich erscheint[363].

Die in diesem Modell verwendete Form der Informationsbereitstellung erlaubt es grundsätzlich, die freiwillige Unternehmenspublizität auf einen beliebigen Ausschnitt der ein Unternehmen betreffenden Informationen zu beschränken. Die Ergeb-
nisinterpretation wird jedoch erleichtert, wenn die Investoren
bezüglich des Unternehmens, das zusätzliche Informationen
emittiert, homogen informiert sind. Die freiwillige Unternehmenspublizität umfaßt somit alle 22 Informationen, die die
Rendite-Risiko-Position eines Unternehmens in einer Periode
bestmöglich beschreiben.

Auf Grund von asymmetrischen Informationsbeziehungen bringen
Kapitalgeber Kapitalnehmern vor Eintritt in die Finanzierung
Skepsis und nach Eintritt in die Finanzierung Mißtrauen entgegen. Es besteht somit kein Anlaß zu der Vermutung, daß die Investoren diesen zusätzlich emittierten Informationen vertrauen. Die Wirkungsweise der freiwilligen Publizität beruht
auch nicht auf einem Vertrauensvorschuß, sondern allein darauf, daß zutreffende Informationen emittiert werden. Es steht
den Investoren frei, weiterhin dezentrale Informationen zu beschaffen. Diese Informationen enthalten allerdings keine
Preisänderungsimplikationen mehr, so daß von ihnen auch keine
Umverteilungseffekte mehr ausgehen und eine breite Streuung
der Unternehmensanteile erhalten bleiben sollte.

Freiwillige Unternehmenspublizität kann als Reaktion auf bereits eingetretene unerwünschte Effekte heterogener Informationsstände interpretiert werden. Im Gegensatz zu den Konsequenzen asymmetrischer Informationsstände kann die Aufhebung dieser Asymmetrien nicht durch Rückkopplungseffekte verbreitet

---

363) Darüberhinaus kann das Bestreben, die Konkurrenz nicht vollständig
über die Geschäftslage zu informieren, der Bereitschaft zur freiwilligen Publizität selbst dann Grenzen setzen, wenn die Informationen
nahezu vollständig vorliegen.

werden. Insbesondere für die Investoren, die sich bereits aus dem Markt zurückgezogen haben, wären Annahmen zu treffen, wie sie durch die zusätzliche Emission von Unternehmensinformationen zur Rückkehr in das Marktgeschehen angeregt werden können. Die Wirkungsweise der erweiterten Unternehmenspublizität läßt sich jedoch strukturgleich untersuchen, wenn unterstellt wird, daß ein Unternehmen von Beginn an sämtliche verfügbare Informationen veröffentlicht und die Investoren über diese Politik unterrichtet sind.

Der Zufluß zusätzlicher kostenfreier Informationen verändert die individuelle Informationsstruktur aller Investoren, die, sofern nicht anderes angegeben ist, in allen Modelläufen des positiven Szenarios auf den immer gleichen 176 der in jeder Periode maximal verfügbaren 352 Informationen beruht. Jeder Investor erhält nun <u>zusätzlich</u> all diejenigen Informationen des Unternehmens, das sich zu freiwilliger Publizität entschlossen hat, die ihm bislang nicht vorlagen.

Da die Anzahl der Informationen, die ohne zusätzliche Informationsemission über dieses Unternehmen zur Verfügung stehen, zwischen den Investoren schwankt, schwankt nun auch die Gesamtzahl aller Informationen, auf die die Investoren jeweils zugreifen können. Diejenigen Investoren, die bisher besonders viele der jetzt kostenfrei veröffentlichten Informationen verwerten konnten, erhalten nur wenig neue Informationen hinzu, werden in Modellvarianten, die Informationskosten vorsehen, aber besonders stark von diesen Kosten entlastet. Investoren, denen bislang nur wenige Informationen dieses Unternehmens offenstanden, gewinnen zwar zahlreiche neue Informationen hinzu, profitieren aber nur in geringem Maße vom Rückgang der insgesamt zu tragenden Informationskosten.

12.2. Wirkungen freiwilliger Unternehmenspublizität bei undifferenzierten Strategien der Investoren

12.2.1. Ohne exogene Transaktionen

Tragender Gedanke einer freiwilligen Unternehmenspublizität ist die Reduzierung des Verdrängungseffektes, der von heterogenen Informationen und den Kosten, die mit der Beschaffung dieser Informationen verbunden sind, ausgeht. Es liegt nahe, diese zusätzliche Informationsemission zunächst dem Unternehmen 2 nahezulegen, das von diesem Kursverfall in besonderer Weise betroffen ist[364]. Eine erste Annäherung an die Wirkungsweise zusätzlich verfügbarer Information kann durch die Analyse eines Modellaufes erreicht werden, der von Informationskosten absieht, keine exogen ausgelösten Transaktionen berücksichtigt und für die informationsbeschaffenden Investoren die REBUY-Strategie mit einer Verlusttoleranz von 5% unterstellt.

Erwartungsgemäß nehmen die Umsätze, die mit den Anteilen des Unternehmen 2 getätigt werden, gegenüber einem Vergleichslauf mit den bislang verfügbaren 176 Informationen deutlich ab (-48,3%). Umsätze sind die Folge von Portefeuilleumschichtungen, die zur Nutzung von Informationsvorteilen vorgenommen werden. Da die individuellen Informationsvorteile für das Unternehmen 2 durch die Teilhomogenisierung der Informationen reduziert werden, sinkt auch die Attraktivität von umsatzauslösenden Portefeuilleumschichtungen. Die Vermögensumverteilung, die den Transaktionen mit Anteilen des Unternehmens 2 direkt zugerechnet werden kann, nimmt folglich ebenfalls stark ab (-60,8%).

Da alle Unternehmen über die Varianz-Kovarianz-Matrix der erwarteten Unternehmensentwicklungen miteinander verbunden sind, beeinflußt die zusätzliche Informationsemission eines Unternehmens auch alle anderen Unternehmen. Bei 12 dieser Unternehmen sind ebenfalls Umsatzrückggänge zu verzeichnen, die sich in einer Spanne von -0,3% bis -2,49% bewegen, bei 3 Unterneh-

---

364) Vgl. Abschnitt 11.5. und Abbildung 40.

men nehmen die Umsätze geringfügig zu (+0,05%, +0,08% und +0,37%). Insgesamt ergibt sich ein Rückgang _aller_ Umsätze von 3,3%. Die direkt zurechenbaren Vermögensumverteilungen nehmen bei 9 Unternehmen ab (-1,29% bis -14,33%) und bei 6 Unternehmen zu (+0,19% bis +4,71%).

Die Summe aller Vermögensumverteilungen zwischen den Investoren steigt entgegen den Erwartungen sogar um 2,0% an, was dazu führt, daß gegenüber dem Vergleichslauf zwei weitere Investoren den Markt verlassen und nur noch 55 von 80 möglichen Investoren am Handel teilnehmen. Das Bestreben, durch zusätzliche Informationen Umverteilungseffekte zwischen den Investoren zu reduzieren, wird damit vollständig konterkariert, was sich auf drei Faktoren zurückführen läßt.

Zum einen trägt das Unternehmen _2_, das auf Grund seines besonderen Interesses an einer Reduzierung der Informationsheterogenität ausgewählt wurde, nur wenig zur Vermögensumverteilung im Gesamtmarkt bei. Die Aufhebung der asymmetrischen Informationsstände bezüglich dieses Unternehmens kann im Marktzusammenhang daher von vornherein nur geringe Wirkung entfalten. Zum anderen führt die diversifikationsunfreundliche Teilhomogenisierung der Informationsstände zu Veränderungen der Portefeuillestrukturen, die fallweise die Wirkung heterogener Informationsstände, die bezüglich anderer Unternehmen vorliegen, verstärken können. So steigt die Vermögensumverteilung, die auf Transaktionen mit Unternehmen <u>15</u> zurückzuführen sind, um 4,3%. Schließlich ist eine stochastische Komponente zu berücksichtigen, deren Ursache in den ursprünglichen Informationsständen liegt. Die Angleichung der Informationsstände bezüglich des Unternehmens _2_ reduziert sowohl die Möglichkeit zusätzlicher Gewinnerzielung wie auch die Möglichkeit, im Handel Verluste zu erleiden. In diesem Fall dominiert die Reduzierung der Gewinnmöglichkeiten, wovon diejenigen Investoren profitieren, die durch die Nutzung von Informationsvorteilen bezüglich _anderer_ Unternehmen ohnehin Handelsgewinne erzielen, so daß auch die Angleichung der Informationsstände asymmetrisch wirkt.

Die freiwillige Publizität des Unternehmens *2* bleibt nicht nur ohne den gewünschten Erfolg, sondern wirkt in geringem Umfang sogar kontraproduktiv. Anstelle dieses Unternehmens, das nur ein geringes Umverteilungspotential aufweist[365], wird nun Unternehmen *15*, mit dessen Transaktionen bei unternehmensbezogener Betrachtung die höchsten Umverteilungseffekte verbunden sind, als Träger der freiwilligen Publizität angenommen. Die Teilhomogenisierung der Informationsstände führt zu einem Rückgang des mit diesem Unternehmen verbundenen Umverteilungsvolumens um 87,9%, der mit einer Umsatzabnahme von 68,6% einhergeht. Die Umverteilungsvolumina aller anderen Unternehmen gehen in vier Fällen zurück (-0,9% bis -12,7%) und nehmen für die verbleibenden elf Unternehmen zu (0,7% bis 16,8%).

Für den Gesamtmarkt ergibt sich eine Abnahme der Vermögensumverteilung von 5,3%, worauf gegenüber dem Vergleichslauf ohne zusätzliche Informationen vier Marktteilnehmer weniger aus dem Handel ausscheiden. Mit Ausnahme des Unternehmens *15* haben alle Unternehmen einen Zuwachs der Umsätze zu verzeichnen, dessen Ausmaß von 4,5% bis 9,2% reicht, der den Umsatzrückgang des Unternehmen *15* mehr als ausgleicht und zu einem gesamten Umsatzzuwachs von 0,9% führt. Dieser Umsatzzuwachs ist das Resultat der Bemühungen der Marktteilnehmer, eingeschränkte Diversifizierungsmöglichkeiten, die sich aus der Teilhomogenisierung der Informationsstände ergeben, durch verstärkte Transaktionen mit anderen Unternehmen wenigstens teilweise auszugleichen.

Im Gegensatz zu Unternehmen *2*, dessen Bemühungen zur Linderung der asymmetrischen Informationsbeziehungen vollständig untergehen, kann Unternehmen *15* durch zusätzliche Unternehmenspublizität den von diesen Asymmetrien ausgehenden Verdrängungseffekt senken[366]. Die gleichzeitige Informationsemission <u>beider</u> Unternehmen führt allerdings nur zu einer geringen

---

365) Lediglich zwei Unternehmen weisen ein geringeres Umverteilungspotential auf. Der Unterschied zu dem in Tabelle 2 ausgewiesenen unternehmensbezogenen Umverteilungsvolumen ergibt sich aus der reduzierten Anzahl informationsbeschaffender Investoren.

366) Wie Abbildung 88 im Anhang zeigt, ist der Anreiz für zusätzliche Unternehmenspublizität für dieses Unternehmen allerdings weniger ausgeprägt.

Verbesserung der Ergebnisse. So nehmen zwar sowohl die unternehmensbezogenen Umverteilungsvolumina beider Unternehmen (Unternehmen *2*: -63,2%, Unternehmen *15*: -88,3%) wie auch die Umsätze (Unternehmen *2*: -54,7%, Unternehmen *15*: -71,8%) etwas stärker, das gesamte Umverteilungsvolumen im Markt mit -3,8 dagegen etwas schwächer ab. Der vom Unternehmen *2* ausgelöste Umverteilungs<u>zuwachs</u> kann durch die gemeinsame Unternehmenspublizität nur teilweise abgebaut werden. Mit allen anderen Unternehmen werden wiederum stärkere Umsätze getätigt, deren Zunahme allerdings geringer ausgeprägt ist (3,9% bis 7,0%) und nun zu einer Abnahme des Gesamtumfangs <u>aller</u> Umsätze von 3,4% führt.

Nachdem der Publizitätsverbund zweier Unternehmen nur geringe Wirkung hinterläßt, wird nun den ersten acht aller Unternehmen und somit der Hälfte des Gesamtmarktes die freiwillige Offenlegung zusätzlicher Informationen unterstellt. Allerdings bleibt auch hier der Rückgang der gesamten Vermögensumverteilung mit 11,9% bescheiden, und die Anzahl der noch im Markt vertretenen Anleger steigt gegenüber der vorangegangenen Modell-Variante lediglich um 4 auf nun 65. Dabei ist zu berücksichtigen, daß die Aufhebung von Informationsasymmetrien durch acht Unternehmen in erheblichem Umfang Informationsvor- und -nachteile einebnet, die sich zwischen den Investoren ohnehin ausgeglichen hätten. Hinzu kommt, daß zwar die Umsätze aller Unternehmen, die zusätzliche Informationen verbreiten, deutlich zurückgehen (-56,4% bis -83,3%), die Umsätze mit den verbleibenden Unternehmen allerdings auch deutlicher als bisher zunehmen (+15,1% bis +20,7%). Damit gehen wiederum steigende Umverteilungseffekte einher, auch wenn die gesamten Umsätze um 24,6% abnehmen. Insbesondere nimmt das auf Transaktionen mit dem Unternehmen *15*, das in diesem Fall von der freiwilligen Publizität wieder ausgenommen ist, zurückführbare Umverteilungsvolumen um 33,9% zu.

Bei dem geringen Rückgang des gesamten Umverteilungsvolumens handelt es sich somit um den verbleibenden Nettoeffekt der teilweisen Aufhebung asymmetrischer Informationsverteilungen, die überwiegend Verzerrungen beseitigt, die von den Investoren bei ausschließlicher Betrachtung der Portefeuilles ohnehin nicht wahrgenommen werden[367].

Unternehmen, die in der Lage sind _und_ bereit sind, Investoren zusätzliche Informationen zur Verfügung zu stellen, können von ihrer erweiterten Publizitätsbereitschaft nur eingeschränkt profitieren, wenn im gleichen Markt in erheblichem Umfang Titel von Unternehmen gehandelt werden, die entweder nicht in der Lage oder nicht bereit sind, für eine umfangreiche Informationsbereitstellung zu sorgen. Die naheliegende Segmentierung des Marktes in einen Teilbereich, der den publizitätsfreudigen Unternehmen _1-8_ vorbehalten bleibt, und einen Teilbereich, in dem die Unternehmen ohne zusätzliche Informationsbereitstellung gehandelt werden, würde im Hinblick auf die Transaktionsbereitschaft mit den exogen bestimmten Investoren allerdings nur dann Früchte tragen, wenn die von informationsinduzierten Handelsverlusten betroffenen Investoren mit einem segmentspezifischen Marktrückzug und nicht mit einem vollständigen Rückzug aus dem Handel mit riskanten Titeln reagieren[368].

Die Auswirkungen freiwilliger Informationsbereitstellung einzelner und mehrerer Unternehmen auf den Verlauf des Index sind durch die Abnahme der Diversifikationsmöglichkeiten geprägt und in Abbildung 43 zusammengefaßt. Sie enthält die Indexdifferenzen zu einem Vergleichslauf, bei dem auf die Be-

---

367) Die zusätzlichen Publizitätsmaßnahmen bleiben hier weitgehend wirkungslos, weil die Informationsstände tatsächlich _heterogen_ sind und sich die Effekte der Informationsvor- und -nachteile bezüglich der verschiedenen Unternehmen deshalb häufig ausgleichen. Ganz offensichtlich würden eindeutige Informationsmonopole, die einzelne Investoren _systematisch_ und _permanent_ besser stellen, die Anzahl der Marktteilnehmer, die den Markt verlassen, rasch ansteigen lassen. Ebenso offensichtlich würden zusätzliche Publizitätsmaßnahmen in diesem Fall deutliche Effekte nach sich ziehen. Die Untersuchung eines Marktes mit heterogenen und lediglich teil-monopolisierten Informationen scheint deshalb instruktiver.

368) Die Modellinvestoren können problemlos mit der Möglichkeit einer segmentspezifischen Beurteilung der Handelsergebnisse ausgestattet werden. Es ist allerdings zweifelhaft, ob reale Investoren die Ergebnisse ihrer Markttransaktionen in ähnlicher Weise differenziert analysieren, so daß selbst bei der Einrichtung eines speziellen Segmentes für Unternehmen mit eingeschränkter Publizität negative Ausstrahlungseffekte auf das Segment mit erweiterter Publizität nicht auszuschließen sind.

reitstellung zusätzlicher Informationen verzichtet wurde. Die zusätzliche Publizitätsbereitschaft des Unternehmen *2* reduziert die Diversifikationsmöglichkeiten nur in geringem Unfang und führt daher auch nur zu einer geringen Abnahme des Index. Dieser Effekt ist für Unternehmen *15* deutlicher ausgeprägt, was durch die gemeinsame Publizität dieser Unternehmen nur unwesentlich verstärkt wird. Ganz deutliche Spuren hinterlassen jedoch die zusätzlichen Informationen der Unternehmen *1* bis *8*, die einen erheblichen Rückgang der individuell wahrgenommenen Diversifikationsmöglichkeiten nach sich ziehen und einen deutlichen Indexrückgang auslösen.

Abb. 43: Index-Differenzen zwischen Modelläufen mit freiwilliger Unternehmenspublizität der Unternehmen 2, 15, 2 und 15, 1 bis 8 und einem Modellauf ohne Publizitätsmaßnahmen

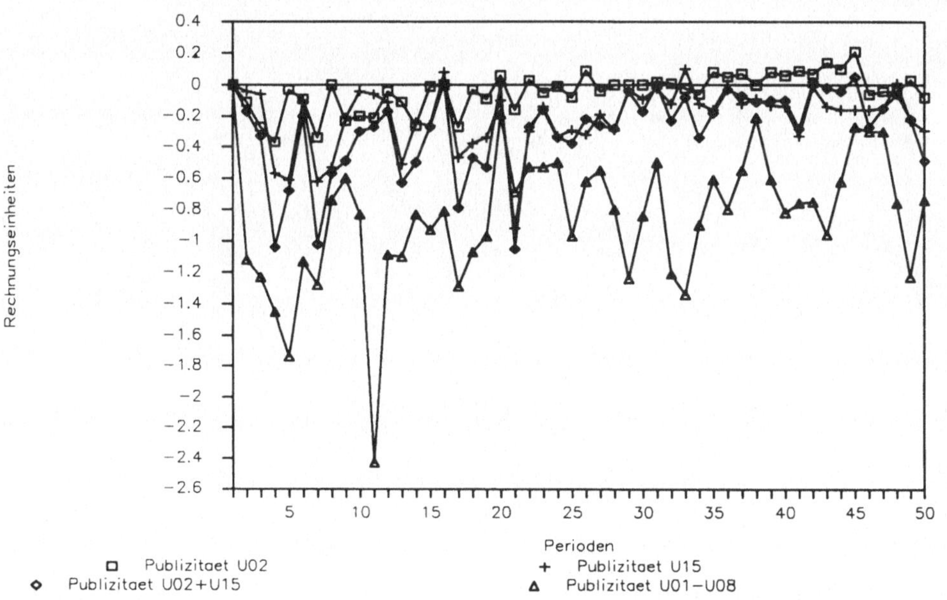

Werden Informationskosten in die Betrachtung einbezogen, so senkt die freiwillige Informationsemission den Aufwand, den die Investoren zur Informationsbeschaffung betreiben müssen. Investoren, deren Verlusttoleranz überwiegend durch die Belastung mit Informationskosten überschritten wird, verlassen den Markt nun in späteren Perioden. Dieser Effekt ist in Abbildung 44 ausgewiesen, der die Summe aller in den jeweiligen Perioden aufgebrachten Informationskosten für die Modelläufe ohne zusätzliche Publizität und die Modelläufe mit freiwilliger Publizität der Unternehmen *2, 2* und *15,* sowie *1* bis *8* enthält. Durch den lediglich aufschiebenden Effekt der Kostenentlastung liegen die periodenweise vom Markt aufgebrachten Informationskosten in den mittleren Phasen der Modelläufe, die freiwillige Unternehmenspublizität vorsehen, über denjenigen der Modellvariante ohne zusätzliche Informationsemission.

Diese Beziehung bleibt bei freiwilliger Publizität der Unternehmen *1* bis *8* bis zum Laufzeitende erhalten. Da in diesem Abschnitt auf die Berücksichtigung exogen ausgelöster Transaktionen verzichtet wird, um die Wirkungsanalyse einer teilweisen Aufhebung der Informationsasymmetrien zu erleichtern, kann die teilweise Kostenentlastung den in Kapitel 9 dargestellten Prozeß der Marktdegeneration lediglich verzögern[369].

---

369) In den Modelläufen mit Unternehmenspublizität weicht die Summe aller Ausgaben für Informationen mit Ausnahme des Modellaufes, der die gemeinsame Informationsemission der Unternehmen *1-8* vorsieht und in dem Prozeß der Marktdegeneration weniger weit fortgeschritten ist, von dem entsprechenden Betrag des Modellaufes ohne Unternehmenspublizität nur insignifikant ab. Die Abweichungen betragen bei Informationsbereitstellung durch die Unternehmen *2, 15* und durch die gemeinsame Veröffentlichung dieser Unternehmen +0,<u>08</u>%, +0,90% und -0,51%.

Abb. 44: Kumulierte Informationskosten der Modelläufe mit Publizitätsmaßnahmen der Unternehmen 2, 2 und 15, 1 bis
8 und des Modellaufes ohne Publizitätsmaßnahmen

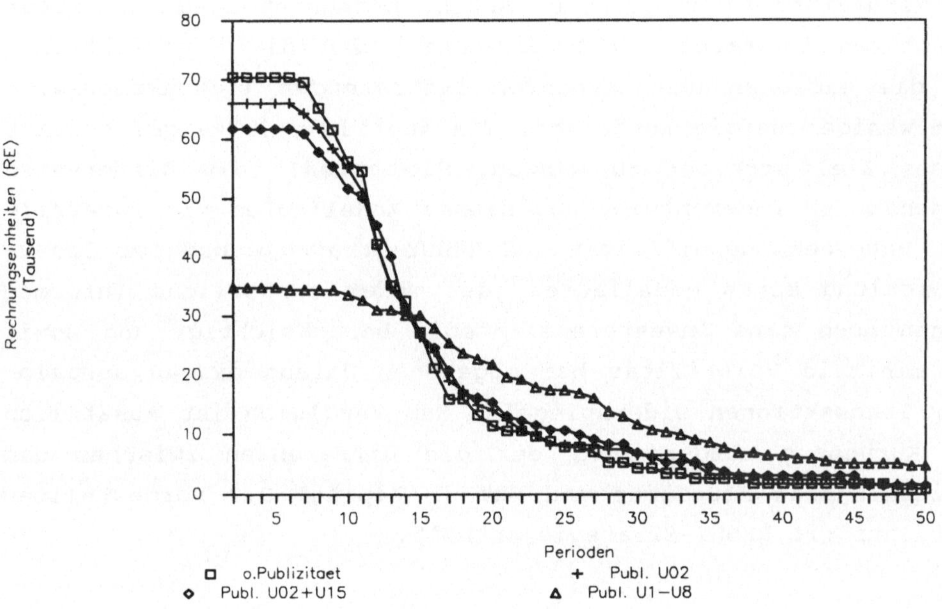

12.2.2. Mit exogenen Transaktionen

Die freiwillige Unternehmenspublizität richtet sich gegen den
Verdrängungseffekt, der von heterogenen Informationsständen
und Informationskosten ausgelöst wird. Nur eine große Anzahl
von Investoren, die ständig bereit sind, riskante Positionen
aufzunehmen oder abzugeben, sorgt für eine hohe Marktliquidität und stärkt damit die Attraktivität des Marktes für zeitlich befristete Anlagen in risikobehaftete Unternehmensanteile.

Alleinige oder gemeinsame Informationsbereitstellung durch die
Unternehmen *2* und *15* kann nur wenig zur Aufrechterhaltung einer hohen Marktliquidität beitragen, so daß die Auswirkungen
freiwilliger Unternehmenspublizität bei der zusätzlichen Berücksichtigung exogen ausgelöster Transaktionen unter der Annahme der kostenfreien Informationsemission durch die Unternehmen *1* <u>bis</u> *8* untersucht werden. Unter Vernachlässigung des
Falles generell kostenfreier Informationen wird davon ausgegangen, daß die Beschaffung jeder einzelnen der die verblei-

benden Unternehmen betreffenden Informationen mit Kosten von 5 RE verbunden ist.

Das Verbleiben einer größeren Anzahl permanent handelsbereiter Investoren im Markt sollte bewirken, daß die Kursreaktionen auf die exogenen und asynchron auftretenden Transaktionswünsche weniger heftig ausfallen. Wie Abbildung 45 zeigt, scheint dieses Ziel erreicht zu werden. Sie enthält die Differenzen zwischen der Indexentwicklung dieses Modellaufes mit zusätzlicher Unternehmenspublizität und REBUY-Strategie und der Indexentwicklung eines Modellaufes, der weder zusätzliche Informationen noch eine Investorenstrategie berücksichtigt und somit die minimale Volatilität bei gegebenem Umfang exogen ausgelöster Transaktionen widerspiegelt. Zum Vergleich ist zusätzlich ein Kurvenzug aufgenommen, der die Differenzen zwischen dem letztgenannten Modellauf und dem in Kapitel 9.2 vorgestellten Modellauf mit REBUY-Strategie enthält.

Die durch die zusätzlichen Informationen ausgelösten Abweichungen werden in den ersten Perioden überwiegend durch die diversifikationsunfreundliche Teilhomogenisierung der Informationen verursacht, während es sich in der zweiten Hälfte des Modellaufes auswirkt, daß mehr Investoren im Markt verblieben sind, die Auf- und Abnahmesalden der exogen ausgelösten Transaktionen von einer höheren Anzahl von Investoren reguliert werden[370] und die Kursreaktionen somit moderater ausfallen.

---

[370] Gegenüber dem vergleichbaren Lauf ohne zusätzliche Unternehmenspublizität verbleiben nun 19 statt nur 10 Investoren im Markt.

Abb. 45: Index-Differenzen zwischen Modelläufen mit und ohne
          freiwilliger Publizität der Unternehmen 1-8 (REBUY-
          Strategie, Anbieter-Noise) und einem strategiefreien
          Modellauf

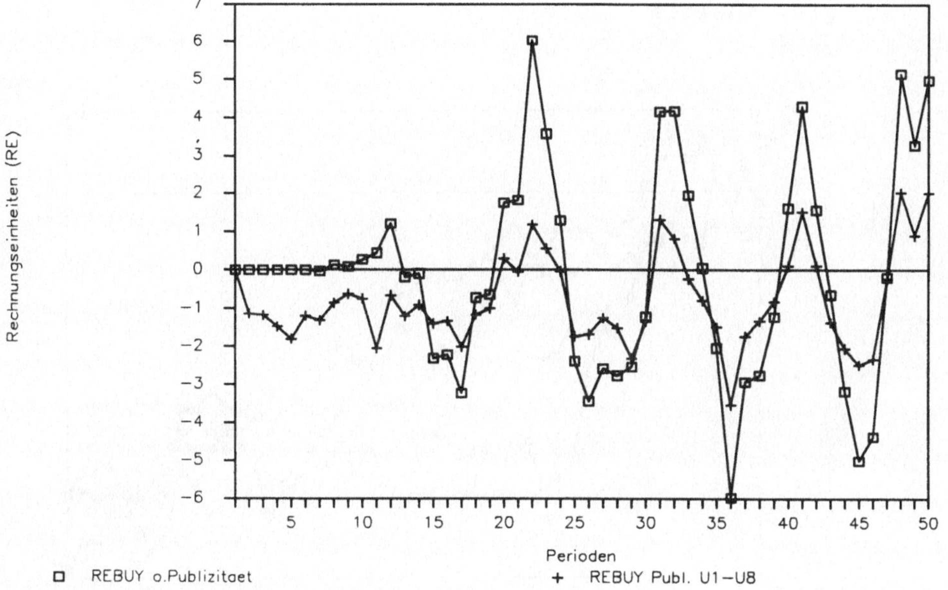

In Abschnitt 11.2 wird bei gleichen Kosten pro bezogener Information und bei gleicher Strategie-Annahme im Verlauf eines
Anpassungsprozesses ein Gleichgewicht zwischen den Informationsständen der Investoren, den insgesamt aufzubringenden Informationskosten und den Kursreaktionen auf die Transaktionsbedürfnisse der exogen bestimmten Investoren erreicht, was
sich anhand der Entwicklung der kumulierten Handelsergebnisse
derjenigen Investoren, die den Markt noch nicht verlassen haben, zeigen ließ. Abbildung 46 weist für den Modellauf mit
freiwilliger Unternehmenspublizität die kumulierten Handelsergebnisse der vier Investoren aus, die von allen Investoren,
die den Markt noch nicht verlassen haben, zum Ende des Modelllaufes die schlechtesten Resultate aufweisen[371]. Die Entwicklung der Handelsergebnisse weist durchgehend eine fallende
Tendenz auf, so daß mit weiteren Marktaustritten zu rechnen

---

371) Die Entwicklung der kumulierten Handelsergebnisse der vier Investoren
      mit den besten Resultaten ist Abbildung 93 im Anhang zu entnehmen.

ist und die volatilitätssenkende Wirkung freiwilliger Unternehmenspublizität von nur vorübergehender Wirkung ist[372].

Abb. 46: Kumulierte Handelsgewinne der Investoren 38, 93, 35 und 25 in einem Modellauf mit freiwilliger Unternehmenspublizität der Unternehmen 1 bis 8 (REBUY-Strategie, Anbieter-Noise)

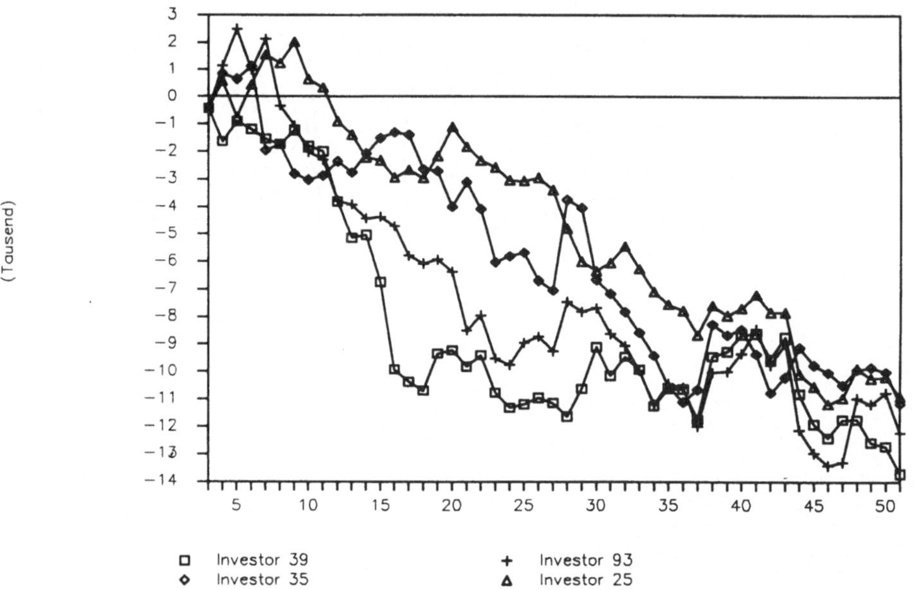

Damit sich ein Gleichgewicht, wie es in Kapitel 11.2 entstanden ist, einstellt, müssen zwei Bedingungen gegeben sein. Zum einen muß die Kursvolatilität ein Ausmaß angenommen haben, das es den informationsbeschaffenden Investoren erlaubt, ihre Informationskosten zu decken. Zum anderen müssen die Informationsgefälle zwischen diesen Investoren im Verlauf des Ausleseprozesses so weit abgenommen haben, daß der Ertrag aus dem Handel mit den exogen bestimmten Investoren die Informationskosten der suboptimal informierten Investoren selbst nach Ab-

---

372) Die Abbildungen 94 und 95 im Anhang stellen die Entwicklungen der kumulierten Handelsergebnisse der Investoren *38* und *89* ohne Informationskosten und mit Informationskosten, sowie die Entwicklung der Ausgaben für die Informationsbeschaffung gegenüber. Investor 38 kann zwar im Handel Erträge erzielen, die jedoch zur Deckung seiner Informationskosten nicht ausreichen. Aufgrund der nach wie vor bestehenden Informationsvorteile übersteigen die Handelsgewinne des Investors *89* dagegen die Informationskosten, so daß die kumulierten Handelsergebnisse nach Informationskosten eine steigende Tendenz aufweisen.

zug der Handelsverluste deckt, die im Handel mit den besser informierten Investoren entstehen. Die Analyse der Modellvarianten ohne exogene Transaktionen führt zu dem Ergebnis, daß durch die zusätzliche Informationsbereitstellung die Informationsheterogenität nur in geringem Maße reduziert wird und der Ausleseprozeß über die Qualität der individuellen Informationsstände somit mutatis mutandis erhalten bleibt.

Die informationskostensenkende Wirkung der zusätzlichen Informationsbereitstellung führt wie im vorangegangenen Abschnitt zunächst zu einer Veränderung der Ausgabenstruktur im Zeitverlauf. Abbildung 47 zeigt die Entwicklung der in den vergleichbaren Modelläufen ohne und mit zusätzlicher Publizität von allen Investoren in den jeweiligen Perioden aufgebrachten Informationskosten. Das retardierende Moment der Kostensenkung durch kostenfreie Informationsverbreitung führt in den Perioden 15 bis 43 zu höheren Ausgaben für die Informationsbeschaffung, während sich gegen Ende der Modelläufe die Kurvenzüge angleichen.

Somit werden in den Modelläufen ohne und mit Unternehmenspublizität Informationskosten in gleicher Größenordnung aufgebracht, ohne daß die Kursreaktionen auf die exogenen Transaktionen ein Ausmaß erreicht haben, das zur Deckung dieser Kosten erforderlich ist, woraus sich die an der Entwicklung der kumulierten Handelsergebnisse abzulesende Tendenz zu weiteren Marktaustritten ergibt.

Abb. 47: **Periodenweise** aufgebrachte Informationskosten in Modellläufen mit und ohne freiwilliger Publizität der
Unternehmen 1-8 (REBUY-Strategie, Anbieter-Noise)

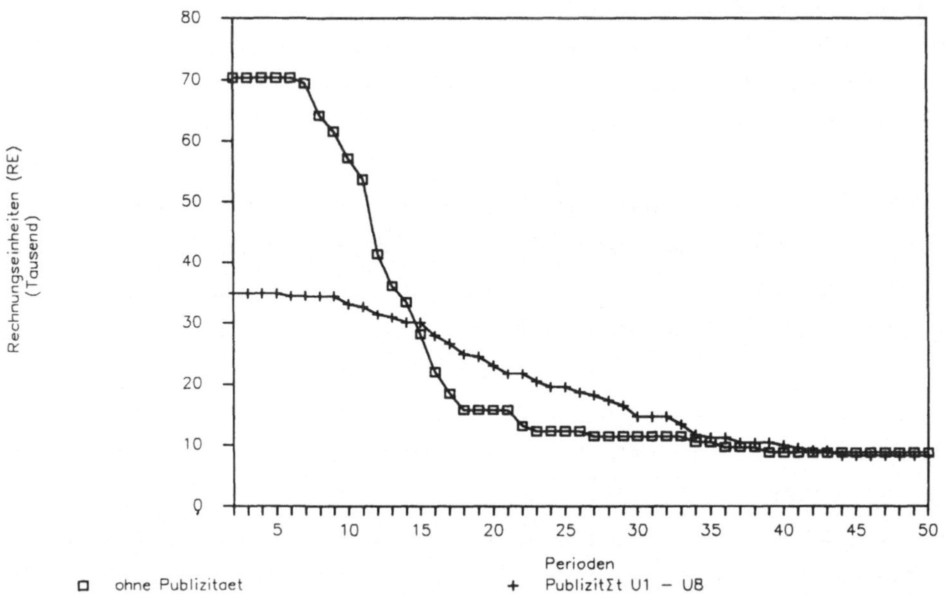

Freiwillige Unternehmenspublizität einzelner Unternehmen in
einem Markt, der weiterhin von heterogenen Informationsständen
geprägt bleibt, übt auf die Höhe der Transformationskosten
keinen signifikanten Einfluß aus. Auch die Bereitstellung zusätzlicher Informationen durch eine größere Anzahl von Unternehmen verzögert den im Markt ablaufenden Anpassungsprozeß lediglich, solange zwischen den Investoren spürbare Informationsgefälle erhalten bleiben.

12.3. Strategie des Partial-REBUY

12.3.1. Einführung

In allen bisher dargestellten Modellvarianten können Investoren, deren Verlust- oder Transformationskostentoleranz überschritten wird, nur Strategien ergreifen, die das gesamte Portefeuille betreffen. Die Beibehaltung dieser pauschalen Strategien kann dazu führen, daß sich die erwarteten Effekte der
freiwilligen Publizität entweder im Marktzusammenhang völlig

verlieren, oder zwar dem Gesamtmarkt zugutekommen, aber nur in bescheidenem Umfang dem Unternehmen, das bemüht ist, Marktfriktionen im eigenen Interesse zu mildern.

Die Integration einer differenzierten Strategie, die nicht mehr am gesamten Portefeuille, sondern an einzelnen Titeln ansetzt (Partial-REBUY)[373], erfordert eine Modifikation der Gleichgewichtskursbestimmung. Werden nur noch die Anteile einzelner Unternehmen in Höhe des Startportefeuilles fixiert, so muß deren Risikobeitrag zum Gesamtportefeuille berücksichtigt werden. Da für Unternehmen, die nicht mehr ständig gehandelt werden sollen, auch keine Informationen beschafft werden, wird deren Risikobeitrag auf der Grundlage der letzten veröffentlichten Unternehmensinformationen ermittelt. Die Ermittlung der Gleichgewichtskurse bei teilfixierten Portefeuilles setzt mit Gleichung (35) ein

$$(35) \quad \sum_{j=1}^{N} y_{j_k}\, \sigma_{ij_k} = a_k\, (\mu_{i_k} - (1 + R_F)\, K_{0_i})$$

Der Summenausdruck dieser Gleichung enthält mit der Variablen y_{jk} die gesuchten optimalen Unternehmensanteile, die ein Investor k vom Unternehmen j zu halten wünscht. Alle Unternehmen, mit deren Anteilen nicht mehr gehandelt werden soll, sind von dieser Summenbildung auszunehmen, da der Bestand an Anteilen dieser Unternehmen in Höhe des Startportefeuilles fixiert ist. Gleichwohl ist deren Risikobeitrag zum Portefeuille zu berücksichtigen, so daß der linke Teil von Gleichung (35) nunmehr zwei Bestandteile enthält:

---

373) Die Betrachtung differenzierter Strategien beschränkt sich auf die Strategie des REBUY. Die Strategie eines Partial-SELL würde mutatis mutandis zu einer von Merton (1987), S.483-510, vorgeschlagenen Modellvariante führen, in der die Investoren nur noch mit Titeln handeln, über die sie informiert sind. "... it is assumed that investors generally know only about a subset of the available securities and that diese subsets differ accross investors. The key behavioral assumption of the model is that an investor uses security k in constructing his optimal portfolio only if the investor knows about security k." Merton, S.488.

$$(51) \quad \sum_{j=1}^{N} y_{j_k}^{v} \, \sigma_{ij_k} + \sum_{j=1}^{N} y_{i_k}^{f} \, \sigma_{ij_k} = a_k \, (\mu_{i_k} - (1 + R_F) \, K_{0_i})$$

$y_{j_k}^{v}$: Anteile der Unternehmen, deren gewünschter Bestand noch zu bestimmen ist

$y_{j_k}^{f}$: Anteile der Unternehmen, deren gewünschter Bestand durch die Strategie des Partial-REBUY fixiert ist

Nach Subtraktion des neu eingefügten Summenausdruckes, Multiplikation mit der Summe der individuellen Varianz-Kovarianz-Matrizen und anschließender Summation über alle von den Investoren gehaltenen Anteile auf jeweils beiden Seiten der Gleichung[374], ergibt sich

$$(52) \quad YG_j = \sum_{k=1}^{T} y_{j_k}^{v} = \sum_{k=1}^{T} \sum_{i=1}^{N} \sigma_{k}^{ij} \, a_k \, (\mu_{i_k} - (1 + R_F) \, K_{0_i})$$

$$- \sum_{k=1}^{T} y_{j_k}^{f}$$

Diese Gleichung entspricht Gleichung (37) bis auf den neu eingefügten Ausdruck auf der rechten Seite der Gleichung. Dieser Ausdruck berührt die Einführung der Hilfsgrößen B_{ij} und b_j nicht, so daß sich für den Gleichgewichtskurs bei teilfixierten Portefeuilles Gleichung (53) ergibt:

$$(53) \quad K_{0_i} = \sum_{j=1}^{N} B^{ij} \, b_j - \sum_{j=1}^{N} B^{ij} \sum_{k=1}^{T} y_{j_k}^{f} \quad .$$

12.3.2. Partial-REBUY ohne zusätzliche Unternehmenspublizität

Es ist zu erwarten, daß eine unternehmensbezogene Bewertung der Handelsergebnisse das Modellverhalten bereits ohne die Einbeziehung zusätzlicher Unternehmenspublizität beeinflußt.

---

374) Bis auf die Subtraktion entspricht dies den in Abschnitt 8.1. vorgestellten Operationen.

Die Auswirkungen des Partial-REBUY werden daher zunächst auf der Basis der bekannten Informationsstände analysiert und den Ergebnissen der bisherigen REBUY-Strategie gegenübergestellt. Zur besseren Unterscheidung erhält diese Strategie, die stets auf das ganze Portefeuille bezogen ist, die Bezeichnung Portefeuille-REBUY. Abbildungen, die die Indexentwicklung betreffen, enthalten jeweils die Differenzen der Index-Werte zwischen den jeweiligen Läufen und einem Referenzlauf, der lediglich auf heterogenen Informationen beruht und somit keine Strategien, Informationskosten und exogenen Transaktionen berücksichtigt. Alle folgenden Modell-Varianten unterstellen den informationsbeschaffenden Investoren eine Verlusttoleranz von 5% und Informationskosten von 5 RE für jede bezogene Information.

Die Isolierung der im Handel mit den <u>einzelnen</u> Unternehmen erzielten Ergebnisse reduziert den bei einer auf das Portefeuille bezogenen Betrachtung entstehenden Subventionierungseffekt. Verluste, die im Handel mit Unternehmen entstehen, für die Informationsnachteile vorliegen, werden nicht mehr durch Gewinne ausgeglichen, die im Handel mit Unternehmen entstehen, für die Informationsvorteile existieren. Es ist daher zu erwarten, daß die Strategie des Partial-REBUY früher ergriffen wird als diejenige des Portefeuille-REBUY.

Die Analyse einer Modell-Variante, die nur die Investoren *21* bis *100* berücksichtigt und frei von exogenen Transaktionen ist, bestätigt diese Erwartung. Abbildung 48 zeigt die Entwicklung der frei umlaufenden Anteile für die alternativen Strategien im Zeitablauf[375]. Während der den Portefeuille-REBUY kennzeichnende Kurvenzug für alle Unternehmen in gleicher Weise gilt, verändert sich die Anzahl der dem Handel zur Verfügung stehenden Anteile bei der Strategie des Partial-REBUY in einer Weise, die von den individuellen Informationsständen der Investoren geprägt wird. Stellvertretend für alle anderen Unternehmen enthält die Abbildung die Anteilsentwicklung der Unternehmen *2*, *4* und *14*. Im Gegensatz zur Strategie des Porte-

---

375) Von den 20 Investoren, die in diesen Läufen unberücksichtigt bleiben, werden von allen Unternehmen jeweils 1.894 Anteile unverändert gehalten, so daß maximal 8.101 von jedem Unternehmen umlaufen.

feuille-REBUY, deren Subventionseffekte den ersten Marktaustritt und damit die erste Abnahme der umlaufenden Titel in die 6. Periode verlagern, werden in der Folge des Portefeuille-REBUY bereits in der 5. Periode erstmalig Anteile aus dem Markt genommen[376].

Abb. 48: Anzahl der periodenweise umlaufenden Titel in vergleichbaren Modelläufen mit den Strategien des Portefeuille-REBUY und des Partial-REBUY

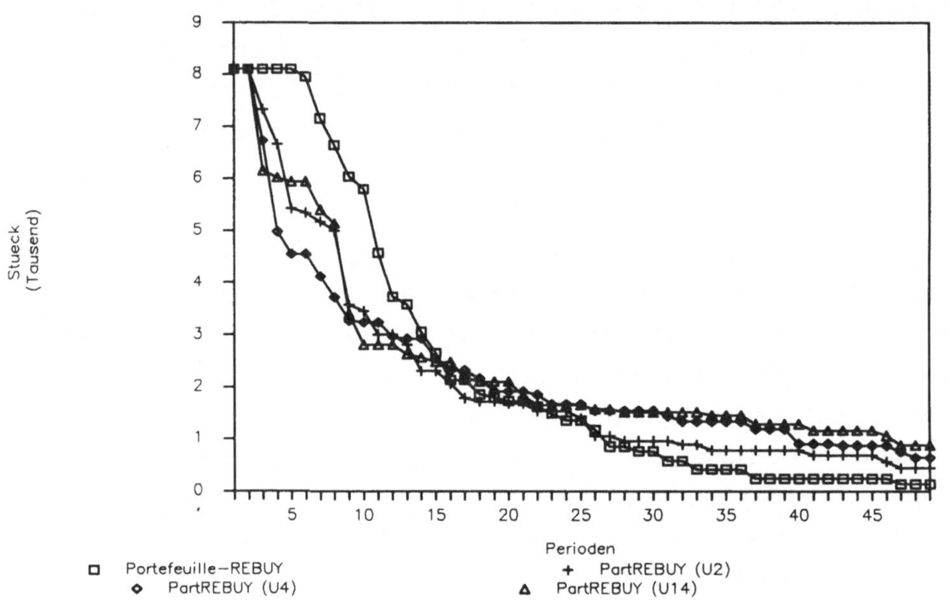

Im ersten Drittel des Modellaufes stehen dem Handel in der Variante mit Partial-REBUY durchgehend weniger Anteile zur Verfügung. Danach schlägt die Entwicklung um, so daß im letzten Drittel des Modellaufes von allen Unternehmen mehr Anteile umlaufen, als in der Modell-Variante mit Portefeuille-REBUY. Der von der Strategie des Partial-REBUY ausgelöste teilweise Marktrückzug einer größeren Anzahl von Investoren in den ersten Perioden senkt die in den Folgeperioden aufzubringenden Informationskosten, da für jedes Unternehmen, das von einem Marktteilnehmer aus dem Handel genommen wird, keine Informa-

---

376) Um die stärkere Abhängigkeit der unternehmensbezogenen Handelsergebnisse von den Informationen der ersten Perioden eines Modellaufes zu reduzieren, wird in allen Modell-Varianten mit Partial-REBUY der Zeitpunkt der erstmaligen Möglichkeit eines teilweisen Marktrückzuges in die fünfte Periode verschoben.

tionen mehr beschafft und damit auch nicht mehr bezahlt werden. Die in den einzelnen Perioden des Modellaufes insgesamt
aufgewendeten Informationskosten sind Abbildung 49 zu entnehmen[377].

Abb. 49: <u>Periodenweise</u> aufgebrachte Informationskosten in vergleichbaren Modelläufen mit den Strategien des Portefeuille-REBUY und des Partial-REBUY

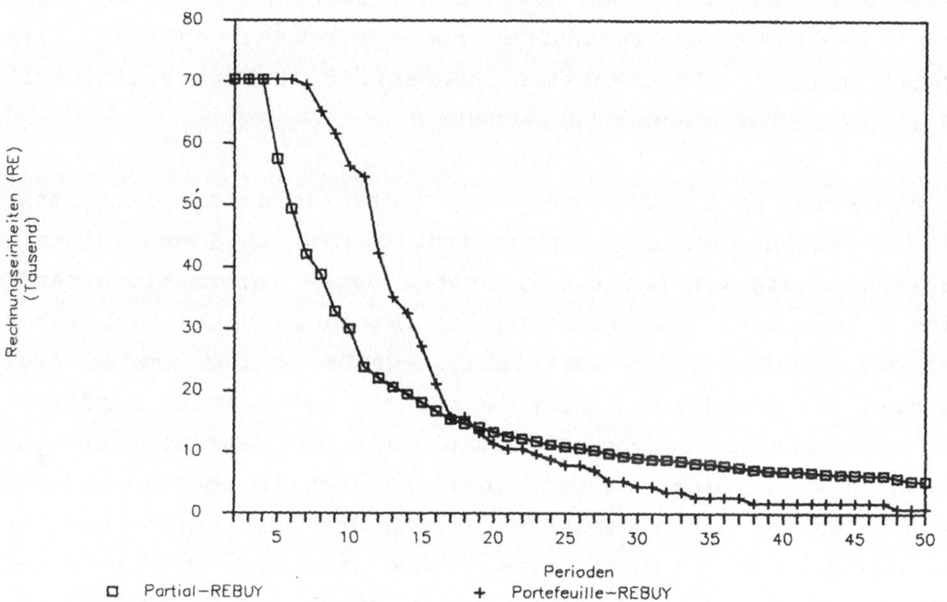

Ohne Investoren mit exogen generierten Transaktionswünschen,
die für diesen Modellauf ausgeschlossen worden sind, ist der
Gesamtbetrag, der für Informationen ausgegeben werden kann,
auf die Summe aller Verluste beschränkt, die die Investoren im
laufenden Handel hinzunehmen bereit sind. Die Reduzierung der
Informationskosten in den ersten Perioden des Modellaufes
führt somit erneut nur zu einer veränderten zeitlichen Aufteilung dieser Kosten, was die drohende Marktdegeneration nicht
aufhebt, sondern auch bei Anwendung der Strategie des Partial-
REBUY lediglich verzögert[378].

---

377) Die Entwicklung der <u>kumulierten</u> Informationskosten ist in Abbildung
96 im Anhang ausgewiesen.

378) Vgl. hierzu auch die Ausführungen in Abschnitt 9.5.2.. Die Gesamtbeträge, die in den Modelläufen mit Portefeuille- und Partial-REBUY zur
Beschaffung von Informationen zur Verfügung stehen, unterscheiden
sich, da die Bereitschaft, Verluste zu tragen, an den <u>aktuellen</u> Wert

Im Gegensatz zur Modell-Variante mit Portefeuille-REBUY, die bis auf einen einzigen Investor alle Marktteilnehmer zum Marktrückzug bewegt, verbleiben in der Modell-Variante mit Partial-REBUY insgesamt 48 Anleger im Handel tätig. Bei den verbleibenden 32 Anlegern führt auch die unternehmensbezogene Betrachtung der Handelsergebnisse zu einem vollständigen Marktrückzug. 22 der im Handel verbleibenden Investoren beschaffen nur noch Informationen über ein einziges Unternehmen, 16 weitere berücksichtigen jeweils 2 Unternehmen. Die verbleibenden 10 Investoren beschaffen noch Informationen über 3 (6 Marktteilnehmer), 4 (1 Marktteilnehmer), 5 (2 Marktteilnehmer) und 6 (1 Marktteilnehmer) Unternehmen.

Wie Abbildung 50 zu entnehmen ist, hinterlassen die alternativen Strategien auch unterschiedliche Spuren im Index-Verlauf. Die Verdrängung von Marktteilnehmern, deren Informationsstände keine ausgeprägten Kursänderungsimplikationen enthalten, führt nach der Strategie des Portefeuille-REBUY in den ersten zwei Dritteln des Modellaufes überwiegend zur Wahrnehmung zusätzlicher Diversifikationsmöglichkeiten, die mit Kurssteigerungen verbunden sind. Dieser Effekt verliert sich im letzten Drittel des Modellaufes mit abnehmender Anzahl der Marktteilnehmer. In die Kalküle der Marktteilnehmer, die nach der Strategie des Partial-REBUY verfahren, fließen aber stets die Risikobeiträge der Unternehmensanteile ein, die auf Grund einer Überschreitung der Verlusttoleranz in Höhe des Startportefeuilles stillgelegt worden sind.

Die diversifizierungsfeindliche Teilarretierung der Portefeuilles senkt die Möglichkeiten der Diversifikationsmöglichkeiten aller Investoren, so daß das Index-Niveau der Modell-Variante mit Partial-REBUY bis auf die letzten Perioden überwiegend deutlich unter dem Index-Niveau der Modell-Variante

---

des Startportefeuilles oder den <u>aktuellen</u> Wert der einzelnen Titel gebunden ist. Bei gleichem Konjunktur-Szenario hängen diese Gesamtbeträge somit sowohl vom Zeitpunkt des (teilweisen) Marktaustritts als auch von den Auswirkungen ab, die die jeweiligen Strategien auf den Index-Verlauf zeitigen.

mit Portefeuille-REBUY liegt. Auch dieser Effekt läßt mit abnehmender Anzahl aktiver Marktteilnehmer nach.

Abb. 50: Index-Differenzen zwischen Modelläufen, die die Strategie des Portefeuille-REBUY oder des Partial-REBUY berücksichtigen, und einem strategiefreien Vergleichslauf

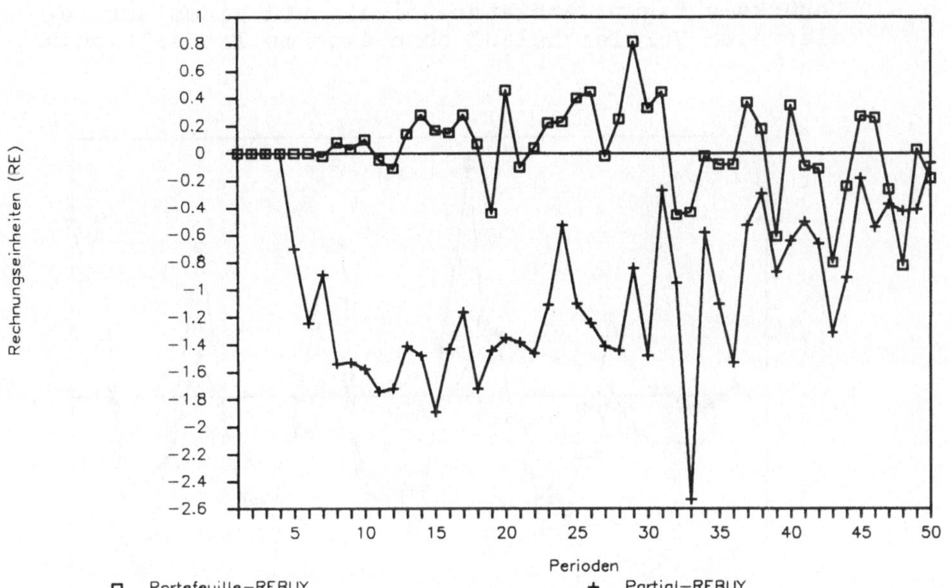

Noch deutlicher weichen die Index-Verläufe der alternativen Strategien voneinander ab, wenn die in Kapitel 11. eingeführten, exogen bestimmten Transaktionen in die Betrachtung aufgenommen werden. Abbildung 51 zeigt, daß die ersten 16 Perioden wiederum von der kurssenkenden Wirkung der teilfixierten Portefeuilles geprägt sind. In den Folgeperioden reagieren die Investoren des Modellaufes mit der Strategie des Partial-REBUY deutlich weniger stark auf die Notwendigkeit, die asynchron auftretenden Kauf- und Verkaufswünsche zu regulieren. Zwar nimmt auch in Folge dieser Strategie die Anzahl der Investoren ab, die durch Informationsbeschaffung und -verarbeitung zur Kursfestellung der einzelnen Unternehmen beitragen und damit bereit bleiben, Titel der betreffenden Unternehmen aufzunehmen oder abzugeben[379]. Die verbleibenden Marktteilnehmer berück-

---

379) 17 Marktteilnehmer scheiden vollständig aus. Am Handel mit einem Unternehmen beteiligen sich 27 Investoren, mit zwei Unternehmen handeln

sichtigen bei ihren Transaktionen aber stets auch den fixierten Teil ihres Portefeuilles, so daß sich jenseits der eingeschränkten Beteiligung an der Kursfeststellung eine breitere Verteilung der zusätzlich aufzunehmenden oder abzugebenden Risiken ergibt.

Abb. 51: Index-Differenzen zwischen Modelläufen, die die Strategie des Portefeuille-REBUY oder des Partial-REBUY berücksichtigen (Anbieter-Noise), und einem strategiefreien Vergleichslauf ohne exogene Transaktionen

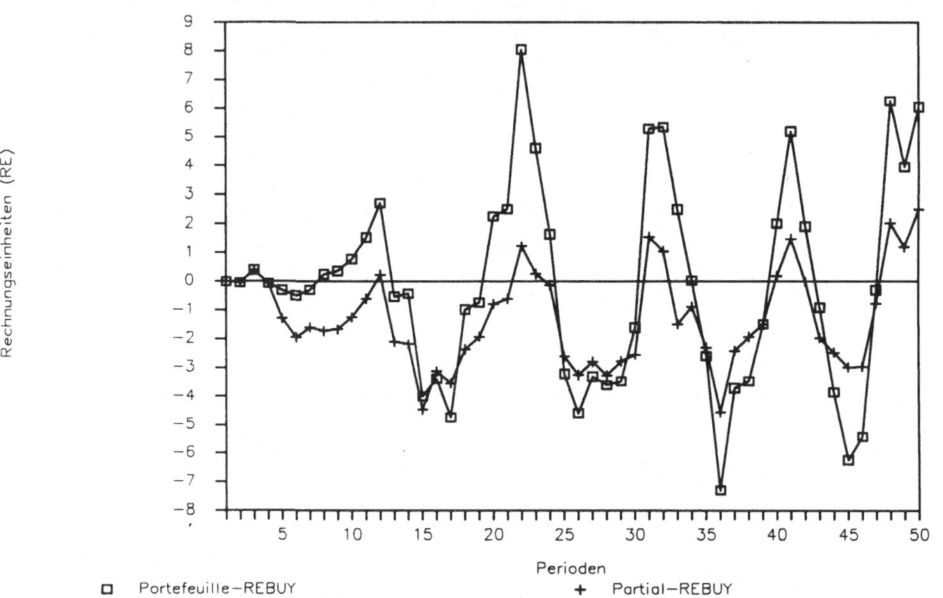

Es bleibt zu prüfen, ob der sich im Markt vollziehende Anpassungsprozeß bereits zum Abschluß gekommen ist und die verringerte Index-Reaktion auf die Transaktionsbedürfnisse der exogen bestimmten Investoren somit von Dauer ist. Hierzu kann wiederum die Analyse der kumulierten Handelsergebnisse einiger ausgewählter Investoren herangezogen werden. Die Abbildungen 52, 53 und 54 weisen die kumulierten Handelsergebnisse ohne Kosten, die Entwicklung der kumulierten Ausgaben für die Informationsbeschaffung und den Saldo dieser Zahlenreihen für die Investoren *69*, *30* und *78* aus.

---

16 Investoren, mit drei Unternehmen 11, mit vier Unternehmen 5, mit fünf Unternehmen 3 Investoren und ein Investor "betreut" 6 Unternehmen.

Abb. 52: **Kumulierte Handelserträge des Investors 69 mit und ohne Informationskosten in einem Modellauf mit der Strategie des Partial-REBUY (Anbieter-Noise)**

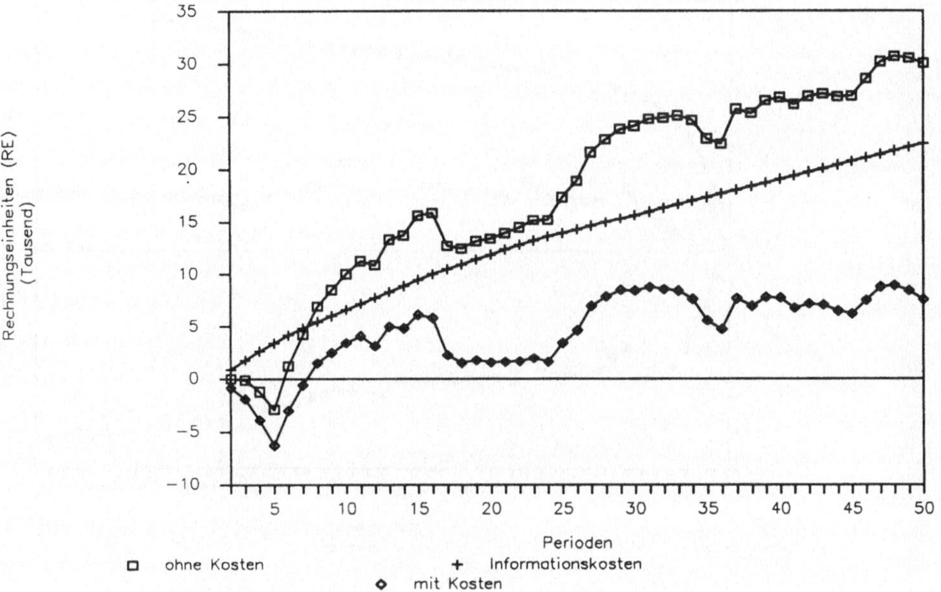

Abb. 53: **Kumulierte Handelserträge des Investors 30 mit und ohne Informationskosten in einem Modellauf mit der Strategie des Partial-REBUY (Anbieter-Noise)**

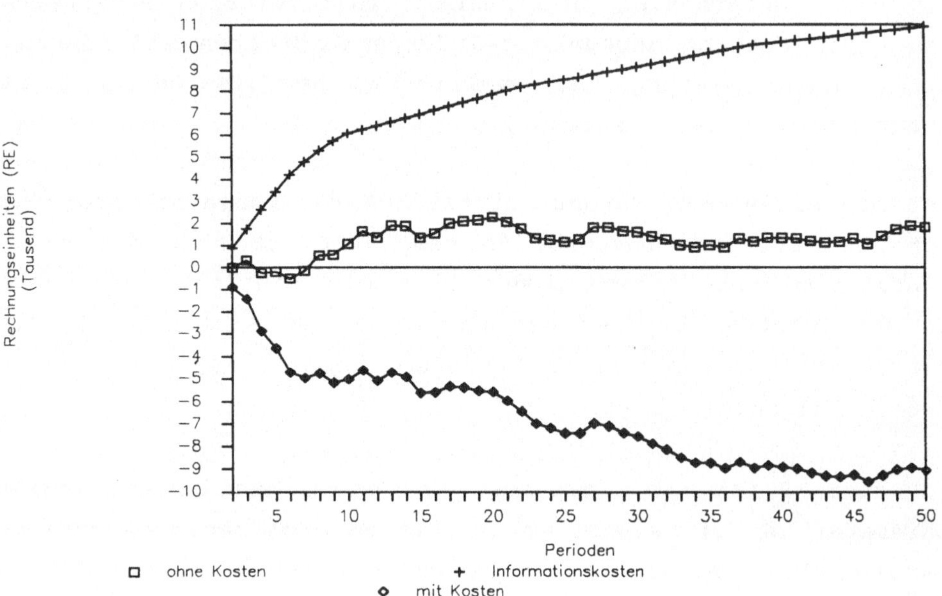

Abb. 54: Kumulierte Handelserträge des Investors 78 mit und
          ohne Informationskosten in einem Modellauf mit der
          Strategie des Partial-REBUY (Anbieter-Noise)

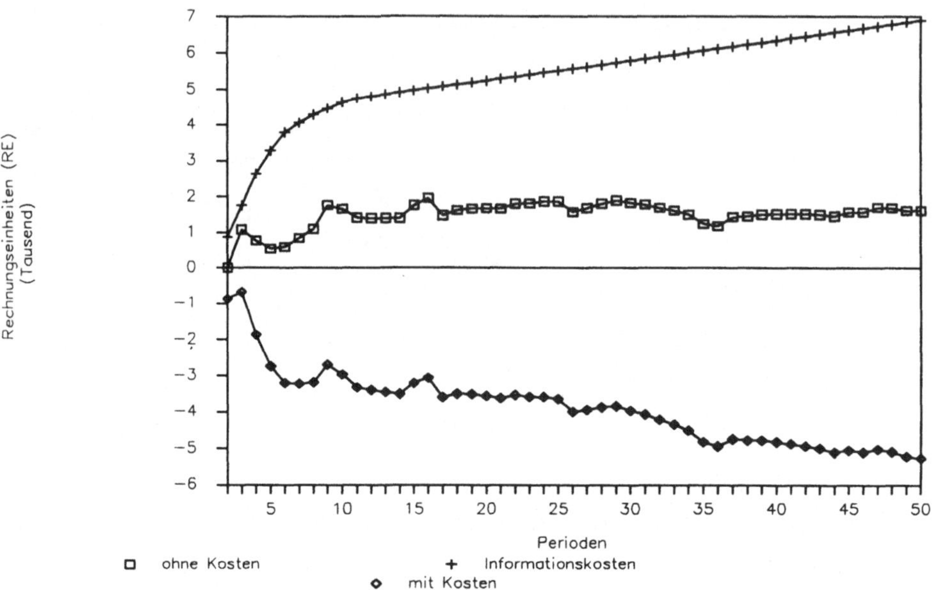

Investor *69* ist mit einem überdurchschnittlichen hohen Risiko-
aversionparameter von 701 ausgestattet und handelt als einziger der im Markt verbliebenen Investoren noch mit den Anteilen
von sechs Unternehmen. Die seiner Risikoaversion entsprechenden hohen Umsätze decken die Informationskosten und führen zu
einer Stabilisierung der kumulierten Handelsergebnisse nach
Abzug der Informationskosten.

Der mit einem unterdurchschnittlichen Risikoaversionsparameter
von 338 versehene Investor *30* beschafft zum Ende des Modelllaufes nur noch Informationen über ein einziges Unternehmen.
In den letzten Perioden des Laufes deutet sich eine Stabilisierung seiner kumulierten Handelsergebnisse an, wenn auch auf
unbefriedigendem Niveau.

Investor *78* ist mit einem besonders niedrigen Risikoaversionsparameter von 148 ausgestattet. Die dadurch bedingte geringere
Partizipation an den ertragreichen Transaktionen mit den exogen bestimmten Investoren kann die Informationskosten im
Durchschnitt nicht decken, so daß bei einer Fortführung des

Modellaufes mit einem Ausscheiden dieses Investors gerechnet werden muß.

Mit abnehmender Bedeutung der Informationsunterschiede zwischen den Investoren wird der Erfolg der Marktteilnahme in höherem Maß von der Risikoaversion bestimmt, die über den Umfang der Umsätze und damit über den Anteil an den Transformationsleistungen entscheidet, die von dem jeweiligen Investor abgegeben werden können. Unter den insgesamt 17 Investoren, die den Markt vollständig verlassen haben, befinden sich daher 14 Investoren mit sehr hoher Risikoaversion, deren geringe Umsätze die Informationskosten nicht decken können[380]. Im Feld der noch am Handel teilnehmenden Investoren befinden sich allerdings nur noch drei Anleger mit besonders hoher Risikoaversion, mit deren Ausscheiden zwar gerechnet werden muß, denen aber gerade auf Grund ihrer hohen Risikoaversion nur geringe Bedeutung zukommt, zumal sie jeweils in unterschiedlichen Unternehmen aktiv sind.

Selbst ohne zusätzliche Publizitätsmaßnahmen, deren Konsequenzen im folgenden Kapitel analysiert werden, geht mit dieser breiteren Verteilung der Risiken für die exogen bestimmten Investoren eine Reduktion der Transformationskosten einher. Die kritische Verlust-Toleranz dieser Investoren, die zu einem Zusammenbruch des Marktes führt, liegt daher nur noch bei 2%, gegenüber einem Wert von 8%, der sich als Folge der Strategie des Portefeuille-REBUY ergibt. Bei einer Verlust-Toleranz von 3% führt die allmähliche Abwanderung der exogen bestimmten Investoren wiederum zu einer Kurserosion, deren Ausprägung Abbildung 55 zu entnehmen ist. Sie zeigt die Differenzen zwischen den Index-Entwicklungen eines Modellaufes, in dem die exogenen Investoren beliebige Transformationskosten akzeptieren, und denjenigen eines Modellaufes, in dem sie bei Überschreiten ihrer Verlust-Toleranz dem Markt künftig fernbleiben.

---

380) Der durchschnittliche Wert des Risikoaversionsparameters dieser Investoren beträgt 146 gegenüber einem Durchschnittswert aller Investoren von 410. Die Entwicklung der kumulierten Handelsergebnisse der Investoren *39* (2 Unternehmen), *80* (4 Unternehmen) und *56* (1 Unternehmen), deren Risikoaversionsparameter Werte von 717, 571 und 254 annimmt, sind in den Abbildungen 97, 98 und 99 im Anhang ausgewiesen und bestätigen diese Analyse.

Abb. 55: Index-Differenzen zweier Modelläufe mit und ohne Reaktionen der exogenen Investoren (Partial-REBUY, Anbieter-Noise)

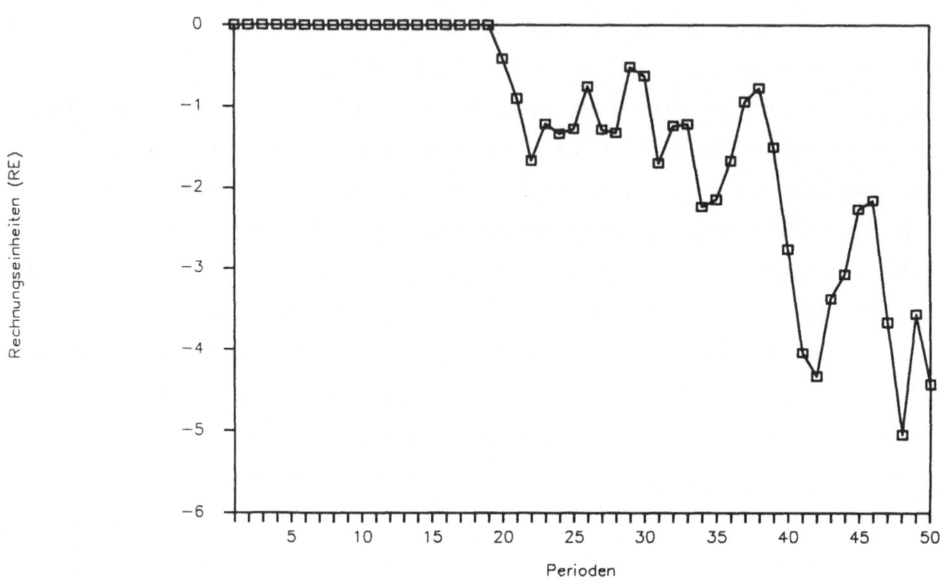

12.3.3. Partial-REBUY mit zusätzlicher Unternehmenspublizität

Die Strategie des Partial-REBUY spiegelt das Verhalten von Investoren wieder, die ihr riskant anzulegendes Vermögen in das
Marktportefeuille investieren und davon nur in Titeln abweichen, für die erfahrungsgemäß Informationsvorteile bestehen.
Die mit dieser Strategie verbundene Nivellierung der Informationsstände führt gemeinsam mit der sinkenden Informationsko-
stenbelastung zu einer Abnahme der Kosten, die den exogen bestimmten Investoren bei der Inanspruchnahme des Marktes
entstehen. Da durch die Strategie des Partial-REBUY der
Verdrängungseffekt heterogener Informationsstände an Bedeutung
verliert und die mit der Informationsbeschaffung verbundenen
Kosten an Bedeutung gewinnen, sollte die freiwillige
Bereitstellung zusätzlicher und kostenfreier Informationen
durch die Unternehmen auch die Kosten der Transformationsleistungen weiter senken.

Die Analyse setzt wiederum mit der freiwilligen Publizität des Unternehmens *2* ein. Es verzichten nun nur noch acht Investoren völlig auf die Teilnahme am Handel, so daß sich die Anzahl der Marktteilnehmer, die mindestens mit den Anteilen eines Unternehmens handeln, um 9 auf 72 erhöht. Sieben der neu <u>hinzuge-kommenen</u> Investoren nehmen <u>ausschließlich</u> am Handel mit den Titeln des Unternehmens *2* teil. Insgesamt konzentrieren sich 10 der 72 aktiven Marktteilnehmer völlig auf das Unternehmen *2*. Gegenüber dem vergleichbaren Lauf ohne zusätzliche Informationsbereitstellung handeln nun 42 Investoren mit den Anteilen dieses Unternehmens und damit 31 mehr als bisher. Die anderen Unternehmen werden von der zusätzlichen Publizität nur in geringerem Umfang berührt. Bis auf Unternehmen *9*, das zwei Investoren verliert - davon einen an Unternehmen *2* -, bleibt die Anzahl der informationsbeschaffenden Investoren jeweils gleich oder steigt geringfügig, wobei Unternehmen *14* mit drei hinzugewonnenen Investoren den Spitzenreiter darstellt.

Trotz dieser Zunahme der am Handel teilnehmenden Investoren bleiben die Auswirkungen auf die Index-Entwicklung gering. Abbildung 56 spiegelt die Indexdifferenzen wider, die sich als Folge der Strategie des Partial-REBUY zwischen den Modelläufen ohne und mit Publizitätsmaßnahmen des Unternehmens *2* und dem bereits bislang als Referenz verwendeten Modellauf ohne Strategie ergeben. Da der strategiefreie Referenzlauf die minimale Indexreaktion auf die Transaktionen der exogenen Investoren widerspiegelt, sollte der auf einer verbreiterten Investorenbasis beruhende Index-Verlauf der Null-Linie näherrücken, was sich allenfalls als schwache Tendenz und insbesondere in den letzten Perioden des Modellaufes erkennen läßt.

Das Interesse der neu hinzugekommen Investoren konzentriert sich allerdings überwiegend auf das Unternehmen *2*, das nur mit 1/16 zum Index beiträgt, so daß eine heftige Reaktion der Indexentwicklung auf die zusätzliche Informationsbereitstellung selbst dann nicht zu erwarten gewesen wäre, wenn die Kursentwicklung des Unternehmens *2* durch die neu hinzugekommenen Investoren deutlich moderiert werden würde.

Abb. 56:   Index-Differenzen und Differenzen der Einzelkurse des
           Unternehmen 2 zwischen Modellläufen mit und ohne zu-
           sätzlicher Publizität des Unternehmen 2 und einem
           strategiefreien Vergleichslauf (Partial-REBUY, Anbie-
           ter-Noise)

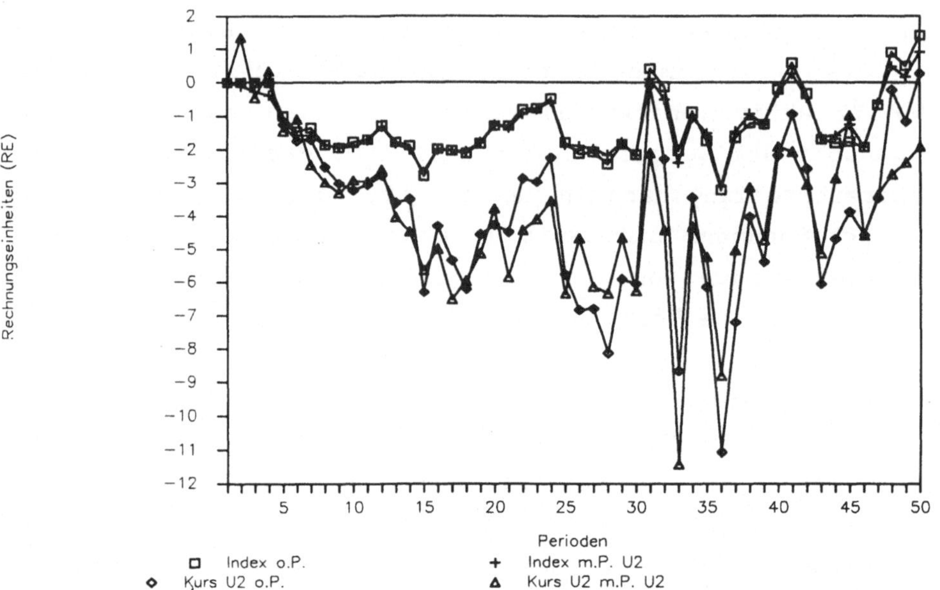

Die beiden ebenfalls in Abbildung 56 enthaltenen Kurvenzüge,
die die auf gleiche Weise errechneten Differenzen der in den
jeweiligen Perioden entstandenen Einzelkurse widerspiegeln,
zeigen jedoch, daß selbst das Unternehmen 2 nicht spürbar von
der verbreiterten Investorenbasis profitieren kann. Eine
erkennbare Moderation der Kursreaktion auf die
Transaktionsbedürfnisse der exogen bestimmten Investoren müßte
den Kursverlauf wiederum durchgehend näher an die Null-Linie
rücken. Diese Annäherung ist lediglich in den Perioden 26 –
29, 35 – 39 und 43 – 45 deutlicher erkennbar.

Im Hinblick auf die signifikante Zunahme der Investoren, die
noch im Handel mit Unternehmen 2 vertreten sind, ist das Ausbleiben einer Kursreaktion überraschend. Geben die exogen bestimmten Investoren in großen Umfang Titel dieses Unternehmens
ab, so verteilen sich diese Titel auf mehr Investoren als bisher. Zusätzlich zur verringerten Anzahl der von einem einzelnen Investor aufzunehmenden Titel berücksichtigen die Anleger
in Folge der Strategie des Partial-REBUY auch die Kovarianz-

Wirkungen zum Rest des unverändert gehaltenen Portefeuilles, was die Auswirkungen der zufälligen Transaktionen ebenfalls lindern sollte. Aus diesem Blickwinkel ist es besonders erstaunlich, daß der Kurseinbruch in der 33. Periode bei <u>erhöhter</u> Anzahl der Anleger noch deutlicher ausfällt als bisher.

Diese unerwartete Kursreaktion wird allerdings nicht durch exogen ausgelöste Transaktionen verursacht, sondern folgt aus der mit der zusätzlichen Unternehmenpublizität einhergehenden Teilhomogenisierung der Informationen. In der 33. Periode deuten die über Unternehmen 2 vorliegenden Informationen auf eine ungünstige wirtschaftliche Entwicklung hin. Ohne freiwillige Informationsemission reduziert sich die Kurswirkung der erwarteten ungünstigen Unternehmensentwicklung im Zusammenspiel der heterogenen Informationsstände. Je homogener die Informationen in einem Umfeld werden, das im Vergleich zu den Portefeuille-REBUY-Strategien von weitaus geringeren Informationsdivergenzen geprägt ist, desto stärker wirkt sich die teilweise Aufhebung der Heterogenität aus. Der kursmoderierende Einfluß einer größeren Anzahl von Marktteilnehmern wird von der diversifikationsaufhebenden Wirkung einer zunehmenden Informationshomogenisierung überlagert.

Damit wird der Sinn freiwilliger Publizitätsmaßnahmen allerdings nicht in Frage gestellt, da es Unternehmen 2 nicht <u>vorrangig</u> anstrebt, den eigenen Kurs zu pflegen. Dieses Unternehmen ist auf Grund seines spezifischen Risikobeitrages zum Gesamtportefeuille von einem Fernbleiben der exogenen Investoren in besonderer Weise betroffen. Da die Transaktionen der exogenen Investoren stets auf Teile des Marktportefeuilles bezogen sind, muß das Interesse des Unternehmens 2 darauf gerichtet sein, die Liquidität des <u>Gesamtmarktes</u> zu sichern. Die freiwillige Informationsbereitstellung verfehlt ihr Ziel nicht, weil die Beeinflussung des eigenen Kurses mißlingt, sondern weil das Gewicht eines einzelnen Unternehmens nicht ausreicht, den von heterogenen Informationsständen und Informationskosten ausgelösten Verdrängungsprozess spürbar zu mildern.

Die gegenläufige Wirkung zusätzlicher Informationsbereitstellung, die weniger deutlich bereits bei der Analyse freiwilliger Unternehmenspublizität in Verbindung mit der Strategie des Portefeuille-REBUY zu beobachten war, wird hier durch die Struktur der Marktteilnehmer verstärkt, die mit den Anteilen des Unternehmens 2 handeln und insbesondere derjenigen Marktteilnehmer, die ausschließlich mit diesem Unternehmen handeln. Der durchschnittliche Wert des Risikoaversionsparameters dieser Investoren liegt bei 185,9, der Durchschnittswert der Investoren, die gegenüber dem Vergleichslauf neu hinzukommen und sich ausschließlich auf das Unternehmen 2 konzentrieren, sogar nur bei 134,3.

Investoren mit hoher Risikoaversion und damit niedrigem Risikoaversionsparameter können auf Grund ihrer geringen Umsatztätigkeit nur in bescheidenem Umfang an den Erträgen teilhaben, die mit der Abgabe von Transformationsleistungen an die exogen bestimmten Anleger verbunden sind. Aus der eingeschränkten Möglichkeit, Informationskosten durch Erträge aus der Handelstätigkeit zu decken, folgt, daß sich diese Investoren auf den Handel mit den Anteilen eines Unternehmens konzentrieren, dessen Informationen kostenfrei zur Verfügung stehen. Damit verfügt die Gruppe der "Kleinanleger"[381] über homogene Informationen, die sich für das Unternehmen 2 auf die aktuelle Periode und für alle anderen Unternehmen auf die vorangegangene Periode beziehen. Obwohl jedem einzelnen Investor dieser Gruppe im Gesamtmarkt nur ein geringes Gewicht zukommt, führt die Homogenisierung der Informationsstände dieser Investoren, die wiederum eine Konsequenz der individuell hohen Risikoaversion ist, zu einem gleichgerichteten Verhalten, das in Einzelfällen den Kursverlauf spürbar beeinflussen kann.

Die kursmoderierende Wirkung der verbreiterten Investorenbasis kann in einfacher Weise um die teilweise gegenläufigen Effekte der Teilhomogenisierung der Informationen bereinigt werden,

---

381) Der Begriff des "Kleinanlegers" orientiert sich hier ausschließlich an den Dimensionen der individuellen Umsatzanteile am gesamten Handelsvolumen. Insbesondere soll nicht postuliert werden, daß sich Kleinanleger realer Märkte durch besonders hohe Risikoaversion auszeichnen.

wenn als Kursreferenz nicht ein Modellauf mit heterogenen Informationen und exogenen Transaktionen sondern ein solcher mit
homogenen Informationen und exogenen Transaktionen verwendet
wird. Die Kursentwicklung ohne und mit Unternehmenspublizität
des Unternehmens *2* kann Abbildung 57 entnommen werden.

Die ersten Perioden des Modellaufes werden von der noch bestehenden und kurserhöhenden Heterogenität der Informationsstände
dominiert. Insbesondere in der zweiten Hälfte des Laufes ist
deutlich zu erkennen, daß der Kursverlauf, der sich bei zusätzlicher Unternehmenspublizität ergibt, näher an die Null-
Linie rückt, die der minimalen Kursreaktion auf die exogenen
Transaktionen bei kostenfreien und homogen Informationen entspricht.

Abb. 57:   Index-Differenzen zwischen Modelläufen mit und ohne
           zusätzlicher Publizität des Unternehmen 2 und einem
           Vergleichslauf bei homogenen Informationsständen
           (Partial-REBUY, Anbieter-Noise)

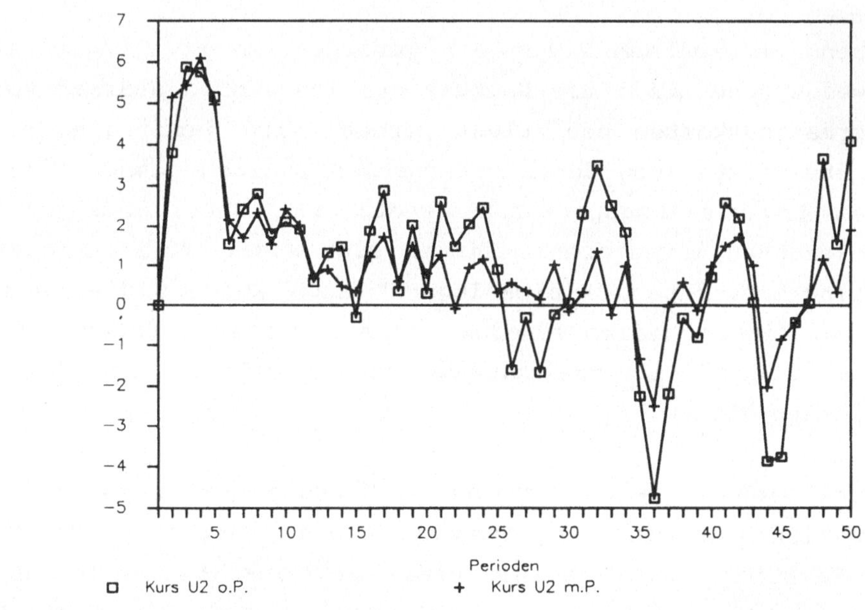

Die sich aus der Kombination von Partial-REBUY und freiwilliger Unternehmenspublizität ergebende Ergebnisstruktur bleibt
erhalten, wenn statt des Unternehmens *2* das Unternehmen *15* zusätzliche und kostenfreie Informationen emittiert. Die Diffe-

renzen der in den jeweiligen Perioden entstehenden <u>Kurse</u> zum Referenzlauf mit heterogenen Informationen ist wiederum von den sich überlappenden Effekten geprägt, die sich aus einer Verbreiterung der Investorenbasis und den abnehmenden Möglichkeiten der Diversifikation durch Teilhomogenisierung der Informationsstände ergeben.

Der Vergleich mit dem alternativen Referenzlauf bei homogenen Informationen bestätigt das bereits für Unternehmen *2* festgestellte Abnehmen der Kursreaktion auf die exogenen ausgelösten Transaktionen. Auch der "Kleinanleger"-Effekt bleibt erhalten, wenn auch in abgeschwächter Form. Unter den insgesamt 37 Investoren, die durch die erweiterte Informationsbereitstellung zusätzlich mit den Anteilen des Unternehmen *15* handeln, konzentrieren sich 15 Anleger völlig auf dieses Unternehmen. Deren durchschnittlicher Wert des Risikoaversionsparameters liegt mit 266 zwar weiterhin deutlich unter dem Gesamtdurchschnitt von 410, aber ebenso deutlich über dem vergleichbaren Wert des vorangegangen Abschnitts[382].

Während Unternehmen *2* nur ein geringes Umverteilungspotential aufweist, und somit die Kalküle der Investoren stärker von den Informationskosten beeinflußt werden, wird durch die Informationsbereitstellung durch Unternehmen *15* auch dessen viel größeres Umverteilungspotential reduziert. Unter den neu hinzugekommenen Investoren befinden sich somit zusätzlich zu den kostenorientierten "Kleinanlegern" auch solche, die, unabhängig von ihrer Risikoaversion, ohne erweiterte Unternehmenspublizität durch informationsbedingte Handelsverluste den Markt verlassen hätten.

Obwohl sich die kursmoderierende Wirkung der freiwilligen Informationsbereitstellung insbesondere im Vergleich zur minimalen Reaktion der Kurse auf zufällige Transaktionen bei homogenen Informationsständen zeigen läßt, bleibt der Einfluß zusätzlicher Publizität durch einzelne Unternehmen auf die Index-Entwicklung gering. Tolerieren die Investoren, deren Transaktionsbedürfnisse nicht informationsinduziert sind, le-

---

382) Vgl. die Abbildungen 100 und 101 im Anhang.

diglich Transformationskosten von 3%, so kann weder Unternehmen *2* noch Unternehmen *15* allein die Abwendung eines Teils der
exogen auftretenden Investoren vom Markt für riskante Unternehmenstitel verhindern.

Die gemeinsame Veröffentlichung kostenfreier Unternehmensinformationen durch die Unternehmen *1 bis 8* kann die Transformationskosten dagegen spürbar senken. Wie Abbildung 58 zu entnehmen ist, die die Index-Differenzen zwischen diesem und dem
strategiefreien Modellauf sowie zum Vergleich den Kurvenzug
aus Abbildung 55 enthält, wird der von der Abwanderung der
exogenen Investoren ausgelöste Prozeß der Kurserosion deutlich
reduziert.

Abb. 58: Index-Differenzen zwischen Modelläufen mit und ohne
Publizität der Unternehmen 1-8 (Partial-REBUY, Anbieter-Noise)

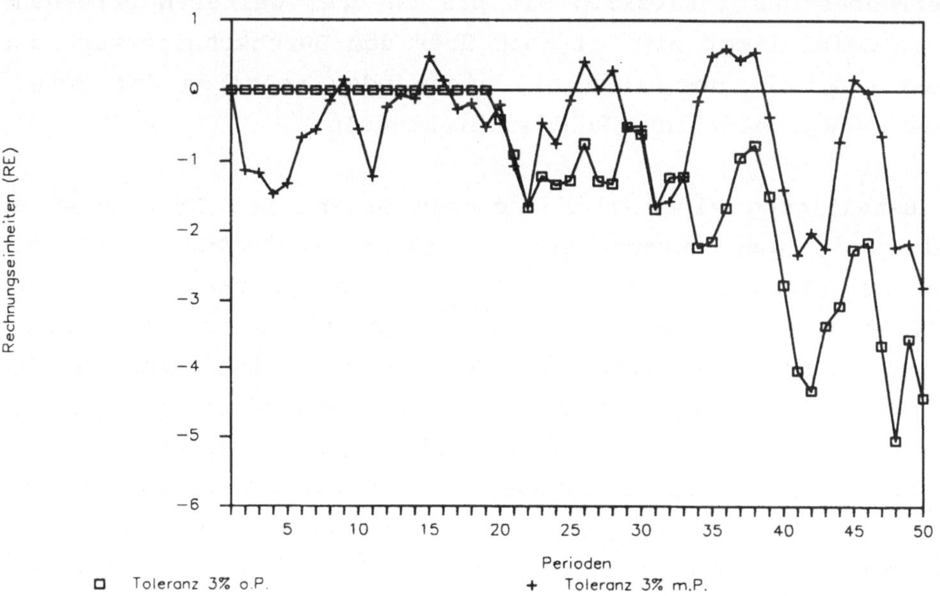

Die von den zusätzlich verfügbaren Informationen bewirkte Verbreiterung der Investorenbasis betrifft erwartungsgemäß vor
allem die Unternehmen *1 bis 8*, deren Anteile noch von durchschnittlich 70 Investoren gehandelt werden, während sich der
Handel mit Anteilen der Unternehmen *9 bis 16* auf durchschnittlich 10 Investoren konzentriert. Der durchschnittliche Wert

des Risikoaversionsparameters der 13 Investoren, die ausschließlich mit Unternehmen handeln, deren Informationen kostenfrei zur Verfügung stehen, liegt mit einem Wert von 260 wiederum unter dem Durchschnittswert aller Investoren von 410 und in der Nähe des Wertes, der für die isolierte Unternehmenspublizität von Unternehmen *15* ermittelt wurde. Dagegen liegt die durchschnittliche Risikoaversion der Investoren, die mit Anteilen der Unternehmen *9* bis *16* handeln und damit Informationskosten zu tragen haben, bei 517 und damit deutlich über dem Durchschnitt.

Allerdings läßt sich daraus <u>nicht</u> auf eine Arbeitsteilung zwischen Investoren, die sich bevorzugt Unternehmen mit kostenfreier Informationsversorgung widmen, und Investoren, die auf die Preisänderungsimplikationen ihrer dezentral beschafften Informationen bauen, schließen. Der Durchschnittswert des Risikoaversionsparameters aller Investoren, die mit den ersten 8 Unternehmen und zusätzlich mit bis zu drei weiteren Unternehmen handeln, liegt mit 531 noch über dem Durchschnittswert der Investoren, die überhaupt mit einem oder mehreren der Unternehmen ohne zusätzliche Publizität handeln.

Die Beteiligung einer viel größeren Anzahl von Investoren am Handel mit den Unternehmen *1* bis *8* beeinflußt auch die Kursentwicklung der Unternehmen, die sich der freiwilligen Publizität verschließen. Abbildung 59 spiegelt für das <u>Unternehmen 15</u> die Kursdifferenzen wider, die sich zwischen den Modelläufen ohne und mit Publizitätsmaßnahmen der <u>Unternehmen 1 bis 8</u> und dem bereits bislang als Referenz verwendeten Modellauf ohne Strategie ergeben. Insbesondere in der zweiten Hälfte des Modellaufes reagieren die Kurse des Unternehmens *15* als Folge der Publizität der anderen Unternehmen stärker auf die zufälligen Transaktionen, obwohl insgesamt <u>mehr</u> Investoren im Markt vertreten sind.

Da die Investoren, die mit Anteilen des Unternehmens *15* handeln, durchgehend auch mit der Mehrzahl der Unternehmen handeln, die zusätzliche Informationen emittieren, teilt sich Unternehmen *15* die Risikobereitschaft seiner noch aktiven Anleger mit weiteren Unternehmen, wodurch die Prämie, die für die zusätzliche Aufnahme von Titeln des Unternehmens *15* verlangt wird, zunehmen muß. Solange die <u>exogenen</u> Investoren ihre Entscheidung zum Marktaustritt an die Wertentwicklung ihrer <u>Portefeuilles</u> binden, bleibt der Anreiz für Unternehmen *15* nun seinerseits freiwillige Publizitätsmaßnahmen zu ergreifen, gering.

Abb. 59: Kursdifferenzen des Unternehmens 15 zwischen Modellläufen mit und ohne Publizität der Unternehmen 1-8 (Partial-REBUY, Anbieter-Noise)

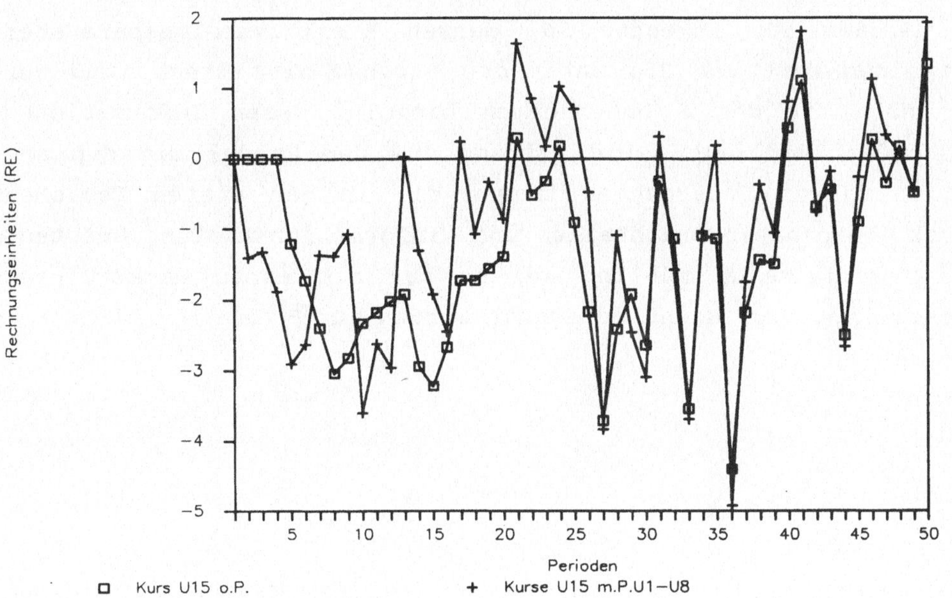

Abschließend bleibt zu untersuchen, ob der Erfolg freiwilliger Informationsbereitstellung durch die Unternehmen dauerhaft oder nur von vorübergehender Natur ist, wie es sich für die Strategie des Portefeuille-REBUY erwiesen hat. Zur Klärung dieser Frage wird wiederum auf die Analyse der kumulierten Handelsergebnisse ausgewählter Investoren zurückgegriffen. Unter den noch im Markt vertretenen Investoren lassen sich zwei Gruppen unterscheiden:

- Investoren, die ausschließlich mit Unternehmen handeln, die sich zu freiwilliger Publizität entschlossen haben und

- Investoren, die zusätzlich mit Unternehmen handeln, für die sie kostenverursachende Informationen beschaffen.

Die erstgenannte Gruppe hat keine Informationskosten mehr zu tragen, so daß lediglich zu prüfen ist, ob der laufende Handel, der ausschließlich mit den exogen bestimmten Investoren abgewickelt wird, zumindest keine zusätzlichen Verluste auslöst[383].

Abbildung 60 zeigt die Entwicklung der kumulierten Handelsergebnisse ohne Informationskosten, die Entwicklung der kumulierten Informationskosten und die Entwicklung des Summe dieser Größen für Investor *56*, dessen Risikoaversionsparameter mit einem Wert von 254 unter dem Durchschnitt liegt, und der nur noch mit den 8 Unternehmen handelt, deren Informationen kostenfrei vorliegen. Die Erträge aus dem Handel mit den Anteilen dieser Unternehmen tragen die in den ersten Perioden durch Informationsnachteile und Informationskosten entstandenen Verluste allmählich ab, so daß mit einem Marktrückzug dieses Investors nicht gerechnet werden muß[384].

---

383) Auf Grund der durchgehend positiven Transformationserträge bei generell homogenen und kostenfreien Informationen wäre eine weitere Verschlechterung der Handelsergebnisse allerdings höchst überraschend.
384) Vgl. auch die Abbildungen 102 und 103 im Anhang, die die Ergebnisentwicklung der Investoren *83* (6 gehandelte Unternehmen bei einem Wert des Risikoaversionsparameters von 172) und *96* (7 gehandelte Unternehmen bei einem Wert des Risikoaversionsparameters von 91) ausweisen.

Abb. 60: Kumulierte Handelsergebnisse mit und ohne Informationskosten des Investors 56 in einem Modellauf mit freiwilliger Unternehmenspublizität der Unternehmen 1-8 (Partial-REBUY, Anbieter-Noise)

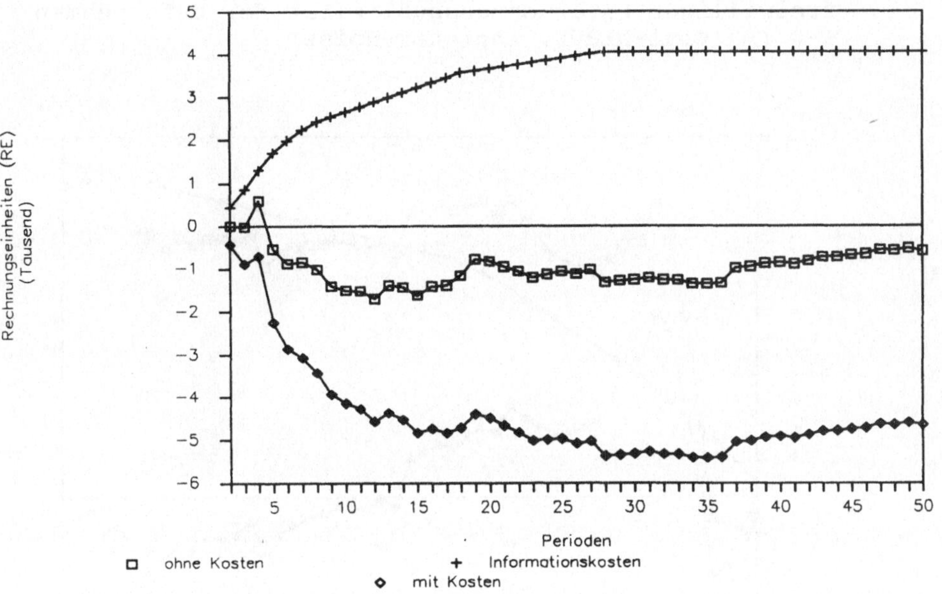

Abbildung 61 zeigt die Ergebnisentwicklung des Investors *80*, der zusätzlich zu den 8 Unternehmen, die freiwillige Publizitätsmaßnahmen ergriffen haben, mit zwei weiteren Unternehmen handelt und hierfür kostenverursachende Informationsbeschaffung betreibt und dessen Risikoaversion durch einen Wert von 571 gekennzeichnet ist. Auch hier zeigt sich eine Tendenz zur Ergebnisstabilisierung[385]. Der Handel mit den Unternehmen, für die dezentrale Informationen beschafft werden, deckt die damit verbundenen Kosten, da eine Quersubventionierung durch Transformationserträge, die im Handel mit den Unternehmen *1* bis *8* entstehen, durch die Strategie des Partial-REBUY ausgeschlossen wird. Allerdings ist nicht auszuschließen, daß Transformationserträge, die im Handel mit den beiden zusätzlich betreu-

---

385) Vgl. auch die Abbildungen 104 und 105 im Anhang, die die Ergebnisentwicklung der Investoren *26* (8 gehandelte Unternehmen mit, 3 gehandelte Unternehmen ohne Publizitätsmaßnahmen, bei einem Wert des Risikoaversionsparameters von 668) und *69* (5 gehandelte Unternehmen mit, 3 gehandelte Unternehmen ohne Publizitätsmaßnahmen, bei einem Wert des Risikoaversionsparameters von 701) ausweisen.

ten Unternehmen erzielt werden, durch Verluste reduziert werden, die als Folge von Informationsnachteilen auftreten.

Abb. 61: Kumulierte Handelsergebnisse mit und ohne Informationskosten des Investors 80 in einem Modellauf mit
freiwilliger Unternehmenspublizität der Unternehmen
1-8 (Partial-REBUY, Anbieter-Noise)

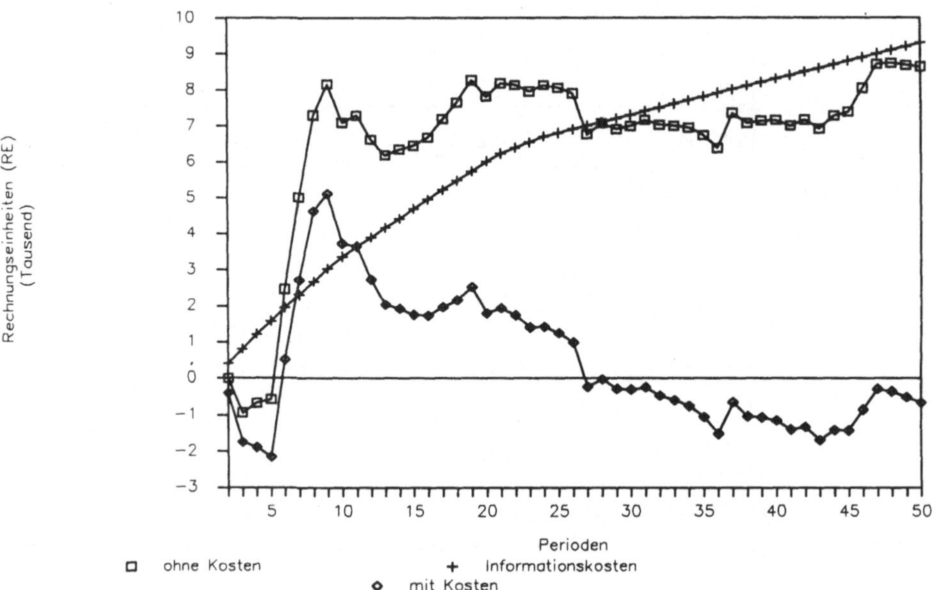

Während Investoren mit geringer Risikoaversion auf Grund ihrer
regen Umsatztätigkeit in der Lage sind, die entstehenden Informationskosten zu decken, weist die Entwicklung der kumulierten Handelsergebnisse von Investoren mit hoher Risikoaversion eine fallende Tendenz auf. Abbildung 62 zeigt dies exemplarisch für Investor *30*, der neben den 8 Unternehmen mit kostenfreier Informationsemission mit 2 weiteren Unternehmen
handelt und dessen Risikoaversionsparameter den unterdurchschnittlichen Wert 338 annimmt. Die im Handel erzielten Gewinne können die Informationskosten nur teilweise decken, so
daß das kumulierte Gesamtergebnis beharrlich abnimmt und mit
einem Ausscheiden dieses Investors gerechnet werden muß[386].

---

386) Vgl. auch Abbildung 106 im Anhang, die die Ergebnisentwicklung des
Investors *78* (5 gehandelte Unternehmen mit, 1 gehandeltes Unternehmen
ohne Publizitätsmaßnahmen, bei einem Wert des Risikoaversionsparameters von 148) widerspiegelt. Dieser Investor wies bereits bei der

Abb. 62: Kumulierte Handelsergebnisse mit und ohne Informationskosten des Investors 30 in einem Modellauf mit
freiwilliger Unternehmenspublizität der Unternehmen
1-8 (Partial-REBUY, Anbieter-Noise)

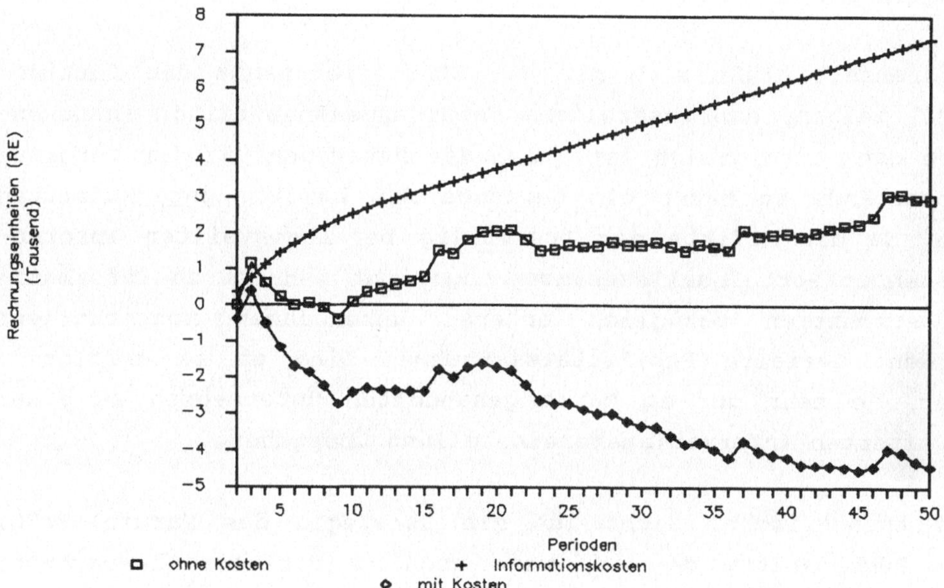

Der Anteil der Investoren mit hoher Risikoaversion, die noch
kostenverursachende Informationsbeschaffung betreiben, hat im
Zuge des sich im Markt vollziehenden Anpassungsprozesses allerdings bereits in hohem Maß abgenommen, so daß sich nur noch
8 Investoren ausmachen lassen, die den Handel mit nicht publizitätsfreudigen Unternehmen möglicherweise einstellen. Da
diese Investoren auf Grund ihrer hohen Risikoaversion allerdings nur sehr geringe Umsatzanteile auf sich vereinen, kommt
ihnen im Marktzusammenhang keine signifikante Bedeutung zu.

Die Strategie des Partial-REBUY reduziert die im Markt vorhandene Heterogenität der Informationen bereits ohne zusätzliche
Informationsbereitstellung dadurch, daß sich die Investoren in
großer Zahl auf die ohnehin kostenfrei zur Verfügung stehenden
Informationen zurückfallen lassen. Mit diesen "veralteten" Informationen wird die Risikoposition geschätzt, die mit der

---

Analyse der Strategie des Partial-REBUY ohne zusätzliche Unternehmenspublizität eine Tendenz auf, den Markt zu verlassen.

Aufnahme oder Abgabe von Unternehmensanteilen entsteht. Da die Anzahl der dezentral beschafften und "aktuellen" Informationen gegenüber der Strategie des Portefeuille-REBUY zurückgeht, ist die Abnahme der Informationsheterogenität in gewisser Weise trügerisch.

Andererseits läßt sich mit der Strategieannahme des Partial-REBUY zeigen, daß zusätzliche Unternehmenspublizität insbesondere dann erfolgreich ist, wenn die Heterogenität der Informationsstände im Markt ein gewisses Maß bereits <u>unter</u>schritten hat, da die Effekte der freiwillig bereitgestellten Informationen im Portefeuillezusammenhang nicht mehr durch Informationsasymmetrien bezüglich anderer Unternehmen konterkariert werden. Gezielte Publizitätsmaßnahmen sind um so erfolgreicher, je mehr der im Markt gehandelten Unternehmen zu einer erweiterten Informationsbereitstellung übergehen.

Aus theoretischer Sicht ist die Strategie des Partial-REBUY ein Rückschritt, da sie, wenn auch im Portefeuille-Verbund, auf dem Handel mit <u>einzelnen</u> Unternehmenstiteln beruht. Die auf realen Märkten angewendeten Anlagestrategien beruhen in zunehmendem Maße darauf, daß ganze Portefeuilles aufgestockt oder abgebaut, vollständig gekauft oder vollständig verkauft werden, und entsprechen somit der in dieser Arbeit verwendeten Strategie des Portefeuille-REBUY <u>und</u> <u>dem</u> <u>Anlageverhalten</u> <u>der</u> <u>exogenen</u> <u>Investoren</u>. Die Reaktionen des Marktes, die hier im Hinblick auf die Folgen heterogener Informationsstände untersucht werden, fallen bei einer separaten Bewertung einzelner Unternehmen moderater aus als bei einer ausschließlichen Portefeuille-Betrachtung, so daß von der theoretisch konsistenten Beschränkung auf den ausschließlichen Handel mit gesamten Portefeuilles eine destabilisierende Wirkung ausgeht.

13. Explizite Berücksichtigung kleiner Unternehmen

In dem hier vorliegenden Modellrahmen läßt sich die Größenordnung der Unternehmen in einfacher Weise durch eine Anpassung
des Nominalkapitals variieren. Um direkt an die Ergebnisse der
vorangegangenen Abschnitte anknüpfen zu können, stehen wiederum die Unternehmen *2* und *15* im Mittelpunkt der Betrachtung.
Für jeweils eines dieser Unternehmen wird die Anzahl <u>verfügba-
rer Stücke</u> von 10.000 auf 625 reduziert[387] [388]. Bei dieser
Stückzahl halten auch die Investoren mit sehr ausgeprägter Risikoaversion gerade noch 1 Stück der betreffenden Unternehmen,
so daß kein Investor von vornherein auf die Teilnahme am Handel mit diesen Unternehmen verzichtet.

Die mit der Reduktion der Unternehmensgröße einhergehende Senkung des Risikoanteils, den diese Unternehmen zum Gesamtmarktrisiko beitragen, führt zu einer durchgehenden Anhebung des
Kursniveaus dieser Unternehmen, wobei das Ausmaß der Kurssteigerung vom spezifischen Risikobeitrag des Unternehmens zum Gesamtmarktrisiko abhängt. Dementsprechend fällt diese Kurssteigerung bei Unternehmen *2*, dessen im Verlauf des positiven Konjunktur-Szenarios zunehmender Risikobeitrag bereits in den
vorangegangenen Abschnitten Ursache heftiger Kursbewegungen
war, deutlicher aus als bei dem aus Risikogesichtspunkten weniger auffälligen Unternehmen *15*. Die Differenzen der <u>Kurs</u>ent-
wicklungen dieser Unternehmen bei <u>alternativen Unternehmens-
größen</u> in <u>strategiefreien</u> Modelläufen mit heterogenen Informationsständen der endogenen Investoren, Informationskosten von
5 RE pro bezogener Information und exogenen Transaktionen nach
dem Modus des Anbieter-Noise sind in Abbildung 63 ausgewiesen.

---

387) Auf Grund der Rundungseffekte bei der Berechnung der Startportefeuilles ergeben sich statt effektiv 9.995 nun 629 umlaufende Anteile.

388) Die folgenden Überlegungen lassen sich bedingt auf Unternehmen übertragen, deren Kapital sich zu großen oder überwiegenden Teilen in
Festbesitz befindet. Zu berücksichtigen ist allerdings, daß der Risikobeitrag der festgelegten Anteile die Portefeuille-Entscheidungen
der Eigentümer beeinflussen und damit spürbar bleibt und mit der Auflösung großer Positionen die kurssenkende Wirkung eines Überwiegens
exogener Verkaufstransaktionen verbunden sein kann.

Abb. 63: Kursdifferenzen zwischen strategiefreien Modelläufen mit Anbieter-Noise, in denen die Unternehmen 2 und 15 einmal in unveränderter und einmal in reduzierter Größe auftreten

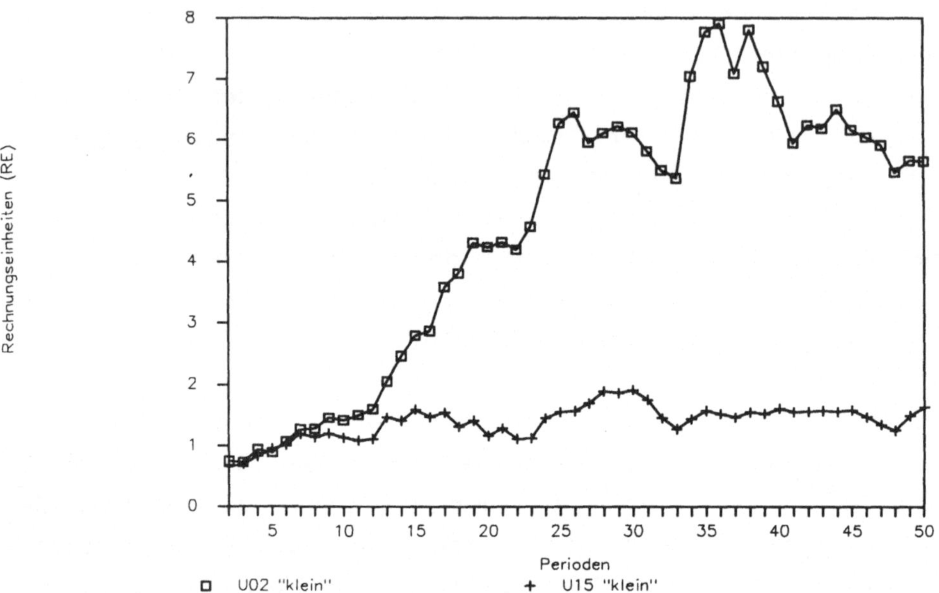

Wird es den endogenen Investoren wiederum anheimgestellt, auf Verluste in nicht mehr tolerierter Höhe mit der Strategie des Partial-REBUY zu reagieren, so ergeben sich für die Kursverläufe der Unternehmen *2* und *15* die in den Abbildungen 64 und 65 ausgewiesenen Konsequenzen. Sie enthalten für diese Unternehmen die <u>Kurs</u>differenzen zwischen Modelläufen mit und ohne Partial-REBUY, in denen die Unternehmensgröße einmal beibehalten (U02 und U15 "gross") und einmal reduziert wurde (U02 und U15 "klein").

Die Kurvenzüge sind geprägt von der kurssenkenden, weil diversifikationsunfreundlichen Strategie des Partial-REBUY. Die mit der Variation der Unternehmensgröße abnehmende Bedeutung der beiden Unternehmen im Portefeuillezusammenhang, die sich für Unternehmen *15* in einer durchschnittlich größeren Distanz zur Null-Linie zeigt, wird bei Unternehmen *2* durch den stark abnehmenden Risikobeitrag zum Gesamtmarktrisiko ausgeglichen. Dagegen steigt die Reagibilität der Kurse auf die exogenen Transaktionen durch Einführung des Partial-REBUY auch bei reduzierter Unternehmensgröße in vergleichbarem Umfang. Die Kursvolatilität , die als Varianz der Kursdifferenzen aufeinander folgender Perioden nach

$$(54) \quad Var_{Kurs} = (\sum_{t=3}^{50} ((\sum_{t=3}^{50} (K_t - K_{t-1})/48) - (K_t - K_{t-1}))^2)/48$$

$$K_t \; : \; \text{Index in der Periode } t$$

berechnet werden kann, steigt bei Unternehmen *2* durch die Strategie des Partial-REBUY bei unveränderter Unternehmensgröße von 5,57 auf 9,63 und bei reduzierter Unternehmengröße von 3,86 auf 7,99. Bei Unternehmen *15* führt die Integration des Partial-REBUY bei unveränderter Unternehmensgröße zu einer Zunahme der Volatilität von 2,02 auf 2,88 und bei reduzierter Unternehmensgröße zu einer Zunahme von 1,79 auf 2,60.

Abb. 64: <u>Kurs</u>differenzen des Unternehmens 2 zwischen Modellläufen mit und ohne Partial-REBUY, in denen die Unternehmensgröße einmal beibehalten und einmal reduziert wurde (Partial-REBUY, Anbieter-Noise)

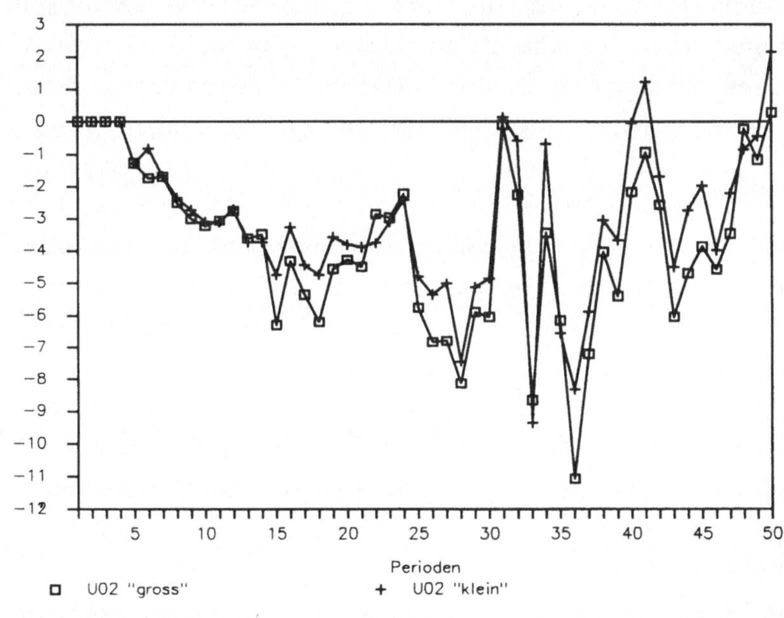

Abb. 65: <u>Kurs</u>differenzen des Unternehmens 15 zwischen Modellläufen mit und ohne Partial-REBUY, in denen die Unternehmensgröße einmal beibehalten und einmal reduziert wurde (Partial-REBUY, Anbieter-Noise)

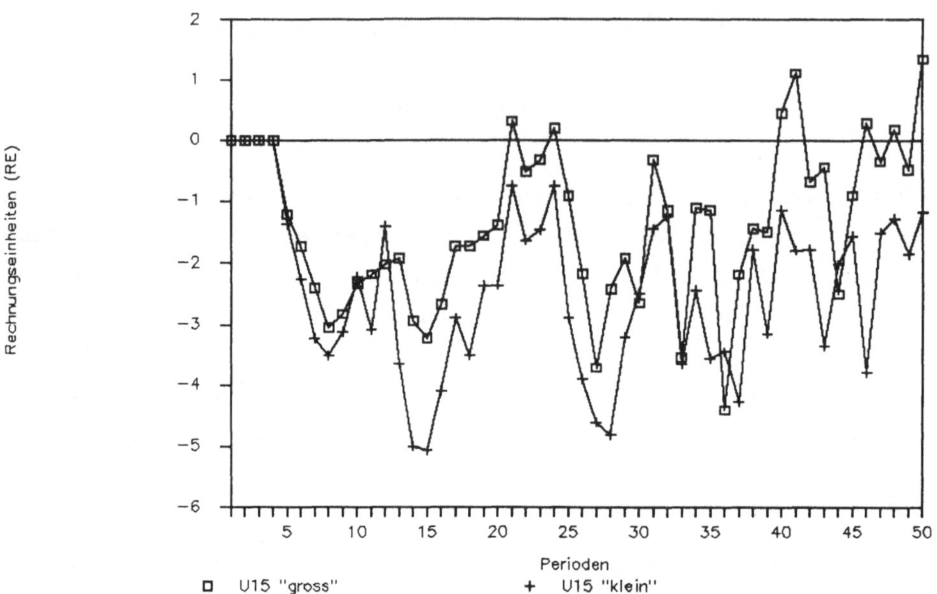

Mit der Reduzierung der Unternehmensgröße ist nicht nur eine Abnahme des Gesamtmarktrisikos verbunden, sondern auch eine Abnahme des Volumens der exogenen Transaktionswünsche und damit eine <u>Abnahme der nachgefragten absoluten Transformationsleistungen</u>. Da sowohl die Anzahl der Informationen, auf die die endogenen Investoren zurückgreifen können, als auch die Höhe der Kosten pro bezogener Information beibehalten worden sind, müssen Informationskosten in unveränderter Höhe durch ein deutlich verringertes Transaktionsvolumen gedeckt werden.

Die Erträge der endogenen Investoren aus dem Handel mit exogenen Investoren werden vom Ausmaß der Kursschwankungen und der Anzahl der bei den jeweiligen Kursen aufgenommenen und abgegebenen Titeln bestimmt. Da die endogenen Investoren auch bei Berücksichtigung der Strategie des Partial-REBUY stets die Rendite-Risiko-Position des <u>gesamten</u> Portefeuilles, in denen "kleine" Unternehmen nur eine untergeordnete Rolle spielen, berücksichtigen, steigt die Volatilität der "kleinen" Unternehmen bei abnehmender Anzahl endogener Investoren nicht in einem Umfang, der die Abnahme des Transaktionsvolumens sofort ausgleichen kann. Somit wird der Handel mit Unternehmen, die nur geringe Umsatzvolumina aufweisen, für eine immer größer werdende Anzahl endogener Investoren unattraktiv.

Der Handel mit den Anteilen des Unternehmens *15* würde sogar völlig eingestellt werden, wenn der Marktrückzug des Investors *39*, der als Einziger noch bereit ist, Titel dieses Unternehmens an die exogenen Investor abzugeben und von diesen aufzunehmen[389], nicht programmtechnisch verhindert werden würde, um eine durchgehende Vergleichbarkeit der Modelläufe, die alternativ die Unternehmensgröße der Unternehmen *2* und *15* variieren, zu gewährleisten. Abbildung 66 zeigt die Entwicklung der kumulierten Handelsergebnisse vor und nach Kosten dieses Investors. Die durch die Bereitstellung von Transformationsleistungen erzielten Erträge reichen nicht aus, um die Informationskosten zu decken, wodurch die zu Beginn des Modellaufes auf Grund von Informationsvorteilen erzielten Gewinne beharrlich abschmelzen. In der 46. Periode wird auch die Verlusttoleranz dieses Investors überschritten, so daß mit dem Ausscheiden des einzigen verbliebenen Investors der Handel mit Anteilen des Unternehmens *15* zum Erliegen kommen würde.

---

[389] Gegenüber 11 Investoren zum Ende des Modellaufes mit unveränderter Unternehmensgröße.

Abb. 66: Kumulierte Handelserträge des Investors 39 mit und
          ohne Informationskosten bei reduzierter Unternehmens-
          größe des Unternehmens 15 (Partial-REBUY, Anbieter-
          Noise)

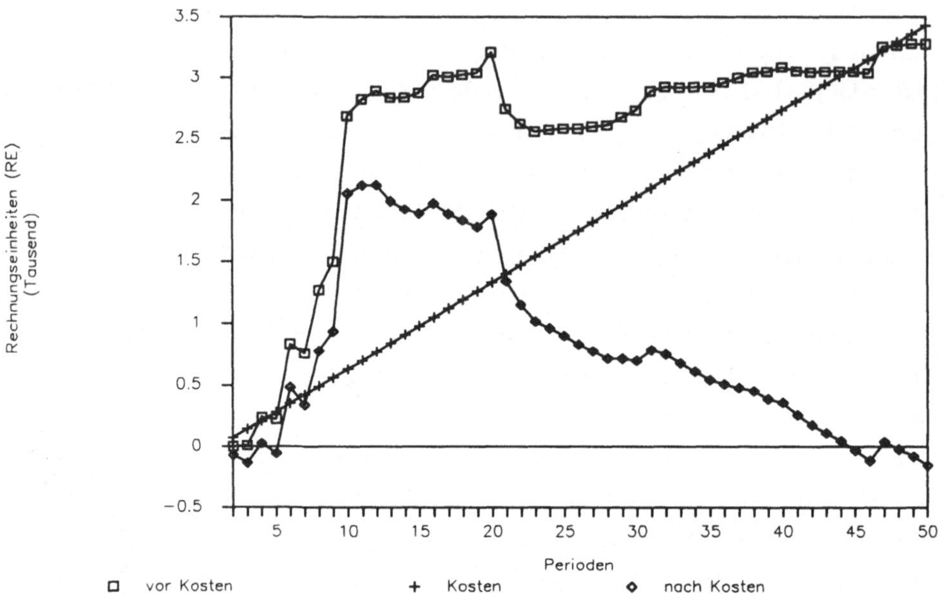

Auch bei Reduzierung der Unternehmensgröße des Unternehmens *2*
reguliert nur noch ein einziger endogener Investor die in Anteilen dieses Unternehmens entstehenden Transaktionssalden der
exogenen Investoren[390]. Ein programmtechnischer Eingriff in
die Entscheidungsfreiheit dieses Investors kann allerdings
unterbleiben, da er, wie Abbildung 67 zeigt, im Handel mit den
exogenen Investoren ein im Durchschnitt ausgeglichenes Ergebnis erzielen kann. Die im Handel mit Unternehmen *2* zu erzielenden höheren Erträge beruhen überwiegend auf der höheren
Kursvolatilität dieses Unternehmens, da die Transaktionsvolumina der Unternehmen *2* und *15* in den vergleichbaren Modelläufen identisch sind.

Die höhere Kursvolatilität des Unternehmens *2* beruht nicht nur
auf dem höheren Risikobeitrag, den dieses Unternehmen auch bei
reduzierter Unternehmensgröße zum Gesamtmarktrisiko beiträgt,
sondern auch auf einer höheren Risikoaversion des einzig ver-

---

390) Gegenüber 9 Investoren zum Ende des Modellaufes mit unveränderter Un-
      ternehmensgröße.

bliebenen Investors *43*, der bei einem Wert des Risikoaversionsparameters von 302 auf die Transaktionssalden der exogenen
Investoren mit deutlicheren Kursauf- und -abschlägen reagiert[391]).

Zudem setzt sich dieser Investor im Konkurrenzkampf der
endogenen Investoren nicht primär über die Anzahl, sondern
über die Qualität seiner Informationen durch. Während Investor
39 in jeder Periode 14 Informationen auswertet, die das Unternehmen *15* betreffen, und dafür in jeder Periode Informationskosten in Höhe von insgesamt 70 RE trägt, kann sich Investor
43 mit 10 Informationen über das Unternehmen *2* begnügen, entsprechend Informationskosten von 50 RE pro Periode.

Abb. 67: Kumulierte Handelserträge des Investors 43 mit und
          ohne Informationskosten bei reduzierter Unternehmens-
          größe des Unternehmens 2 (Partial-REBUY, Anbieter-
          Noise)

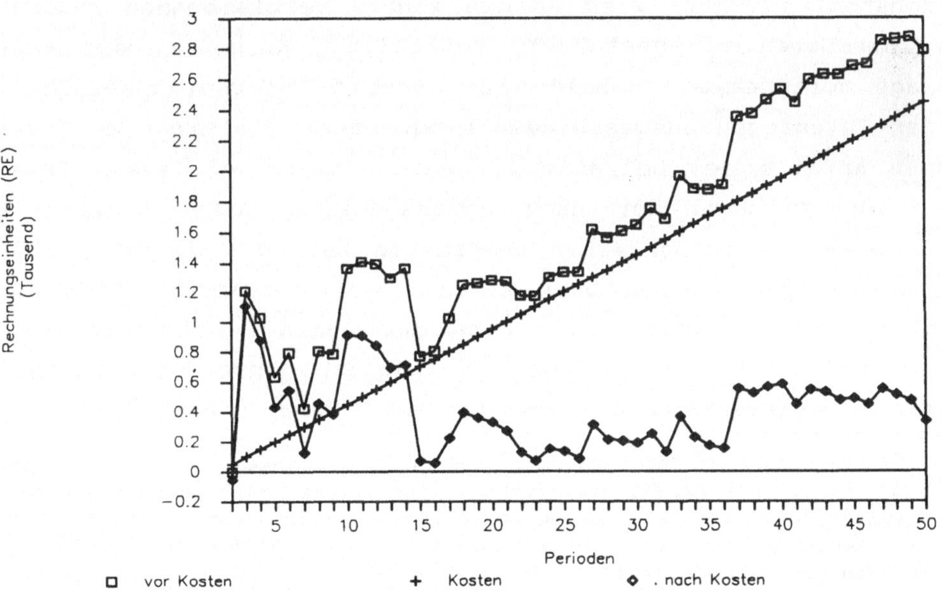

Die aus der Abgabe von Transformationsleistungen durch die endogenen Investoren verbundenen Erträge resultieren aus einer
Anpassung der unternehmensspezifischen Risikoprämien an die

---

391) Dagegen verfügt Investor *39* mit einem Wert des Risikoaver-
     sionsparameters von 717 über eine sehr niedrige Risikoaversion.

jeweiligen Informationsstände und die durch die exogenen Investoren geprägte Marktlage und werden in erheblichem Umfang durch die Höhe der vorliegenden Transaktionswünsche bestimmt. Mit abnehmendem Transaktionsvolumen sinkt die Möglichkeit, die mit der Teilnahme am Handel verbundenen Informationskosten zu decken, so daß es für die endogenen Investoren unattraktiv werden kann, für Unternehmen mit geringem Umsatzvolumen Transformationsleistungen anzubieten. Dieser Effekt tritt bei Unternehmen *15* mit besonderer Deutlichkeit auf, da die Informationskosten trotz reduzierter Unternehmensgröße in unveränderter Höhe angenommen worden sind. Eine Reduzierung dieser Informationskosten würde die Ergebnisse weniger deutlich ausfallen lassen, jedoch erst unter der wenig plausiblen Annahme grundsätzlich verändern, daß sie proportional zur Unternehmensgröße fallen[392].

Da die Stellung marktgerechter Kurse zumindest im Handel mit den Anteilen des Unternehmens *15* nicht zur Deckung der Informationskosten führt, wird es dem einzig verbleibenden endogenen Investoren nun gestattet, zusätzliche Kursauf- oder -abschläge vorzunehmen, sobald alle anderen informationsbeschaffenden Investoren ausgeschieden sind. Geben die exogenen Investoren Anteile des betreffenden Unternehmens an diesen Investor ab, so wird der nach unverändertem Modus berechnete Gleichgewichtskurs um einen bestimmten Betrag reduziert, nehmen die exogenen Investoren Anteile auf, so wird er um den gleichen Betrag erhöht. Die Höhe der Kursauf- und abschläge wird mit 3 RE angenommen und dem endogenen Investoren parametrisch vorgegeben[393]. Die von der Einführung dieses "Spreads"

---

392) Bei alternativer Interpretation der Informationskosten, die auf Grund der konstanten Anzahl beschaffter Informationen fixkostenartigen Charakter aufweisen, als Kosten der ständigen Aufrechterhaltung der Handelsbereitschaft ist die Annahme einer mit fallende Transaktionsbedürfnissen ebenfalls fallenden Kostenbelastung noch weniger plau-sibel.

393) Aus der Höhe der Informationskosten und den bis zum Ende der Modellaufzeit noch auftretenden Transaktionssalden der exogenen Investoren läßt sich schätzen, daß Kursauf- und -abschläge in dieser Höhe dem Investor zumindest ein ausgeglichenes Ergebnis sichern. Bei einem Verzicht auf die parametrische Vorgabe dieses Wertes wäre diesem endogenen Investor ein Modus zur Verfügung zu stellen, nach dem er sich an diesen Wert "herantasten" kann. Da die speziellen Auswirkungen eines solchen Such-Algorithmus hier nicht im Mittelpunkt des Interesses stehen, wurde der parametrischen Vorgabe der Vorzug gegeben.

ausgelösten Veränderungen der Ertragssituation des Investors
39 sind in Abbildung 68 ausgewiesen, in die die Kurvenzüge der
Abbildung 66 zum Vergleich ebenfalls aufgenommen worden sind.
Nach Ausscheiden des vorletzten Investors in der 32. Periode
verbessern sich die Handelsergebnisse erwartungsgemäß
kontinuierlich[394].

Abb. 68: Kumulierte Handelserträge des Investors 39 mit und
ohne "Spread" bei reduzierter Unternehmensgröße des
Unternehmens 15 (Partial-REBUY, Anbieter-Noise)

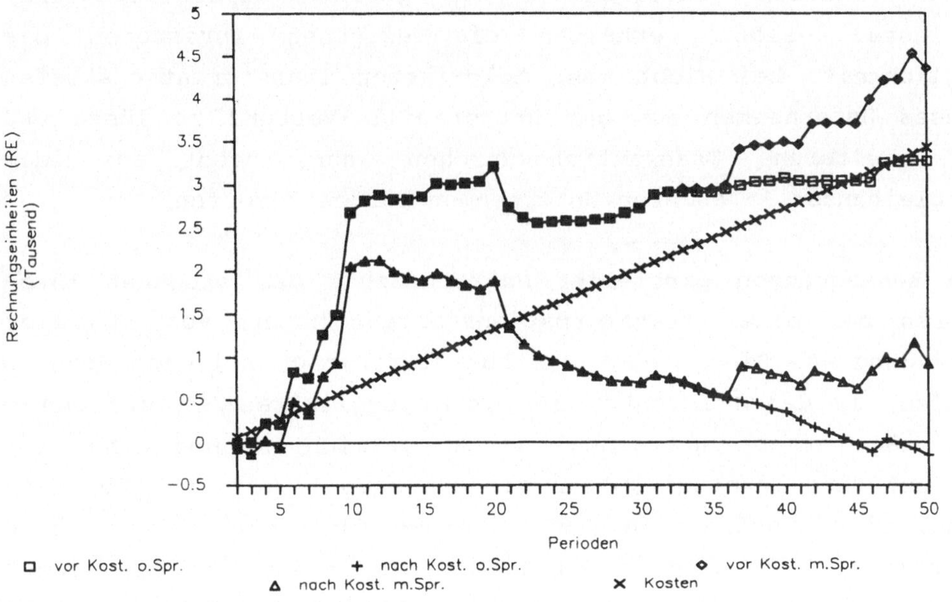

Diese Ergebnisverbesserung wird ausschließlich zu Lasten der
exogenen Investoren erzielt, da die Kursauf- und -abschläge
erst nach dem Ausscheiden des vorletzten informationsbeschaffenden Investors erhoben werden. Solange die exogenen Investoren Transformationskosten in jeder beliebigen Höhe akzeptieren, bleibt die Marktentwicklung von der Einführung des
"Spreads" unbeeinflußt. Sie bleibt selbst dann unbeeinflußt,
wenn die exogenen Investoren wie in Abschnitt 11.5
Transformationskosten nur noch in beschränkter Höhe akzeptieren und ihre Entscheidungen vom gesamten Portefeuille-Ertrag
abhängig machen. Die zusätzlichen Kosten, die durch die Inte-

---

394) Die Auswirkungen der Kursauf- und abschläge auf die Kurse des Unternehmens 15 zeigt die Abbildungen 107 im Anhang.

gration eines "kleinen" Unternehmens in das Transaktionsdepot verbunden sind, verlieren sich im Portefeuille-Zusammenhang. Allerdings wird den exogenen Investoren die im Verhältnis zu den veröffentlichten Informationen überproportionale Volatilität nicht verborgen bleiben.

Bei unveränderter Unternehmensgröße erscheint eine auf das einzelne Unternehmen bezogene Rückzugsstrategie der exogenen Investoren auf Grund der abnehmenden Diversifikationseffekte nicht sinnvoll[395]. Da der Verzicht auf die Berücksichtigung eines "kleinen" Unternehmens nur geringe Diversifikationsverluste auslöst, erhalten die exogenen Investoren die Möglichkeit, bei nicht mehr tolerierten Transformationskosten dieses Unternehmen aus dem Portefeuille-Verbund zu lösen und bei weiteren Transaktionswünschen nur noch auf die verbleibenden 15 anderen Unternehmen zurückzugreifen.

Die Konsequenzen partieller Marktrückzüge der exogenen Investoren bei einer Transformationskostentoleranz von 5% zeigt Abbildung 69. Sie enthält die Kursdifferenzen zwischen Modellläufen, in denen Investor *39* einmal explizite Kursauf- und -abschläge erhebt und einmal darauf verzichtet, und einem Modellauf ohne Strategieoption der exogenen Investoren. Der Verzicht einer zunehmenden Zahl exogener Investoren, Unternehmen *15* bei zeitlich befristeten Anlagen zu berücksichtigen, führt dazu, daß sich die von diesen Investoren abgegebenen aber nicht mehr zurückgekauften Anteile im Portefeuille des Investors *39* ansammeln. Bereits ohne explizite Kursauf- und -abschläge zeigt sich eine Kurssenkungstendenz, die von der zunehmenden Risikokonzentration im Portefeuille des Investors *39* ausgelöst wird. Sie fällt in den letzten Perioden des Modelllaufes mit Kursauf- und -abschlägen deutlich stärker aus, was durch die zunehmende Anzahl exogener Investoren ausgelöst wird, die die mit den Anteilen des Unternehmen *15* verbundenen Transformationskosten nicht mehr hinzunehmen bereit sind.

---

395) Bei der Strategie des Partial-REBUY der endogenen Investoren bleiben die Diversifikationswirkungen der stillgelegten Anteile erhalten, während sie bei den exogenen Investoren völlig wegfallen würden.

Abb. 69: Kursabweichungen zwischen Modelläufen mit partieller Reaktionsmöglichkeit der exogenen Investoren, in denen Investor 39 Kursauf- und -abschläge erhebt und darauf verzichtet, und einem Modellauf ohne Reaktionsmöglichkeit der exogenen Investoren (Partial-RE-BUY, Anbieter-Noise)

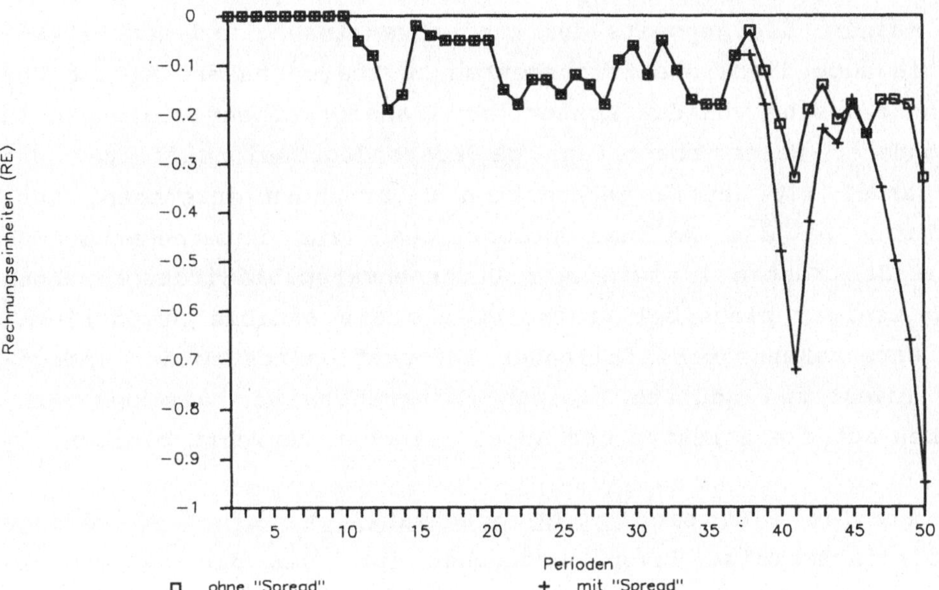

Auf Grund des geringen Transaktionsvolumens, das von "kleinen" Unternehmen ausgeht, sind die Anbieter von Transformationsleistungen gezwungen, zur Deckung der Kosten, die mit der Informationsbeschaffung und der Aufrechterhaltung der ständigen Handelsbereitschaft verbunden sind, eine _explizite_ Prämie zu verlangen. Diese Prämie senkt die Attraktivität dieser Titel, die sich bei unveränderter wirtschaftliche Entwicklung nur in abnehmenden Kursen niederschlagen kann und die sich hier aus der höheren Konzentration der Unternehmensanteile im Portefeuille des einzig verbliebenen endogenen Investors ergeben.

Die Kurssenkung ergibt sich nicht aus Ertrags- und Risikokalkülen, die direkt an die wirtschaftliche Entwicklung des Unternehmens gebunden ist, sondern reflektiert die Kosten der Aufrechterhaltung ständiger Liquidität. Für Investoren mit langen Planungshorizonten können kleine Unternehmen damit zu einer attraktiven Kapitalanlage werden, da der Verzicht auf ständige Liquidierbarkeit durch Renditevorteile honoriert wird[396] [397].

Die Kosten der Transformationsleistungen des Marktes sind in letzter Konsequenz immer von den Unternehmen zu tragen, die ihn zur Kapitalbeschaffung nutzen, da sie Kapitalparten anbieten müssen, die jenseits der Kapitalverzinsung und der Risikoprämie auch die Transaktionskosten zu tragen haben. Kleine Unternehmen sind von den Kosten der Transformationsleistungen in besonderer Weise betroffen, da Kostendegressionseffekte, die im Handel mit häufig gehandelten Unternehmen entstehen, ausbleiben. Da die Annahme proportional zur Unternehmensgröße fallender Kosten freiwilliger Unternehmenspublizitätsmaßnahmen noch weniger plausibel erscheint als die Annahme proportional zur Unternehmensgröße fallender Informationskosten der endogenen Investoren, dürfte kleinen Unternehmen ein direktes Einwirken auf die Struktur der Anteilseigener verwehrt bleiben.

Das Problem läßt sich **nicht** **grundsätzlich** **aufheben**, solange realistischerweise davon auszugehen ist, daß die Aufrechterhaltung des Handelsbetriebes und die Beschaffung der hierfür erforderlichen Informationen mit Kosten verbunden sind. Bemühungen zur Verbesserung der Finanzierungssituation kleiner Unternehmen müssen daher bevorzugt an der institutionellen Ausgestaltung des Börsenmarktes ansetzen[398]. Auf Grund der vollständigen Konzentration aller endogenen und exogenen Transaktionswünsche auf einen Zeitpunkt zeigt das Modell die minimale Reaktion der Kurse auf einen fest vorgegebenen exogenen Transaktionsbedarf. Da Abweichungen von dieser vollständigen Bündelung aller Transaktionswünsche die Kosten der Transformationsleistungen aus Sicht der exogenen Investoren nur anheben können, ist neben der naheliegende Forderung einer möglichst kostengünstigen Abwicklung des Handelsbetriebes,

---

396) Vgl. insbesondere Amihud/Mendelson (1986), S.223-249.
397) Der Zusammenhang zwischen den mit abnehmender Unternehmensgröße relativ zunehmenden Kosten der Aufrechterhaltung ständiger Handelsbereitschaft und der davon ausgelösten Kurssenkung mit wiederum steigenden Renditen kann ein Hinweis für die Aufklärung des Size-Effektes kleiner Unternehmen sein. Die von Banz (1981), S.16, vermutete Misspezifikation des CAPM würde sich dann auf die mangelnde Berücksichtigung von Marktfriktionen beziehen.
398) Vgl.hierzu Aignesberger (1987).

insbesondere für kleine Unternehmen eine weitgehende zeitliche und örtliche Zentralisierung der Kauf- und Verkaufs-Order anzustreben. Allerdings dürfte auch bei weitgehender Erfüllung dieser Forderung der größenbedingte Wettbewerbsnachteil kleiner Unternehmen bei der Kapitalbeschaffung nicht völlig auszuräumen sein.

14. Schlußbetrachtung

Der Versuch, die Finanzinstitution Börse durch die Leistungen zu erklären, die sie für Kapitalanbieter und Kapitalnachfrager erbringt, setzt mit einem geschlossenen Markt ein, auf dem sich heterogen informierte Investoren gegenüberstehen. Die von Akerlof gezeigte Bedrohung der Funktionsfähigkeit von Märkten durch asymmetrische Informationsverteilungen zeigt sich aus einem anderen Blickwinkel. Es ziehen sich nicht die gut informierten, sondern die schlecht informierten Marktteilnehmer aus dem Markt zurück.

In einem geschlossenen Markt ist kein Investor bereit, Informationskosten zu tragen, da er sich durch eine einfache Haltestrategie vor den Folgen asymmetrischer Informationsverteilungen schützen und sich in gleicher Weise den Informationskosten entziehen kann. Die von Grossman/Stiglitz festgestellte Unmöglichkeit völlig informationseffizienter Märkte kann in anderer Form über Rückkopplungseffekte und unter Verzicht auf weitreichende Annahmen bezüglich der Informationsvermittlung durch Wertpapierkurse gezeigt werden.

Um die Leistungsfähigkeit der Institution Börse zur Koordinierung asynchron auftretender Investititons- und Desinvestitionswünsche analysieren zu können, werden Investoren eingeführt, die Kapitalbeträge in bestimmter Höhe für einen von vornherein festgelegten und beschränkten Zeithorizont riskant anzulegen wünschen. Sie werden damit zu Abnehmern von Transformationsleistungen, die von anderen Marktteilnehmern erbracht werden, und entrichten dafür einen Preis. Dieser Preis ist bei homogenen und kostenfreien Informationen minimal, wodurch die maximale Liquidität des Marktes gekennzeichnet ist.

Der Verdrängungsprozeß, der unter den Transformationsleistungsanbietern durch heterogene Informationsstände und Informationskosten ausgelöst wird, erhöht diesen Preis. Die Attraktivität vorübergehender Anlagen in riskante Titeln nimmt dadurch ab. Mit abnehmender Anzahl risikobereiter Investoren verteilt sich auch das vom Markt zu tragende Gesamtrisiko auf immer weniger Investoren, wodurch die Risikoprämien steigen und -bei unveränderter wirtschaftlicher Situation der Unternehmen- die Kurse fallen. Die Kosten der Transformationsleistungen schlagen sich unmittelbar in den Finanzierungskosten derjenigen Unternehmen nieder, die die Institution Börse für Kapitalbeschaffungsmaßnahmen nutzen wollen.

Die Zunahme der Finanzierungskosten wird in diesem Fall von heterogenen Informationsständen und den Kosten der Informationsbeschaffung ausgelöst. Es kann für die Unternehmen dann eine vorteilhafte Strategie sein, durch freiwillige Publizitätsmaßnahmen sowohl zur Reduzierung der Informationsheterogenität als auch zur Senkung der Informationskosten beizutragen. Diese Strategie erweist sich nur dann als erfolgreich, wenn eine große Anzahl von Unternehmen in gleicher Weise verfährt. Idealerweise sollten Unternehmen mit weitgehender freiwilliger Publizitätsbereitschaft in einem eigenen Börsen-Segment gehandelt werden.

Kleine Unternehmen sind bei der Finanzierung über Börsenmärkte benachteiligt, da Kostendegressionseffekte, die im Handel mit häufig gehandelten, großen Unternehmen entstehen, ausbleiben. Dieser Nachteil ist nicht grundsätzlich aufzuheben, sondern durch entsprechende Ausgestaltung der institutionellen Rahmenbedingungen lediglich zu mildern. Insbesondere ist eine größtmögliche räumliche und zeitliche Konzentration aller Transaktionswünsche anzustreben.

Die Anwendung der Methode der Simulation ist bei der Erforschung kapitalmarkttheoretischer Zusammenhänge vergleichsweise selten. Auch aus diesem Grund wurde großer Wert auf eine möglichst lückenlose Präsentation der Modellergebnisse gelegt. Die in Kapitel 4 analysierten Möglichkeiten und Grenzen dieser Methode zeigen sich auch in dieser Arbeit. Neben den erheblichen Arbeitsaufwand, der mit der Entwicklung eines Simulationsmodells verbunden ist, tritt das Problem der Ergebnispräsentation: die Grenzen der Kommunizierbarkeit der Modellergebnisse werden erreicht, wenn nicht überschritten. Dies gilt auch für die Auswahl der zu variierenden Faktoren, die mit zu-

nehmender Verästelung der Varianten kaum noch zu vermitteln
ist. Mit zunehmender Komplexität des Modells entsteht auch das
Problem, daß das Modellverhalten nur noch mit großen Schwierigkeiten nachvollzogen werden kann, wie etwa bei dem zum Ende
des 11. Kapitels auftretenden zeitverzögerten Marktzusammenbruch.

In gleicher Deutlichkeit zeigen sich die Vorzüge dieser Methode. Von der Möglichkeit, auf eine Bedingung abzufragen,
wurde sowohl bei den REBUY-, HOLD- und SELL-Strategien der endogenen als auch bei den Marktrückzügen der exogenen Investoren Gebrauch gemacht. Die Aufdeckung einiger bemerkenswerter
Effekte innerhalb des als Rahmen gewählten CAPM zeugt von den
Möglichkeiten der Simulation zur Explikation theoretischer
Aussagen und Modelle. Der größte Vorteil ist jedoch mit der
Möglichkeit gegeben, das dynamische Verhalten eines Börsenmarktes zumindest in Umrissen zu erfassen. Langfristig sollte
es u.a. möglich sein, durch die Simulation des Börsengesche-
hens institutionelle Gegegenheiten, die die Marktdynamik ein-
schränken (Aussetzung des Handels unter bestimmten Bedingungen) oder erweitern (Stop-Loss-Orders), auf ihren Beitrag zur
Funktionsfähigkeit des Börsenmarktes zu überprüfen.

Diese Arbeit kann nur ein erster Schritt auf dem Weg zu einem
vertieften Verständnis der Finanzinstitution Börse aus dem
Blickwinkel einer mikroökonomischen Kapitalmarkttheorie sein.
Mögliche Entwicklungslinien lassen sich durch eine Reihe von
Fragen skizzieren:

Die exogenen Investoren dieses Modells verhalten sich mit Ausnahme der Möglichkeit des Marktrückzuges völlig unflexibel.
Welche Konsequenzen ergeben sich, wenn diese Investoren ihre
Kauf- und Verkaufsentscheidungen an die Konjunkturentwicklung
binden und welche Konsequenzen ergeben sich, wenn sie technische Verfahren der Aktienkursprognose verwenden ?

Die endogenen Investoren dieses Modells unterlegen ihre
Markttransaktionen ausschließlich mit Informationen, die die

erwartete wirtschaftliche Entwicklung der Unternehmen beschreiben. Wie verhält sich der Markt, wenn diese Investoren -
allein oder gemeinsam mit den exogenen Investoren- damit be-
ginnen -alternativ oder zusätzlich zu dem bisher verwendeten
Verfahren- die erwarteten Kurse aus "historischen" Kurszeitreihen zu schätzen ? Interessanter noch: welche Konsequenzen ergeben sich, wenn die endogenen Investoren am Markt in
Erwartung eines konstanten "Noise", eines kontinuierlichen
Stroms exogen bestimmter Transaktionen auftreten ? Und was
passiert, wenn diese Erwartung enttäuscht wird ?

Das in diesem Modell verwendete Kursfindungsverfahren ermittelt simultan die individuell optimalen Anteilsbestände und
die markträumenden Gleichgewichtskurse. Es ist einfach und zu-
verlässig, kommt den Handelsgepflogenheiten realer Börsenmärkte jedoch nicht sehr nahe. Gibt es eine Möglichkeit, diesen gleichgewichtstheoretischen Kern den Modells durch ein
Kursfindungsverfahren zu ersetzen, das auf weniger strengen
Annahmen beruht ?

ANHANG

Tab. 8: **Startportefeuilles und Anfangskassenbestände (positives Konjunktur-Szenario) der Investoren 1-50**

(A)	(B)	(C)	Kasse	(1)	(2)	(3)	(4)	(5)	(6)	(7)	(8)	(9)	(10)	(11)	(12)	(13)	(14)	(15)	(16)
1	1	188	125582.29	46	46	46	46	46	46	46	46	46	46	46	46	46	46	46	46
2	2	195	122346.73	48	48	48	48	48	48	48	48	48	48	48	48	48	48	48	48
3	3	442	25280.18	108	108	108	108	108	108	108	108	108	108	108	108	108	108	108	108
4	4	374	52782.36	91	91	91	91	91	91	91	91	91	91	91	91	91	91	91	91
5	5	202	120728.96	49	49	49	49	49	49	49	49	49	49	49	49	49	49	49	49
6	6	283	88373.45	69	69	69	69	69	69	69	69	69	69	69	69	69	69	69	69
7	7	633	-49137.51	154	154	154	154	154	154	154	154	154	154	154	154	154	154	154	154
8	8	627	-47519.75	153	153	153	153	153	153	153	153	153	153	153	153	153	153	153	153
9	9	508	-604.25	124	124	124	124	124	124	124	124	124	124	124	124	124	124	124	124
10	10	391	46311.27	95	95	95	95	95	95	95	95	95	95	95	95	95	95	95	95
11	11	91	164408.90	22	22	22	22	22	22	22	22	22	22	22	22	22	22	22	22
12	12	373	52782.36	91	91	91	91	91	91	91	91	91	91	91	91	91	91	91	91
13	13	331	68960.13	81	81	81	81	81	81	81	81	81	81	81	81	81	81	81	81
14	14	531	-10310.90	130	130	130	130	130	130	130	130	130	130	130	130	130	130	130	130
15	15	345	64106.79	84	84	84	84	84	84	84	84	84	84	84	84	84	84	84	84
16	16	464	17191.31	113	113	113	113	113	113	113	113	113	113	113	113	113	113	113	113
17	17	367	54400.15	90	90	90	90	90	90	90	90	90	90	90	90	90	90	90	90
18	18	337	67342.35	82	82	82	82	82	82	82	82	82	82	82	82	82	82	82	82
19	19	672	-65315.26	164	164	164	164	164	164	164	164	164	164	164	164	164	164	164	164
20	20	411	38222.40	100	100	100	100	100	100	100	100	100	100	100	100	100	100	100	100
21	21	607	-39430.85	148	148	148	148	148	148	148	148	148	148	148	148	148	148	148	148
22	22	222	112640.11	54	54	54	54	54	54	54	54	54	54	54	54	54	54	54	54
23	23	723	-84728.61	176	176	176	176	176	176	176	176	176	176	176	176	176	176	176	176
24	24	633	-49137.51	154	154	154	154	154	154	154	154	154	154	154	154	154	154	154	154
25	25	340	65724.58	83	83	83	83	83	83	83	83	83	83	83	83	83	83	83	83
26	26	668	-63697.51	163	163	163	163	163	163	163	163	163	163	163	163	163	163	163	163
27	27	613	-42666.43	150	150	150	150	150	150	150	150	150	150	150	150	150	150	150	150
28	28	146	141760.06	36	36	36	36	36	36	36	36	36	36	36	36	36	36	36	36
29	29	365	56017.93	89	89	89	89	89	89	89	89	89	89	89	89	89	89	89	89
30	30	338	67342.35	82	82	82	82	82	82	82	82	82	82	82	82	82	82	82	82
31	31	515	-3839.78	126	126	126	126	126	126	126	126	126	126	126	126	126	126	126	126
32	32	501	2631.30	122	122	122	122	122	122	122	122	122	122	122	122	122	122	122	122
33	33	633	-49137.51	154	154	154	154	154	154	154	154	154	154	154	154	154	154	154	154
34	34	430	30133.50	105	105	105	105	105	105	105	105	105	105	105	105	105	105	105	105
35	35	416	36604.60	101	101	101	101	101	101	101	101	101	101	101	101	101	101	101	101
36	36	431	30133.50	105	105	105	105	105	105	105	105	105	105	105	105	105	105	105	105
37	37	92	164408.90	22	22	22	22	22	22	22	22	22	22	22	22	22	22	22	22
38	38	433	28515.73	106	106	106	106	106	106	106	106	106	106	106	106	106	106	106	106
39	39	717	-83110.83	175	175	175	175	175	175	175	175	175	175	175	175	175	175	175	175
40	40	124	151466.71	30	30	30	30	30	30	30	30	30	30	30	30	30	30	30	30
41	41	746	-94435.27	182	182	182	182	182	182	182	182	182	182	182	182	182	182	182	182
42	42	112	156320.02	27	27	27	27	27	27	27	27	27	27	27	27	27	27	27	27
43	43	302	80284.57	74	74	74	74	74	74	74	74	74	74	74	74	74	74	74	74
44	44	268	94844.55	65	65	65	65	65	65	65	65	65	65	65	65	65	65	65	65
45	45	410	38222.40	100	100	100	100	100	100	100	100	100	100	100	100	100	100	100	100
46	46	327	70577.88	80	80	80	80	80	80	80	80	80	80	80	80	80	80	80	80
47	47	180	128817.86	44	44	44	44	44	44	44	44	44	44	44	44	44	44	44	44
48	48	579	-28106.43	141	141	141	141	141	141	141	141	141	141	141	141	141	141	141	141
49	49	483	9102.42	118	118	118	118	118	118	118	118	118	118	118	118	118	118	118	118
50	50	636	-50755.31	155	155	155	155	155	155	155	155	155	155	155	155	155	155	155	155

(A) Laufende Nummer.　　　　(B) Investorennummer.　　　　(C) Risikoaversionsparameter a.
(1) - (16) Anteilsbesitz an den Unternehmen 1 - 16.

Tab. 9:   Startportefeuilles und Anfangskassenbestände
           (positives Konjunktur-Szenario) der Investoren 51-100

(A)	(B)	(C)	Kasse	(1)	(2)	(3)	(4)	(5)	(6)	(7)	(8)	(9)	(10)	(11)	(12)	(13)	(14)	(15)	(16)
51	51	541	-13546.44	132	132	132	132	132	132	132	132	132	132	132	132	132	132	132	132
52	52	531	-10310.90	130	130	130	130	130	130	130	130	130	130	130	130	130	130	130	130
53	53	390	46311.27	95	95	95	95	95	95	95	95	95	95	95	95	95	95	95	95
54	54	442	25280.18	108	108	108	108	108	108	108	108	108	108	108	108	108	108	108	108
55	55	681	-68550.83	166	166	166	166	166	166	166	166	166	166	166	166	166	166	166	166
56	56	254	99697.85	62	62	62	62	62	62	62	62	62	62	62	62	62	62	62	62
57	57	292	85137.90	71	71	71	71	71	71	71	71	71	71	71	71	71	71	71	71
58	58	318	73813.46	78	78	78	78	78	78	78	78	78	78	78	78	78	78	78	78
59	59	447	23662.41	109	109	109	109	109	109	109	109	109	109	109	109	109	109	109	109
60	60	245	102933.45	60	60	60	60	60	60	60	60	60	60	60	60	60	60	60	60
61	61	592	-32959.77	144	144	144	144	144	144	144	144	144	144	144	144	144	144	144	144
62	62	112	156320.02	27	27	27	27	27	27	27	27	27	27	27	27	27	27	27	27
63	63	502	2631.30	122	122	122	122	122	122	122	122	122	122	122	122	122	122	122	122
64	64	584	-29724.22	142	142	142	142	142	142	142	142	142	142	142	142	142	142	142	142
65	65	255	99697.85	62	62	62	62	62	62	62	62	62	62	62	62	62	62	62	62
66	66	608	-39430.85	148	148	148	148	148	148	148	148	148	148	148	148	148	148	148	148
67	67	733	-89581.93	179	179	179	179	179	179	179	179	179	179	179	179	179	179	179	179
68	68	304	80284.57	74	74	74	74	74	74	74	74	74	74	74	74	74	74	74	74
69	69	701	-76639.72	171	171	171	171	171	171	171	171	171	171	171	171	171	171	171	171
70	70	623	-45901.97	152	152	152	152	152	152	152	152	152	152	152	152	152	152	152	152
71	71	175	130435.61	43	43	43	43	43	43	43	43	43	43	43	43	43	43	43	43
72	72	317	75431.23	77	77	77	77	77	77	77	77	77	77	77	77	77	77	77	77
73	73	417	34986.81	102	102	102	102	102	102	102	102	102	102	102	102	102	102	102	102
74	74	350	62489.03	85	85	85	85	85	85	85	85	85	85	85	85	85	85	85	85
75	75	481	10720.17	117	117	117	117	117	117	117	117	117	117	117	117	117	117	117	117
76	76	428	31751.28	104	104	104	104	104	104	104	104	104	104	104	104	104	104	104	104
77	77	537	-11928.70	131	131	131	131	131	131	131	131	131	131	131	131	131	131	131	131
78	78	148	141760.06	36	36	36	36	36	36	36	36	36	36	36	36	36	36	36	36
79	79	113	154702.28	28	28	28	28	28	28	28	28	28	28	28	28	28	28	28	28
80	80	571	-24870.88	139	139	139	139	139	139	139	139	139	139	139	139	139	139	139	139
81	81	459	18809.07	112	112	112	112	112	112	112	112	112	112	112	112	112	112	112	112
82	82	170	133671.16	41	41	41	41	41	41	41	41	41	41	41	41	41	41	41	41
83	83	172	132053.41	42	42	42	42	42	42	42	42	42	42	42	42	42	42	42	42
84	84	183	127200.08	45	45	45	45	45	45	45	45	45	45	45	45	45	45	45	45
85	85	395	44693.49	96	96	96	96	96	96	96	96	96	96	96	96	96	96	96	96
86	86	164	135288.96	40	40	40	40	40	40	40	40	40	40	40	40	40	40	40	40
87	87	277	89991.22	68	68	68	68	68	68	68	68	68	68	68	68	68	68	68	68
88	88	453	22044.60	110	110	110	110	110	110	110	110	110	110	110	110	110	110	110	110
89	89	701	-76639.72	171	171	171	171	171	171	171	171	171	171	171	171	171	171	171	171
90	90	116	154702.28	28	28	28	28	28	28	28	28	28	28	28	28	28	28	28	28
91	91	681	-68550.83	166	166	166	166	166	166	166	166	166	166	166	166	166	166	166	166
92	92	662	-60461.97	161	161	161	161	161	161	161	161	161	161	161	161	161	161	161	161
93	93	709	-79875.25	173	173	173	173	173	173	173	173	173	173	173	173	173	173	173	173
94	94	385	47929.04	94	94	94	94	94	94	94	94	94	94	94	94	94	94	94	94
95	95	512	-2222.00	125	125	125	125	125	125	125	125	125	125	125	125	125	125	125	125
96	96	91	164408.90	22	22	22	22	22	22	22	22	22	22	22	22	22	22	22	22
97	97	423	33369.06	103	103	103	103	103	103	103	103	103	103	103	103	103	103	103	103
98	98	665	-62079.74	162	162	162	162	162	162	162	162	162	162	162	162	162	162	162	162
99	99	232	107786.75	57	57	57	57	57	57	57	57	57	57	57	57	57	57	57	57
100	100	99	161173.38	24	24	24	24	24	24	24	24	24	24	24	24	24	24	24	24

(A) Laufende Nummer.   (B) Investorennummer.   (C) Risikoaversionsparameter a.
(1) - (16) Anteilsbesitz an den Unternehmen 1 - 16.

Tab. 10: Endvermögen und Portefeuillebestände der Investoren 1-50 im positiven Konjunktur-Szenario (homogene Informationen)

(A)	(B)	(C)	Vermögen	(1)	(2)	(3)	(4)	(5)	(6)	(7)	(8)	(9)	(10)	(11)	(12)	(13)	(14)	(15)	(16)
1	41	746	306688.47	182	182	182	182	182	182	182	182	182	182	182	182	182	182	182	182
2	67	733	304929.88	179	179	179	179	179	179	179	179	179	179	179	179	179	179	179	179
3	23	723	303171.27	176	176	176	176	176	176	176	176	176	176	176	176	176	176	176	176
4	39	717	302585.07	175	175	175	175	175	175	175	175	175	175	175	175	175	175	175	175
5	93	709	301412.70	173	173	173	173	173	173	173	173	173	173	173	173	173	173	173	173
6	69	701	300240.28	171	171	171	171	171	171	171	171	171	171	171	171	171	171	171	171
7	89	701	300240.28	171	171	171	171	171	171	171	171	171	171	171	171	171	171	171	171
8	55	681	297309.28	166	166	166	166	166	166	166	166	166	166	166	166	166	166	166	166
9	91	681	297309.28	166	166	166	166	166	166	166	166	166	166	166	166	166	166	166	166
10	19	672	296136.90	164	164	164	164	164	164	164	164	164	164	164	164	164	164	164	164
11	26	668	295550.67	163	163	163	163	163	163	163	163	163	163	163	163	163	163	163	163
12	98	665	294964.47	162	162	162	162	162	162	162	162	162	162	162	162	162	162	162	162
13	92	662	294378.26	161	161	161	161	161	161	161	161	161	161	161	161	161	161	161	161
14	50	636	290861.06	155	155	155	155	155	155	155	155	155	155	155	155	155	155	155	155
15	7	633	290274.88	154	154	154	154	154	154	154	154	154	154	154	154	154	154	154	154
16	24	633	290274.88	154	154	154	154	154	154	154	154	154	154	154	154	154	154	154	154
17	33	633	290274.88	154	154	154	154	154	154	154	154	154	154	154	154	154	154	154	154
18	8	627	289688.67	153	153	153	153	153	153	153	153	153	153	153	153	153	153	153	153
19	70	623	289102.47	152	152	152	152	152	152	152	152	152	152	152	152	152	152	152	152
20	27	613	287930.06	150	150	150	150	150	150	150	150	150	150	150	150	150	150	150	150
21	21	607	286757.68	148	148	148	148	148	148	148	148	148	148	148	148	148	148	148	148
22	66	608	286757.68	148	148	148	148	148	148	148	148	148	148	148	148	148	148	148	148
23	61	592	284412.86	144	144	144	144	144	144	144	144	144	144	144	144	144	144	144	144
24	64	584	283240.46	142	142	142	142	142	142	142	142	142	142	142	142	142	142	142	142
25	48	579	282654.27	141	141	141	141	141	141	141	141	141	141	141	141	141	141	141	141
26	80	571	281481.87	139	139	139	139	139	139	139	139	139	139	139	139	139	139	139	139
27	51	541	277378.47	132	132	132	132	132	132	132	132	132	132	132	132	132	132	132	132
28	77	537	276792.23	131	131	131	131	131	131	131	131	131	131	131	131	131	131	131	131
29	14	531	276206.06	130	130	130	130	130	130	130	130	130	130	130	130	130	130	130	130
30	52	531	276206.06	130	130	130	130	130	130	130	130	130	130	130	130	130	130	130	130
31	31	515	273861.27	126	126	126	126	126	126	126	126	126	126	126	126	126	126	126	126
32	95	512	273275.07	125	125	125	125	125	125	125	125	125	125	125	125	125	125	125	125
33	9	508	272688.85	124	124	124	124	124	124	124	124	124	124	124	124	124	124	124	124
34	32	501	271516.44	122	122	122	122	122	122	122	122	122	122	122	122	122	122	122	122
35	63	502	271516.44	122	122	122	122	122	122	122	122	122	122	122	122	122	122	122	122
36	49	483	269171.66	118	118	118	118	118	118	118	118	118	118	118	118	118	118	118	118
37	75	481	268585.43	117	117	117	117	117	117	117	117	117	117	117	117	117	117	117	117
38	16	464	266240.66	113	113	113	113	113	113	113	113	113	113	113	113	113	113	113	113
39	81	459	265654.45	112	112	112	112	112	112	112	112	112	112	112	112	112	112	112	112
40	88	453	264482.02	110	110	110	110	110	110	110	110	110	110	110	110	110	110	110	110
41	59	447	263895.86	109	109	109	109	109	109	109	109	109	109	109	109	109	109	109	109
42	3	442	263309.65	108	108	108	108	108	108	108	108	108	108	108	108	108	108	108	108
43	54	442	263309.65	108	108	108	108	108	108	108	108	108	108	108	108	108	108	108	108
44	38	433	262137.25	106	106	106	106	106	106	106	106	106	106	106	106	106	106	106	106
45	34	430	261551.04	105	105	105	105	105	105	105	105	105	105	105	105	105	105	105	105
46	36	431	261551.04	105	105	105	105	105	105	105	105	105	105	105	105	105	105	105	105
47	76	428	260964.84	104	104	104	104	104	104	104	104	104	104	104	104	104	104	104	104
48	97	423	260378.65	103	103	103	103	103	103	103	103	103	103	103	103	103	103	103	103
49	73	417	259792.42	102	102	102	102	102	102	102	102	102	102	102	102	102	102	102	102
50	35	416	259206.24	101	101	101	101	101	101	101	101	101	101	101	101	101	101	101	101

(A) Laufende Nummer.   (B) Investorennummer.   (C) Risikoaversionsparameter a.
(1) - (16) Anteilsbesitz an den Unternehmen 1 - 16.

Tab. 11: **Endvermögen und Portefeuillebestände der Investoren 51-100 im positiven Konjunktur-Szenario (homogene Informationen)**

(A)	(B)	(C)	Vermögen	(1)	(2)	(3)	(4)	(5)	(6)	(7)	(8)	(9)	(10)	(11)	(12)	(13)	(14)	(15)	(16)
51	20	411	258620.06	100	100	100	100	100	100	100	100	100	100	100	100	100	100	100	100
52	45	410	258620.06	100	100	100	100	100	100	100	100	100	100	100	100	100	100	100	100
53	85	395	256275.24	96	96	96	96	96	96	96	96	96	96	96	96	96	96	96	96
54	10	391	255689.05	95	95	95	95	95	95	95	95	95	95	95	95	95	95	95	95
55	53	390	255689.05	95	95	95	95	95	95	95	95	95	95	95	95	95	95	95	95
56	94	385	255102.84	94	94	94	94	94	94	94	94	94	94	94	94	94	94	94	94
57	4	374	253344.23	91	91	91	91	91	91	91	91	91	91	91	91	91	91	91	91
58	12	373	253344.23	91	91	91	91	91	91	91	91	91	91	91	91	91	91	91	91
59	17	367	252758.04	90	90	90	90	90	90	90	90	90	90	90	90	90	90	90	90
60	29	365	252171.85	89	89	89	89	89	89	89	89	89	89	89	89	89	89	89	89
61	74	350	249827.04	85	85	85	85	85	85	85	85	85	85	85	85	85	85	85	85
62	15	345	249240.82	84	84	84	84	84	84	84	84	84	84	84	84	84	84	84	84
63	25	340	248654.64	83	83	83	83	83	83	83	83	83	83	83	83	83	83	83	83
64	18	337	248068.43	82	82	82	82	82	82	82	82	82	82	82	82	82	82	82	82
65	30	338	248068.43	82	82	82	82	82	82	82	82	82	82	82	82	82	82	82	82
66	13	331	247482.23	81	81	81	81	81	81	81	81	81	81	81	81	81	81	81	81
67	46	327	246896.01	80	80	80	80	80	80	80	80	80	80	80	80	80	80	80	80
68	58	318	245723.63	78	78	78	78	78	78	78	78	78	78	78	78	78	78	78	78
69	72	317	245137.43	77	77	77	77	77	77	77	77	77	77	77	77	77	77	77	77
70	43	302	243378.84	74	74	74	74	74	74	74	74	74	74	74	74	74	74	74	74
71	68	304	243378.84	74	74	74	74	74	74	74	74	74	74	74	74	74	74	74	74
72	57	292	241620.24	71	71	71	71	71	71	71	71	71	71	71	71	71	71	71	71
73	6	283	240447.83	69	69	69	69	69	69	69	69	69	69	69	69	69	69	69	69
74	87	277	239861.63	68	68	68	68	68	68	68	68	68	68	68	68	68	68	68	68
75	44	268	238103.03	65	65	65	65	65	65	65	65	65	65	65	65	65	65	65	65
76	56	254	236344.40	62	62	62	62	62	62	62	62	62	62	62	62	62	62	62	62
77	65	255	236344.40	62	62	62	62	62	62	62	62	62	62	62	62	62	62	62	62
78	60	245	235172.05	60	60	60	60	60	60	60	60	60	60	60	60	60	60	60	60
79	99	232	233413.42	57	57	57	57	57	57	57	57	57	57	57	57	57	57	57	57
80	22	222	231654.85	54	54	54	54	54	54	54	54	54	54	54	54	54	54	54	54
81	5	202	228723.81	49	49	49	49	49	49	49	49	49	49	49	49	49	49	49	49
82	2	195	228137.61	48	48	48	48	48	48	48	48	48	48	48	48	48	48	48	48
83	1	188	226965.21	46	46	46	46	46	46	46	46	46	46	46	46	46	46	46	46
84	84	183	226379.03	45	45	45	45	45	45	45	45	45	45	45	45	45	45	45	45
85	47	180	225792.83	44	44	44	44	44	44	44	44	44	44	44	44	44	44	44	44
86	71	175	225206.60	43	43	43	43	43	43	43	43	43	43	43	43	43	43	43	43
87	83	172	224620.43	42	42	42	42	42	42	42	42	42	42	42	42	42	42	42	42
88	82	170	224034.20	41	41	41	41	41	41	41	41	41	41	41	41	41	41	41	41
89	86	164	223448.02	40	40	40	40	40	40	40	40	40	40	40	40	40	40	40	40
90	28	146	221103.22	36	36	36	36	36	36	36	36	36	36	36	36	36	36	36	36
91	78	148	221103.22	36	36	36	36	36	36	36	36	36	36	36	36	36	36	36	36
92	40	124	217586.01	30	30	30	30	30	30	30	30	30	30	30	30	30	30	30	30
93	79	113	216413.62	28	28	28	28	28	28	28	28	28	28	28	28	28	28	28	28
94	90	116	216413.62	28	28	28	28	28	28	28	28	28	28	28	28	28	28	28	28
95	42	112	215827.39	27	27	27	27	27	27	27	27	27	27	27	27	27	27	27	27
96	62	112	215827.39	27	27	27	27	27	27	27	27	27	27	27	27	27	27	27	27
97	100	99	214068.82	24	24	24	24	24	24	24	24	24	24	24	24	24	24	24	24
98	11	91	212896.38	22	22	22	22	22	22	22	22	22	22	22	22	22	22	22	22
99	37	92	212896.38	22	22	22	22	22	22	22	22	22	22	22	22	22	22	22	22
100	96	91	212896.38	22	22	22	22	22	22	22	22	22	22	22	22	22	22	22	22

(A) Laufende Nummer.   (B) Investorennummer.   (C) Risikoaversionsparameter a.
(1) - (16) Anteilsbesitz an den Unternehmen 1 - 16.

Tab. 12: **Endvermögen und Portefeuillebestände der Investoren 1-50 im positiven Konjunktur-Szenario (heterogene Informationen)**

(A)	(B)	(C)	Vermögen	(1)	(2)	(3)	(4)	(5)	(6)	(7)	(8)	(9)	(10)	(11)	(12)	(13)	(14)	(15)	(16)
1	89	701	352391.63	219	308	-300	159	131	168	107	146	193	255	186	654	26	31	519	229
2	69	701	346715.58	206	48	5	725	207	209	179	178	150	71	401	-309	238	189	532	126
3	26	668	342519.49	273	50	210	504	156	7	110	141	189	12	45	525	245	280	217	152
4	80	571	341893.05	108	91	534	240	114	-200	163	124	121	222	263	-67	189	2	401	83
5	41	746	335431.20	134	505	-881	285	210	526	353	146	154	345	126	762	19	223	81	174
6	50	636	329884.67	80	87	1084	-65	147	311	97	177	175	174	153	461	-147	134	271	131
7	93	709	321332.11	90	320	-1032	496	222	139	443	203	195	374	63	291	216	210	517	198
8	14	531	319846.05	61	100	815	712	96	-163	109	150	116	26	160	-175	214	210	205	160
9	20	411	319338.63	161	-27	214	152	84	137	152	121	117	-78	117	373	171	34	309	145
10	8	627	315856.90	81	211	477	439	126	42	180	124	119	200	164	185	-20	7	175	108
11	98	665	313049.83	64	143	49	312	149	298	50	199	157	159	99	288	27	174	535	83
12	7	633	312606.72	189	107	-235	165	145	75	360	124	100	103	151	488	448	135	45	142
13	27	613	310553.43	257	205	-717	-20	129	275	141	158	164	57	234	100	474	103	270	121
14	51	541	310266.18	195	147	-351	275	147	117	98	139	182	98	127	372	138	45	251	144
15	21	607	305630.43	169	-11	132	287	142	26	220	119	185	236	156	88	196	135	120	99
16	92	662	305612.54	237	42	292	-436	193	111	216	152	168	192	170	278	159	229	379	255
17	66	608	303757.98	30	3	729	364	123	171	138	113	173	137	365	31	293	251	-247	149
18	76	428	301394.85	166	133	277	244	97	160	276	101	64	-8	110	119	6	83	71	34
19	94	385	296008.25	144	76	130	597	77	31	77	99	85	154	65	360	83	132	-8	95
20	39	717	293705.04	165	371	-31	-604	153	-32	267	204	176	116	190	689	520	192	86	182
21	48	579	293139.15	160	103	344	120	154	-70	178	150	132	233	154	102	108	152	85	179
22	59	447	288697.98	4	124	81	414	91	15	88	98	78	-84	46	354	295	158	274	75
23	33	633	288672.14	55	105	1427	39	139	101	137	185	153	-131	-38	64	76	183	74	151
24	55	681	288599.65	116	199	393	420	143	201	59	199	139	211	290	-227	43	140	175	141
25	64	584	286935.93	172	33	124	220	190	183	285	150	128	160	277	-66	111	63	21	121
26	91	681	286844.78	68	240	-602	323	179	59	102	177	216	296	177	721	460	202	14	262
27	19	672	285658.51	162	303	-224	19	128	113	128	150	120	211	187	158	180	260	231	149
28	97	423	282189.23	67	36	198	229	114	42	218	114	85	127	193	70	70	106	107	125
29	88	453	279260.67	201	-43	947	-398	94	-143	230	130	108	182	106	80	134	-2	305	103
30	9	508	277068.74	212	101	54	-79	118	150	146	103	126	133	235	443	25	199	212	104
31	16	464	274747.39	102	44	0	483	149	120	73	93	140	182	56	-125	-3	192	249	114
32	95	512	269840.50	144	166	308	56	112	157	78	138	115	11	203	-6	57	140	40	182
33	67	733	269687.04	388	193	54	200	216	58	19	216	197	189	93	173	121	104	4	227
34	54	442	267494.15	75	63	457	228	78	33	4	108	113	101	251	-30	92	0	179	95
35	61	592	266934.64	136	-20	208	46	135	381	99	157	128	257	255	209	83	78	33	122
36	4	374	266769.10	64	96	247	96	82	-2	47	80	89	104	47	140	-25	107	240	89
37	81	459	265897.72	126	80	369	43	100	-43	70	109	124	30	113	91	199	163	-61	137
38	15	345	265818.57	26	55	273	-8	56	-53	69	78	105	23	18	181	103	92	279	54
39	10	391	263657.68	85	262	-142	661	96	133	64	96	91	86	160	23	112	65	-121	144
40	85	395	262934.89	143	127	319	26	69	85	80	82	103	-20	41	-32	49	50	-26	126
41	25	340	261496.98	92	-70	236	-15	55	31	81	82	83	108	-18	286	217	82	156	54
42	35	416	261111.66	102	70	460	304	128	158	8	82	103	129	33	151	-37	68	-108	103
43	74	350	258399.65	88	68	208	220	79	128	189	68	96	90	158	69	20	2	22	128
44	63	502	258172.33	100	110	248	-14	146	91	68	135	106	-25	197	352	180	4	222	117
45	87	277	257767.54	57	26	112	-51	51	53	169	71	63	99	73	190	28	108	70	102
46	52	531	257628.85	154	84	256	101	104	186	34	147	126	149	70	246	28	219	227	36
47	24	633	256954.90	89	80	185	20	159	271	101	140	161	185	189	-23	283	91	-206	190
48	53	390	255845.35	126	117	-372	106	93	139	96	83	89	113	144	4	109	164	272	145
49	49	483	255441.33	183	274	489	123	112	271	-34	104	111	-13	144	66	-91	57	-46	92
50	18	337	254772.70	61	118	356	398	72	-29	219	97	77	153	96	-84	48	76	-111	122

(A) Laufende Nummer.   (B) Investorennummer.   (C) Risikoaversionsparameter a.
(1) - (16) Anteilsbesitz an den Unternehmen 1 - 16.

Tab. 13: Endvermögen und Portefeuillebestände der Investoren 51-100 im positiven Konjunktur-Szenario (heterogene Informationen)

(A)	(B)	(C)	Vermögen	(1)	(2)	(3)	(4)	(5)	(6)	(7)	(8)	(9)	(10)	(11)	(12)	(13)	(14)	(15)	(16)
51	30	338	254647.57	86	-3	304	147	83	-47	34	71	67	2	45	232	150	130	123	74
52	36	431	253200.38	121	196	381	122	89	112	3	84	111	100	104	98	-63	159	-125	96
53	73	417	252966.08	170	72	-356	269	138	93	5t	89	136	183	43	219	231	46	-91	54
54	77	537	251817.34	206	93	-92	157	139	106	215	153	138	96	-22	-288	279	150	52	97
55	31	515	251504.10	60	280	-447	328	123	267	156	113	102	279	79	56	-12	215	220	121
56	29	365	249659.01	75	33	364	16	106	168	197	86	109	82	89	-92	-5	145	-53	139
57	17	367	249039.74	90	136	-271	-148	133	234	119	80	85	13	38	-18	69	101	274	97
58	45	410	243908.96	53	18	320	-183	97	-18	-4	91	76	102	27	124	201	115	357	121
59	34	430	243539.05	82	123	186	-142	121	213	141	116	117	226	111	-164	-25	199	-104	153
60	75	481	243505.65	220	76	242	-381	144	147	103	107	126	176	128	-182	171	46	-64	89
61	72	317	241618.52	-2	176	-223	2	78	126	33	80	106	41	15	340	102	127	105	123
62	32	501	240417.23	72	37	-17	-135	147	324	172	152	132	168	223	-44	160	44	171	97
63	6	283	240397.12	63	11	-157	125	85	100	175	82	75	140	36	134	118	70	88	64
64	12	373	238885.89	68	104	95	-4	102	141	65	94	78	98	35	-79	25	105	79	117
65	43	302	238006.65	83	135	20	86	75	120	14	63	59	142	140	108	-29	23	64	66
66	22	222	237671.41	77	31	419	54	65	-16	15	50	54	69	13	-10	40	59	-102	62
67	68	304	237290.99	92	182	-72	135	71	118	101	62	67	-13	75	124	127	77	-100	40
68	44	268	237017.71	78	88	-44	53	55	20	147	53	71	127	80	-2	-25	63	180	29
69	5	202	236943.00	45	74	58	155	33	-17	71	55	45	73	97	26	38	18	66	23
70	56	254	236755.90	43	41	-64	303	67	162	19	71	77	-3	35	6	50	69	140	61
71	46	327	235926.63	82	139	125	-76	88	48	82	98	90	43	88	-67	11	124	58	66
72	70	623	234879.59	193	432	23	115	187	281	22	172	152	16	166	203	-66	145	-102	92
73	47	180	233976.09	43	17	145	100	35	-3	-1	55	42	2	15	30	48	68	116	26
74	99	232	233461.86	53	68	-62	149	60	55	35	49	56	105	67	28	29	26	90	88
75	86	164	233052.21	18	43	302	-60	44	14	94	37	37	22	43	41	-6	29	48	48
76	82	170	232992.72	51	-11	183	139	31	78	10	51	38	44	38	135	-20	68	78	64
77	58	318	232677.86	101	52	32	-230	90	159	162	65	75	50	-16	22	163	134	-63	61
78	38	433	232139.94	114	136	-127	-304	134	266	106	111	128	156	40	-89	37	180	227	104
79	23	723	231603.02	304	74	-629	-129	234	473	235	177	192	370	58	-350	283	92	131	213
80	78	148	231170.15	56	69	143	157	29	-35	4	40	30	-41	43	36	87	9	14	21
81	65	255	230843.52	47	37	233	113	56	47	56	66	54	-31	23	0	104	93	3	70
82	84	183	230197.56	0	21	165	-141	35	55	35	40	38	33	44	70	128	75	3	38
83	60	245	229778.30	10	56	49	42	60	-29	90	45	49	89	22	51	54	64	196	75
84	42	112	227156.21	16	40	200	100	24	-21	34	29	21	22	16	50	13	30	-32	24
85	71	175	225698.35	76	48	-235	20	55	28	67	36	49	56	25	98	86	34	138	57
86	2	195	225038.89	2	32	196	99	50	3	25	37	39	63	50	-20	59	54	-5	29
87	62	112	223959.31	23	-3	66	74	21	9	25	26	25	33	50	59	55	24	6	25
88	79	113	223552.47	37	44	20	61	27	34	10	26	26	57	33	113	-20	28	-4	37
89	1	188	221522.18	30	82	158	41	41	60	-3	48	52	-16	24	-43	91	66	-85	52
90	83	172	221181.16	44	57	-136	15	34	81	26	46	42	42	52	129	68	52	76	49
91	90	116	220114.87	23	35	-4	131	34	42	31	32	30	17	35	23	-5	15	49	37
92	57	292	217316.31	65	176	220	-225	70	109	-19	66	79	66	76	-75	23	119	-18	59
93	40	124	217079.38	23	23	-67	19	35	69	49	25	39	62	49	75	34	41	-31	27
94	13	331	216649.39	97	89	-272	-255	76	169	43	89	78	144	34	96	269	44	34	99
95	3	442	216470.98	6	124	123	-98	85	216	57	117	89	198	107	-356	190	146	131	100
96	37	92	216399.05	14	27	33	9	20	19	30	25	23	2	24	27	23	34	23	22
97	28	146	215847.62	42	45	144	-73	26	44	6	29	36	47	58	13	7	37	31	34
98	100	99	211918.78	14	35	44	-48	22	34	-1	22	17	45	-9	10	21	36	9	10
99	11	91	205792.35	15	37	-35	48	19	39	15	19	21	35	38	13	38	3	-18	26
100	96	91	205564.04	27	15	-102	82	32	71	-3	25	29	29	16	-8	19	42	71	20

(A) Laufende Nummer.   (B) Investorennummer.   (C) Risikoaversionsparameter a.

(1) - (16) Anteilsbesitz an den Unternehmen 1 - 16.

Tab. 14: Endvermögen und Portefeuillebestände der Investoren 1-50 im positiven Konjunktur-Szenario (heterogene Informationen) bei unterbundenen Leerverkäufen

(A)	(B)	(C)	Vermögen	(1)	(2)	(3)	(4)	(5)	(6)	(7)	(8)	(9)	(10)	(11)	(12)	(13)	(14)	(15)	(16)
1	69	701	328554.71	210	44	0	608	213	203	182	178	152	68	411	0	231	191	504	125
2	93	709	324123.08	47	262	0	388	184	0	431	210	166	257	42	245	122	185	325	182
3	89	701	316586.30	220	305	0	16	128	133	105	144	193	246	184	568	0	22	483	230
4	41	746	310986.83	101	421	0	184	174	363	342	148	118	254	115	697	0	198	3	154
5	26	668	307137.35	289	76	0	394	173	55	115	139	205	49	42	460	273	295	204	160
6	39	717	305740.11	148	349	0	0	129	0	265	209	154	52	186	592	462	178	28	172
7	91	681	303679.53	52	206	0	162	160	0	91	180	199	230	175	667	387	190	0	260
8	50	636	303276.50	76	77	839	0	144	289	93	178	173	162	152	381	0	130	234	128
9	21	607	303090.70	180	0	0	202	158	65	229	117	199	265	157	48	223	145	105	104
10	98	665	302658.71	72	162	0	187	161	331	50	193	168	180	97	231	38	183	517	87
11	80	571	302506.16	110	94	332	137	117	0	164	123	123	226	267	0	186	0	373	83
12	8	627	300599.83	90	239	286	367	141	81	186	122	131	237	164	151	0	15	158	114
13	66	608	299001.16	29	0	511	239	127	174	140	111	178	141	373	0	296	258	0	151
14	14	531	298893.29	57	98	635	597	94	0	106	151	116	13	162	0	206	213	183	162
15	27	613	298324.07	239	136	0	0	99	164	131	163	142	0	240	8	403	77	220	106
16	92	662	297189.93	243	44	74	0	200	112	220	150	173	198	170	102	158	234	347	261
17	55	681	294525.87	127	225	124	306	160	248	64	197	153	247	294	0	65	153	155	148
18	7	633	293471.87	189	104	0	93	143	47	365	123	97	91	147	404	440	132	0	140
19	67	733	291167.51	403	211	0	124	228	78	18	215	207	209	90	120	130	110	0	234
20	64	584	289866.12	180	48	0	135	203	219	295	149	138	190	281	0	127	69	0	126
21	23	723	289611.79	291	29	0	0	206	353	206	182	165	304	38	0	160	61	66	202
22	48	579	288763.08	168	127	163	57	168	0	183	149	143	260	155	59	124	163	71	186
23	76	428	286922.80	176	156	115	188	110	198	286	99	74	0	110	84	30	91	63	38
24	33	633	285546.73	56	117	1179	0	147	116	141	185	160	0	0	0	80	190	51	154
25	19	672	285502.47	163	304	0	0	125	86	128	149	118	204	189	108	163	264	187	147
26	51	541	283980.04	191	135	0	132	141	68	94	140	179	66	126	314	112	34	223	142
27	24	633	278516.62	90	82	0	0	163	272	100	138	165	188	190	0	280	92	0	193
28	61	592	278484.14	148	0	19	0	151	433	104	156	141	300	259	123	110	88	4	129
29	20	411	277951.83	165	0	66	92	87	140	156	121	121	0	117	327	172	34	292	148
30	9	508	277874.52	220	110	0	0	125	162	148	101	131	143	239	399	25	206	191	106
31	94	385	277860.94	152	87	15	543	85	53	80	98	92	172	64	322	94	138	0	99
32	16	464	273474.70	105	46	0	426	155	125	74	92	145	190	54	0	0	197	199	116
33	97	423	272687.18	74	59	98	87	126	76	226	113	95	151	196	0	90	114	96	131
34	88	453	272083.12	194	0	674	0	74	0	221	134	93	139	100	0	93	0	194	95
35	77	537	271537.99	207	84	0	50	136	75	213	155	136	80	0	0	270	147	22	95
36	10	391	268546.96	79	246	0	601	88	88	60	97	84	52	165	0	89	57	0	144
37	95	512	267700.47	153	185	128	0	125	197	82	137	127	42	205	0	85	151	28	190
38	54	442	266411.72	81	83	311	174	87	63	5	106	122	127	255	0	110	5	148	100
39	31	515	265022.96	45	233	0	232	102	187	147	115	85	229	72	15	0	206	182	111
40	75	481	264853.55	221	68	0	0	141	115	103	107	123	159	125	0	147	39	0	85
41	81	459	264405.46	133	93	190	0	109	0	72	107	132	46	113	0	213	170	0	143
42	49	483	264397.34	183	269	311	67	104	234	0	104	105	0	145	32	0	49	0	87
43	32	501	263932.04	72	33	0	0	149	320	173	153	134	163	228	0	155	41	144	97
44	18	337	263553.28	58	114	220	359	70	0	225	97	77	148	94	0	38	76	0	123
45	36	431	263260.45	121	190	206	53	87	97	0	83	111	88	103	70	0	160	0	94
46	52	531	263103.40	164	100	113	51	116	223	36	146	138	177	69	201	48	230	211	39
47	70	623	262923.25	191	423	0	23	183	243	9	174	147	0	166	159	0	142	0	87
48	38	433	262745.92	110	106	0	0	124	218	97	113	118	120	30	0	0	174	200	98
49	59	447	261034.37	4	132	0	348	95	18	88	98	82	0	42	284	304	163	252	76
50	34	430	260759.52	75	114	0	0	117	180	141	118	113	203	107	0	0	200	0	153

(A) Laufende Nummer.   (B) Investorennummer.   (C) Risikoaversionsparameter a.
(1) - (16) Anteilsbesitz an den Unternehmen 1 - 16.

Tab. 15: **Endvermögen und Portefeuillebestände der Investoren 51-100 im positiven Konjunktur-Szenario (heterogene Informationen) bei unterbundenen Leerverkäufen**

(A)	(B)	(C)	Endvermögen	(1)	(2)	(3)	(4)	(5)	(6)	(7)	(8)	(9)	(10)	(11)	(12)	(13)	(14)	(15)	(16)
51	63	502	259903.83	107	127	122	0	157	115	70	133	114	0	200	266	196	8	206	122
52	35	416	258506.87	103	69	322	244	128	146	2	81	103	125	28	105	0	67	0	102
53	85	395	258203.93	151	147	148	0	77	112	83	81	111	0	39	0	59	55	0	131
54	73	417	257894.83	158	45	0	196	126	16	43	90	124	122	33	141	200	30	0	42
55	53	390	257668.81	116	90	0	39	83	82	92	84	80	73	146	0	84	159	234	143
56	45	410	256764.50	55	23	168	0	101	0	0	91	79	109	23	97	208	119	344	124
57	74	350	254423.06	96	81	113	171	89	157	196	67	105	111	160	14	33	8	0	133
58	29	365	253657.76	76	35	256	0	109	170	200	85	112	84	89	0	0	149	0	142
59	87	277	253546.10	60	34	16	0	57	71	175	70	68	116	72	128	36	113	64	105
60	4	374	253041.67	70	115	130	10	93	0	51	78	98	129	46	117	0	116	233	95
61	15	345	252278.63	29	61	180	0	61	0	71	78	110	33	14	151	110	96	252	56
62	17	367	251232.76	80	116	0	0	122	185	106	82	72	0	29	0	34	91	193	90
63	3	442	249535.29	2	123	0	0	82	204	54	118	87	192	106	0	175	146	110	99
64	25	340	247516.91	94	0	74	0	56	23	79	82	84	108	0	259	217	83	144	54
65	58	318	246344.83	96	43	0	0	83	126	160	65	69	24	0	0	140	133	0	58
66	30	338	245790.09	93	0	178	113	93	0	38	69	75	20	44	191	170	138	102	78
67	12	373	245747.00	72	116	0	0	109	158	67	93	83	113	33	0	32	111	69	121
68	72	317	243988.03	0	168	0	0	71	88	29	81	102	15	8	285	80	124	79	122
69	13	331	241413.74	89	59	0	0	59	98	29	92	64	105	26	49	217	30	0	92
70	44	268	240901.79	79	88	0	25	54	6	149	53	71	123	80	0	0	62	144	27
71	46	327	240361.05	85	148	18	0	94	59	84	97	95	53	88	0	13	129	42	68
72	6	283	240320.73	61	0	0	91	83	79	177	84	72	131	34	115	108	66	71	62
73	22	222	238510.43	77	27	326	16	64	0	13	50	53	66	9	0	34	58	0	62
74	43	302	238503.14	86	141	0	19	78	124	12	63	61	148	142	69	0	23	53	67
75	68	304	238213.68	89	176	0	82	65	87	97	62	60	0	72	92	98	71	0	34
76	56	254	237155.98	44	41	0	264	68	164	18	72	79	0	34	0	48	70	106	61
77	60	245	236134.30	12	64	0	10	65	0	92	44	53	98	21	18	60	68	188	78
78	65	255	233730.85	49	44	166	67	60	57	57	65	57	0	21	0	111	97	0	73
79	5	202	232243.16	47	85	0	128	37	0	73	55	49	82	98	14	44	20	59	24
80	99	232	231368.36	54	70	0	104	61	50	32	49	53	106	68	11	23	27	82	90
81	57	292	229256.37	63	177	56	0	68	96	0	66	77	57	76	0	11	119	0	58
82	82	170	228418.02	52	0	108	115	33	83	10	51	40	48	38	114	0	71	73	66
83	86	164	227840.62	19	46	242	0	46	15	97	37	38	24	43	31	0	30	39	49
84	71	175	227169.00	69	32	0	0	45	0	62	37	41	31	22	76	54	26	117	54
85	47	180	226337.80	46	26	94	79	39	0	0	55	47	14	14	17	57	72	106	28
86	2	195	226295.53	4	39	135	64	54	14	26	36	43	71	50	0	66	57	0	31
87	84	183	224832.92	0	20	104	0	35	50	35	40	38	30	43	53	126	76	0	38
88	78	148	223143.12	56	68	78	137	27	0	1	41	29	0	43	26	81	7	5	20
89	83	172	222507.99	41	52	0	0	30	65	24	46	38	26	53	115	53	50	62	47
90	1	188	221762.67	29	79	65	1	41	53	0	48	52	0	23	0	86	66	0	52
91	28	146	221527.21	43	48	99	0	27	46	6	29	37	50	59	2	7	38	21	35
92	42	112	220783.56	16	40	154	88	23	0	34	29	20	20	16	43	9	30	0	24
93	79	113	219128.32	37	44	0	42	27	31	9	26	26	56	33	96	0	28	0	37
94	40	124	219125.70	21	17	0	2	32	52	49	26	37	55	50	53	24	39	0	25
95	90	116	217791.80	24	36	0	114	36	43	31	32	31	18	35	4	0	15	44	38
96	62	112	217277.69	25	0	29	52	24	18	27	26	28	41	51	48	62	26	1	27
97	37	92	214713.59	15	30	5	0	23	26	31	25	25	8	24	20	27	36	21	23
98	100	99	213854.86	15	37	0	0	24	37	0	19	19	48	0	4	23	41	6	10
99	96	91	211545.76	25	7	0	66	27	55	0	26	25	16	15	0	7	40	62	18
100	11	91	209967.49	13	35	0	34	17	32	14	19	20	31	39	0	33	1	0	25

(A) Laufende Nummer.   (B) Investorennummer.   (C) Risikoaversionsparameter a.

(1) - (16) Anteilsbesitz an den Unternehmen 1 - 16.

Abb.70: **Index-Verläufe bei heterogenen und homogenen Informationen im Random-Konjunktur-Szenario**

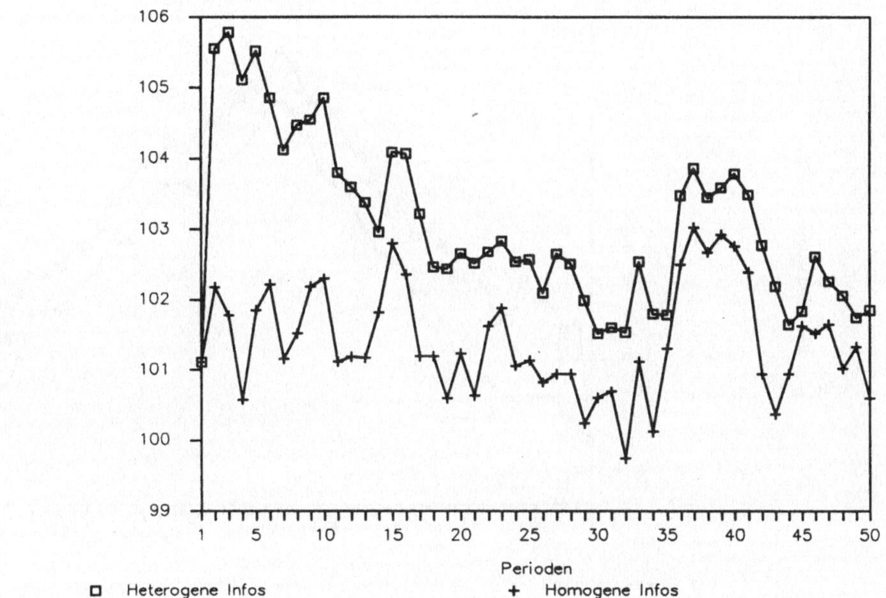

Abb.71: **Index-Verläufe bei heterogenen und homogenen Informationen im negativen Konjunktur-Szenario**

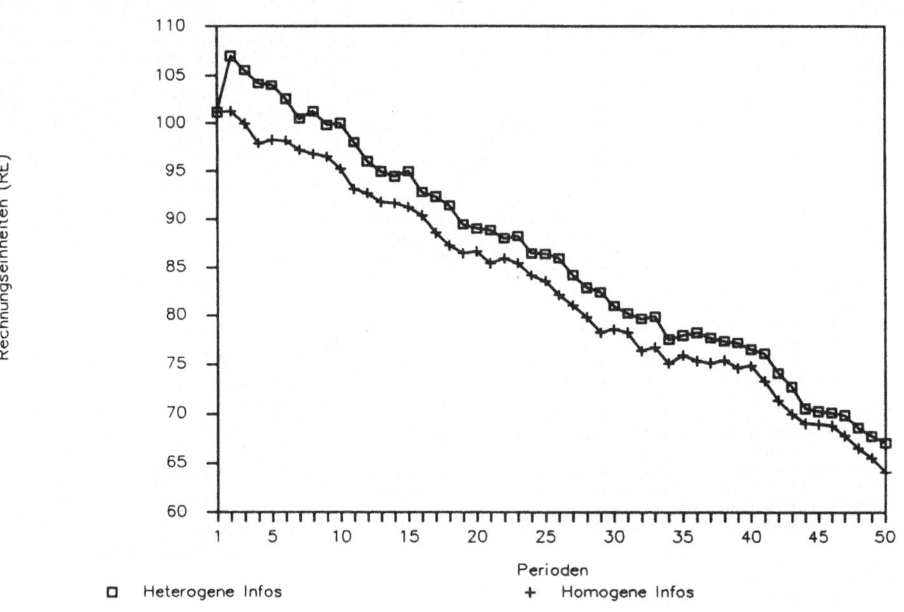

Abb.72: **Index-Verläufe bei heterogenen und homogenen Informa-tionen im Hoch-Tief-Konjunktur-Szenario**

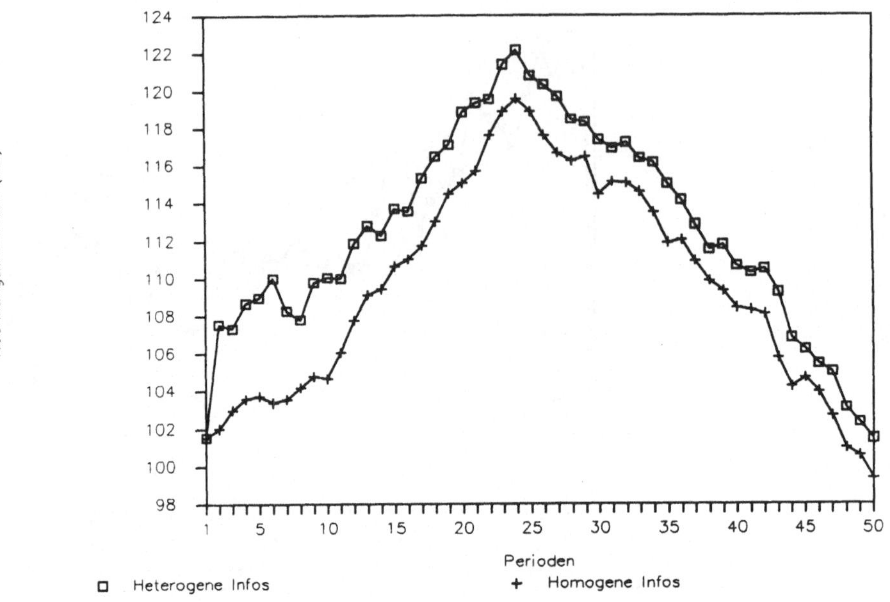

Abb.73: **Index-Verläufe bei heterogenen und homogenen Informa-tionen im Tief-Hoch-Konjunktur-Szenario**

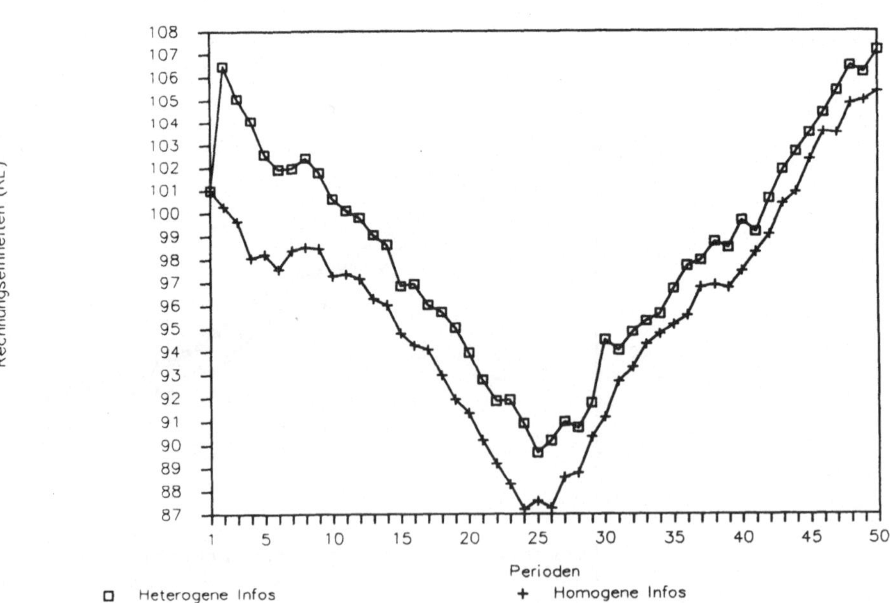

Abb.74:   **Index-Verläufe bei heterogenen und homogenen Informationen im M-Formation-Konjunktur-Szenario**

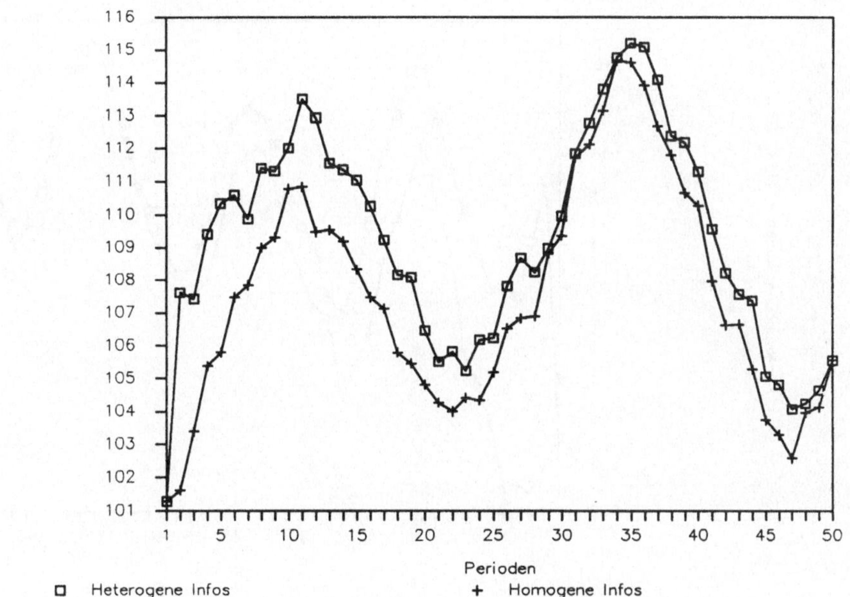

Abb.75:   **Index-Verläufe bei heterogenen und homogenen Informationen im W-Formation-Konjunktur-Szenario**

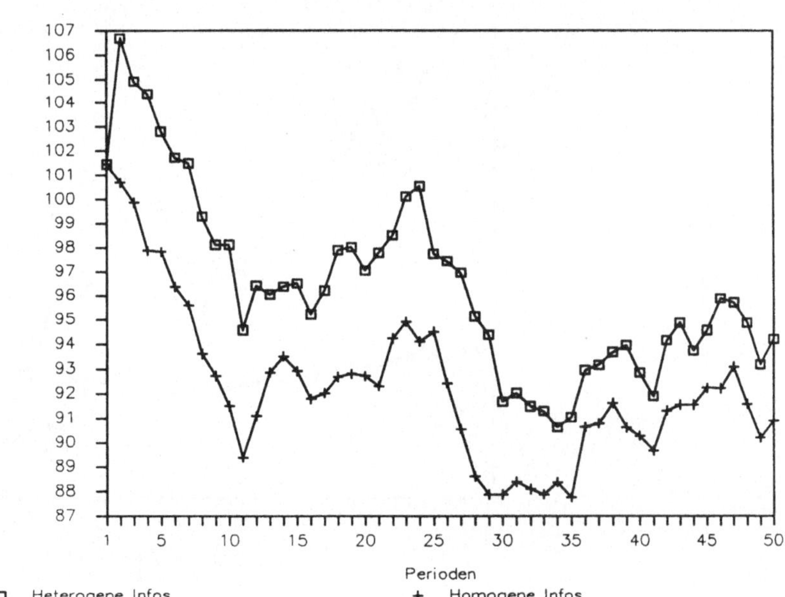

Abb.76:   Index-Verläufe bei heterogenen und homogenen Informationen im Sinus-Konjunktur-Szenario

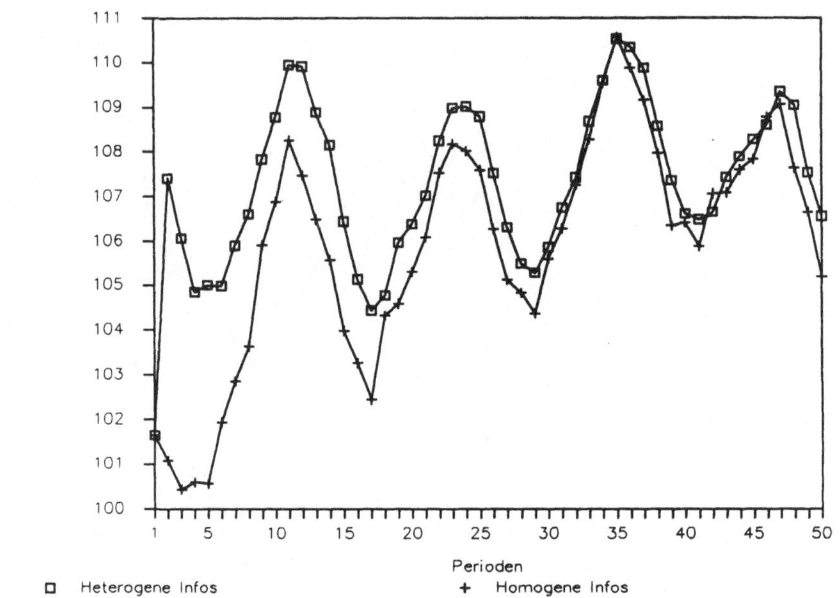

Abb.77:   Kumulierte Handelsergebnisse des Investors 55 in den
Modelläufen mit und ohne-REBUY-Strategie
(Verlusttoleranz 5%)

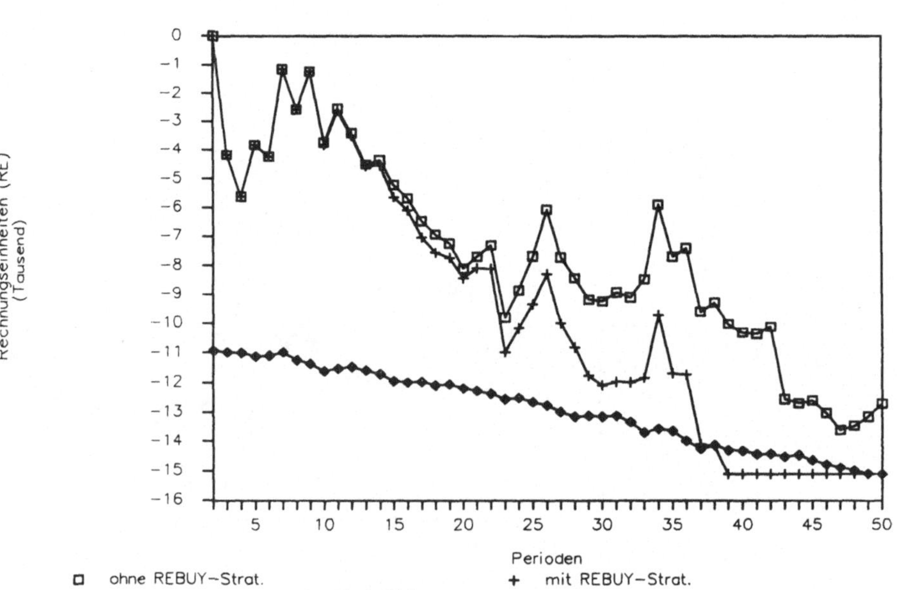

Abb.78: **Kumulierte Handelsergebnisse des Investors 78 in den Modelläufen mit und ohne-REBUY-Strategie (Verlusttoleranz 0%)**

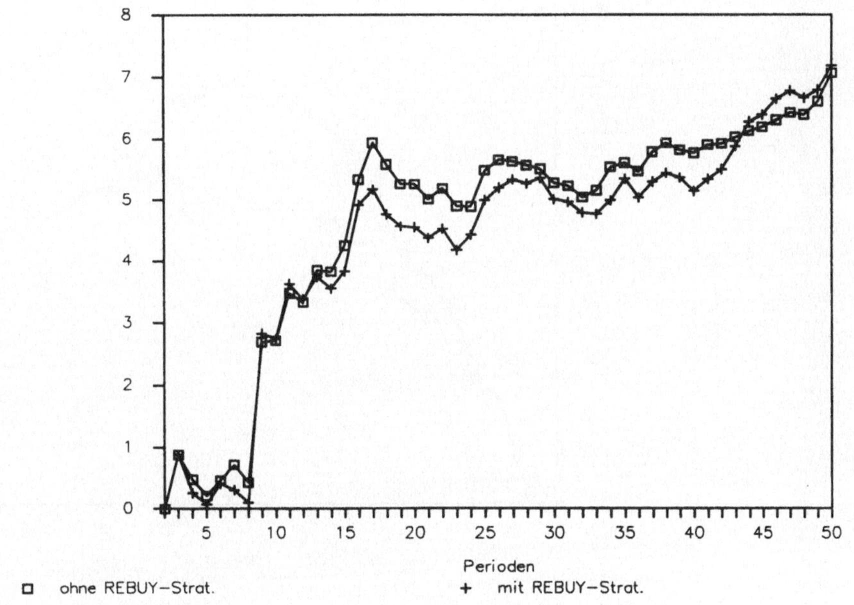

Abb.79: **Kumulierte Handelsergebnisse des Investors 42 in den Modelläufen mit und ohne-REBUY-Strategie (Verlusttoleranz 0%)**

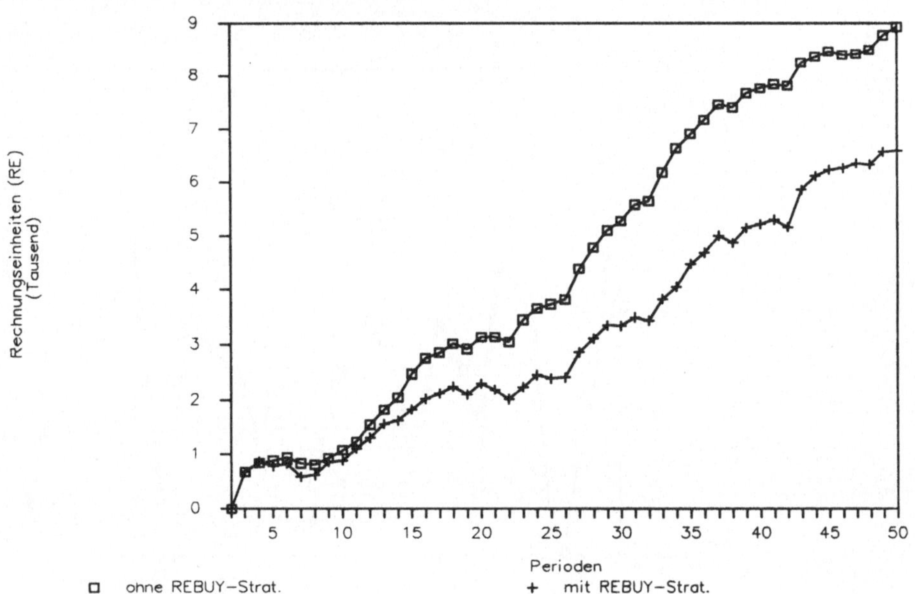

Abb.80:   Kumulierte Handelsergebnisse des Investors 62 in den
          Modelläufen mit und ohne-REBUY-Strategie
          (Verlusttoleranz 0%)

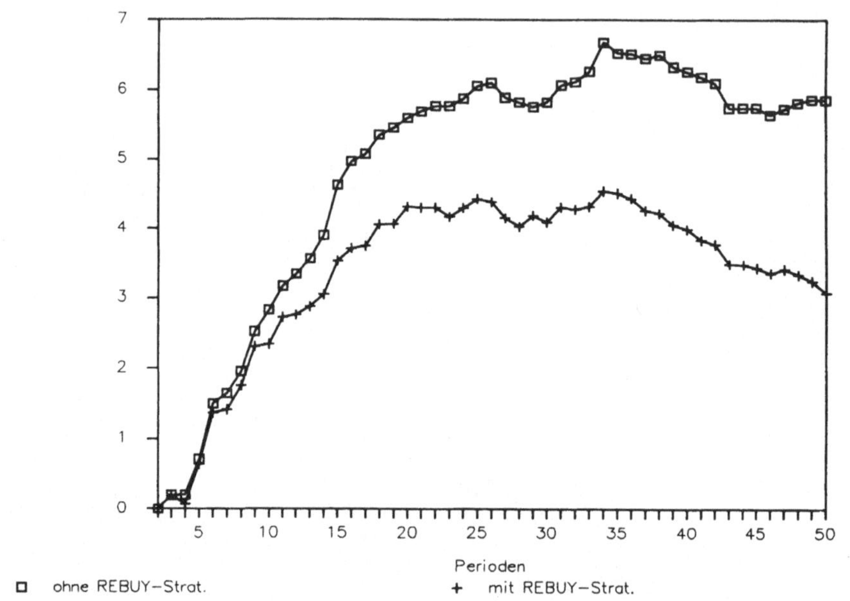

Abb.81:   Indexdifferenzen zwischen den Modelläufen mit Nach-
          frager-Noise, die jeweils den Marktpreis oder allge-
          mein verfügbare Informationen zur Grundlage haben,
          und dem Modellauf ohne exogene Transaktionen (hete-
          rogene Informationsstände der endogenen Investoren)

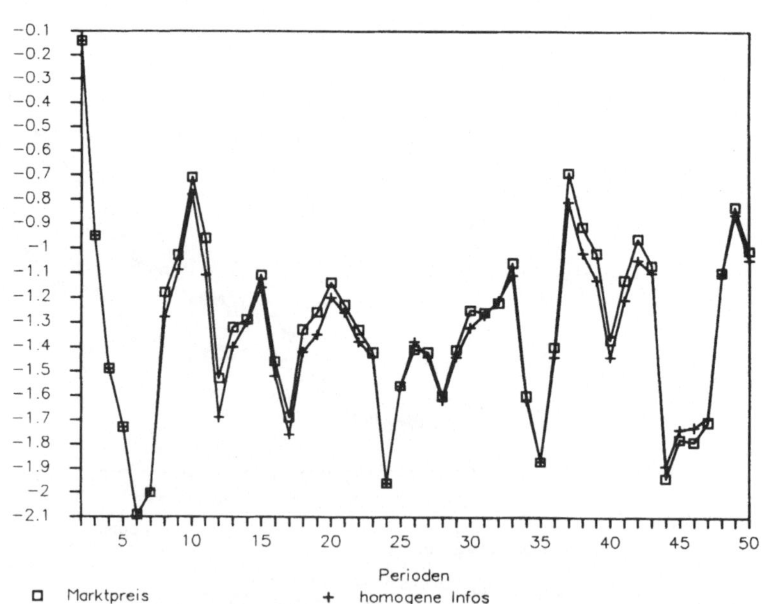

Abb.82: **Indexdifferenzen zwischen den Modelläufen mit Nachfrager-Noise, die die REBUY-Option einmal zulassen
und einmal nicht, und dem Modellauf ohne exogene
Transaktionen (heterogene Informationsstände der endogenen Investoren und <u>allgemein verfügbare</u> Informationen als Kontraktgrundlage der exogenen Investoren)**

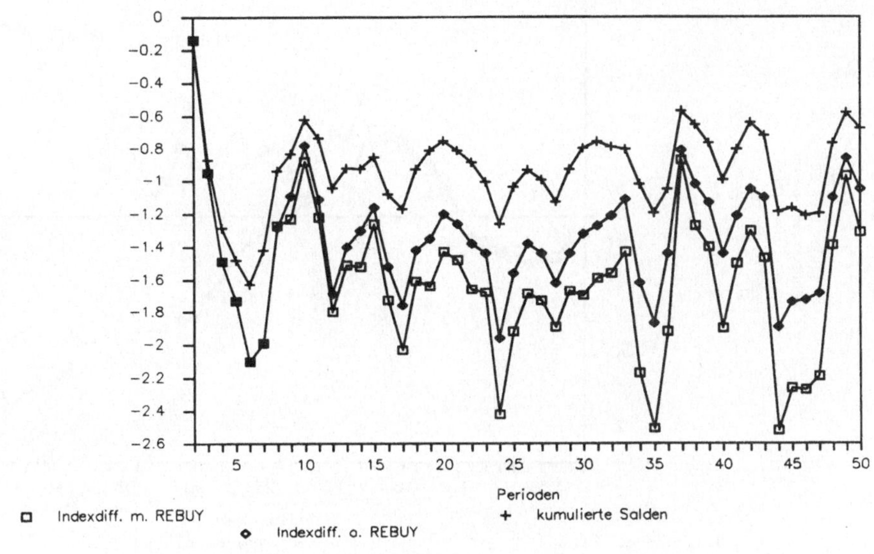

Abb.83: **Indexdifferenzen zwischen den Modelläufen mit Nachfrager-Noise, die die REBUY-Option einmal zulassen
und einmal nicht, und dem Modellauf ohne exogene
Transaktionen (heterogene Informationsstände der endogenen Investoren und <u>dezentral beschaffte</u> Informationen als Kontraktgrundlage der exogenen Investoren)**

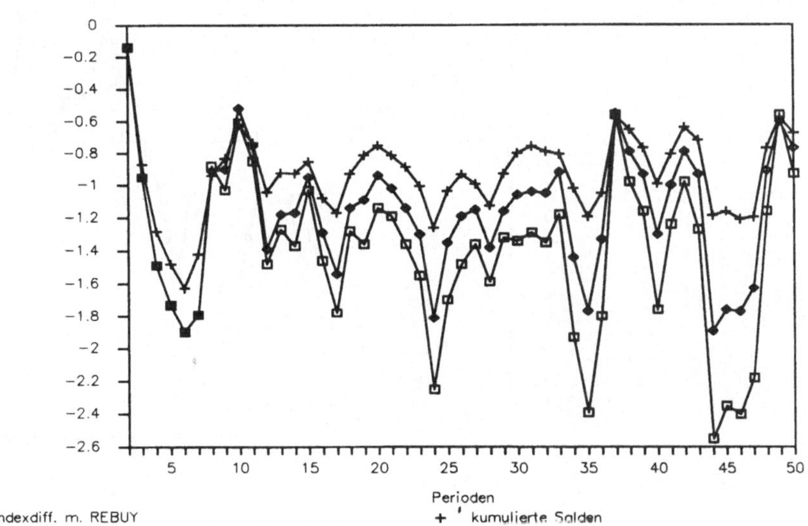

Abb.84: **Kumulierte Handelsergebnisse nach Kosten des Inve- stors 76 in Modelläufen mit und ohne Anbieter-Noise, die jeweils Informationskosten in Höhe von 5 RE und die REBUY-Strategie berücksichtigen**

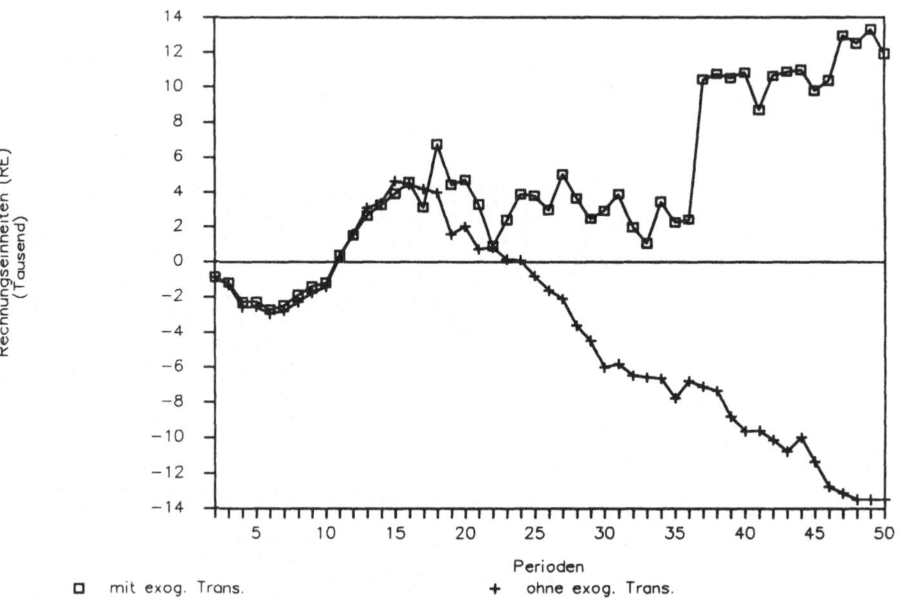

Abb.85: **Kumulierte Handelsergebnisse nach Kosten des Inve- stors 51 in Modelläufen mit und ohne Anbieter-Noise, die jeweils Informationskosten in Höhe von 5 RE und die REBUY-Strategie berücksichtigen**

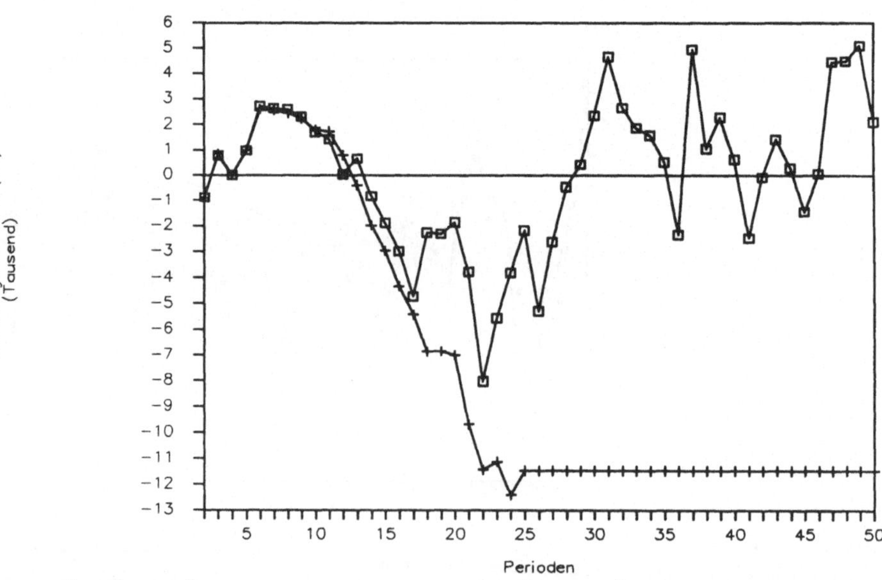

Abb.86:   Einzelkursabweichungen der Unternehmen 5 bis 8 in den
           Modelläufen mit und ohne Reaktionen der exogenen
           Investoren

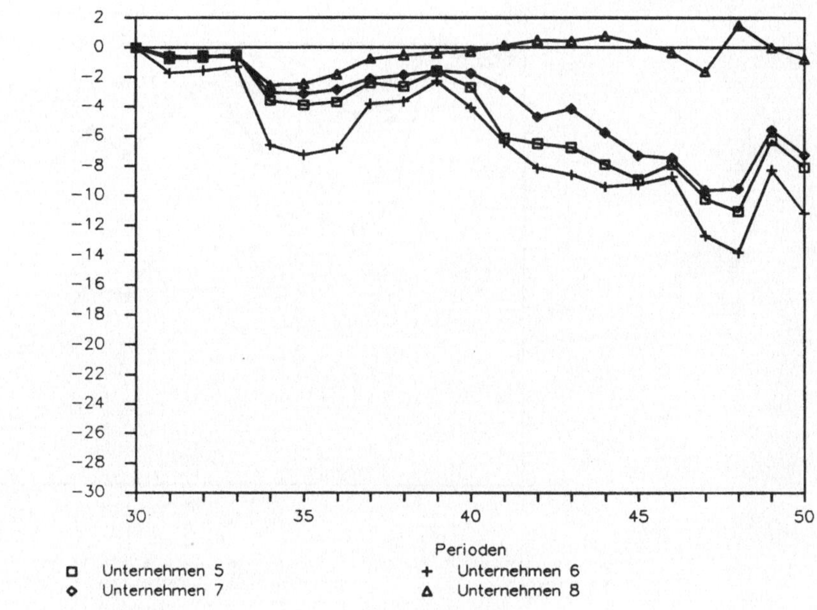

Abb.87:   Einzelkursabweichungen der Unternehmen 9 bis 12 in
           den Modelläufen mit und ohne Reaktionen der exogenen
           Investoren

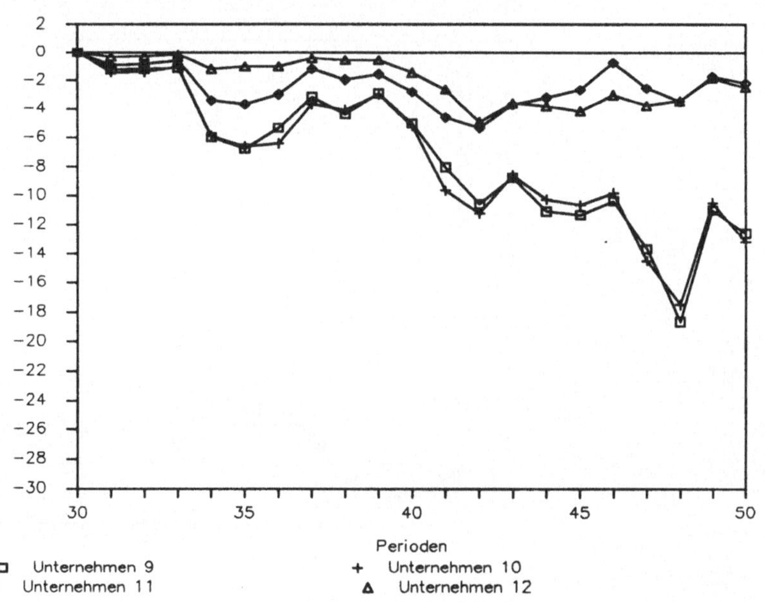

Abb.88:   **Einzelkursabweichungen der Unternehmen 13 bis 16 in den Modelläufen mit und ohne Reaktionen der exogenen Investoren**

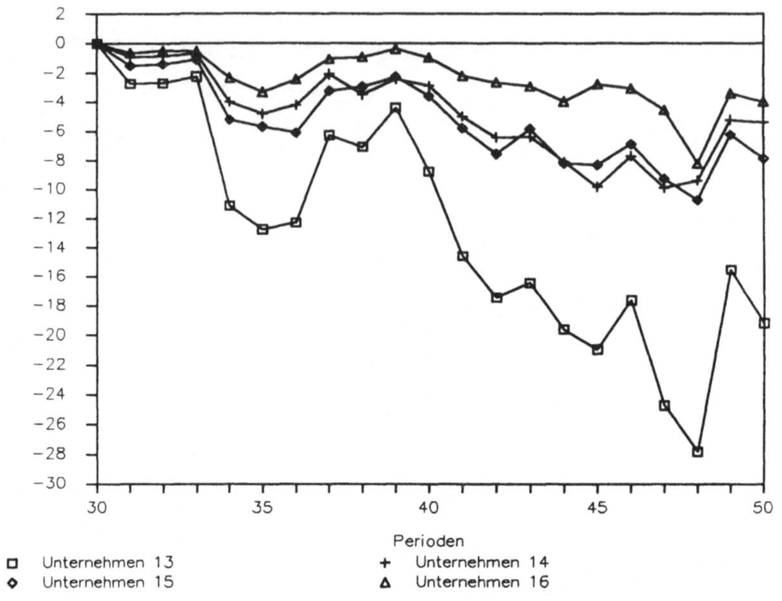

Abb.89:   **Kumulierte Handelsergebnisse nach Kosten des Investors 76 in Modelläufen mit und ohne Nachfrager-Reaktion (9%), die jeweils Informationskosten in Höhe von 5 RE und die REBUY-Strategie berücksichtigen**

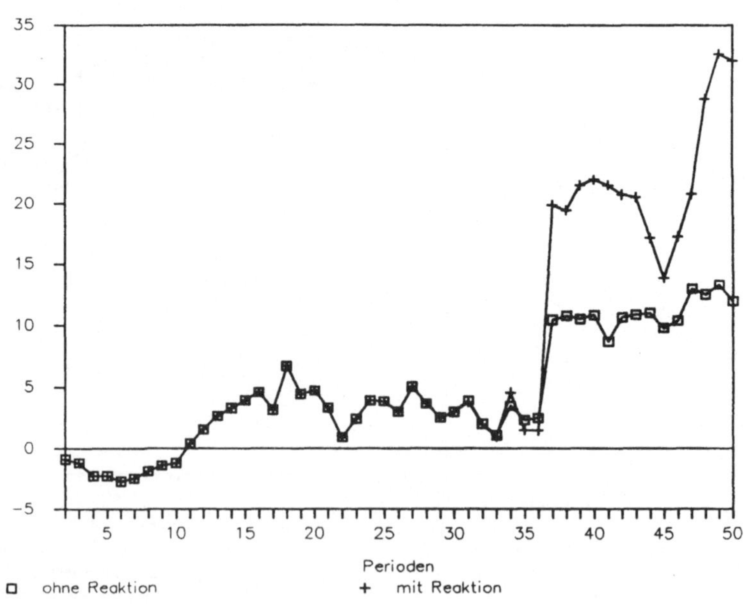

Abb.90: Kumulierte Handelsergebnisse nach Kosten des Inve-
         stors 51 in Modelläufen mit und ohne Nachfrager-Reak-
         tion (9%), die jeweils Informationskosten in Höhe von
         5 RE und die REBUY-Strategie berücksichtigen

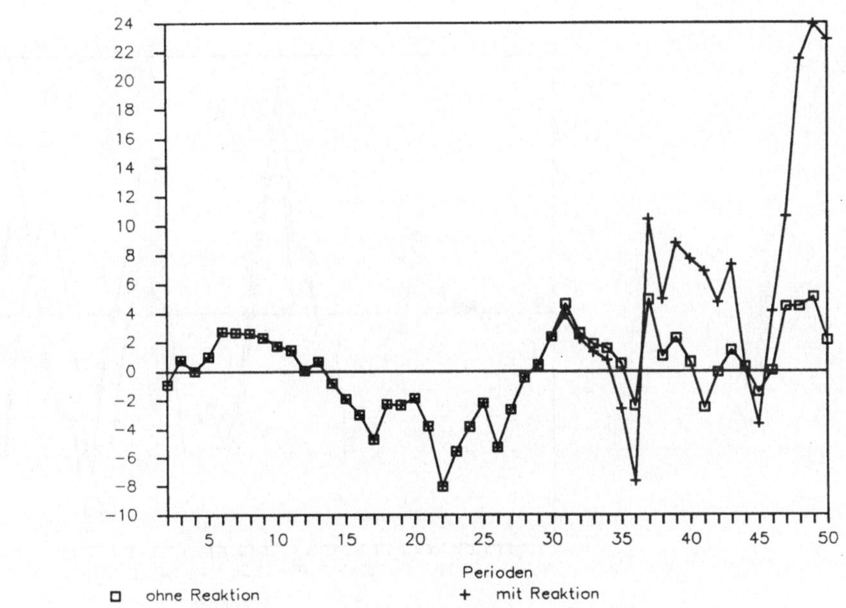

Abb.91: Kumulierte Handelsergebnisse nach Kosten des Inve-
         stors 93 in Modelläufen ohne Nachfrager-Reaktion, mit
         Nachfrager-Reaktion (9%) und Nachfrager-Reaktion
         (8%), die jeweils Informationskosten in Höhe von 5 RE
         und die REBUY-Strategie berücksichtigen

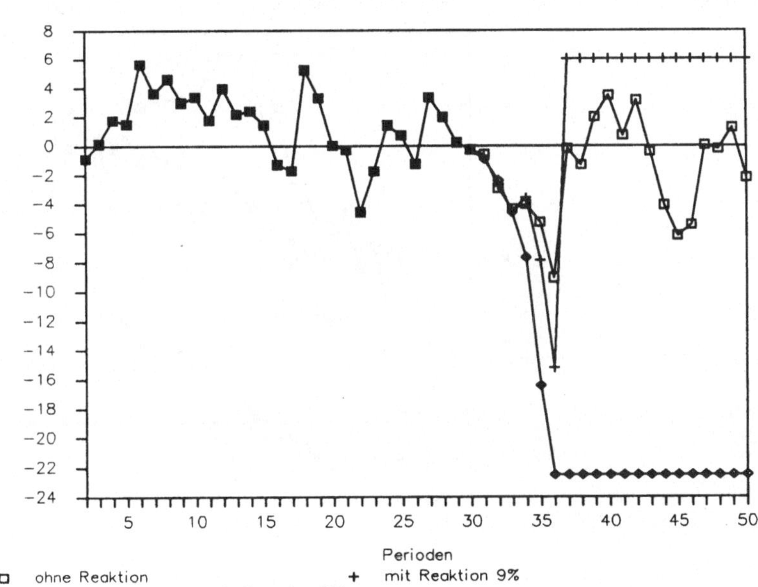

Abb.92:   **Indexdifferenzen zwischen einem Modellauf mit modifizierter Nachfrager-Reaktion, Berücksichtigung der
REBUY-Strategie und Informationskosten von 5 RE, und
dem Modellauf ohne exogene Transaktionen (Anbieter-
Noise)**

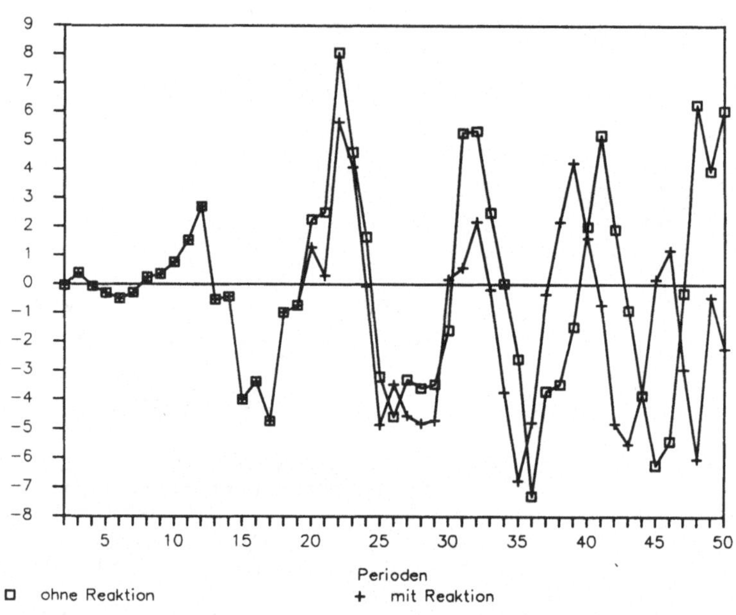

Abb.93:   **Kumulierte Handelsgewinne der Investoren 27, 89, 51
und 80 in einem Modellauf mit freiwilliger Unternehmenspublizität der Unternehmen 1 bis 8 (REBUY-Strategie, Anbieter-Noise)**

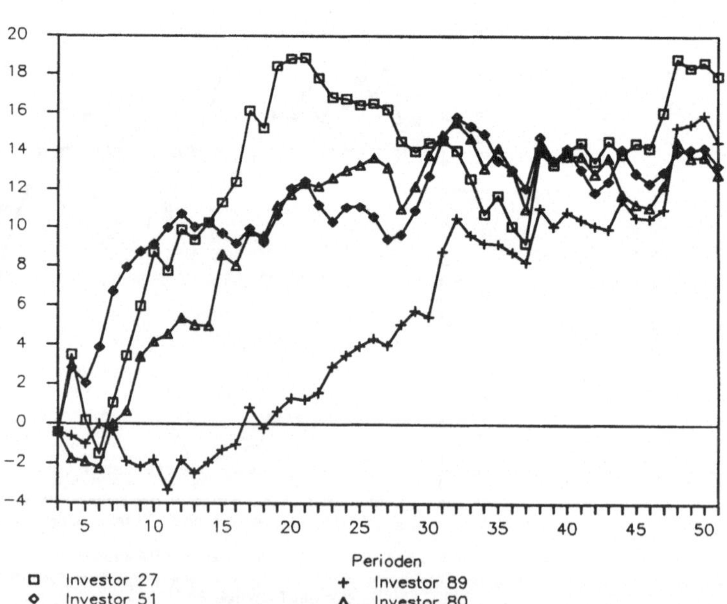

Abb.94:   Kumulierte Handelsgewinne des Investors 38 vor und
          nach Berücksichtigung der Informationskosten in einem
          Modellauf mit freiwilliger Unternehmenspublizität der
          Unternehmen 1 bis 8 (REBUY-Strategie, Anbieter-Noise)

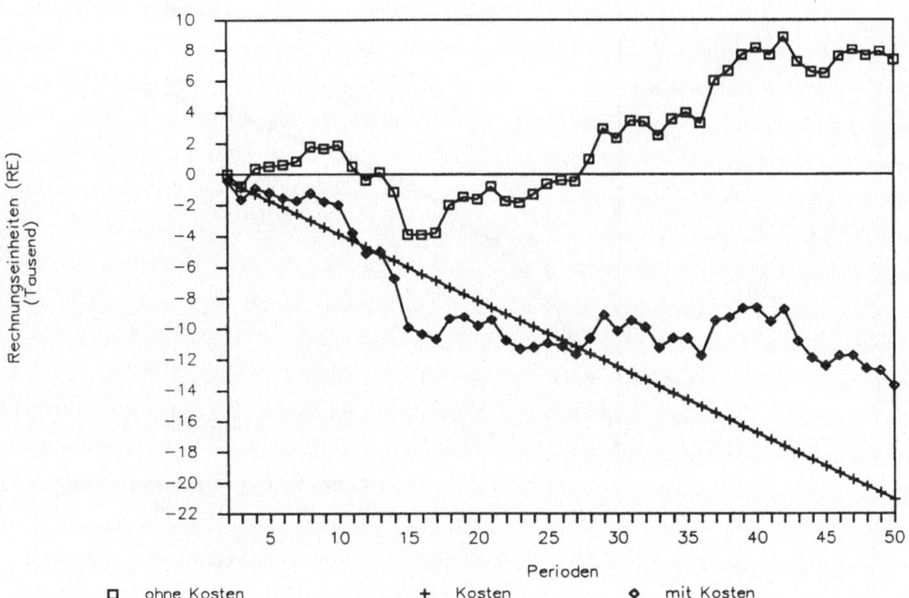

Abb.95:   Kumulierte Handelsgewinne des Investors 89 vor und
          nach Berücksichtigung der Informationskosten in einem
          Modellauf mit freiwilliger Unternehmenspublizität der
          Unternehmen 1 bis 8 (REBUY-Strategie, Anbieter-Noise)

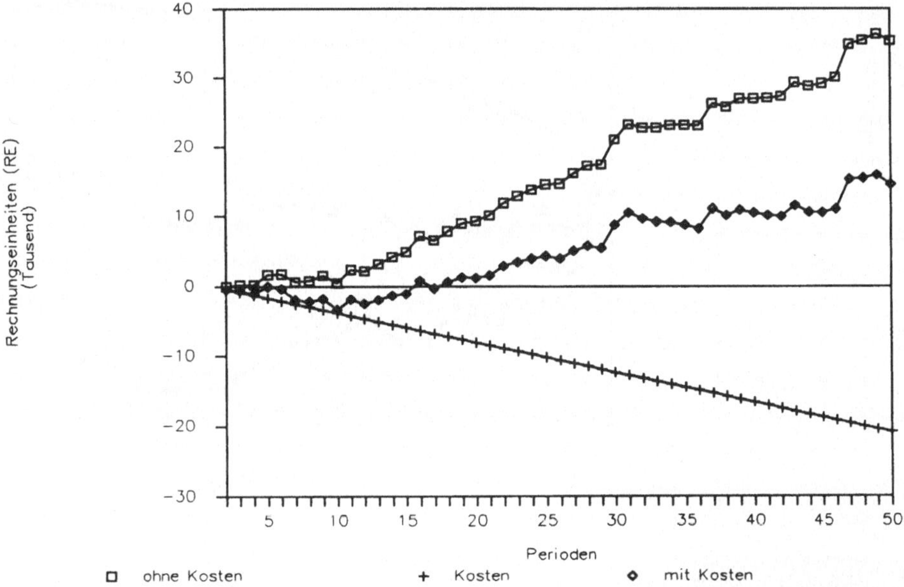

Abb.96: **Kumulierte Informationskosten in vergleichbaren Modelläufen mit den Strategien des Portefeuille-REBUY und des Partial-REBUY**

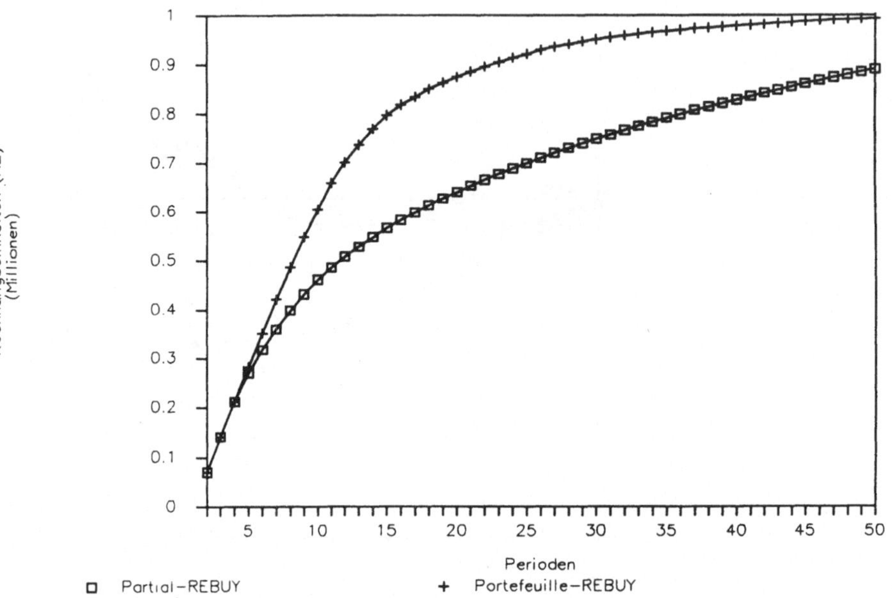

Abb.97: **Kumulierte Handelserträge des Investors 39 mit und ohne Informationskosten in einem Modellauf mit der Strategie des Partial-REBUY (Anbieter-Noise)**

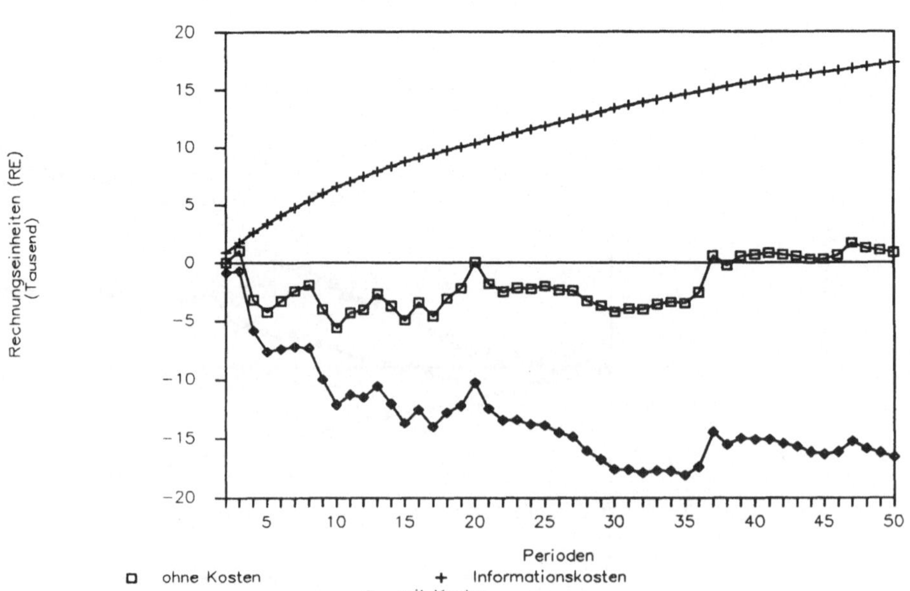

Abb.98: **Kumulierte Handelserträge des Investors 80 mit und ohne Informationskosten in einem Modellauf mit der Strategie des Partial-REBUY (Anbieter-Noise)**

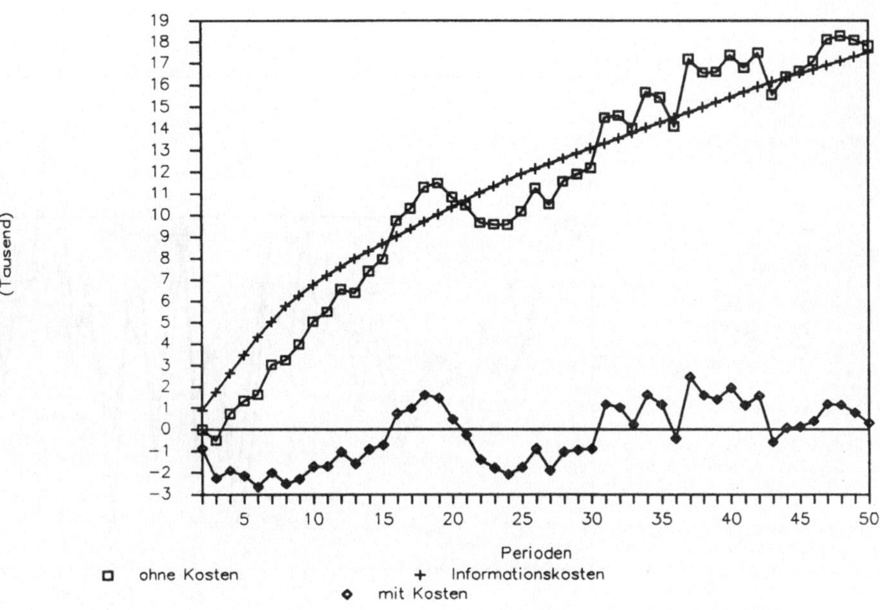

Abb.99: **Kumulierte Handelserträge des Investors 56 mit und ohne Informationskosten in einem Modellauf mit der Strategie des Partial-REBUY (Anbieter-Noise)**

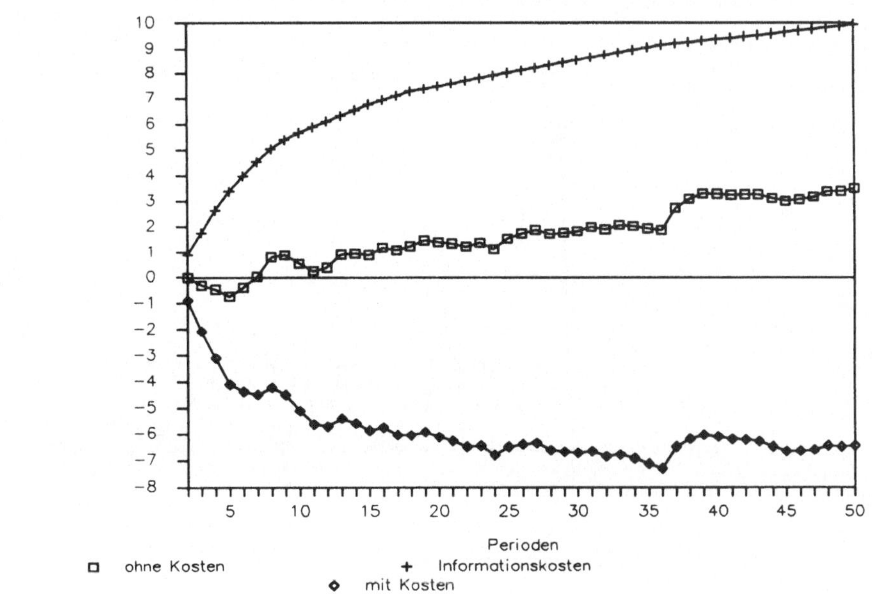

Abb.100: **Index-Differenzen und Differenzen der Einzelkurse des Unternehmen 15 zwischen Modelläufen mit und ohne zusätzlicher Publizität des Unternehmen 15 und einem strategiefreien Vergleichslauf (Partial-REBUY, Anbieter-Noise)**

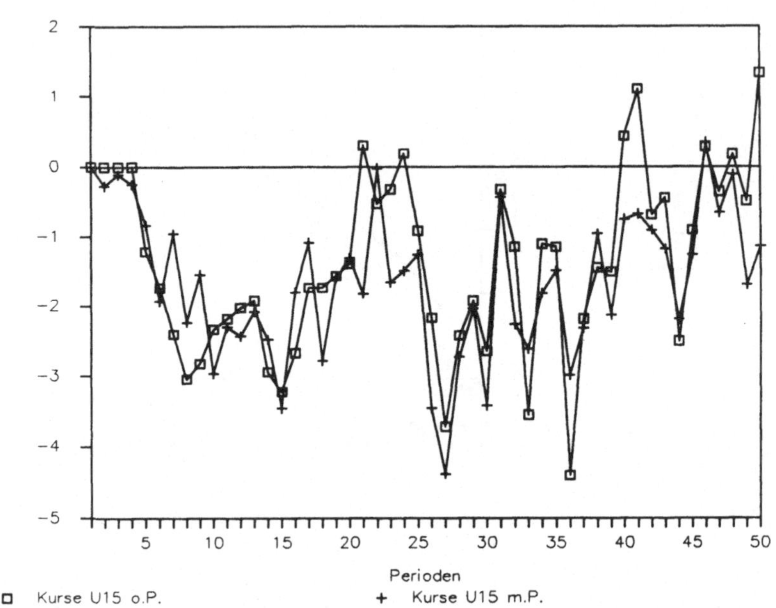

Abb.101: **Index-Differenzen zwischen Modelläufen mit und ohne zusätzlicher Publizität des Unternehmen 15 und einem strategiefreien Vergleichslauf bei <u>homogenen</u> Informationsständen (Partial-REBUY, Anbieter-Noise)**

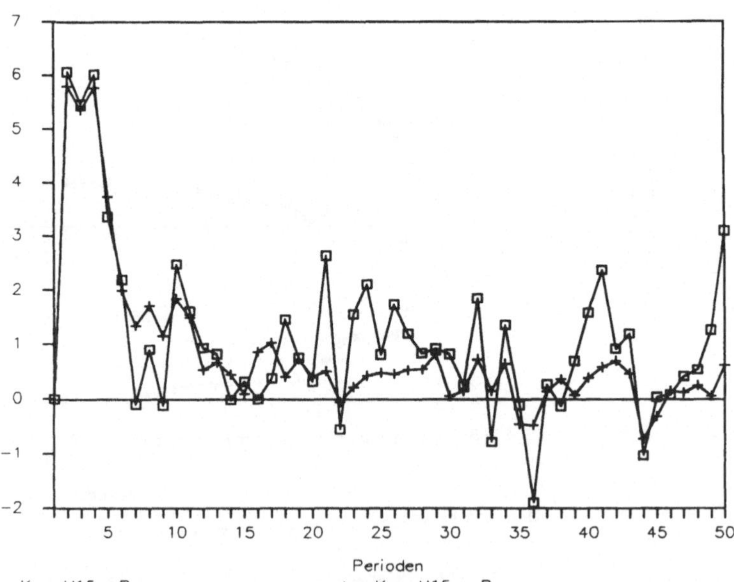

Abb.102: **Kumulierte Handelsergebnisse mit und ohne Informationskosten des Investors 83 in einem Modellauf mit
freiwilliger Unternehmenspublizität der Unternehmen
1-8 (Partial-REBUY, Anbieter-Noise)**

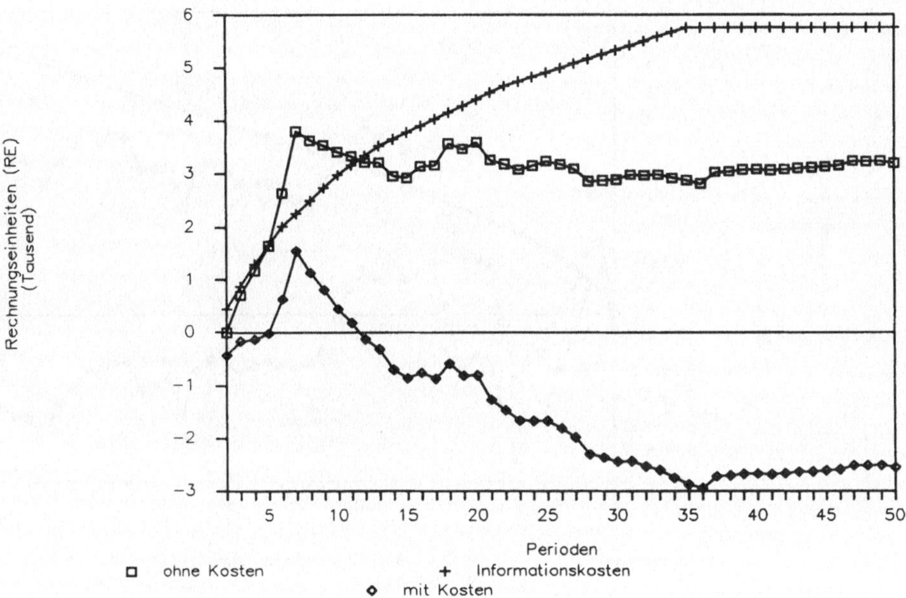

Abb.103: **Kumulierte Handelsergebnisse mit und ohne Informationskosten des Investors 96 in einem Modellauf mit
freiwilliger Unternehmenspublizität der Unternehmen
1-8 (Partial-REBUY, Anbieter-Noise)**

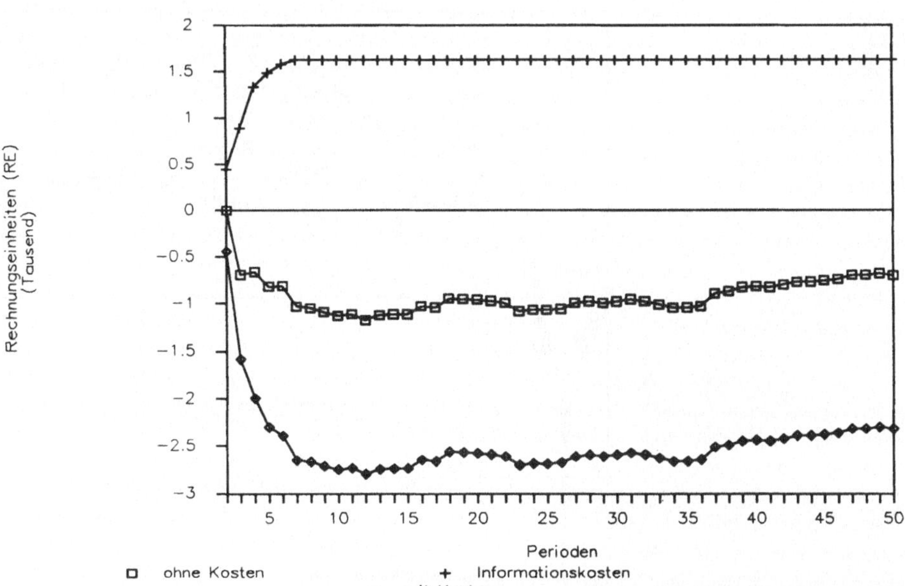

Abb.104: **Kumulierte Handelsergebnisse mit und ohne Informationskosten des Investors 26 in einem Modellauf mit freiwilliger Unternehmenspublizität der Unternehmen 1-8 (Partial-REBUY, Anbieter-Noise)**

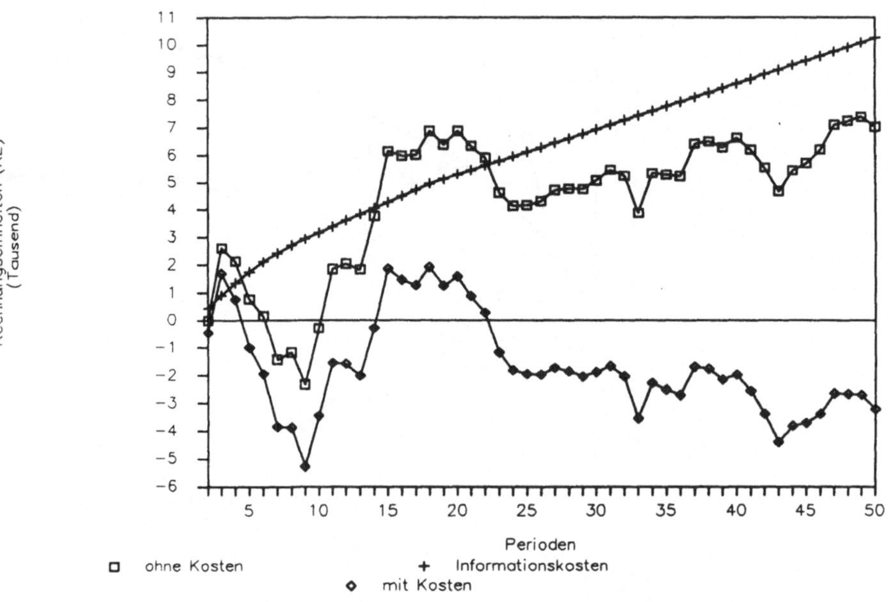

Abb.105: **Kumulierte Handelsergebnisse mit und ohne Informationskosten des Investors 69 in einem Modellauf mit freiwilliger Unternehmenspublizität der Unternehmen 1-8 (Partial-REBUY, Anbieter-Noise)**

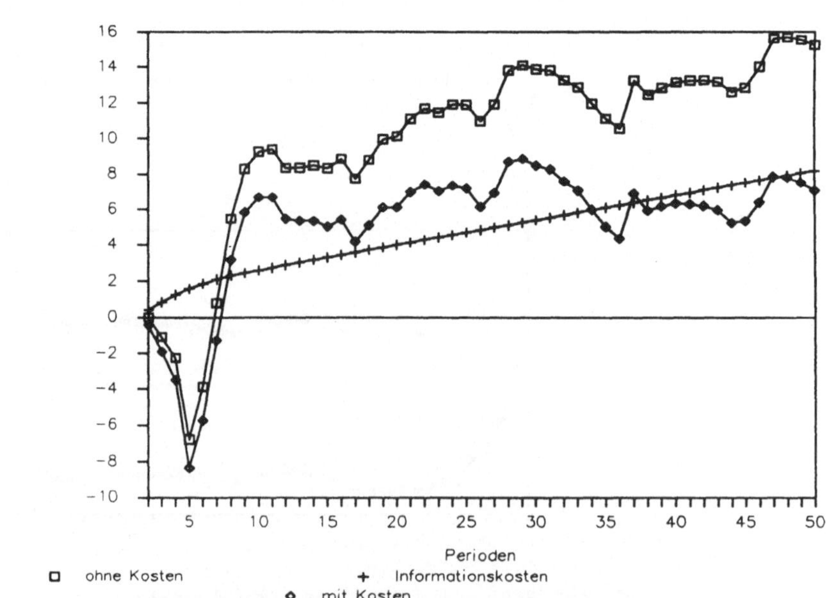

Abb.106: Kumulierte Handelsergebnisse mit und ohne Informationskosten des Investors 78 in einem Modellauf mit
freiwilliger Unternehmenspublizität der Unternehmen
1-8 (Partial-REBUY, Anbieter-Noise)

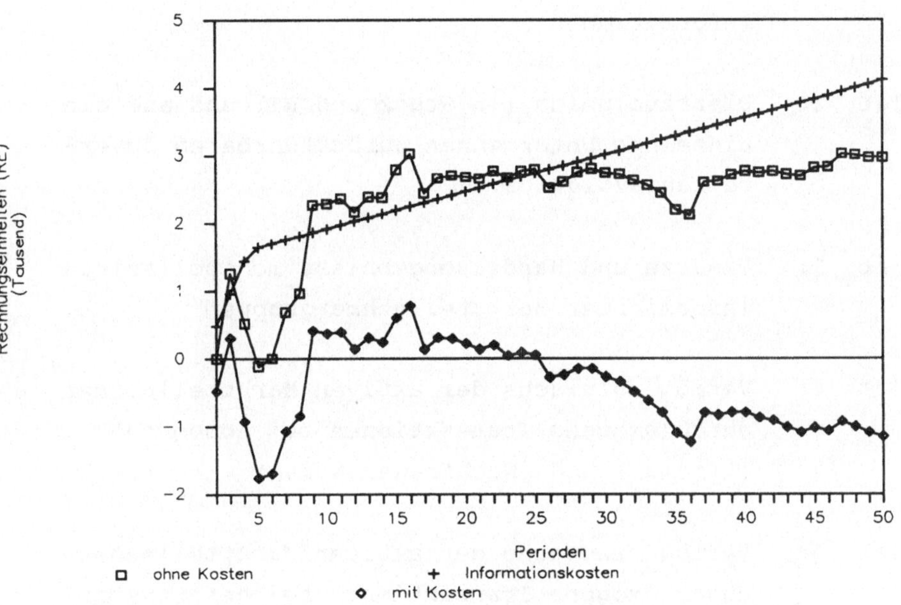

Abb.107: **Kurs**differenzen des Unternehmens 15 zwischen Modelläufen mit und ohne "Spread", die jeweils die
Strategie des Partial-REBUY berücksichtigen, und einem strategiefreien Lauf (Partial-REBUY, Anbieter-
Noise)

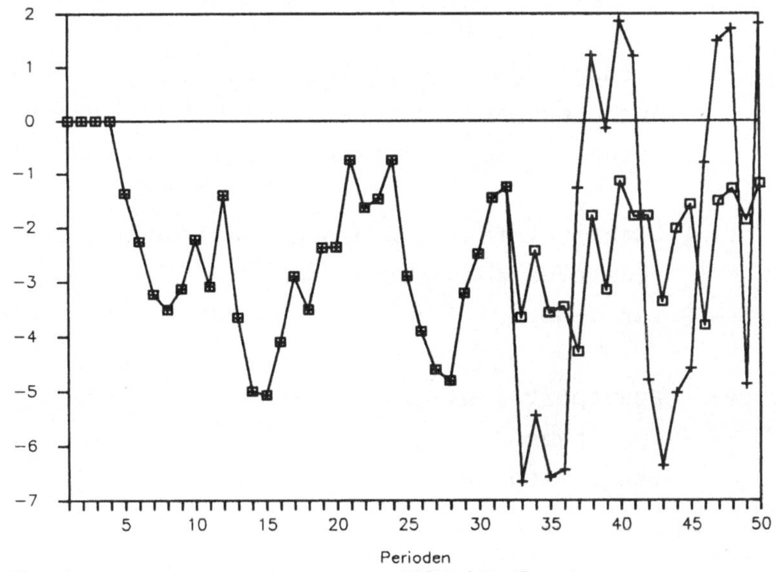

Tabellenverzeichnis

Abbildungsverzeichnis

Literaturverzeichnis

Adelberger, Otto L. [1976], SIMULFIN - Die Finanzwirtschaft
        der Unternehmung als Simulationsmodell, 2 Bände,
        Darmstadt 1976

Adelberger, Otto L. [1981], Das "capital-asset-pricing-model"
        - eine Lösung des Kalkulationszinsfußproblems für die
        betriebliche Praxis ? In: Rühli, Edwin, Thommen,
        Jean-Paul, Unternehmensführung aus finanz- und bank-
        wirtschaftlicher Sicht, S.7-22, Stuttgart 1981

Admati, Anat R. [1985], A Noisy Rational Expectations Equili-
        brium For Multi-Asset Securities Marktes, In: Econo-
        metrica (1985), S.629-656

Admati, Anat R. [1989], Information in Financial Markets: The
        Rational Expectations Approach, In: Bhattacharya, Su-
        dipto, Constantinides, George M., (eds.), Financial
        Markets and Incomplete Information, Totowa 1989,
        S.139-152

Aignesberger, Christof [1987], Die Innovationsbörse als In-
        strument zur Risikokapitalversorgung innovativer mit-
        telständischer Unternehmen, Heidelberg 1987

Akerlof, George A. [1970], The Market for "Lemons": Quality
        Uncertainty and the Market Mechanism, In: Quarterly
        Journal of Economics (1970), S.488-500

Albach, Horst, Boch, Kurt, Warnke, Thomas [1985], Kritische
        Wachstumsschwellen in der Unternehmensentwicklung,
        Stuttgart 1985

Albach, Horst, Hunsdiek, Detlef, Kokalj, Ljuba [1986],
        Finanzierung mit Risikokapital, Stuttgart 1986

Alexander, Sidney S. [1961], Price Movements in Speculative
        Markets: Trends or Random Walks, In: Industrial Mana-
        gement Review (1961), S.7-26

Alexander, Sidney S. [1964], Price Movements in Speculative
        Markets: Trends or Random Walks, No. 2, In: Cootner,
        Paul H. (ed.), the random character of stock market
        prices, Cambridge 1964, S.338-372

Amihud, Yakov, Mendelson, Haim [1986], Asset Pricing and the
        Bid-Ask-Spread, In: Journal of Financial Economics
        (1986), S.223-249

Andersen, Torben M. [1985], Recent Developments in the Theory
        of Efficient Capital Markets, In: Kredit und Kapital
        (1985), S.347-372

Apostolopoulos, Athanase [1986], Aktienkurse und rationale
        Erwartungen, Frankfurt a.M. usw. 1986

Arrow, Kenneth J. [1974], The Limits of Organization, New York
        1974

Bachelier, Louis [1964], Théorie de la Speculation, Paris
        1900, zitiert nach der englischen Übersetzung in:
        Cootner, Paul H. (ed.), the random character of stock
        market prices, Cambridge 1964, S.17-78

Baetge, Jörg [1974], Betriebswirtschaftliche Systemtheorie,
        Opladen 1974

Ball, Ray [1989], What Do We Know about Stock Market
        "Efficiency", In: Guimaraes, Rui M.C., Kingsman,
        Brian G., Taylor Stephen J., (eds.), A Reappraisal of
        the Efficiency of Financial Markets, Berlin usw. 1989
        S.25-55

Ball, Ray, Brown, Philipp [1968], An Empirical Investigation
        of Accounting Income Numbers, In: Journal of Accoun-
        ting Research (1968), S.159-178

Banz, Rolf W. [1981], The Relationship Between Return and Mar-
        ket Value of Common Stocks, In: Journal of Financial
        Economics (1981), S. 3-18

Bauknecht, K., Kohlas, J., Zehnder, C.A. [1976],
        Simulationstechnik - Entwurf und Simulation von Sy-
        stemen auf digitalen Rechenautomaten, Berlin usw.
        1976

Beaver, William H. [1981], Market Efficiency, In: Accounting
        Review (1981), S.523-537

Biethahn, Jörg [1978], Optimierung und Simulation - Anwendung
        verschiedener Optimierungsverfahren auf ein stocha-
        stisches Lagerhaltungsproblem, Wiesbaden 1978

Black, Fischer [1972], Capital Market Equilibrium with Re-
        stricted Borrowing, In: The Journal of Business
        (1972), S.444-455

Black, Fischer, Noise, In: The Journal of Finance, 1986,
        S.529-543

Bonini, Charles P. [1967], Simulation of Information and Deci-
        sion Systems in the Firm, Chicago 1967

Bossel, Hartmut [1987], Systemdynamik - Grundwissen, Methoden
        und BASIC-Programme zur Simulation dynamischer Sy-
        steme, Braunschweig 1987,

Bratley, Paul, Fox, Bennet L., Schrage, Linus E. [1983], A
        Guide to Simulation, New York usw. 1983

Breuer, Rolf E. [1990], Die Börse im Umbruch, In: Zeitschrift
        für das gesamte Kreditwesen (1990), S.324-330

Brennan, Michael J. [1971], Capital Market Equilibrium with
        Divergent Borrowing and Lending Rates, in: Journal of
        Financial and Quantitative Analysis, (1971), S.1197-
        1205

Brockhoff, Klaus [1967], Zum Problem des optimalen Wertpapier-
        budgets, In: Unternehmensforschung (1967), S.162-172

Cartellieri, Ulrich [1990], Überkapazität erzwingt Auslese,
        In: Die Bank (1990), S.366-371

Cranshaw, T.E. [1977], The Evaluation of Investment Perfor-
        mance, In: Journal of Business (1977), S. 462-485

Crutchfield, James P., Farmer, J.Doyne, Packard Norman H.,
        Shaw, Robert S. [1987], Chaos, In: Spektrum der Wis-
        senschaft 1987, S.78-90

Cyert, Richard M., March, James G. [1963], A Behavioural
        Theory of the Firm, Englewood Cliffs 1963

Davies, Peter Lloyd, Canes, Michael [1978], Stock Prices and
        the Publication of Second-Hand Information, In: Jour-
        nal of Business (1978), S.43-56

DeBondt, Werner F.M., Thaler, Richard [1985], Does the Stock
        Market Overreact ? In: The Journal of Finance (1985),
        S.793-805

DeBondt, Werner F.M., Thaler, Richard [1987], Further Evidence
        on Investor Overreaction and Stock Market Seasonality
        In: The Journal of Finance (1987), S.557-581

Diamond, Douglas W. [1985], Optimal Release of Information by
        Firms, In: The Journal of Finance (1985), S.1071-1094

Diamond, Douglas W., Verrecchia, Robert E. [1981], Information
     Aggregation in an Noisy Expectations Economy, In:
     Journal of Financial Economics (1981), S.221-235

Dutton, John F., Starbuck, William H. (Hrsg.) [1971], Computer
     Simulation of Human Behaviour, New York London Sydney
     Toronto 1971

Dybvig, Philip H., Ross, Stephen A. [1985], Yes, The APT Is
     Testable, In: The Journal of Finance (1985), S.1173-
     1188

Edel, Klaus [1976], Optimierung bei der Durchführung von
     Simulationsexperimenten <Diss.>, Feldkirch 1976

Ellenberger, Hans [1975], Grundlagen der Konstruktion und
     Auswertung von Simulationsmodellen für die betriebli-
     che Entscheidungsvorbereitung <Diss.>, Winterthur
     1975

Elton, Edwin J., Gruber, Martin J., Padberg, Manfred W.
     [1976], Simple Criteria for optimal Portfolio
     Selection, in: The Journal of Finance (1976), S.1341-
     1357

Elton, Edwin J., Gruber, Martin J. [1981], Modern Portfolio
     Theory and Investment Analysis, New York usw. 1981

Emshoff, James R., Sisson, Roger L. [1974], Simulation mit dem
     Computer, München 1974

Fama, Eugene F. [1965], The Behaviour of Stock-Market Prices,
     In: Journal of Business (1965), S.34-105

Fama, Eugene F. [1970], Efficient Capital Markets: A Review of
     Theory and Empirical Work, in: The Journal of Finance
     (1970), S.383-417

Fama, Eugene F. [1976a], Foundations of Finance, New York 1976

Fama, Eugene F. [1976b], Reply, In: The Journal of Finance
(1976), S.143-145

Fama, Eugene F. [1966], Blume, Marshall E., Filter Rules and
Stock-Market Trading, In: Journal of Business (1966),
S.226-241

Fama, Eugene F. [1969], Fisher, Lawrence, Jensen, Michael C.,
Roll, Richard, The Adjustment of Stock Prices to New
Information, In: International Economic Review
(1969), S.1-21

Fama, Eugene F. [1973], MacBeth, James D., Risk, Return, and
Equilibrium: Empirical Tests, In: Journal of Political
cal Economy (1973), S. 607-636

Ferguson, Robert [1983], An efficient stock market ? Ridiculous !, In: The Journal of Portfolio Management
(1983), S.31-38

Ferstl, Otto K. [1979], Konstruktion und Analyse von Simulationsmodellen, Hain 1979

Fishman, George S. [1978], Principles of Discrete Event Simulation, New York usw. 1978

Fleisher, Aaron [1968], The Uses of Simulation, In: Beshers
(1968), S.187-189

Franke, Günter, Hax, Herbert [1988], Finanzwirtschaft des Unternehmens und Kapitalmarkt, Berlin usw. 1988

Frantzmann, Hans-Jörg, Der Montagseffekt am deutschen Aktienmarkt, In: Zeitschrift für Betriebswirtschaft (1987),
S.611-635

French, Kenneth R. [1980], Stock returns and the Weekend Effect, In: Journal of Financial Economics (1980), S.55-69

Friedman, Milton [1969], The Methodology of Positive Economics, In: Essays in Positive Economics, 6.Aufl., Chicago and London 1969

Friedrich, Dieter [1984], Systemtheorie und ökonomische Modelle: Einführung in systemtheoretische Grundlagen, Konzeptionen und Methoden der Wirtschaftstheorie und Ökonometrie, Freiburg 1984

Frydman, Roman [1982], Towards an Understanding of Market Processes: Individual Expectations, Learning, and Convergence to Rational Expectations Equilibrium, In: The American Economic Review (1982), S.652-668

Gäfgen, Gerard [1974], Theorie der wirtschaftlichen Entscheidung, 3., erweiterte und ergänzte Auflage, Tübingen 1974

Gerke, Wolfgang [1980], Gleitklauseln im Geld- und Kapitalverkehr: Mark=Mark ?, Wiesbaden 1980

Gerke, Wolfgang [1984], Mittelständischen Unternehmen besseren Zugang zum Risikokapital eröffnen, In: Kapital, Zins, Währung, hrsg. v. Deutscher Industrie- und Handelstag, DIHT, Nr.214 (1984), S.47-49

Gerke, Wolfgang [1988], Hemmnisse für die Börseneinführung innovativer Mittelstandsunternehmen durch Beschränkung der Gewerbefreiheit für Investmentbanken, In: Gerke, Wolfgang, (Hrsg.), Bankrisiken und Bankrecht: Fritz Philipp zum 60. Geburtstag, Wiesbaden 1988

Gerke, Wolfgang [1989], Betriebswirtschaft/Liberalen Zutritt für qualifizierte Marktparteien und niedrige Transaktionskosten ermöglichen: "Plädoyer für eine Deutsche

Computerbörse", In: Handelsblatt v. 16.8.89, Nr. 157,
S.28

Gerke, Wolfgang [1989], Die Entwicklung von Börsenexperimenten
zur Erforschung von Anlegerverhalten, In: Gerke,
Wolfgang, (Hrsg.), Anleger an die Börse - Mannheimer
Bankenforum Sypmosium 27.1.1989, Berlin usw. 1990

Gerke, Wolfgang [1991], [unveröffentlichtes] Gutachten zur
Fortentwicklung des deutschen Börsenwesens durch Einführung eines elektronischen Handelssystems, Mannheim
1991

Gerke, Wolfgang, Hamann, Thomas [1991], Zentrale und dezentrale Börsenhandelssysteme, In: Zeitschrift für das
gesamte Kreditwesen (1991), S.560-566

Gerke, Wolfgang, Philipp, Fritz [1985], Finanzierung, Stuttgart usw. 1985

Gerndt, Helmut [1978], Methodologische Untersuchung der Simulationsmethode - Ein Ansatz für eine umfassende Definition, Berlin 1978 <Diss.>

Granger, Clive W.J., Morgenstern, Oscar [1970], Predictability
of Stock Market Prices, Lexington 1970

Grier, Paul C., Albin, Peter S. [1973], Nonrandom Price Changes in Association with Trading in Large Blocks, In:
Journal of Business (1973), S.425-433

Grinblatt, Mark S., Ross, Stephen A. [1985], Market Power in a
Securities Market with Endogenous Information, In:
Quarterly Journal of Economics (1985), S.1143-1167

Grossman, Sanford [1976], On the Efficiency of Competitive
Stock Markets Where Trades Have Diverse Information,
in: The Journal of Finance (1976), S. 573-585

Grossman, Sanford [1978], Further Results on the Informational
       Efficiency of Competititive Stock Markets, In: Jour-
       nal of Economic Theory (1978), S. 81-101

Grossman, Sanford J. [1981], An Introduction to the Theory of
       Rational Expectations Under Asymmetric Information,
       In: Review of Economic Studies (1981), S.541-559

Grossmann, Sanford J., Stiglitz, Joseph E. [1980], On the Im-
       possibility of Informationally Efficient Markets, in:
       The American Economic Review (1980), S.393-408

Guimaraes, Rui M.C., Kingsman, Brian G., Taylor Stephen J.,
       (eds.) [1989], A Reappraisal of the Efficiency of Fi-
       nancial Markets, Berlin usw. 1989

Gultekin, Mustafa N., Gultekin, N.Bulent [1983], Stock Market
       Seasonality - International Evidence, In: Journal of
       Financial Economics (1983), S.469-481

Hahn, F.H. [1970], Some Adjustment Problems, In: Econometrica
       (1970), S.1-17

Haltiwanger, John, Waldman, Michael [1985], Rational Expecta-
       tions and the Limits of Rationality: An Analysis of
       Heterogeneity, In: The Amerivan Economic Review
       (1985), S.326-340

Harbordt, Steffen [1974], Computersimulation in den Sozialwis-
       senschaften, 2 Bände, Hamburg 1974

Hellwig, Martin F. [1980], On the Aggregation of Information
       in Competitive Markets, In: Journal of Economic
       Theory 22 (1980), S.477-498

Hellwig, Martin [1982a], Zur Informationseffizienz des Kapi-
       talmarktes, In: Zeitschrift für Wirtschafts- und So-
       zialwissenschaft, 1982, S. 1-27

Hellwig, Martin F. [1982b], Rational Expectations Equilibrium
        with Conditioning on Past Prices: A Mean-Variance Ex-
        pemle, In: Journal of Economic Theory (1982), S.279-
        312

Hockmann, Heinz [1979], Prognose von Aktienkursen durch Point
        and Figure-Analysen, Wiesbaden 1979

Hoepfner, Friderich Georg [1975], Beeinflussung des Verbrau-
        cherverhaltens - Psychologische Grundlagen des Marke-
        ting, München 1975

Hofmann, H. [1973], Empirische Untersuchung verschiedener An-
        lagestrategien der technischen Aktienanalyse anhand
        von 100 deutschen Standard-Aktien über einen Zeitraum
        von 5 Jahren (1967-1972) und Vergleich mit einer
        durch Simulation ermittelten Zufallsauswahl bzw. ei-
        ner Kauf- und Haltestrategie, Dissertation, München
        1973

Holst, Peter [1979], Computer Simulation 1951-1976: An Index
        to the Literature, London 1979

Jaffe, Jeffrey, Westerfield, Randolph [1985], The Week-End Ef-
        fect in Common Stock Returns: The International Evi-
        dence, In: The Journal of Finance (1985), S.433-454

Jarrow, Robert, Heterogenous Expectations, Restrictions on
        Short Sales, and Equilibrium Asset Prices, In: The
        Journal of Finance (1980), S.1105-1113

Jensen, Michael C. [1968], The Performance of Mutual Funds in
        the Period 1945-1964, In: The Journal of Finance
        (1968), S.389-416

Jensen, Michael C. [1972], Capital Markets: Theory and Evi-
        dence, in: The Bell Journal of Economics and Manage-
        ment Science, (1972), S.357-398

Jensen, Michael C. [1978], Some Anomalous Evidence Regarding
        Market Efficiency, In: Journal of Financial Economics
        (1978), S.95-101

Jensen, Michael C., Bennington, George A. [1970], Random Walks
        and Technical Theories: Some Additional Evidence, In:
        The Journal of Finance (1970), S.469-482

Jensen, Michael C., Meckling, William H. [1976], Theory of the
        Firm: Managerial Behaviour, Agency Costs and Owner-
        ship Structure, In: Journal of Financial Economics
        (1976), S.305-360

Jordan, James S., Radner, Roy [1982], Rational Expectations in
        Microeconomic Models: An Overview, In: Journal of
        Economic Theory (1982), S.201-223

Jurgeit, Ludwig [1990], Modelle zur Bewertung von Aktienoptio-
        nen - Systematik und Überblick, In: Zeitschrift für
        Bankrecht und Bankwirtschaft (1990), S.118-127

Kahnemann, Daniel, Tversky, Amos [1982], Intuitive prediction:
        Biases and corrective procedures, In: Kahnemann, Da-
        niel, Slovic, Paul, Tversky, Amos, (eds.), Judgement
        under Uncertainty, Cambrigde usw. 1982, S.414-421

Kappel, Rolf [1979], Kybernetische Simulationsmodelle in der
        Ökonomie, Ein Beitrag zur Theorie, Implementation und
        Validierung von Modellen der Wirtschaftskybernetik,
        Frankfurt 1979

Keim, Donald B. [1983], Size-Related Anomalies and Stock Re-
        turn Seasonality - Further Empirical Evidence, In:
        The Journal of Finance (1983), S.13-32

Keim, Donald B., Stambaugh, Robert F. [1984], A Further Inve-
        stigation of the Weekend Effect in Stock Returns, In:
        The Journal of Finance (1984), S.819-840

Kleijnen, Jack P.C. [1975], Statistical Techniques in Simulation, Part I+II, New York 1975

Klein, Martin [1983], Ist die Theorie effizienter Märkte empirisch widerlegt ?, In: Kredit und Kapital (1983), S.126-140

Kleinewefers, Henner, Jans, Armin [1983], Einführung in die volkswirtschaftliche und wirtschaftspolitische Modellbildung, München 1983

Kraus, Alan, Stoll, Hans E. [1972], Price Impacts of Block Trading on the New York Stock Exchange, In: The Journal of Finance (1972), S.569-588

Kromschröder, Bernhard, Schlägt Dummheit Mittelmäßigkeit? - und weitere Anmerkungen zum Beitrag Schredelsekers und zur Informationseffizienz des Aktienmarktes, In: Zeitschrift für betriebswirtschaftliche Forschung (1984) S.732-747

Krüger, Siegfried [1975], Simulation - Grundlagen, Techniken, Anwendungen, Berlin NY 1975

Kulla, Bernhard [1979], Angewandte Systemwissenschaft - Systemtheoretische Denkweisen und kybernetische Kalküle in verschiedenen Wirklichkeitsbereichen unter besonderer Berücksichtigung ökonomischer Fragestellungen, Würzburg-Wien 1979

Kulla, Bernhard [1987], Ergebnisse oder Erkenntnisse - liefern makroanalytische Simulationsmodelle etwas Brauchbares ?, In: Biethahn, Jörg, Schmidt, Bernd (Hrsg.), Simulation als betriebliche Entscheidungshilfe, Berlin usw. 1987

Kurm, Marietta [1989], Performance-Messung/Immer neue Indikatoren: Ab 1.April dieses Jahres wird der Dow Jones Welt-Index im Wall Street Journal veröffentlicht: Das

361

Geschäft mit den internationalen Aktienindices blüht,
In: Handelsblatt v.16.2.1989, Nr.34, S.40

Latham, Mark [1986], Informational Effciency and Information
Subsets, In: The Journal of Finance (1986), S.39-52

Law, Averill M., Kelton, David W. [1982], Simulation Modelling
and Analysis, New York usw. 1982

Lehman, Richard S. [1977], Computer Simulation and Modelling:
An Introduction, New York usw. 1977

Lehmann, Matthias [1975], Zwei Probleme der Kapitaltheorie:
intertemporale Nutzenfunktion und Kapitalkosten bei
vollkommenem Kapitalmarkt, In: zfbf 1975 (27. Jg.),
S. 40-59

Lerbinger, Paul [1984], Die Leistungsfähigkeit deutscher Ak-
tieninvestmentfonds, In: Zeitschrift für
betriebswirtschaftliche Forschung (1984), S.60-73

Levy, Robert A. [1967], Relative Strength as a Criterion for
Investment Selection, In: The Journal of Finance
(1967), S. 595-610

LeRoy, Stephen F. [1976], Efficient Capital Markets: Comment,
In: The Journal of Finance (1976), S.139-141

Lewis, Theodore Gyle [1975], Distribution Sampling for Computer Simulation, Lexington usw. 1975

Lintner, John [1965], The Valuation of Risk Assets and the Selection of Risky Investments in Stock Portfolios and
Capital Budgets, In: Review of Economics and Sta-
tistics (1965), S.13-37

Lintner, John [1969], The Aggregation of Investor's Diverse
Judgements and Preferences in Purely Competitive Se-

curity Markets, In: Journal of Financial and Quantitative Analysis (1969), S.347-400

Litzenberger, Robert H., Ramaswamy, Krishna [1979], The Effect
of Personal Taxes and Dividends on Capital Asset Prices - Theory and Empirical Evidence, in: Journal of
Financial Economics (1979), S.163-195

Lovell, Michael C. [1986], Tests of the Rational Expectations
Hypothesis, In: The American Economic Review (1986),
S.110-124

Lucas, Robert E. [1972], Expectations and the Neutrality of
Money, In: Journal of Economic Theory (1972), S. 103-
124

Lucas, Robert E. [1980], Methods and Problems in Business Cy-
cle Theory, In: Journal of Money, Credit, and Banking
(1980), S.696-715

Luce, R.Duncan, Raiffa, Howard [1966], Games and Decisions,
sixth printing, New York London Sydney 1966

Ludewig, Johannes [1975], Simulationsmodelle ganzer Unterneh-
mungen, Wiesbaden 1975,

Machinek, Peter [1968], Behandlung und Erkenntniswert der Erwartungen in der Wirtschaftstheorie, Berlin 1968

Markowitz, Harry [1952], Portfolio Selection, in: The Journal
of Finance (1952), S.77-91

Martin, John D., Cox, Samuel H., MacMinn, Richard D. [1988],
The Theory of Finance - Evidence and Applications,
Chicago usw. 1988

Matthiesen, Christian [1990], An der Börse versetzt der Glaube
Berge - Wie selbstverstärkende Rückkopplungseffekte

die Finanzmärkte beherrschen, In: Blick durch die
Wirtschaft v. 27.6.1990, S.7

McDonald, John G. [1974], Objectives and Performance of Mutual
Funds, 1960-1969, In: Journal of Financial and Quantitative Analysis (1974), S.311-333

Meißner, Werner [1970], Zur Methodologie der Simulation, In:
Zeitschrift für die gesamte Staatswissenschaft
(1970), S.385-397

Mertens, Peter [1982], Simulation, 2.neu bearbeitete Aufl.,
Stuttgart 1982

Merton, Robert C. [1973], An Intertemporal Capital Asset Pricing Model, in: Econometrica, (1973), S.867-887

Merton, Robert C. [1987a], On The Current State of the Stock
Market Rationality Hypothesis, In: Dornbusch, Rudiger, Fischer, Stanley, Bossons, John, (eds.), Marcoeconomics and Finance: Essays in Honor of Franco
Modigliani, Cambridge London 1987, S. 93-124

Merton, Robert C.[1987b], A Simple Model of Capital Market
Equilibrium with Incomplete Information, in: The
Journal of Finance, (1987), S.483-510

Möller, Hans-Peter [1985], Die Informationseffizienz des deutschen Aktienmarktes, In: Zeitschrift für
betriebswirtschaftliche Forschung (1985), S.501-519

Mossin, Jan [1966], Equilibrium in a Capital Asset Market, In:
Econometrica (1966), S.768-783

Mresse, Moscheh [1977], MOSIM - Ein Simulationskonzept basierend auf PL/1. Ein prozess- und listenorientiertes
Verfahren unter Einschluß von Entscheidungstabellen
und Interaktivität.

Mühlbradt, Frank W. [1978], Chancen und Risiken der Aktienan-
        lage -Untersuchungen zur "Efficient Market"-Theorie
        in Deutschland, 2. erweiterte Auflage, Köln 1978

Mühlbradt, Frank W. [1989], Indexianer, In: Zeitschrift für
        das gesamte Kreditwesen (1989), S.253

Muth, John F. [1961], Rational Expectations and the Theory of
        Price Movements, In: Econometrica (1961), S.315-335

Myers, Stewart C. [1977], Determinants of Corporate Borrowing,
        In: Journal of Financial Economics (1977), S.147-175

Naylor, Thomas H., Balintfy, Joseph L., Burdick, Donald S.,
        Chu, Kong [1968], Computer Simulation Techniques, New
        York usw. 1968

Naylor, Thomas H., Finger, J.M. [1967], Verification of Compu-
        ter Simulation Models, In: Management Science, Vol
        14, October 1967, S. B-92 - B-101

Naylor Thomas H. (ed.) [1971], Computer Simulation Experiments
        with Models of Economic Systems, New York usw. 1971

Neck, Reinhard [1984], Dynamische Simulation und optimale Kon-
        trolle ökonomischer Systeme: Ein Methodenvergleich,
        In: Jahrbücher für Nationalökonomie und Statistik
        (1984), S.256-274

Neelamkavil, Francis [1987], Computer Simulation and Model-
        ling, Chichester usw. 1987

Neumann, Manfred J.M, Klein, Martin [1982], Probleme der Theo-
        rie effizienter Märkte und ihrer empirischen Überprü-
        fung, In: Kredit und Kapital (1982), S. 165-187

Neus, Werner [1989], Ökonomische Agency-Theorie und Kapital-
        marktgleichgewicht, Wiesbaden 1989

Niederhoffer, Victor, Osborne, M.F.M [1966], Market-Making and
        Reversal on the Stock Exchange, In: Journal of the
        American Statistical Association (1966), S.897-917

Ören, Tuncer I., Zeigler, Bernard P., Elzas, Maurice S.
        [1984], Simulation and Model-Based Methodologies: An
        Integrative View, Berlin usw. 1984

o.V. [1988], "Front-Runner" sahnen in Wall Street ab, In:
        Zeitschrift für das gesamte Kreditwesen (1988), S.309

Pidd, Michael [1988], Computer Simulation in Management
        Science, Second Edition, Chichester usw. 1988

Plott, Charles R., Sunder, Shyam [1988], Rational Expectations
        and the Aggregation of Diverse Information in Labora-
        tory Security Markets, In: Econometrica (1988),
        S.1085-1118

Pogue, G.A. [1970], An Extension of the Markowitz Portfolio
        Selection Model to Include Variable Transactions'
        Costs, Short Sales, Leverage Policies and Taxes, In:
        The Journal of Finance (1970), S.1005-1027

Pratt, John W. [1964], Risk Aversion in the Small and in the
        Large, in: Econometrica (1964), S. 122-136

Reinganum, Marc R. [1981], Misspecification of Capital Asset
        Pricing: Empirical Anomalies Based on Earnings Yields
        and Market Values, In: Journal of Financial Economies
        (1981), S.19-46

Ribhegge, Hermann [1987], Grenzen der Theorie rationaler Er-
        wartungen, Tübingen (1987)

Roll, Richard [1977], A Critique of the Asset Pricing Theory's
        Tests - Part I: On Past and Potential Testability of
        the Theory, In: Journal of Financial Economics
        (1977), S.129-176

Roll, Richard [1983], Vas ist das ?, The Turn-of-the-Year Effect and the Return Premia of Small Firms, In: Journal of Portfolio Management (1983), S.18-28

Ross, Stephan A. [1978], The Current Status of the Capital Asset Pricing Model (CAPM), In: The Journal of Finance (1978), S.885-901

Rothschild, Michael, Stiglitz, Joseph A. [1976], Equilibrium in Competitive Insurance Marktes: An Essay on the Economics of Imperfect Information, In: Quarterly Journal of Economics (1976), S.629-648

Rozeff, Michael S., Kinney, William R. jr. [1976], Capital Market Seasonality: The Case of Stock Returns, In: Journal of Financial Economics (1976), S.379-402

Rubinstein, Mark [1975], Securities Market Efficiency in an Arrow-Debreu Economy, In: The American Economic Review (1975), S.812-824

Rudolph, Bernd [1979], Kapitalkosten bei unsicheren Erwartungen, Berlin usw. 1979

Sargent, Robert S. [1984], Simulation Model Validation, In: Ören, Tuncer I., Zeigler, Bernard P., Elzas, Maurice S., Simulation and Model-Based Methodologies: An Integrative View, Berlin usw. 1984, S.537-556

Saari, Donald G. [1985], Iterative Price Mechanisms, In: Econometrica (1985), S.1117-1131

Savit, Robert, When Random is Not Random: An Introduction to Chaos in Market Prices, in: The Journal of Futures Markets (1988), S.271-289

Schilling, Günter [1987], Rationale Erwartungen in makroökonomischen Modellen, St. Gallen 1987

Schlesinger, Stewart [1979], Terminology for model credibi-
          lity, In: SIMULATION (1979), S.103-104.

Schmidt, Bernd [1982], Informatik und allgemeine Modelltheorie
          - eine Einführung, In: Angewandte Informatik (1982),
          S. 35-42

Schmidt, Bernd [1985], Systemanalyse und Modellaufbau - Grund-
          lagen der Simulationstechnik, Berlin usw. 1985

Schmidt, Reinhard H. [1976], Aktienkursprognose, Wiesbaden
          1976

Schmidt, Reinhard H. [1977], Finanztheorie zwischen empiri-
          scher Theorie, Gleichgewichtstheorie und Handlungs-
          theorie, In: Köhler, Richard, (Hrsg.), Empirische und
          handlungstheoretische Forschungskonzeptionen in der
          Betriebswirtschaftslehre, Stuttgart 1977, S.249-266

Schmidt, Reinhard H. [1979], Die Rolle von Informationen und
          Institutionen auf Finanzmärkten, [unveröffentlichte]
          Habilitationsschrift, Frankfurt 1979

Schmidt, Reinhard H. [1981a], Ein neo-institutionalistischer
          Ansatz der Finanzierungstheorie, In: Rühli, Edwin,
          Thommen, Jean-Paul, (Hrsg.), Unternehmensführung aus
          finanz- und bankwirtschaftlicher Sicht, Stuttgart
          1981, S.135-154

Schmidt, Reinhard H., [1981b], Grundformen der Finanzierung,
          Eine Anwendung des neo-institutionalistischen An-
          satzes der Finanzierungstheorie, in: Kredit und Kapi-
          tal (1981), S. 186 - 219

Schmidt, Reinhard H., Rechnungslegung als Informationsproduk-
          tion auf nahezu effizienten Kapitalmärkten, In: Zeit-
          schrift für betriebswirtschaftliche Forschung (1982),
          S.728-748

Schmidt, Reinhard H. [1983a], Grundzüge der Investitions- und
     Finanzierungstheorie, Wiesbaden 1983

Schmidt, Reinhard H. [1983b], Zur Entwicklung der Finanztheo-
     rie, In: Fischer-Winkelmann, Wolf F.,(Hrsg), Paradig-
     mawechsel in der Betriebswirtschaftslehre ?, Spardorf
     1983, S.464-500

Schmidt, Reinhard H. [1988], Neuere Property Rights-Analysen
     in der Finanzierungstheorie, In: Budäus, Dietrich,
     Gerum, Elmar, Zimmermann, Gebhard, Betriebswirt-
     schaftslehrs und Theorie der Verfügungsrechte, Wies-
     baden 1988, S.239-26

Schmitz, Norbert, Lehmann, Fritz [1976], Monte-Carlo-Methoden,
     Meisenheim am Glan 1976

Schnabl, Hermann [1985], Computersimulation und Modellbildung
     in der Ökonomie, In: Wirtschaftswissenschaftliches
     Studium (1985), S.453-460

Schnabl, Hermann [1988], Theoreme der Erwartungsbildung, In:
     Wirtschaftswissenschaftliches Studium (1988), S.620-
     624

Schneeweiß, Hans [1967], Entscheidungskriterien bei Risiko,
     Berlin usw. 1967

Schneider, Dieter [1984], Erklären Lieb-Coase-ungen mit einem
     "Marktversagen" die Existenz von Unternehmungen ?,
     In: Schanz, Günther, Betriebswirtschaftslehre und Na-
     tionalökonomie, Wiesbaden 1984, S.225-246

Schneider, Dieter [1989], Investition und Finanzierung, 6.,
     vollständig neu bearbeitete Auflage, Wiesbaden 1989

Schredelseker, Klaus [1984a], Anlagestrategie und Informationsnutzen am Aktienmarkt, In: Zeitschrift für betriebswirtschaftliche Forschung (1984), S.44-59

Schredelseker, Klaus, [1984b], Dummheit schlägt Mittelmäßigkeit - Zur Kritik Bernhard Kromschröders am Informationsnutzenmodell des Aktienmarkts, in: Zeitschrift für betriebswirtschaftliche Forschung (1984), S.1074-1079

Schredelseker, Klaus [1990], Indexanlagen: Eine Chance für einen internationalen Finanzplatz Österreich, In: Österreichiches Bankarchiv (1990), S.73-81

Schug, Christoph [1980], Optimierungsverfahren für Simulationsmodelle - Ein Überblick über die wichtigsten Suchtechniken der Optimalplanung, Hohenheimer betriebswirtschaftliche Beiträge, Nr.8, 1980

Schultz, Paul [1983], Transaction Costs and the Small Firm Effect: A Comment, In: Journal of Financial Economics (1983), S.81-88

Schwert, William G. [1983], Size and Stock Returns, and Other Empirical Regularities, In: Journal of Financial Economics 12 (1983), S.3-12

Shanken, Jay [1985], Multi-Beta CAPM or Equilibrium-APT ?: A Reply, In: The Journal of Finance (1985), S.1189-1196

Sharpe, William F. [1964], Capital Asset Prices: A Theory of Market Equlibrium under Conditions of Risk, In: The Journal of Finance (1964), S.425-442

Sheffrin, Steven M. [1983], Rational Expectations, Cambridge usw. 1983

Shiller, Robert J. [1978], Rational Expectations and the Dynamic Structure of Macroeconomic Models - A Critical

Review, In: Journal of Monetary Economics (1978), S.1-44

Shiller, Robert J. [1981], Do Stock Prices Move too Much to be Justified by Subsequent Changes in Dividends ?, In: The American Economic Review (1981), S.421-436

Shubik, Martin [1960], Simulation of the Industry and the Firm, In: The American Economic Review (1960), S.908-919

Siebert, Horst [1970], Simulation als Informationsinstrument der Wirtschaftspolitik, In: Zeitschrift für die gesamte Staatswissenschaft (1970), S.404-426

Smith, C.W., Warner, J.B. [1979], On Financial Contracting: An Analysis of Bond Convenants, In: Journal of Financial Economics (1979), S.117-161

Solari, Luigi [1966], La simulation dans la prévision et la programmation en économétrie, In: Schweizerische Zeitschrift für Volkswirtschaft und Statistik (1966), S.391-408

Spence, Michael A. [1973], Job Market Signalling, In: Quarterly Journal of Economics (1973), S.355-374

Spremann, Klaus [1986], Produktion, Hedging, Spekulation - Zu den Funktionen von Futures-Märkten, In: Zeitschrift für betriebswirtschaftliche Forschung (1986), S.443-464

Stachowiak, Herbert [1983], Erkenntnisstufen zum Systematischen Neopragmatismus und zur Allgemeinen Modelltheorie, In: Stachowiak, Herbert (Hrsg.), Modelle - Konstruktion der Wirklichkeit, München 1983

Stoll, Hans R., Whaley, Robert E. [1983], Transaction Costs
        and the Small Firm Effect, In: Journal of Financial
        Economics (1983), S.57-79

Summers, Lawrence H. [1985], On Economics and Finance, In: The
        Journal of Finance (1985), S.633-635

Summers, Lawrence H. [1986], Does the Stock Market Rationally
        Reflect Fundamental Values ?, In: The Journal of Fi-
        nance (1986), S.591-602

Thaler, Richard, [1987a], Anomalies - The January Effect, In:
        Economic Perspectives (1987), S.197-201

Thaler, Richard, [1987b], Anomalies - Seasonal Movements in
        Security Prices II: Weekend, Holiday, Turn of the
        Month, and Intraday Effects, In: Economic Perspecti-
        ves (1987), S.169-177

Thießen, Friedrich [1990], Was leisten die Market Maker der
        DTB ?, In: Die Bank (1990), S.442-448

Thomas, Clayton J., Deemer, Walter L. [1957], The Role of Ope-
        rational Gaming in Operations Research, In: Operati-
        ons Research (1957), S.1-27

Tietzel, Manfred [1982], Was kann man von der "Theorie ratio-
        naler Erwartungen" rationalerweise erwarten ? In:
        Kredit und Kapital, 1982, S.492-516

Tobin, James [1987], Comments on "On the Current State of the
        Stock Market Rationality Hypothesis", In: Dornbusch,
        Rudiger, Fischer, Stanley, Bossons, John, (eds.),
        Macroeconomics and Finance: Essays in Honor of Franco
        Modigliani, Cambridge London 1987

Tocher, K.D. [1963], The Art of Simulation, New York 1963

Uhlir, Helmut, Sievi, Friedemann [1990], Ermittlung der Einga-
         beparameter für die Optionspreisberechnung, In: Die
         Bank (1990), S.396-399

Van Horn, Validation [1969], In: Naylor (1969), S.232-251

Watts, Ross [1973], The Information Content of Dividends, In:
         Journal of Business (1973), S.191-211

Wilhelm, Jochen E.M. [1981], Zum Verhältnis von Capital Asset
         Pricing Model, Arbitrage Pricing Theory und Bedingun-
         gen der Arbitragefreiheit von Finanzmärkten, In:
         Zeitschrift für betriebswirtschaftliche Forschung
         (1981), S.891-905

Wilhelm, Jochen E.M. [1985], Arbitrage Theory, Berlin usw.
         1985

Willes, Mark H. [1980], "Rational Expectations" as a Counter-
         revolution, In: The Public Interest, Special Issue
         (1980), S.81-96

Williamson, Oliver E. [1975], Markets and Hierarchies: Analy-
         sis and Antitrust Implications, New York London 1975

Witte, Thomas [1973], Simulationstheorie und ihre Anwendung
         auf betriebliche Systeme, Wiesbaden 1973

Yakowitz, Sidney J. [1977], Computational Probability and Si-
         mulation, London usw. 1977

Zwicker, Eckhard [1981], Simulation und Analyse dynamischer
         Systeme in den Wirtschafts- und Sozialwissenschaf-
         ten, Berlin New York 1981

Physica-Schriften zur Betriebswirtschaft

Herausgegeben von

K. Bohr, Regensburg · W. Bühler, Dortmund · W. Dinkelbach, Saarbrücken · G. Franke, Konstanz · P. Hammann, Bochum · K.-P. Kistner, Bielefeld · H. Laux, Frankfurt · O. Rosenberg, Paderborn · B. Rudolph, Frankfurt

---